BRENT SCHLENDER e RICK TETZELI

STEVE JOBS CONFIDENTIAL

Traduzione di Paolo Lucca

Sperling & Kupfer

Realizzazione editoriale a cura di Valentina Castellani.

Becoming Steve Jobs

ISBN 978-88-200-5835-7

I Edizione aprile 2015

Anno 2015-2016-2017 - Edizione 1 2 3 4 5 6 7 8 9 10

A Lorna
che mi ha salvato la vita un numero infinito di volte.

B.S.

A Mari, per sempre: «Non accade spesso di incontrare qualcuno
che sia insieme un vero amico e un bravo scrittore».

R.T.

Indice

Nota degli autori

Il lavoro di ricerca alla base di questo libro e la sua stesura sono opera di due autori. Lavoriamo insieme da anni, fin da quando eravamo colleghi alla redazione di *Fortune*, e per *Steve Jobs Confidential* abbiamo consultato fonti, effettuato interviste, raccolto informazioni, scritto e rivisto il testo insieme. Ciò detto, nelle pagine che state per leggere, abbiamo deciso per maggiore comodità di ricorrere alla prima persona singolare, in riferimento a Brent. Di noi due, lui è infatti quello che per quasi un quarto di secolo ha intrattenuto un rapporto personale con Steve Jobs. Pertanto, ci è parso molto più semplice raccontare la nostra storia alla prima persona singolare.

Prologo

Le prime parole che mi rivolse furono: «Sei nuovo qui, vero?» (le ultime, venticinque anni dopo, sarebbero state: «Mi dispiace»). Fin da subito aveva invertito i ruoli. Ero io il giornalista, toccava a me fare le domande!

Mi avevano avvertito che intervistare Steve Jobs era un'impresa ai limiti dell'impossibile. La sera prima, tra una birra e l'altra, i miei nuovi colleghi della redazione del *Wall Street Journal* di San Francisco mi avevano consigliato di presentarmi a quel primo appuntamento indossando un giubbotto antiproiettile. Uno di loro, un po' scherzando e un po' sul serio, aveva detto che spesso le interviste con Steve non erano tanto uno scambio di domande quanto uno scontro armato. Correva l'anno 1986, e in redazione Jobs era già una specie di leggenda. Negli uffici circolava la storia di come avesse umiliato uno dei nostri reporter chiedendogli senza mezzi termini: «Capisci anche solo qualcosa di quello di cui stiamo parlando?»

Negli anni Ottanta, lavorando come inviato sul campo in America Centrale, avevo avuto modo di indossare più di una volta un vero giubbotto antiproiettile. Ero stato in Nicaragua e a El Salvador e avevo intervistato i personaggi più disparati: camionisti che attraversavano le zone di guerra, americani che lavoravano nella giungla come consulenti per l'esercito, comandanti della guerriglia nei loro nascondigli, presidenti nei loro palazzi... Per altri servizi avevo incontrato eccentrici miliardari come T. Boone Pickens, H. Ross Perot e Li Ka Shing, vincitori di un premio Nobel come Jack St. Clair Kilby, rockstar e celebrità del cinema, poligami ribelli e perfino le nonne di alcuni potenziali assassini. Non ero dunque un tipo facilmente impressionabile. Ciononostante, nei venti minuti che impiegai a raggiungere la sede della NeXT Computer a Palo Alto dalla mia casa di San Mateo, non potei fare a meno di continuare a tormentarmi pensando a quale fosse il modo migliore per affrontare Steve Jobs.

Il mio disagio dipendeva in parte dal fatto che quella era la prima occasione in tutta la mia carriera di giornalista in cui avrei dovuto intervistare un imprenditore tanto importante e allo stesso tempo più giovane di me. Io avevo trentadue anni e Jobs, che ne aveva uno di meno, era già una celebrità a livello mondiale per avere inventato con Bill Gates il settore dei personal computer. Vent'anni prima che sul frenetico palcoscenico di Internet cominciassero ad alternarsi con cadenza settimanale un bambino prodigio dopo l'altro, Jobs fu la prima superstar del mondo tecnologico, un fuoriclasse dal curriculum straordinario e decisamente interessante. Dai circuiti stampati che aveva assemblato con Steve Wozniak in un garage di Los Altos era nata un'azienda miliardaria. Il mercato dell'informatica sembrava aperto a infinite possibilità di sviluppo e, in quanto cofondatore della Apple Computer, Steve Jobs era il personaggio che meglio incarnava tutte queste enormi potenzialità. Eppure, nel settembre precedente a quella mia visita era stato costretto a dare le dimissioni, dopo avere rivelato al consiglio di amministrazione che aveva tentato di convincere alcuni dei migliori dipendenti dell'azienda a seguirlo in una nuova impresa: la produzione di computer «workstation». La stampa non si era certo trattenuta dall'analizzare ossessivamente ogni dettaglio della storia del suo abbandono e sia *Fortune* sia *Newsweek* avevano dedicato più di una copertina allo scandalo.

Nei sei mesi seguenti non era trapelato nulla sulla sua nuova start-up, anche perché la Apple aveva intentato azioni legali per impedirgli di portarsi via i dipendenti. In seguito, tuttavia, l'azienda aveva deciso di non ricorrere più in tribunale e ora, secondo l'addetto stampa di Jobs che aveva preso contatto con il mio capo al *Wall Street Journal*, Steve era disponibile a essere intervistato dalle testate più importanti.

Era pronto a cominciare una sorta di danza dei sette veli, nel corso della quale avrebbe a poco a poco rivelato al pubblico ogni minimo particolare di quello che la NeXT stava preparando.

Per quanto fossi profondamente incuriosito, cercai di mantenere un certo distacco: non volevo diventare l'ennesima vittima del famigerato fascino di Jobs.

La strada per arrivare a Palo Alto è un viaggio attraverso la storia della Silicon Valley. Dalla Route 92, a San Mateo ci si immette nell'I-280, una «bucolica» autostrada a otto corsie che costeggia il lago di San Andreas e il bacino artificiale di Crystal Spring, riserva d'acqua potabile che dalla Sierra Nevada viene convogliata verso San Francisco. Si prosegue poi lungo la Sand Hill Road, a Menlo Park, con i suoi edifici dall'aspetto vagamente pretenzioso e sede perlopiù di aziende di venture capital, lasciandosi alle spalle l'acceleratore lineare di particelle di Stanford, che fende il paesaggio e passa sotto il cavalcavia dell'autostrada, la grande antenna parabolica del radiotelescopio detta «Stanford Dish» e la vasta distesa verde dietro il campus universitario, punteggiata di vacche Hereford dal muso bianco e rigogliose querce. Le piogge invernali e primaverili avevano ridato vita ai prati delle colline circostanti: l'erba, fino ad allora di un color giallo opaco, era di un verde brillante, come quella di un campo da golf, tappezzata delle chiazze arancioni, purpuree e gialle dei fiori selvatici. Conoscevo così poco la Bay Area da non sapere nemmeno che quello era il periodo dell'anno migliore per visitarla.

Uscii su Page Mill Road, sede della Hewlett-Packard, della ALZA Corporation (una delle prime aziende del settore biotech), «facilitatori» che operavano nella Silicon Valley come la Accenture (che allora si chiamava Andersen Consulting) e lo studio legale Wilson Sonsini Goodrich & Rosati, non senza prima imbattermi nel Research Park della Stanford University e nei bassi edifici che ospitano i suoi laboratori di ricerca e sviluppo, immersi nel verde. Qui si trova anche il celeberrimo Palo Alto Research Center (PARC) della Xerox, dove Steve vide per la prima volta un computer dotato di mouse e interfaccia a grafica bitmap. Quello era il luogo che aveva scelto come sede della NeXT.

Una giovane rappresentante della Allison Thomas Associate, l'agenzia di pubbliche relazioni della NeXT, mi scortò attraverso l'edificio a due piani di forma squadrata in cemento e vetro fino a una piccola sala conferenze, le cui finestre affacciavano su un parcheggio mezzo vuoto. Steve mi aspettava. Mi salutò con un cenno del capo, congedò l'addetta stampa e, senza aspettare che mi sedessi, mi rivolse quella prima domanda.

Non ero certo se volesse una risposta sbrigativa o se invece fosse davvero curioso di sentire chi fossi e da dove venissi. Optai per la seconda ipotesi e cominciai a snocciolare nomi di aziende e personaggi sui quali avevo scritto per il *Wall Street Journal*. Subito dopo essermi laureato all'Università del Kansas, mi ero trasferito a Dallas per lavorare come giornalista e lì mi ero occupato di aviazione, compagnie aeree ed elettronica, dal momento che la città era sede della Texas Instruments e della RadioShack Corporation. Mi ero poi fatto notare con un pezzo su John Hinckley, il figlio di un ricco petroliere texano che nel 1981 aveva sparato al presidente Reagan.

«Quando hai finito le superiori?» mi interruppe. «Nel 1972», risposi. «Poi sono stato sette anni all'università, anche se non sono riuscito a prendere la laurea specialistica.»

«Anch'io ho finito le superiori in quell'anno», interloquì di nuovo. «Dovremmo avere più o meno la stessa età.» (In seguito avrei scoperto che aveva saltato un anno di scuola.)

Gli raccontai che avevo trascorso due anni in America Centrale e a Hong Kong occupandomi di geopolitica per il *Wall Street Journal* e poi un anno a Los Angeles, prima di riuscire finalmente a trovare l'impiego dei miei sogni a San Francisco. Ormai cominciavo a sentirmi come a un colloquio di lavoro; solo che il mio interlocutore non sembrava per nulla impressionato dalle mie risposte.

«E quindi sai qualcosa sui computer?» mi domandò, interrompendomi per la terza volta. «Nessun giornalista che scrive per le principali testate a livello nazionale sa un accidente», aggiunse, scuotendo la testa con studiata condiscendenza. «L'ultimo che ha scritto un articolo su di me per il *Wall Street Journal* non conosceva nemmeno la differenza tra la memoria di sistema e un floppy disk!»

Iniziai a sentirmi un po' più sicuro di me. «Beh, anche se il mio indirizzo principale era letteratura inglese, all'università ho programmato qualche semplice videogioco e creato database relazionali su computer mainframe.» Jobs inarcò le sopracciglia. «Per un paio d'anni ho lavorato per quattro banche: di notte inserivo su un minicomputer NCR i dati delle transazioni avvenute durante il giorno.» Ora guardava dalla finestra. «E ho comprato un PC IBM il primo giorno in cui sono stati immessi sul mercato. Da Businessland, a Dallas. Il suo numero di serie cominciava con otto zeri. E ho subito installato CP/M. MS-DOS l'ho montato solo quando ho dovuto vendere il computer prima di trasferirmi a Hong Kong, perché l'acquirente lo voleva.»

All'udire i nomi di quei primi sistemi operativi e di un'azienda concorrente, drizzò la testa. «Perché non hai preso un Apple II?» chiese.

Bella domanda, però... perché gli stavo permettendo di farmi l'interrogatorio?

«Non ne ho mai avuto uno», dovetti ammettere, «ma adesso che vivo qui, sono riuscito a farmi comprare un Fat Mac dal giornale.» Avevo convinto i pezzi grossi di New York che se avessi voluto scrivere sulla Apple avrei dovuto conoscere le loro ultime macchine. «Lo uso da un paio di settimane. Per ora, lo preferisco decisamente a un PC.»

Avevo colto nel segno. «Aspetta a vedere quello che stiamo facendo qui», disse. «Non vedrai l'ora di disfarti del tuo Fat Mac.» Eravamo finalmente arrivati a toccare l'argomento che più gli interessava, al momento in cui mi avrebbe spiegato come avrebbe avuto la meglio sull'azienda che lui stesso aveva fondato, sbaragliando le persone – in particolare l'amministratore delegato della Apple, John Sculley – che lo avevano bandito dal suo regno.

Cominciò a rispondere alle mie domande, anche se non sempre in modo diretto. Ero curioso di sapere qualcosa di più su quell'edificio misteriosamente vuoto: davvero lì avrebbero prodotto computer? Non aveva assolutamente l'aspetto di una fabbrica dove potessero essere assemblati quei dispositivi. Era lui l'unico finanziatore o stava cercando gli investitori interessati a partecipare? Aveva ceduto tutte le sue azioni della Apple tranne una, ricavandone circa 70 milioni di dollari, che però non erano certo sufficienti a coprire le spese necessarie per un'impresa tanto ambiziosa. Di tanto in tanto Jobs divagava su temi che non c'entravano nulla. Mentre parlavamo, sorseggiava acqua bollente da un boccale di vetro da birra. Mi spiegò che un giorno in cui aveva finito il tè si era accorto che gli piaceva anche la semplice acqua calda. «È altrettanto gradevole», assicurò. Ma alla fine riportò la conversazione sul messaggio fondamentale che voleva trasmettere: per avere un sistema scolastico migliore occorrevano computer migliori e solo la NeXT sarebbe stata in grado di fornirli. Stavano lavorando a stretto contatto con la Stanford University e con la Carnegie Mellon University, due atenei dotati di dipartimenti di informatica di tutto rispetto. «Saranno loro i nostri primi clienti», affermò.

Nonostante la sua evasività e sebbene quello fosse l'unico punto su cui aveva deciso di insistere, Steve mostrava una personalità vivacissima. Affascinato dall'enorme sicurezza di sé che lo animava, ascoltavo rapito ogni sua parola. Parlava costruendo con cura le frasi, anche quando una domanda lo coglieva impreparato. Ventisei anni dopo, durante la cerimonia che lo commemorava, sua moglie Laurene avrebbe descritto il suo senso estetico già «pienamente formato» fin da quando era molto giovane. Il giorno di quel nostro primo incontro, la sua profonda sicurezza nella sua capacità di giudizio e nel suo buon gusto era evidente dal modo in cui articolava le risposte e dal fatto che era lui a condurre davvero l'intervista, mettendomi alla prova per capire se fossi in grado di cogliere quanto fosse speciale quello che aveva fatto e che aveva in programma di fare con la NeXT. In seguito avrei capito che si comportava in quel modo perché voleva che tutto ciò che veniva scritto su di lui e sul suo lavoro fosse all'altezza dei suoi elevatissimi standard qualitativi. Avrei imparato che in quel momento della sua vita era convinto di essere in grado di fare qualsiasi cosa meglio di chiunque altro. Un atteggiamento che naturalmente non rendeva facile la vita dei suoi dipendenti...

L'intervista durò circa tre quarti d'ora. I piani che Jobs mi espose per la NeXT erano piuttosto vaghi. Come mi fu chiaro più avanti, quello era un primo indizio dei problemi che l'azienda avrebbe incontrato nel corso degli anni. Ci fu però un argomento di cui volle parlarmi in modo molto circostanziato: il logo della NeXT. Mi mostrò una ricercata brochure in cui erano illustrati i vari stadi del processo creativo che avevano portato Paul Rand all'ideazione dell'elegante logo aziendale. Era stato lo stesso Rand a progettare anche l'opuscolo, i cui testi, stampati in rilievo su spesse pagine di carta color crema separate da fogli di carta da lucido trasparente, raccontavano il percorso che lo aveva portato a ideare un'immagine che si esprimesse attraverso «linguaggi visivi differenti». Il logo consisteva in un semplice cubo su una delle cui facce, citando dalla brochure, «con un angolo di inclinazione di venti gradi», campeggiava la scritta NeXT in «rosso, giallo, verde e ciliegia su fondo nero (il massimo contrasto possibile)». All'epoca, Rand era noto per essere uno dei migliori graphic designer statunitensi; a lui si dovevano anche i loghi che esprimevano graficamente l'identità di IBM, ABC Television, UPS, Westinghouse e molte altre aziende. Per quella brochure e per quell'unica proposta per il logo aziendale, Jobs era stato più che contento di investire 100.000 dollari del suo patrimonio personale. Questa prodigalità, per quanto giustificata dalla ricerca della perfezione, fu uno dei tratti caratteriali che più lo danneggiò negli anni della NeXT.

Dopo il nostro incontro non scrissi un pezzo. Un bel logo per una nuova azienda non poteva essere considerato una notizia degna di un articolo, a prescindere da chi lo avesse commissionato o disegnato. Inoltre, all'epoca il *Wall Street Journal* non pubblicava mai immagini, né stampava nulla a colori. Pertanto, se anche avessi deciso di parlare dell'ultimo scintillante gingillo di Steve, i lettori non avrebbero potuto coglierne tutta la sottile e impalpabile bellezza.

La mia decisione di non scrivere nulla fu la prima scarica a salve nel venticinquennale processo di negoziazione su cui si sarebbe fondato il nostro rapporto. Come accade in molti casi tra un giornalista e la sua fonte, la principale ragione per cui Steve e io cercavamo di entrare in contatto era che entrambi avevamo qualcosa di cui l'altro aveva bisogno. Io potevo portarlo sulla prima pagina del *Wall Street*

Journal e, in seguito, sulla copertina di *Fortune*; lui era in grado di offrirmi storie che avrebbero appassionato il pubblico e che io speravo di raccontare meglio e prima di tutti gli altri giornalisti. In genere, voleva che parlassi di una delle sue creazioni; i miei lettori, invece, il più delle volte erano interessati a lui. Steve desiderava che tutti potessero vedere le meraviglie di un prodotto e la genialità e la bellezza del processo creativo che gli stava alle spalle; io puntavo più a scoprire quello che accadeva dietro le quinte, ai successi e alle impasse della sua azienda in rapporto alla concorrenza. Per più di vent'anni, abbiamo reciprocamente e tacitamente considerato ogni nostra conversazione alla stregua di una transazione in cui abbiamo cercato di convincerci a vicenda a siglare un accordo mutualmente vantaggioso. I miei incontri con lui mi ricordavano una partita a carte: a volte era come se stessimo giocando a bridge nella stessa squadra, altre mi sembrava di essere il pollo da spennare a un tavolo di poker in cui mi era capitata una pessima mano. Quasi sempre, riusciva a farmi credere di essere lui a tenere le redini del gioco, anche quando probabilmente non era vero.

Nonostante il *Wall Street Journal* in quell'occasione non avesse pubblicato un articolo su di lui, disse a Cathy Cook (presenza di lunga data nella Silicon Valley che all'epoca lavorava per la Allison Thomas) che l'intervista era andata bene e io ero «okay». Da quel momento capitò regolarmente che le chiedesse di invitarmi alla NeXT per tenermi aggiornato sulle ultime novità. Per la verità, le informazioni che raccolsi da quei nostri colloqui non si rivelarono mai molto utili – o almeno così pensavano al giornale – e fu soltanto nel 1998, quando finalmente Jobs presentò la workstation della sua azienda, che scrissi il primo pezzo sulla NeXT. Ciononostante, i nostri incontri furono sempre interessanti e appassionanti.

Una volta mi fece andare da lui solo per vantarsi di essere riuscito a convincere Ross Perot a investire 20 milioni di dollari nella sua azienda. A prima vista, i due non potevano essere più diversi: Perot, un ex marine sempre impeccabile e con un taglio di capelli militare, finanziava un vecchio hippy che girava ancora scalzo, era vegetariano e non credeva nei deodoranti. Tuttavia, conoscevo abbastanza Steve da capire che lui e Perot, che avevo intervistato in diverse occasioni, erano in realtà due spiriti affini: erano due autodidatti idealisti e intransigenti. Gli dissi che doveva assolutamente andare a trovare Perot nel suo ufficio alla Electronic Data Systems (EDS) di Dallas, se non altro per ammirare la sua straordinaria collezione di sculture raffiguranti aquile e l'infilata di bandiere degli Stati Uniti che fiancheggiava il viale d'accesso alla sede dell'azienda. Lui scoppiò a ridere e strabuzzò gli occhi, divertito: «Ci sono già stato, ho già visto». Mi domandò se pensassi che fosse pazzo perché gli piaceva Perot. «Perché a qualcuno non dovrebbe piacere Perot almeno un po', dopo averlo conosciuto di persona?» risposi. «È un tipo buffo.» Steve sorrise, mostrando di essere d'accordo con me, ma aggiunse: «Parlando seriamente, però, credo di poter imparare molto da lui».

Con il tempo, il fatto che avessimo quasi la stessa età, invece di rivelarsi un ostacolo, contribuì ad avvicinarci. Durante l'adolescenza, Steve e io avevamo vissuto esperienze molto simili. Lo stesso potrei dire di Bill Gates, del quale mi sono occupato di frequente, per quanto lui, diversamente da Jobs e me, non sia cresciuto in un contesto piccolo-borghese né abbia frequentato scuole pubbliche. Tutti e tre schivammo la chiamata alle armi in Vietnam perché quando compimmo diciotto anni la leva militare obbligatoria era già stata abolita. Steve e io, ancora più di Bill, eravamo figli di una generazione antimilitarista, che credeva negli ideali della pace e dell'amore e aveva fatto proprio lo slogan di Timothy Leary *Turn on, tune in* («accenditi, sintonizzati»). Eravamo fanatici della musica e patiti dei primi dispositivi tecnologici e non avevamo paura di provare esperienze o idee nuove e bizzarre. Nonostante Jobs fosse stato adottato quando era ancora piccolo (argomento che qualche volta affrontammo), ciò non influì in modo significativo sulla persona che sarebbe diventato, almeno non tanto quanto incise sul suo sviluppo intellettuale e culturale il più ampio contesto politico, sociale e tecnologico in cui entrambi crescemmo.

I primi tempi, Steve aveva un motivo particolare per coltivare il nostro rapporto. Alla fine degli anni Ottanta, in un settore in continua evoluzione come quello dei computer, costruire un'attesa spasmodica per quello che avrebbe dovuto essere il suo prossimo straordinario successo era fondamentale per attrarre potenziali clienti e investitori. E soprattutto di questi ultimi Steve aveva un estremo bisogno, considerando che la NeXT avrebbe impiegato quasi cinque anni per produrre il suo primo computer. In ogni istante della sua vita, Jobs ebbe sempre ben chiara l'importanza di saper sfruttare strategicamente i canali d'informazione, un aspetto di quello che Regis McKenna, probabilmente il più importante tra i suoi primi mentori, definisce «il talento naturale di Steve per il marketing». Elaborando ulteriormente questo concetto, McKenna spiega: «Anche quando aveva solo ventidue anni, aveva già capito tutto. Aveva capito che cosa rendeva la Sony e la Intel due aziende eccezionali. Voleva che anche quello che stava per creare lui avesse quel tipo di immagine».

Sapendo che tra le aziende che seguivo per il *Wall Street Journal* (e in seguito anche per *Fortune*) c'era pure la Apple, negli anni successivi Jobs mi chiamò più volte senza un'apparente ragione, per poi offrirmi «informazioni riservate» avute da ex colleghi che ancora lavoravano nell'organizzazione. Altre volte, invece, si limitava a darmi il suo parere sull'interminabile telenovela che si svolgeva ai piani alti della sua vecchia azienda. A poco a poco, capii che era una fonte affidabile sulla caotica situazione in cui la Apple versava nei primi anni Novanta e che quando mi invitava da lui lo faceva con uno scopo preciso. Aveva immancabilmente un secondo fine: a volte sperava di strapparmi qualche informazione sulla concorrenza, altre desiderava mostrarmi un nuovo prodotto, altre ancora voleva punirmi per qualcosa che avevo scritto. In quest'ultimo caso, poteva anche succedere che decidesse di non parlarmi più per un po'. Una volta, verso la fine degli anni Novanta, dopo il suo ritorno nell'azienda che aveva contribuito a fondare, gli mandai un messaggio per dirgli che pensavo fosse il venuto il momento di scrivere un altro pezzo sulla Apple per *Fortune*. Erano passati alcuni mesi dall'ultima volta che mi ero fatto sentire, perché nel frattempo mi ero dovuto sottoporre a un intervento a cuore aperto (Steve mi aveva telefonato in ospedale per farmi gli auguri), ma ora ero pronto per lavorare a un nuovo articolo. La sua e-mail di risposta fu lapidaria: «Brent», scrisse, «ricordo ancora il pezzo non certo tenero che hai scritto su di me e la Apple l'estate scorsa. Hai ferito i miei sentimenti. Perché hai scritto un articolo così cattivo?»

Tuttavia, qualche mese dopo si raddolcì, dimostrandosi collaborativo quando pubblicai un altro servizio sulla sua azienda.

Il nostro è stato un rapporto lungo e complicato, ma nel complesso soddisfacente per entrambi. Quando lo incontravo in occasione di qualche evento, mi presentava ai colleghi e ad altre personalità del settore tecnologico come un amico, e questo mi suonava al contempo lusinghiero e strano, vero e falso. Nel breve periodo in cui ebbe un ufficio a Palo Alto, vicino alla sede di *Fortune*, lo incontravo spesso per caso in città: ci fermavamo e ci mettevamo a chiacchierare, oppure facevamo due passi insieme. Fui ospite a casa sua in molte occasioni, sempre per motivi di lavoro e sempre in un'atmosfera informale come non avevo – e non avrei più – trovato da nessun altro amministratore delegato. Ciononostante, non ci fu mai un momento in cui i termini delle nostre relazioni non fossero chiari: io ero il giornalista e lui la fonte e insieme l'oggetto delle mie ricerche. A volte le storie che scrivevo gli piacevano, altre (come quando mi inviò quell'e-mail) lo mandavano su tutte le furie. I punti fermi del nostro rapporto rimasero sempre la mia indipendenza e la possibilità per lui di ottenere informazioni da me.

Questa necessaria distanza tra noi aumentò nei suoi ultimi anni di vita, quando entrambi incorremmo in gravi problemi di salute: a Steve nel 2003 fu diagnosticato un tumore al pancreas, mentre io nel 2005 contrassi un'endocardite e una meningite durante un viaggio in America Centrale, in seguito alle quali, dopo essere stato in coma per due settimane, persi quasi completamente l'udito. Jobs conosceva molti più dettagli sulle mie condizioni di salute di quanti ne avessi io sulle sue, anche se ogni tanto capitava che mi rivelasse qualcosa. Un giorno arrivammo addirittura a confrontare le cicatrici lasciateci dagli interventi chirurgici, più o meno come fanno Quint (Robert Shaw) e Hooper (Richard Dreyfuss) in *Lo squalo*. Mentre ero convalescente, passò a trovarmi all'ospedale di Stanford un paio di volte, in concomitanza con le visite di controllo con l'oncologo. Mi raccontò alcune terribili barzellette su Bill Gates e mi diede il tormento perché non avevo ancora smesso di fumare, malgrado in tutti quegli anni mi avesse sempre consigliato di farlo. Non poteva fare a meno di dire agli altri come avrebbero dovuto vivere.

* * *

Dopo la sua morte, Jobs è diventato il protagonista di una serie infinita di articoli, libri, film e programmi televisivi che, nella maggior parte dei casi, hanno dato una lettura superficiale del suo personaggio, fondata su vecchie storie che circolavano su di lui e ricorrendo a luoghi comuni risalenti agli anni Ottanta, quando la stampa aveva scoperto il ragazzo prodigio di Cupertino. A quei tempi, Steve era sensibile alle lusinghe dei media e raccontava ai giornalisti tutto di sé e della sua azienda. Ma in quel periodo aveva ancora un carattere estremamente ribelle e insolente. Nonostante tutta la sua genialità nell'immaginare prodotti rivoluzionari, sapeva anche essere insopportabilmente maleducato e freddo nei confronti di dipendenti e amici. Di conseguenza, quando cominciò a diventare più riservato con la stampa e a cercarla solo se doveva promuovere i propri prodotti, ciò che si diceva di lui in quei primi anni alla Apple divenne la vulgata in merito al suo carattere e al suo modo di pensare. Forse è per questo che dopo la sua scomparsa sono state raccontate tantissime storie in cui compaiono immancabilmente gli stessi luoghi comuni: Steve era un genio con un talento per il design e una specie di sciamano che, grazie alle capacità affabulatorie, riusciva a creare intorno a sé quella cosa magica e sinistra che qualcuno ha definito «campo di distorsione della realtà»; era uno stronzo borioso che nella sua ricerca della perfezione disprezzava tutti quelli che non erano come lui; era convinto di essere più intelligente di chiunque altro, non accettava consigli da nessuno e fin dalla nascita era sempre e irrecuperabilmente stato in bilico tra genialità e tracotanza.

Niente di tutto questo corrisponde all'esperienza che ho avuto con lui. Lo Steve che ho conosciuto, infatti, mi è sempre sembrato un individuo più complesso, più umano, più sensibile e perfino più intelligente della persona di cui ho avuto modo di leggere. Qualche mese dopo la sua morte, cominciai a esaminare i vecchi appunti, le registrazioni e i file che mi erano serviti per scrivere i pezzi su di lui, trovandoci tutta una serie di cose che avevo dimenticato: impressioni che mi ero segnato sul suo carattere, storie che mi aveva raccontato nel corso delle nostre interviste ma che all'epoca, per una ragione o per l'altra, avevo deciso di non utilizzare nei miei articoli, e-mail che ci eravamo scambiati, perfino alcune registrazioni che non avevo mai trascritto. Scovai un'audiocassetta che lui stesso aveva preparato per me, che altro non era se non la copia di un nastro inciso per la vedova di John Lennon, Yoko Ono, che conteneva tutte le diverse versioni di *Strawberry Fields Forever* registrate durante il lungo processo creativo che aveva portato alla nascita della canzone. Tutto quel materiale era accumulato nel mio garage e riscoprirlo mi richiamò alla memoria molti ricordi che credevo dimenticati. Dopo avere passato in rassegna quelle reliquie per qualche settimana, decisi che lamentarmi delle tante favole che davano una rappresentazione parziale e superficiale del carattere di Steve, e che a poco a poco si stavano cristallizzando nell'opinione pubblica, non bastava più. Volevo offrire un'immagine più completa e una descrizione approfondita della persona che avevo seguito come giornalista per così tanti anni, in un modo che non mi sarebbe stato possibile mentre era ancora vivo. «Coprire» Jobs per il mio lavoro era stata un'esperienza al contempo affascinante e drammatica: la sua vita era stata una tragedia shakespeariana in piena regola, traboccante di intrighi, orgoglio, arroganza, di presunti cattivi e folli bislacchi, di fortune sfacciate, buone intenzioni ed esiti inaspettati. La linea del suo successo era stata così altalenante e così breve che mi era stato impossibile tracciarla mentre lui era ancora con noi. Ora volevo rimettere in prospettiva l'uomo del quale mi ero occupato così a lungo per lavoro e la persona che avevo chiamato amico.

C'è una domanda fondamentale che occorre porsi riguardo alla carriera di Jobs: com'è stato possibile che l'imprenditore impulsivo, sconsiderato, avventato e ostinato estromesso dall'azienda da lui stesso fondata sia riuscito a diventare il CEO idolatrato dalle folle che ha donato nuova vita alla Apple, creando una serie di prodotti che hanno rivoluzionato la società, trasformato la sua impresa nell'organizzazione più ammirata e di maggior valore al mondo e cambiato la vita di miliardi di persone provenienti da contesti socioeconomici e culture differenti? Steve non si mostrò mai troppo interessato a fornire una risposta in proposito. Per quanto non fosse certo un tipo superficiale, non era incline a riflettere sul passato. «Perché guardarsi indietro?» mi scrisse in un'e-mail. «Preferisco guardare al futuro, a tutte le cose belle che possono ancora succedere.»

Per rispondere a questa domanda bisognerebbe riuscire a mostrare in che modo Jobs fosse riuscito a cambiare se stesso, chi avesse condizionato questa sua trasformazione e come lui avesse applicato ciò che aveva imparato, riuscendo così a creare prodotti eccezionali. Mentre leggevo attentamente quei vecchi documenti, continuavo a ripensare alla fase che molti hanno descritto come un «esilio nel deserto», vale a dire i dieci anni intercorsi tra il suo primo periodo alla Apple e il suo ritorno in azienda. Trascurare quell'intervallo di tempo dal 1986 al 1997 è facile: gli errori che commise non furono tanto gravi quanto quelli dei precedenti anni alla Apple e i successi, naturalmente, non furono così entusiasmanti come quelli che avrebbe conseguito in seguito. Furono tempi confusi, complicati, sicuramente poco adatti ad articoli di copertina ma in realtà decisivi per la sua carriera. Fu allora, infatti, che Steve imparò quasi tutto quello che in seguito lo avrebbe portato al successo e cominciò a smussare e imbrigliare il proprio carattere. Sottovalutare l'importanza di quegli anni significherebbe commettere lo stesso errore di chi è interessato solo ai trionfi di un personaggio, quando invece è altrettanto o forse perfino più istruttivo guardare alle battute d'arresto, ai progetti inizialmente promettenti che si rivelano poi vicoli ciechi. La capacità di visione, l'acume, la pazienza e l'intelligenza che guidarono Jobs nei suoi ultimi dieci anni di vita furono affinati dalle prove che aveva dovuto affrontare. I dolorosi insuccessi, gli errori nella comunicazione, le decisioni poco felici, l'insistenza sui valori sbagliati – tutto ciò che era contenuto nel vaso di Pandora della sua immaturità – furono i prerequisiti per raggiungere la lucidità, l'equilibrio, la ragionevolezza e la saggezza che avrebbe mostrato in seguito.

Al termine di quella decade di esilio, nonostante i numerosi passi falsi, Steve riuscì incredibilmente ad avere successo sia con la NeXT sia con la Pixar. L'eredità tecnologica della prima gli assicurò un futuro nel settore, il trionfo della seconda gli garantì la tranquillità finanziaria. Dall'esperienza maturata in quelle due organizzazioni trasse insegnamenti che, con il senno di poi, determinarono il futuro della Apple e contribuirono a cambiare il mondo. Jobs poteva essere piuttosto testardo e non fu per nulla facile per lui imparare quelle lezioni. Però ci riuscì. Motivato e curioso anche nelle situazioni più difficili, continuò ad apprendere, cercando di mettere a frutto tutto ciò che riusciva a cogliere della realtà che lo circondava.

Nessun uomo è un'isola, e il matrimonio e la famiglia cambiarono radicalmente Steve, esercitando un'influenza positiva anche sulla sua vita professionale. Nel corso degli anni ho avuto numerose occasioni per osservarlo da vicino nel privato, incontrando più volte anche Laurene e i loro figli. Ciononostante, non sono mai diventato un vero amico di famiglia. Quando, nel 2012, cominciai a lavorare a questo libro, mi sembrava di non conoscere abbastanza quella parte della vita di Jobs. Molti dei suoi conoscenti più stretti, addolorati per la sua morte e amareggiati per quello che i media raccontavano di lui, sulle prime rifiutarono di parlare con me. Con il tempo, però, ci ripensarono, e quello che mi hanno raccontato i suoi amici e colleghi più intimi, inclusi gli unici quattro dipendenti della Apple che parteciparono al funerale svoltosi in forma privata, mi ha rivelato un suo lato che avevo sempre intuito ma mai pienamente compreso e di cui sicuramente non avevo mai sentito parlare. Steve era abilissimo nel mantenere separati i vari aspetti della sua esistenza e, quando fece ritorno alla Apple, questo gli permise di gestire e tenere costantemente sotto controllo tutti i componenti di un organismo tanto complesso, di non perdere la concentrazione nonostante la malattia e di conservare una vita piena e appagante anche al di fuori di quella professionale, senza mai rivelare troppe informazioni alle persone che non facevano parte della sua cerchia più ristretta.

Ciò non significa che anche nei suoi ultimi anni non fosse a volte una persona estremamente difficile. Per alcuni, lavorare con lui era un vero inferno. Fermamente convinto dell'utilità della propria missione, giustificava comportamenti che molti di noi – oltre al dipartimento della Giustizia degli Stati Uniti – riterrebbero inaccettabili. Ma sapeva anche essere un amico leale e un mentore straordinario. Era incredibilmente gentile, e un buon padre. Credeva profondamente in quello che faceva e sperava che anche per i suoi collaboratori più stretti fosse così. Per essere un individuo che, per ricorrere alle parole del presidente della Pixar Ed Catmull, suo amico e collega, cercava con ogni mezzo di «elevarsi dalla mediocrità», i suoi sentimenti, le sue qualità e le sue debolezze erano profondamente umani.

Il motivo per cui ho sempre amato il mio lavoro di giornalista finanziario è che, come ho imparato dai migliori colleghi, anche in questo ambiente dove tutto pare estremamente calcolato è sempre possibile scoprire un lato umano. Sapevo che questo discorso valeva anche per Steve: nessun altro personaggio di cui mi sono occupato ha mostrato il suo stesso entusiasmo per i prodotti della propria azienda. Ciononostante, solo quando ho cominciato a scrivere questo libro sono riuscito a vedere quanto la sua vita privata e quella professionale si sovrapponessero e si completassero e quanto la prima ispirasse la seconda. Finché non si comprende questo, non è possibile capire come sia riuscito a diventare insieme l'Edison, il Ford, il Disney e l'Elvis della nostra generazione. Ed è proprio questo che rende la sua storia un racconto straordinario.

Al termine di quel nostro primo incontro, Steve mi accompagnò all'uscita, facendomi strada lungo gli scintillanti corridoi della sede della NeXT. Durante il percorso non scambiammo una parola; per quanto lo riguardava, la conversazione era finita. Feci per congedarmi, ma lui mi lasciò andare senza nemmeno un saluto. Rimase lì, osservando dalle porte a vetri l'ingresso del parcheggio su Deer Creek Road, dove un gruppo di operai stava installando una versione tridimensionale del logo della NeXT. Mentre mi allontanavo a bordo della mia auto vidi che era ancora lì, immobile, a contemplare il suo logo da 100.000 dollari. Sentiva nelle ossa, come avrebbe probabilmente detto lui, che stava per realizzare qualcosa di eccezionale, anche se naturalmente non aveva idea di quello che lo aspettava.

1
Steve Jobs nel Giardino di Allah

In un freddo pomeriggio del dicembre 1979, Steve Jobs arrivò nel parcheggio del Giardino di Allah, un centro per ritiri e conferenze sulle pendici del Monte Tamalpais nella Contea di Marin, a nord di San Francisco. Era stanco, irritato e in ritardo. Il traffico lo aveva costretto a procedere a passo d'uomo fin da Cupertino, nella Silicon Valley, dove sorgeva la sede dell'azienda che aveva fondato, la Apple Computer, e dove aveva appena partecipato a una sofferta riunione del consiglio di amministrazione presieduto dal venerando Arthur Rock. I due non erano d'accordo quasi su nulla. Rock, che trattava Steve come un bambino, amava l'ordine e le procedure, era convinto che le aziende tecnologiche potessero crescere solo con certe modalità e seguendo determinate regole e credeva in quei principi perché li aveva già visti applicati con successo altrove, in particolare alla Intel, il colosso dei processori di Santa Clara di cui era stato uno dei primissimi finanziatori. Inizialmente Rock, che era forse il principale investitore nell'ambiente tecnologico di quegli anni, non aveva mostrato un grande interesse per la Apple, soprattutto perché non gli andavano troppo a genio Jobs e il suo socio Wozniak. Non vedeva nella loro azienda quello che vedeva Steve: una realtà eccezionale che avrebbe dato una svolta al settore dei computer, conservando anche la propria umanità e adottando una struttura apertamente antigerarchica. Agli occhi di Rock, invece, si trattava solo dell'ennesimo investimento. Per Jobs, gli incontri con lui erano esperienze sfibranti.

Quel giorno avrebbe voluto coprire la lunga distanza che lo separava dalla Contea di Marin sfrecciando con il tettuccio dell'auto aperto, per liberarsi dell'odore di stantio lasciatogli da quella che gli era parsa soltanto una discussione interminabile e inutile. Ma tutta la Bay Area era immersa nella nebbia e nella pioggia, ed era stato costretto a tenere chiuso il tettuccio. L'asfalto scivoloso aveva congestionato il traffico, togliendo a Steve tutto il piacere che quella corsa nella sua fiammante Mercedes 450SL avrebbe potuto dargli. Stravedeva per quella macchina, proprio come adorava il suo giradischi Linn Sondeck e le sue stampe al platino di Ansel Adams. In effetti, quella Mercedes aveva tutte le caratteristiche che secondo lui anche i computer avrebbero dovuto possedere: era potente, elegante, efficiente, facile da usare e aveva un design privo di inutili orpelli. Quel pomeriggio, però, la sua auto si era dovuta arrendere alle condizioni meteo e al traffico. Jobs era dunque in ritardo di circa mezz'ora per il primo meeting della Seva Foundation, nata da un'idea del suo amico Larry Brilliant, il cui aspetto ricordava quello di un piccolo Buddha con le scarpe da tennis. L'obiettivo della fondazione era piacevolmente ambizioso: debellare una particolare forma di cecità che in India colpiva centinaia di milioni di persone.

Steve parcheggiò e scese dalla macchina. Alto più di un metro e ottanta per settantacinque chili di peso, i capelli castani lunghi fino alle spalle, lo sguardo profondo e penetrante, avrebbe comunque attirato l'attenzione, ma il completo a tre pezzi che aveva indossato per la riunione del consiglio di amministrazione gli conferiva un aspetto particolarmente sfolgorante. Jobs non sapeva esattamente che cosa pensare di quel vestito: alla Apple tutti indossavano quello che volevano e lui, del resto, si presentava spesso scalzo.

Il Giardino di Allah è un pittoresco fabbricato che sorge in cima a un poggio alle pendici del Monte Tamalpais, il picco più alto che domina la Baia di San Francisco. Nell'edificio, circondato da un boschetto di sequoie e cipressi, i tratti caratteristici dello stile Arts and Crafts americano si fondono con quelli tipici di uno chalet svizzero. Costruito fra il 1911 e il 1916 per il ricco californiano Ralston Lovell White, dal 1957 era gestito dalla Chiesa unita di Cristo, che lo utilizzava appunto come centro per ritiri e conferenze.

Steve oltrepassò l'aiuola a forma di cuore antistante al fabbricato, salì i gradini della scalinata che conduceva a un'ampia veranda ed entrò. Anche chi si fosse trovato a passare di lì per caso avrebbe capito alla prima occhiata che le persone sedute attorno al tavolo da conferenze non erano lì per un convegno di una qualche congregazione religiosa. C'era Ram Dass, lo yogi di origine ebraica che nel 1971 aveva pubblicato uno dei libri preferiti di Steve, *Be Here Now* («Essere qui ora»), una guida alla meditazione, alla pratica dello yoga e alla ricerca spirituale che era diventato un vero e proprio bestseller. Accanto a lui stava Bob Weir, cantante e chitarrista dei Grateful Dead, che il 26 dicembre successivo si sarebbero dovuti esibire in un concerto di beneficienza per la Seva Foundation al Coliseum di Oakland. Erano presenti anche Stephen Jones, un epidemiologo dei Centers for Disease Control (l'ente federale statunitense per il controllo delle malattie) e la specialista in microbiologia e virologia Nicole Grasset. Brilliant e Jones avevano lavorato con Grasset in India e Bangladesh, nell'ambito di un ambizioso e riuscito programma dell'Organizzazione mondiale della sanità (OMS) per debellare il vaiolo. Accanto a Wavy Gravy, il gioviale filosofo simbolo della controcultura hippy, sedeva Govindappa Venkataswamy, il medico fondatore degli Aravind Eye Hospitals in India, grazie ai quali milioni di individui sarebbero stati operati di cataratta (problema allora molto diffuso in quel Paese), recuperando la vista perduta. Anche questa volta Brilliant aveva in mente qualcosa di audace: voleva che Seva sostenesse il lavoro di persone come il dottor V. (così Brilliant chiamava Venkataswamy), organizzando ospedali da campo nelle zone rurali dell'Asia Meridionale dove restituire la vista a chi era stato colpito da cecità da cataratta.

Jobs riconobbe alcuni dei presenti. Robert Friedland, che nel 1974 lo aveva convinto a fare un pellegrinaggio in India, si alzò per salutarlo. Conosceva anche Weir, naturalmente: era un fan dei Grateful Dead, sebbene pensasse che non raggiungessero la profondità emotiva e intellettuale del suo musicista preferito, Bob Dylan. Steve era stato invitato a quell'incontro da Brilliant, che aveva conosciuto in India cinque anni prima. Dopo che, nel 1978, Friedland gli aveva inviato un articolo in cui si descriveva approfonditamente il successo ottenuto dal programma per debellare il vaiolo e si presentavano a grandi linee i futuri progetti di Brilliant, Jobs aveva mandato a quest'ultimo un contributo di 5.000 dollari per la creazione della Seva Foundation.

Nella stanza erano raccolte personalità molto diverse tra loro: indù e buddisti, rocker e medici, tutti individui di successo, tutti riuniti nel Giardino di Allah della Chiesa unita di Cristo. Ovviamente, quello non era il luogo in cui ci si sarebbe aspettati di trovare l'amministratore delegato di un'azienda, ma Steve pensava che si sarebbe comunque trovato a suo agio. Del resto, anche lui meditava spesso e capiva il bisogno di spiritualità, ed era anzi andato in India proprio per ascoltare gli insegnamenti del guru di Brilliant, Neem Karoli Baba, noto anche come Maharaj-ji, che però era morto qualche giorno prima del suo arrivo. Anche lui avvertiva dentro di sé una sorta di inquietudine che lo spingeva a cambiare il mondo, a non limitarsi a creare un'azienda come le altre. L'anticonformismo, l'umanità e l'interdisciplinarietà che si respiravano in quella stanza erano la quintessenza delle aspirazioni di Jobs. Eppure, per qualche ignota ragione, ora gli sembrava di essere fuori posto. Erano presenti almeno altre venti persone che non conosceva e, anche dopo che si fu presentato, la conversazione proseguì quasi come se nulla fosse. Sembrava che molti di loro non sapessero chi fosse, il che era piuttosto strano, soprattutto nella Bay Area. La Apple, infatti, era già diventata un caso: all'epoca vendeva più di tremila computer al mese, quando solo due anni prima era ferma a settanta. Nessun'altra azienda informatica era cresciuta così rapidamente e Steve era sicuro che il futuro sarebbe stato ancora più formidabile.

Sedette, si versò un po' d'acqua e cominciò ad ascoltare. La decisione di costituire una fondazione era già stata presa; ora si discuteva su come si sarebbero dovuti presentare al mondo la Seva, i suoi progetti e gli uomini e le donne che se ne sarebbero occupati. La maggior parte delle proposte formulate suonava di un'ingenuità imbarazzante alle sue orecchie. Gli pareva di essere a un colloquio fra genitori e insegnanti. A un certo punto, tutti – tranne lui – si misero a discutere animatamente degli argomenti da inserire in un pieghevole che avevano deciso di preparare. Un pieghevole? Era davvero l'idea migliore di cui quelle menti erano capaci? Quei cosiddetti «esperti» avevano forse ottenuto risultati importanti nei loro Paesi d'origine, ma ora si stavano decisamente dimostrando non all'altezza della situazione. Porsi un obiettivo grandioso e ambizioso era inutile, se non lo si sapeva accompagnare a una storia avvincente che raccontasse come raggiungerlo. Sembrava così ovvio...

Mentre la conversazione si perdeva in mille rivoli, Jobs si accorse che aveva smesso di seguirla. «Era entrato in quella stanza con lo stesso atteggiamento con cui poco prima aveva partecipato al consiglio di amministrazione della Apple», ricorda Brilliant. «Ma per curare la cecità e debellare il vaiolo le regole da seguire sono completamente diverse.» Di tanto in tanto interveniva, in genere con qualche commento sprezzante, per spiegare perché una determinata idea non avrebbe mai funzionato. «Cominciò a diventare fastidioso», prosegue Brilliant. Alla fine, Steve non ne poté più e si alzò.

«Sentite», cominciò. «Ve lo dico come uno che due o tre cose sul marketing le sa. Alla Apple abbiamo venduto quasi centomila computer e quando abbiamo cominciato nessuno ci conosceva. La Seva è nella medesima situazione in cui ci trovavamo noi un paio di anni fa. La differenza è che voi non capite un accidente di marketing. Perciò, se volete davvero fare qualcosa di utile, se veramente volete cambiare il mondo e non solo fondare l'ennesima organizzazione no profit che rimarrà sconosciuta, dovete rivolgervi a un tizio che si chiama Regis McKenna. È il re del marketing. Se volete, posso dirgli di venire qui. Non accontentatevi della seconda scelta, dovete avere il meglio.»

Per qualche istante nessuno parlò. Venkataswamy domandò sottovoce a Brilliant: «Chi è questo giovanotto?» Quando alcuni iniziarono a criticarlo, Jobs rispose agli attacchi trasformando la discussione in una zuffa, ignorando il fatto che quelle persone avevano contribuito a debellare il vaiolo dal pianeta, stavano curando i ciechi in India e negoziavano trattati con diversi Paesi in guerra per potersi muovere liberamente tra le frontiere e continuare a svolgere il loro lavoro. In altre parole, era gente che sapeva come si facevano le cose. Ma a lui non interessava nulla dei risultati che avevano ottenuto; i dibattiti serrati erano il suo pane. Nella limitata esperienza che aveva accumulato, aveva imparato che era proprio attraverso questo tipo di scontri, di confronti animati, che si riusciva davvero ad agire, a realizzare grandi imprese. Tuttavia, dato che i toni della discussione stavano diventando roventi, Brilliant intervenne: «Steve...» Poi gridò: «Steve!»

Lui lo guardò, chiaramente irritato da quell'interruzione e ansioso di continuare a esporre i propri argomenti.

«Steve», disse Brilliant. «Siamo davvero felici che tu sia qui con noi, ma adesso sta' zitto!»

«Non ci penso proprio», ribatté lui. «Mi avete chiesto di aiutarvi ed è esattamente quello che farò. Volete sapere che cosa fare? Dovete chiamare Regis McKenna. Fatemi spiegare chi è. McKenna...»

«Steve!» urlò ancora Brilliant. «Ti ho detto di stare zitto!»

Ma lui non gli diede retta. Voleva imporre il suo punto di vista. Così, lo ripeté ancora una volta camminando avanti e indietro nella stanza, come se i 5.000 dollari che aveva donato alla fondazione gli concedessero d'ufficio il diritto di parlare, indicando con il dito le persone alle quali si rivolgeva, quasi a rimarcare ulteriormente la fondatezza delle sue osservazioni. Poi, a un cenno dei medici e di Bob Weir, Brilliant decise di farla finita. «Steve!» gli intimò, tentando invano di rimanere calmo. «Vattene», e lo accompagnò alla porta.

Un quarto d'ora dopo, Friedland andò a dare un'occhiata fuori. Quando tornò, accostatosi con discrezione a Brilliant, gli sussurrò: «Dovresti andare da Steve. È nel parcheggio».

«È ancora qui?» chiese meravigliato Brilliant.

«Sì, è lì fuori. E sta piangendo.»

Brilliant, che presiedeva la riunione, si scusò e uscì in fretta per raggiungere il suo giovane amico, che trovò nel bel mezzo del parcheggio, in lacrime, mentre con le mani stringeva il volante della sua Mercedes decappottabile. Siccome non pioveva più e la nebbia si era sollevata, aveva aperto il tettuccio. «Steve», disse Brilliant, sporgendosi da sopra la portiera e abbracciando quel ragazzo di ventiquattro anni. «Steve, va tutto bene.»

«Mi dispiace. Sono troppo nervoso», rispose lui. «È meglio che vada via.»

«È tutto a posto. Dovresti tornare dentro.»

«Meglio che me ne vada. So di essermi comportato in modo orrendo. Ma volevo soltanto che mi ascoltassero.»

«Va bene. Torna dentro.»

«Torno dentro, mi scuso e poi me ne vado», disse. E fece esattamente così.

Questo episodio dell'inverno 1979 costituisce un buon punto di partenza per raccontare come Steve Jobs sia riuscito a cambiare radicalmente la propria vita e a diventare l'imprenditore più straordinario e ispirato dei nostri tempi. Il giovane che in quel giorno di dicembre aveva combinato un gran casino nel Giardino di Allah era un groviglio di contraddizioni. Era il cofondatore di una delle startup di maggior successo ma non voleva essere considerato un uomo d'affari; cercava mentori che sapessero consigliarlo ma non sopportava le gerarchie; si faceva di acidi, girava scalzo, portava jeans sformati, accarezzava l'idea di vivere in una comune e, al contempo, nulla gli piaceva di più che sfrecciare in autostrada a bordo della sua elegante auto sportiva tedesca; voleva contribuire a iniziative di beneficienza ma non sopportava la disorganizzazione e l'inefficienza di molte organizzazioni no profit; era impaziente come pochi ma consapevole che servivano anni per risolvere i problemi veri; era buddista e allo stesso tempo un inguaribile capitalista. Da insopportabile saccente qual era, quella volta aveva criticato persone più sagge e con molta più esperienza di lui, eppure aveva assolutamente ragione nel dire che erano degli ingenui in fatto di marketing. Sapeva essere aggressivo e maleducato ma poi si pentiva sinceramente; era intollerante ma anche ansioso di imparare. Se n'era andato, poi era tornato per chiedere scusa. Quel giorno, al Giardino di Allah, mostrò davanti a tutti quel carattere sfrontato e protervo che tanta parte avrebbe avuto nella creazione del suo mito. Ma rivelò anche il suo lato più sensibile e meno noto (in parte perché invecchiando avrebbe cercato di nasconderlo ai media). Per capire veramente Steve e la straordinaria avventura che stava per intraprendere, la radicale trasformazione cui sarebbe andato incontro nel corso della sua vita così piena, bisogna riconoscere e accettare entrambi questi suoi tratti.

Pur essendo il leader e la personalità più in vista del settore informatico, era ancora un ragazzo, con pochissima esperienza nel mondo degli affari. All'epoca, i suoi punti di forza e le sue debolezze erano inestricabilmente legati. D'altro canto, nel 1979 i suoi difetti non si erano ancora rivelati degli ostacoli lungo la strada verso il successo.

Nel corso degli anni, tuttavia, quel groviglio di contraddizioni venne alla luce: grazie alla sua tenacia e alla sua energia, Jobs creò infatti il computer simbolo della Apple, il Macintosh, che fece il proprio debutto nel 1984, ma soltanto un anno dopo i lati peggiori del suo carattere e la sua incapacità di tenerli sotto controllo gettarono l'azienda nel caos e portarono all'allontanamento di Steve. Quelle stesse debolezze gli impedirono poi di realizzare un nuovo eccezionale computer con la NeXT, l'organizzazione che aveva fondato poco dopo avere lasciato la Apple, relegandolo ai margini del settore informatico tanto da renderlo – per ricorrere all'espressione non certo tenera usata da uno dei suoi più cari amici –, «una vecchia gloria» ormai dimenticata. Anche la sua reputazione come dirigente d'azienda ne risentì, al punto che, quando contro ogni previsione nel 1997 fu richiamato alla guida della Apple, ci fu chi, compresi alcuni colleghi di settore, definì «una follia» la decisione del consiglio di amministrazione.

Invece, Steve si rese protagonista di una delle rentrée più memorabili della storia, portando la Apple a commercializzare una serie di prodotti che hanno rivoluzionato la nostra epoca e trasformato un'organizzazione ormai allo sbando nell'azienda più ammirata e con il maggior valore di mercato al mondo. Questo cambiamento non fu l'esito casuale di un miracolo estemporaneo: nel frattempo, infatti, Jobs aveva imparato a sfruttare al massimo le sue doti e a controllare i suoi pericolosi difetti. Questa verità sfata tutti i luoghi comuni e gli stereotipi che circolano su di lui. Nell'immaginario collettivo, Steve è sempre stato o un tiranno illuminato dotato di un incredibile talento nell'individuare i prodotti giusti o un inguaribile figlio di buona donna senza amici, intrattabile e privo di morale; fin dalla nascita e senza mai cambiare, sarebbe sempre rimasto in bilico fra genialità e stronzaggine.

Quel giovane immaturo del Giardino di Allah non avrebbe mai saputo risuscitare l'azienda sull'orlo del fallimento dove tornò nel 1997, né sarebbe stato in grado di pianificare il lento e articolato percorso che, nei suoi ultimi dieci anni di vita, avrebbe decretato lo straordinario successo della Apple. Anche la sua crescita personale fu un cammino complicato. Non conosco un altro imprenditore che sia stato capace di maturare tanto quanto lui. Naturalmente, i cambiamenti di questo tipo sono molto lenti. Come tutti gli adulti si trovano prima o poi a imparare, non basta una vita intera per capire in che modo gestire e controllare i nostri pregi e i nostri difetti. Eppure, anche se non smettiamo mai di crescere, non diventiamo mai persone completamente diverse da quelle che eravamo. In Steve possiamo vedere l'esempio perfetto di qualcuno che è riuscito a condurre mirabilmente questo cambiamento, imparando a sfruttare al meglio le sue doti e ad arginare gli aspetti più problematici del carattere. Ciò non significa che i suoi difetti sparirono e nemmeno che furono sostituiti da nuove qualità; tuttavia, imparò a controllare se stesso, a maneggiare il suo groviglio di talenti e debolezze (almeno la maggior parte). Per capire come questo sia potuto accadere, e dunque per comprendere come sia riuscito a far risorgere la Apple, occorre prima approfondire le contraddizioni che lo agitavano in quel pomeriggio di dicembre al Giardino di Allah.

Cresciuto da genitori che gli avevano insegnato a pensare di essere speciale tanto quanto loro credevano che fosse, fin dall'infanzia Steven Paul Jobs si sentì diverso da tutti. Nato il 24 febbraio 1955 a San Francisco, fu dato in adozione dalla madre naturale, Joanna Schieble, una studentessa dell'Università del Wisconsin a Madison. L'anno precedente, Joanna aveva avuto una relazione con Abdulfattah Jandali, un siriano dottorando in Scienze politiche e, dopo essere rimasta incinta, si era trasferita a San Francisco, mentre Jandali era rimasto nel Wisconsin. Paul e Clara Jobs, una coppia senza figli appartenente alla classe media, adottarono Steve pochi giorni dopo la sua nascita. Quando lui aveva cinque anni, la famiglia traslocò a Mountain View, a una quarantina di chilometri dalla città. Poco dopo, i Jobs adottarono anche una bambina, Patty. Per quanto alcuni considerino l'abbandono da parte dei genitori naturali una sorta di prima esperienza di «rifiuto» in grado di spiegare il temperamento spesso collerico che Jobs esibiva soprattutto all'inizio della sua carriera, lui mi confessò più volte di essersi sempre sentito amato e coccolato da Paul e Clara. Secondo sua moglie Laurene, «si considerava fortunato ad averli avuti come genitori».

Né Paul né Clara erano laureati, ma promisero alla madre naturale di Steve che lo avrebbero mandato all'università. Si trattava di una promessa piuttosto impegnativa per una famiglia piccoloborghese come la loro, ma da quel momento in poi la coppia non fece mai mancare al figlio tutto ciò di cui aveva bisogno. Era un bambino estremamente intelligente: quando, dopo le elementari, saltò la prima media per passare subito in seconda, i suoi insegnanti presero addirittura in considerazione l'idea di fargli frequentare direttamente la terza. Tuttavia, nella sua nuova classe Steve si sentiva emarginato, solo e infelice, oltre a non trovare le lezioni ancora abbastanza stimolanti. Quando insistette per frequentare una scuola migliore, Paul e Clara lo accontentarono, nonostante le ingenti spese che quella scelta comportava. Prepararono i bagagli e si trasferirono a Los Altos, un'agiata cittadina che sorge sulle pendici delle dolci colline a ovest della Baia di San Francisco, ricoperte un tempo da piantagioni di susini. In quegli anni, la nuova comunità faceva capo al distretto scolastico di Cupertino-Sunnyvale, uno dei migliori in tutta la California. Una volta lì, Steve cominciò a fiorire.

I Jobs non solo assecondarono il senso di superiorità del figlio ma ne incoraggiarono anche il perfezionismo, soprattutto per quanto concerne l'accuratezza e il rigore necessari per produrre oggetti di ottima fattura. Paul Jobs, che nel corso della sua vita avrebbe cambiato diversi mestieri, lavorando anche come agente pignoratore, operaio e meccanico, era infatti un appassionato di fai da te, un vero e proprio artista del bricolage. Nei fine settimana, che trascorreva costruendo mobili o riparando automobili, insegnava al figlio quanto fosse importante in questo genere di lavori prendersi tutto il tempo per prestare attenzione ai particolari e – dato che non era certo ricco – darsi da fare per trovare parti di ricambio a poco prezzo. «Nel garage aveva un bancone da lavoro», raccontò Steve in un'intervista alla Smithsonian Institution. «Quando avevo cinque o sei anni, ne tagliò un pezzo e mi disse: 'Steve, ora ne hai uno anche tu'. Poi mi diede alcuni dei suoi attrezzi più leggeri e mi insegnò a usare la sega e il martello [...]. Per me è stato davvero molto utile. Passava tantissimo tempo con me [...] e mi insegnava a costruire gli oggetti, a smontarli e rimontarli.» Nei suoi ultimi anni di vita, quando mi mostrava un nuovo modello di iPod o di portatile, ricordava sempre come suo padre gli avesse detto che quando si costruiva un armadio bisognava prestare la massima cura non solo alla finitura esterna ma anche alla parte posteriore dei cassetti, o che quando si verniciava un'auto non bisognava mai dimenticare le pastiglie dei freni. Quando condivideva con me quei toccanti ricordi, vedevo emergere il suo lato più sentimentale. E a rendere il tutto ancora più commovente era il fatto che riconosceva al padre il merito di avergli insegnato l'importanza dell'eccellenza e della bellezza anche in un settore – l'elettronica digitale – che Paul Jobs non avrebbe mai capito davvero.

La convinzione di essere speciale e la determinazione a fare sempre tutto nel modo migliore fu dunque una miscela esplosiva che gli provenne dal contesto in cui crebbe. Vivere tra la fine degli anni Sessanta e l'inizio dei Settanta in quella che ancora non era chiamata Silicon Valley era un'esperienza unica. Palo Alto e San Jose erano un nuovo tipo di città in espansione e calamitavano ingegneri elettronici, chimici, specialisti di tecnologie ottiche, fisici e programmatori informatici, tutti attratti dalle nuove aziende operanti nei settori dei semiconduttori, delle telecomunicazioni e dell'elettronica. Fu proprio in quegli anni che negli Stati Uniti il mercato dei prodotti elettronici di fascia alta cessò di essere appannaggio del governo e dell'esercito e passò nelle mani della finanza e dell'industria, determinando così la crescita esponenziale del numero di potenziali clienti interessati alle nuove tecnologie. I padri di molti bambini che vivevano nel quartiere di Steve erano ingegneri che lavoravano nei nascenti colossi dell'elettronica situati nei dintorni. Steve Wozniak, il primo, importantissimo socio di Steve, figlio di un ingegnere della Lockheed (i cui laboratori di ricerca e sviluppo nel settore aeronautico e delle telecomunicazioni avevano sede a Mountain View), era cresciuto a Sunnyvale. I genitori di altri suoi amici lavoravano alla Intel, alla Hewlett-Packard, alla Applied Materials e presso altri giganti della Valley.

Un ragazzino interessato alla matematica e alle scienze che avesse avuto la fortuna di trovarsi in quel contesto poteva sviluppare molto più facilmente di altri adolescenti che vivevano altrove una passione e una curiosità per le ultime novità tecnologiche. I teenager appassionati di bricolage smisero di armeggiare con le marmitte dei motorini per dedicarsi all'elettronica. I più fanatici passavano tutto il loro tempo tra i fumi che esalavano dai saldatori e si scambiavano copie consunte di riviste come *Popular Science* e *Popular Electronics*. Assemblavano radio a transistor, impianti hi-fi, ricetrasmettitori, oscilloscopi, razzi, laser e bobine di Tesla, partendo da kit che ordinavano per posta da aziende come Edmund Scientific, Heathkit, Estes Industries e Radio-Shack. Nella Silicon Valley, l'elettronica non era solo un hobby, ma un nuovo settore in piena espansione che molti adolescenti trovavano entusiasmante tanto quanto il rock and roll.

I più precoci, come Steve, avvertivano in tutto questo l'implicita promessa che qualunque cosa potesse essere capita e, di conseguenza, riprodotta. «Avevamo la sensazione di poter costruire da noi tutto ciò che vedevamo», mi raccontò. «Quegli oggetti non erano più un mistero. Guardavamo un televisore e pensavamo: Non ne ho mai assemblato uno ma potrei farcela. Ne ho visto uno nel catalogo della Heathkit e, dato che ho già montato altri due prodotti dello stesso catalogo, so che posso riuscirci anche con questo. Ormai ci era chiaro che tutte quelle apparecchiature erano il risultato del lavoro dell'uomo, non aggeggi magici che ti si materializzavano in casa all'improvviso e che nessuno sapeva come fossero fatti dentro.»

Si unì al Club degli esploratori, un gruppo di quindici ragazzi che si incontravano al campus della Hewlett-Packard a Palo Alto, dove lavoravano a progetti di elettronica e assistevano a lezioni tenute dagli ingegneri della HP. Fu lì che Steve conobbe per la prima volta i computer e che gli venne la balzana idea di mettersi in contatto con Bill Hewlett, il quale, com'è noto, aveva creato con il suo socio il primo oscillatore audio della Silicon Valley all'interno di un garage. Gli telefonò a casa sua, a Palo Alto, per chiedergli alcuni componenti di difficile reperibilità per un progetto cui stava lavorando per il Club degli esploratori. Li ottenne, forse perché già all'epoca sapeva come raccontare una storia avvincente. Sotto molti aspetti, dunque, Steve era il tipico adolescente patito di elettronica; tuttavia, studiava con interesse anche le materie letterarie e si lasciava incantare dalle parole di Shakespeare, Melville e Bob Dylan. Loquace e persuasivo con i genitori, sfruttò queste sue doti anche con gli amici, gli insegnanti e i mentori e, in seguito, con i personaggi ricchi e potenti che avrebbe incontrato nel corso della vita. Capì presto, fin da adolescente, che trovando le parole giuste e narrando una storia coinvolgente poteva conquistare l'attenzione di cui aveva bisogno e ottenere quello che voleva.

Steve non era certo il più brillante tra i suoi compagni quanto a competenze teconologiche. Poi, nel 1969, un amico di nome Bill Fernandez gli presentò qualcuno che era veramente un asso in quel campo: Stephen Wozniak. «Woz» era senza ombra di dubbio un genio e Jobs, come sarebbe in seguito divenuto evidente, dava il meglio quando si trattava di mettere gli altri nelle condizioni di esprimersi al massimo negli ambiti in cui eccellevano.

Anche Wozniak aveva imparato i fondamenti dell'elettronica dal padre e dagli altri papà del quartiere. Timido e con l'aria da secchione, era molto meno determinato e sicuro di sé rispetto a Steve, che pure aveva cinque anni meno di lui. Ciononostante, a scuola e a casa, si era dedicato più assiduamente allo studio della materia e, non ancora tredicenne, aveva costruito un rudimentale calcolatore completo di transistor, resistori e diodi.

Nel 1971, quando ancora non erano stati commercializzati i primi microprocessori single-chip, aveva progettato un circuito stampato zeppo di chip e componenti elettronici che aveva battezzato «Cream

Soda Computer», dal gusto della sua bibita preferita. Si rivelò un progettatore hardware di straordinario talento, che sapeva completare le doti innate in materia di elettronica con una sorprendente capacità immaginativa nel campo della programmazione software. Che si trattasse di circuiti integrati o di applicazioni, riusciva sempre a trovare soluzioni invisibili ad altri.

Steve, pur non essendo dotato della genialità di Wozniak, era animato dal profondo desiderio di offrire apparecchi eccezionali a un pubblico più vasto possibile. Era questa la caratteristica fondamentale che lo distingueva dagli altri appassionati di computer. Fin dal principio, infatti, fu mosso da una naturale vocazione all'imprenditorialità, dalla predisposizione a convincere le persone che gli stavano attorno a perseguire obiettivi che spesso soltanto lui era in grado di vedere, seguendole e incoraggiandole perché riuscissero a raggiungerli. Questa sua inclinazione si rivelò per la prima volta nel 1972, quando avviò un'improbabile collaborazione con Wozniak a scopi commerciali.

Con l'aiuto di Jobs, Wozniak progettò la prima *blue box* digitale, un apparecchio in grado di riprodurre le frequenze utilizzate dai commutatori delle compagnie telefoniche e di mettere in comunicazione un telefono con ogni parte del mondo. Questi ingegnosi (nonché illeciti) dispositivi elettronici a batteria potevano generare specifici segnali sonori di frequenza, cosicché qualsiasi furbacchione avrebbe potuto applicarne uno al proprio apparecchio per fregare i sistemi di commutazione legali ed effettuare gratuitamente chiamate interurbane e perfino internazionali.

Wozniak sarebbe stato felice anche solo di realizzare i circuiti necessari per poi condividerli con gli altri (come avrebbe voluto fare in seguito con il circuito stampato intorno al quale aveva progettato l'Apple I); Steve, invece, gli propose di provare a guadagnarci qualcosa vendendo un prodotto già assemblato. Così, mentre Wozniak perfezionava il progetto, Jobs recuperò il materiale necessario e fissò un prezzo per l'apparecchio finito. I due soci guadagnarono 6.000 dollari, vendendo (perlopiù a studenti universitari) i loro dispositivi illegali a 150 dollari al pezzo. Giravano per i corridoi dei dormitori, bussando alle porte e chiedendo se quella fosse la stanza di George, un tipo, ovviamente inesistente, che si interessava di hacking telefonico. Se vedevano che la faccenda suscitava un certo interesse, mostravano quello che la loro blue box era in grado di fare e ogni tanto riuscivano a venderne una. Ma l'andamento delle entrate era altalenante e appena cercarono di allargare il raggio d'azione, l'impresa fallì: i due chiusero bottega quando un sedicente cliente puntò una pistola contro Steve. Tuttavia, come prima iniziativa non fu niente male.

Potrà forse sembrarvi strano considerare la vita spirituale di Jobs una fonte importante per la storia della sua carriera professionale. Eppure, da giovane Steve si impegnò sinceramente nella ricerca di una realtà più profonda, un piano di coscienza nascosto, che cercò di raggiungere sia sperimentando sostanze psichedeliche sia attraverso la religione. Questa sua sensibilità spirituale ebbe un ruolo essenziale nello sviluppo di una capacità di visione periferica fuori del comune e di un ampio respiro intellettuale, qualità che in seguito gli avrebbero consentito di cogliere occasioni – idee per nuovi prodotti e opportunità professionali – che la maggior parte delle altre persone non sarebbe stata in grado di scorgere.

Se l'ambiente della Silicon Valley generò e nutrì l'ottimismo tecnologico di Steve, gli anni Sessanta furono anche un decennio in cui un adolescente curioso poteva facilmente assecondare l'impulso naturale verso la ricerca di verità più profonde, avendo a disposizione mezzi diversi per intraprendere questo cammino. Come molti altri giovani della sua generazione, Jobs fece proprie le istanze e le aspirazioni del movimento di protesta degli anni Sessanta. Era un figlio del baby boom, provava le droghe, conosceva a memoria i testi della canzoni di Dylan, dei Beatles, dei Grateful Dead, dei Band e di Janis Joplin che inneggiavano alla ribellione, ma apprezzava anche le più astratte ed elitarie divagazioni musicali di Miles Davis e studiava le opere degli autori che considerava i suoi maestri in campo filosofico, in particolare pensatori spirituali come Shunryu Suzuki Roshi, Ram Dass e Paramahansa Yoagananda. Gli ideali dell'epoca erano chiari:

mettere tutto in discussione, soprattutto l'autorità, sperimentare, viaggiare, non avere paura e darsi da fare per creare un mondo migliore.

La grande ricerca di Steve cominciò appena conseguì il diploma alla Homestead High School di Cupertino, quando si iscrisse al Reed College, un prestigioso e costoso istituto privato a Portland, nell'Oregon. Non passò molto tempo prima che cominciasse a frequentare soltanto i corsi che lo interessavano. Poi, dopo un solo semestre, abbandonò improvvisamente gli studi, senza nemmeno avvertire i genitori. Trascorse il secondo semestre dormendo nelle stanze e negli appartamenti di amici e seguendo come uditore alcuni corsi, tra cui uno di calligrafia che, come avrebbe rivelato anni dopo, gli avrebbe fornito l'ispirazione per sfruttare al meglio la capacità del Macintosh di gestire un'ampia gamma di font tipografici. Approfondì lo studio delle filosofie e del misticismo orientali, sperimentando spesso anche con gli acidi, che a volte assumeva come se stesse ricevendo una sorta di sacramento religioso.

L'estate successiva, dopo essere tornato, completamente al verde, a vivere con i suoi a Cupertino, lavorò per un po' in un meleto nell'Oregon che funzionava anche come una specie di comune, finché trovò un impiego vicino a casa come tecnico presso la Atari, l'azienda di videogiochi fondata da Nolan Bushnell, il creatore di Pong. Avendo dimostrato una notevole abilità nel riparare i guasti delle postazioni per videogiochi Arcade, convinse Bushnell a mandarlo in Germania per occuparsi di certi apparecchi a gettoni. Con quell'incarico riuscì a pagarsi un viaggio in India, dove raggiunse l'amico Robert Friedland, il carismatico proprietario del meleto dove aveva lavorato.

Tutto questo percorso va letto nell'ottica di una grande e romantica ricerca di uno stile di vita che avesse un vero significato, in un'epoca in cui la cultura e la società favorivano percorsi di questo tipo. «Bisogna guardare Steve senza perdere di vista il contesto di quegli anni», sostiene Larry Brilliant. «Che cosa stavamo cercando? Si era aperta una frattura generazionale molto più profonda di quella che esiste oggi tra destra e sinistra o tra laici e fondamentalisti religiosi. E anche se i suoi genitori adottivi lo avevano sempre incoraggiato e sostenuto in modo meraviglioso, Steve riceveva quelle lettere da Robert Friedland e altri che erano andati in India per cercare la pace e credevano di avere trovato qualcosa. E Steve stava cercando proprio questo.»

Jobs andò in India nella speranza di incontrare Neem Karoli Baba – un celebre guru che era già stato la guida spirituale di Brilliant, Friedman e molti altri –, il quale morì però poco prima del suo arrivo, a perenne rimpianto di Steve. In quei mesi, visse esperienze diversissime, che accumulò senza avere in mente un disegno preciso, come accadeva per molti altri giovani alla ricerca di una prospettiva sulla vita più vasta di quella che avevano avuto fino ad allora. Partecipò a un evento religioso cui presero parte addirittura dieci milioni di pellegrini, indossò ampie tuniche di cotone, assaggiò cibi dai sapori esotici, si fece rasare i capelli da un misterioso guru e si ammalò di dissenteria. Inoltre, lesse per la prima volta *Autobiografia di uno yogi* di Yogananda, un libro che avrebbe riletto più volte nel corso della vita e che il 16 ottobre 2011 sarebbe stato distribuito a tutti i presenti al ricevimento tenutosi al termine della funzione commemorativa organizzata in suo ricordo nella Memorial Church della Stanford University.

Stando a quanto racconta Brilliant, appena arrivato in India «Steve prese in considerazione l'idea di diventare un *sadhu*». La maggior parte dei sadhu indiani sceglie di condurre un'esistenza ascetica fatta di privazioni per potersi dedicare esclusivamente allo spirito, ma Jobs era troppo inquieto, troppo determinato e troppo ambizioso per quel genere di vita. «L'idea di rinunciare a tutto lo affascinò solo per un momento», prosegue Brilliant. Ciò non significa che tornò negli Stati Uniti disilluso o che abbandonò completamente la spiritualità orientale. Al contrario, cominciò a interessarsi al buddismo, che, a differenza dell'ascetismo indù, ammette un rapporto più stretto con il mondo, e che gli permise di coniugare la sua ansia di ricerca di un'illuminazione personale con l'ambizione di fondare un'azienda in grado di creare prodotti che cambiassero il mondo. Era proprio questo l'aspetto della filosofia buddista che attraeva maggiormente quel giovane in cerca di se stesso, e che continuò ad affascinarlo anche quando diventò un uomo dotato di un'inesauribile vivacità intellettuale. Alcuni elementi del buddismo gli erano tanto congeniali da motivare negli anni seguenti molte delle sue scelte professionali e delle sue idee in campo estetico. Fra l'altro, il buddismo lo faceva sentire autorizzato a pretendere dagli altri, dai prodotti che realizzava e da se stesso solo ed esclusivamente quella che riteneva «la perfezione».

Nella filosofia buddista, la vita è spesso paragonata a un fiume che scorre senza mai fermarsi. Ogni cosa, ogni individuo è in costante divenire. In questa prospettiva, anche raggiungere la perfezione è un processo infinito, un obiettivo che non può mai essere pienamente conseguito. Un concetto, questo, che ben si addiceva al carattere esigente di Jobs: pensare al prodotto che ancora doveva essere inventato, che era proprio lì dietro l'angolo, e ai due o tre che lo avrebbero seguito, era naturale per lui. Le possibilità erano illimitate e non esisteva un vero e proprio traguardo che segnasse la fine. E se anche Steve non era un tipo incline all'introspezione, applicava la medesima filosofia alla sua vita: sebbene a volte potesse essere incredibilmente testardo e prevenuto, continuava ad adattarsi, seguendo l'istinto, imparando e imboccando nuove strade. Era in perenne divenire.

Quasi nulla di tutto ciò trapelava nel mondo esterno e il buddismo praticato da Jobs lasciava perplessi anche i suoi colleghi e amici più stretti. «Aveva questo lato spirituale», ricorda Mike Slade, dirigente marketing che lavorò a stretto contatto con lui, «che sembrava completamente estraneo a tutto quello che faceva.» Prima che lui e Laurene avessero dei figli e che quel nuovo impegno cominciasse a richiedergli molto più tempo di quanto avesse previsto, Steve praticava regolarmente la meditazione. Rilesse più volte *Mente zen, mente di principiante* di Suzuki Roshi e la possibilità di integrare elementi della spiritualità asiatica nella vita professionale divenne uno dei suoi argomenti di conversazione preferiti nelle frequenti occasioni di incontro con Brilliant. Per anni, fece venire una volta la settimana nel proprio ufficio un monaco buddista, Kobun Chino Otogawa, perché lo consigliasse su come mantenere in equilibrio vita spirituale e obiettivi lavorativi. Anche se nessuna delle persone che lo conobbero meglio nei suoi ultimi anni definirebbe Jobs un buddista «devoto», la sua vita fu ispirata intimamente e profondamente da questa disciplina spirituale.

* * *

Quando nell'autunno 1974 tornò in America, Steve rientrò alla Atari, dove si occupò principalmente di diagnostica hardware per la pionieristica – ancorché pessimamente amministrata – azienda di Nolan Bushnell. La Atari era un'organizzazione gestita in modo bislacco e priva di ogni controllo, tanto che Jobs poteva tranquillamente sparire per un paio di settimane e andare a raccogliere mele nella piantagione di Friedland senza che qualcuno si prendesse la briga di licenziarlo o addirittura si accorgesse della sua assenza. Nel frattempo, Wozniak aveva trovato un impiego sicuro, ben remunerato ma non particolarmente stimolante, alla Hewlett-Packard. In quel momento, niente avrebbe lasciato presagire che un giorno Jobs avrebbe ottenuto uno straordinario successo professionale, nel settore dei computer o in qualsiasi altro campo. Eppure, senza rendersene conto, Steve stava cominciando a plasmare la propria vita. Nei tre anni successivi, da perfetto sconosciuto diciannovenne trasandato e vagabondo qual era sarebbe diventato il cofondatore e amministratore delegato (anche se soltanto per un breve periodo) di una nuova e rivoluzionaria azienda.

Jobs ebbe la fortuna di vivere nel periodo più propizio per un ragazzo dotato dei suoi talenti. Era un'epoca di cambiamenti su molti fronti, soprattutto nel mondo della tecnologia informatica. Negli anni Settanta, i computer erano ingombranti macchine chiamate *mainframes*: si trattava di apparecchi enormi, grandi quanto una stanza, venduti a clienti del calibro di compagnie aeree, banche, agenzie assicurative e grandi atenei. La quantità di lavoro di programmazione richiesto per ottenere un risultato – per esempio il calcolo del piano di ammortamento di un mutuo – era immensa. O perlomeno sembrava tale a chiunque avesse studiato informatica all'università, il luogo in cui la maggior parte di noi aveva imparato come riuscire a fare qualcosa con quei marchingegni. Dopo avere scelto il problema da far risolvere al calcolatore, si doveva scrivere dall'inizio alla fine, riga per riga, tutta una serie di istruzioni sequenziali che riportavano in modo logico e preciso il processo necessario per effettuare un calcolo o un lavoro analitico in linguaggi di programmazione come

COBOL o Fortran, il tutto utilizzando in genere una penna o una matita e un foglio di carta. Poi, servendosi di una rumorosa console meccanica, si batteva ogni riga del programma scritto a mano su una scheda rettangolare, che veniva «perforata» in modo che il computer potesse «leggerla». Dopo essersi assicurati che le schede fossero disposte nell'ordine corretto – i programmi più semplici potevano richiedere decine di schede, mentre per quelli più elaborati ne servivano letteralmente montagne – si impilavano, si fermavano con cura con un elastico (o, nel caso fossero troppe, si mettevano in un'apposita scatola) e si consegnavano a un «operatore», che metteva la nostra pila di schede in coda dietro decine di altre in attesa di essere date in pasto al mainframe. Infine, il calcolatore emetteva i risultati, stampandoli su grandi risme di carta a righe bianche e verdi con i fogli piegati a fisarmonica. Nella maggior parte dei casi, per ottenere ciò che si desiderava bisognava modificare il programma almeno tre o quattro volte, quando non decine di volte.

In altre parole, nel 1975 i computer erano tutto fuorché «personal». Scrivere software era un lavoro lento e faticoso e i calcolatori erano grosse apparecchiature il cui acquisto e mantenimento richiedeva notevoli investimenti, ed erano prodotti e venduti da poche, grandi aziende tecnologiche.

Da vent'anni il settore era dominato dalla International Business Machines, la IBM, che da sola vendeva più sistemi mainframe di tutti i suoi concorrenti messi assieme. Negli anni Sessanta, i suoi competitor erano soprannominati «I sette nani» ma nel decennio successivo sia la General Electric sia la RCA fecero un passo indietro, lasciando in partita solo un tenace manipolo di produttori: Burroughs, Univac, NCR, Control Data Corporation e Honeywell. La Digital Equipment Corporation (DEC) controllava invece il nuovo mercato dei meno potenti e più economici «minicomputer», utilizzati nelle aziende di minori dimensioni e nei singoli reparti delle grandi corporation. Nelle fasce più alta e più bassa di prezzo si distinguevano altre due società. La prima, la Cray Research, fondata nel 1972, vendeva i cosiddetti «supercomputer», impiegati principalmente per la ricerca scientifica o per elaborare modelli matematici. Erano i calcolatori più cari in assoluto e il loro prezzo si assestava ben oltre i 3 milioni di dollari. L'altra azienda, quella che produceva le macchine più economiche sul mercato, era la Wang. Nata all'inizio degli anni Settanta, realizzava dispositivi pensati per svolgere un unico compito e noti come «word processor», che all'epoca erano la cosa più vicina a un personal computer, essendo pensati per essere usati da una sola persona per la stesura di documenti scritti.

In quegli anni, le aziende del settore si trovavano soprattutto lungo la East Coast. Il quartier generale della IBM sorgeva nei bucolici dintorni a nord di New York, la DEC e la Wang avevano sede a Boston, la Burroughs a Detroit, la Univac a Filadelfia, la NRC a Dayton, nell'Ohio, mentre Cray, Honeywell e Control Data erano di Minneapolis. L'unico produttore di computer di un certo peso con base nella Silicon Valley era la Hewlett-Packard, che però si dedicava soprattutto alle calcolatrici e agli strumenti di misurazione per test scientifici.

Si trattava di un ambiente assai diverso dal settore tecnologico che conosciamo oggi, dinamico, innovativo e in costante mutamento. Era un mondo grigio e noioso, molto simile a quello delle forniture di impianti e macchinari aziendali. I potenziali clienti erano nell'ordine delle centinaia, organizzazioni con ampie disponibilità finanziarie interessate più alla potenza e all'affidabilità di un'apparecchiatura che al suo prezzo. Non sorprende dunque che i produttori vivessero come in una bolla e fossero diventati un po' troppo sicuri di sé.

In California, molti di quelli che avrebbero poi guidato la rivoluzione in questo campo avevano fondato un gruppo di appassionati, l'Homebrew Computer Club.* Il loro primo incontro si tenne poco dopo la pubblicazione del numero di *Popular Electronics* del gennaio 1975, in cui compariva un articolo sul «microcomputer» Altair 8800. Gordon French, un ingegnere della Silicon Valley, organizzò il ritrovo nel proprio garage, dove mostrò un Altair che aveva assemblato con l'aiuto di un amico partendo da un kit venduto dalla Micro

* *Homebrew* significa «fermentato in casa» e nel linguaggio informatico indica lo sviluppo di software amatoriali. (*N.d.R.*)

Instrumentation and Telemetry Systems (MITS) per 495 dollari. Si trattava di un apparecchio misterioso, grande più o meno quanto un amplificatore di un impianto stereo modulare, che sulla parte frontale aveva due file orizzontali di interruttori a levetta e tante lucine rosse intermittenti. Era un aggeggio ingombrante con cui non si poteva fare molto, ma era la dimostrazione di come tutti potessero avere un computer che si poteva programmare senza doversi mettere in coda e senza dover ricorrere alle schede perforate. Anche Bill Gates lesse quell'articolo e poco dopo, com'è noto, lasciò Harvard per avviare una piccola impresa di nome Microsoft, che avrebbe mosso i primi passi scrivendo linguaggi di programmazione software per l'Altair.

Wozniak sapeva che le macchine della MITS non erano molto più avanzate del Cream Soda Computer che lui stesso aveva assemblato quattro anni prima, nel 1971, avendo a disposizione componenti ben meno sofisticati. Da geek nato qual era, mosso da uno spirito di competizione, abbozzò alcuni progetti di quello che a suo parere sarebbe stato un microcomputer migliore, facile da programmare, gestire e utilizzare. Dover sollevare e abbassare levette e contare lucine era come ricorrere al codice Morse o all'alfabeto semaforico, pensò. Perché non inserire comandi e dati in modo più diretto, servendosi della tastiera di una macchina per scrivere? E perché non fare in modo che il computer proiettasse ciò che si scriveva con la tastiera semplicemente collegando lo schermo di un televisore? E perché poi non collegare anche un registratore a cassetta per salvare su nastro programmi e dati? L'Altair non aveva queste funzionalità, che ovviamente avrebbero reso i computer meno intimidatori e più accessibili. Fu questa la sfida che Wozniak decise di affrontare. Segretamente, sperava che l'azienda dove lavorava, la HP, notasse il suo sforzo creativo e ne riconoscesse la validità, decidendo magari di mettere in produzione una versione del suo progetto.

A questo punto entrò in scena Steve Jobs, opportunista in erba e giovane imprenditore. Era convinto che Wozniak non avesse bisogno della HP e che insieme avrebbero potuto avviare una loro società. Steve sapeva che l'altro era così intelligente e talentuoso che avrebbe progettato un computer tanto economico e facile da usare e da programmare che anche i membri dell'Homebrew ne avrebbero voluto uno. Così, nell'autunno e nell'inverno 1975, mentre Wozniak perfezionava il suo progetto, Jobs cominciò a pensare a come trovare i soldi per l'acquisto della componentistica necessaria per assemblare un prototipo funzionante e abbastanza bello da poter essere presentato al pubblico, e magari anche da poter essere venduto. Ogni quindici giorni i due portavano l'ultima versione della macchina agli incontri dell'Homebrew, per mostrare qualche nuova funzionalità agli osservatori più esigenti in circolazione.

Alla fine, Steve convinse il socio che avrebbero potuto vendere almeno gli schemi dei circuiti del computer e forse anche gli stessi circuiti stampati ai membri del club, i quali poi avrebbero acquistato gli altri componenti di cui avevano bisogno per assemblare un microcomputer. Per raccogliere la cifra da versare a un amico comune perché preparasse degli «schemi di riferimento» per i circuiti stampati, Jobs vendette il suo amato furgoncino Volskwagen e Wozniak la sua preziosa calcolatrice programmabile HP-65. Dopo avere speso 1.000 dollari per la progettazione della scheda madre e avere tirato sul prezzo per metterne in produzione qualche decina, i due soci riuscirono non solo a rientrare dell'investimento, ma anche a ottenere un discreto profitto, vendendo i circuiti ai colleghi dell'Homebrew per 50 dollari al pezzo e intascando un utile netto di 30 dollari per ogni scheda.

Certo, si trattava ancora di un'attività poco più che amatoriale, ma entrambi cominciarono a credere che quei microcomputer avrebbero potuto rivoluzionare il settore. «Eravamo convinti che sarebbero entrati in tutte le case americane», spiegò Wozniak molto tempo dopo. «Ma lo pensavamo per le ragioni sbagliate. Credevamo che tutti avessero le competenze tecniche per usarli, per scrivere i propri programmi e risolvere i propri problemi.» Ciononostante, fu abbastanza perché Steve provasse a convincere il socio a fondare un'azienda, che si sarebbe chiamata Apple. Esistono versioni e storie diverse sull'origine di questo nome; quel che è certo, però, è che fu una scelta brillante. Anni dopo, Lee Clow, che lavorò con Jobs allo sviluppo dell'iconico brand della Apple, mi disse: «Credo che la sua idea fosse che avrebbero dovuto cambiare la vita delle persone offrendo loro una tecnologia di cui non pensavano di avere bisogno, qualcosa di completamente diverso da tutto ciò che già conoscevano. Perciò dovevano trovare qualcosa di informale, semplice e accattivante. In questo si ispirò alla Sony, che si era chiamata Tokyo Telecommunications Engineering Corporation finché [il suo cofondatore] Akio Morita aveva deciso che serviva qualcosa di meno complicato».

La scelta del nome costituisce un perfetto esempio dell'originalità e dello spirito anticonformista che Steve avrebbe infuso nella creazione dei nuovi computer. La parola «Apple» evoca così tante cose! Il paradiso terrestre e il bene e il male che l'umanità conobbe dopo che Eva addentò il frutto dell'albero della conoscenza; Johnny Appleseed, entrato nel mito americano per avere piantato migliaia di meli; i Beatles e la loro etichetta discografica (una coincidenza che in seguito scatenò una controversia legale); Isaac Newton, la mela che cade e il guizzo di un'idea; l'apple pie, altro simbolo americano; la leggenda di Guglielmo Tell, che salvò la propria vita e quella del figlio centrando con una freccia una mela posta sulla testa di quest'ultimo; un'idea di benessere, di fertilità e, naturalmente, il mondo della natura. Non è un nome da geek, come Asus, Compaq, Control Data, Data General, DEC, IBM, Sperry Rand, Texas Instruments o Wipro, per ricordare solo alcuni di quelli più infelici scelti dalle organizzazioni che nel corso degli anni hanno fatto concorrenza alla Apple; al contrario, veicola l'immagine di un'azienda capace di trasmettere (come in effetti ha fatto) un tocco di umanità e creatività al mondo della tecnologia e dei computer. Secondo Clow, quel nome fu un'intuizione straordinaria. Steve sapeva da sempre seguire il proprio fiuto, tratto tipico dei migliori imprenditori e caratteristica essenziale per chiunque voglia guadagnarsi da vivere creando qualcosa che nessun altro prima di lui ha mai nemmeno immaginato.

Naturalmente, capitava che ogni tanto il suo fiuto lo tradisse, come accadde quando si fissò con la prima versione del logo della Apple. Era un disegno in bianco e nero, che nello stile e nella precisione dei dettagli ricordava un'incisione e raffigurava Isaac Newton seduto sotto un melo. Era quel tipo di immagine ricercata e pretenziosa di cui si sarebbe potuto innamorare un giovane studente di calligrafia, ma era decisamente troppo astrusa ed ermetica per un'azienda mossa da così grandi ambizioni. L'autore del logo era un ingegnere della Atari, Ronald Wayne, che Jobs aveva reclutato nella squadra. Più vecchio di lui e Wozniak, avrebbe dovuto fare da paciere se i due ragazzi avessero avuto delle divergenze. I tre si accordarono per una società di cui Jobs e Wozniak possedevano entrambi il 45% e Wayne il restante 10%. Tuttavia, ben presto Wayne decise di non essere pronto a mettere a rischio il proprio futuro investendo nelle capacità di quei due giovani neofiti del settore. Rimase con loro giusto il tempo necessario per disegnare il primo logo dell'azienda e poi, nel giugno 1976, rivendette la propria quota per 800 dollari agli altri due soci, i quali l'anno seguente commissionarono un altro logo. Come Pete Best dei Beatles, anche Wayne si lasciò scappare la migliore occasione della sua vita.

Poco dopo avere iscritto la Apple nel registro delle società con sede in California, il 1° aprile 1976, Jobs e Wozniak si presentarono ancora una volta all'Homebrew Computer Club per mostrare l'ultima versione, completamente assemblata, del loro nuovo dispositivo. Wozniak aveva superato tutte le sfide che aveva incontrato nel corso del progetto. Su un circuito stampato di 23×39 cm aveva installato un microprocessore, alcuni banchi di memoria dinamica ad accesso casuale (DRAM), un'unità di elaborazione centrale (CPU), un alimentatore e altri componenti. Collegata a una tastiera e a un monitor, la macchina permetteva di svolgere due funzioni completamente nuove: programmare direttamente sull'apparecchio restandosene comodamente a casa, senza essere costretti a servirsi di un lontano, ingombrante, costoso e potente computer mainframe e, non meno importante, per la prima volta nella storia dei microcomputer, consentiva di immettere i comandi (e di modificarli e correggerli a proprio piacimento) con la tastiera, vedendoli comparire subito sul monitor in bianco e nero. Entrambe queste possibilità rappresentavano una rivoluzione rispetto al passato.

Wozniak aveva compilato anche una versione dedicata di BASIC

– il più semplice e diffuso linguaggio di programmazione utilizzato dagli amatori – che funzionasse con il microprocessore Motorola 6800, il cuore pulsante di quello che lui e Steve avevano cominciato a chiamare «Apple I». Anche se al momento il suo creatore non era del tutto soddisfatto dell'apparecchio, aveva comunque inventato il primo vero *personal* computer. Steve, dal canto suo, non solo aveva colto la portata di quell'impresa, ma capiva anche tutta la forza dell'espressione «personal computer» in un settore che storicamente non aveva mai saputo essere «personale». Pertanto, quando qualcuno gli chiedeva che cosa fosse quella macchina, rispondeva utilizzando proprio questo nome.

Le reazioni della maggior parte dei membri del club furono però tiepide, dato che per molti di loro metà del divertimento consisteva nel progettare e costruire da sé i sistemi. Dopotutto, non era un caso se avevano scelto di chiamarsi Homebrew Computer Club. L'Apple I, invece, doveva solo essere assemblato, collegato a una tastiera e a un monitor, attaccato alla corrente e acceso. Alcuni protestarono, sostenendo che Steve, chiedendo loro di pagare per avere un apparecchio già completo, venisse meno allo spirito e alla storia del circolo, nato per condividere idee a titolo gratuito.

Non essere in sintonia con questo tipo di pensiero di gruppo era nella natura di Jobs. Era un personaggio fuori degli schemi, un sognatore sicuro di sé, un libero pensatore le cui idee andavano spesso a cozzare contro quelle delle comunità in cui si trovava a operare. Steve non era come gli altri membri del club. Perlopiù, i loro animati dibattiti lo annoiavano. Sebbene alcuni nutrissero ambizioni imprenditoriali che li avrebbero portati a fondare un'azienda, i più erano interessati esclusivamente a questioni di elettronica (per esempio, individuare la soluzione migliore per collegare i banchi di memoria al microprocessore, o pensare a come ottimizzare un computer economico per farci girare i videogiochi cui avevano giocato a scuola sui sistemi mainframe).

Steve era perfettamente in grado di sostenere una conversazione su argomenti di elettronica e progettazione di computer e anni dopo si sarebbe vantato perfino delle sue presunte doti di programmatore. Ma nel 1975 tutti questi complessi dettagli tecnici non lo interessavano in sé e per sé; al contrario, era ossessionato da ciò che sarebbe potuto accadere quando quella potente tecnologia fosse arrivata nelle mani di molti, molti individui.

Nel corso degli anni, Jobs fu a volte sfacciatamente fortunato, altre terribilmente sfortunato. Ed Catmull, presidente della Pixar e suo caro amico, ha più volte sostenuto che, siccome la sorte non può essere controllata e immancabilmente prima o poi ci si para davanti, buona o cattiva che sia, l'importante è farsi trovare preparati. Steve aveva una capacità straordinaria di leggere il contesto che lo circondava e ciò gli consentiva di cogliere al volo le opportunità appena gli si presentavano. Così, quando un imprenditore locale, Paul Terrel, andò da lui e Wozniak dicendo di essere il proprietario del Byte Shop, un piccolo negozio di computer vicino a Mountain View, e spiegò di essere rimasto talmente colpito da voler fare affari con loro, Steve capì subito come muoversi. Il giorno dopo si fece prestare un'auto e andò al Byte Shop, situato su El Camino Real, la strada principale della Silicon Valley. Terrel lo colse di sorpresa, dicendogli che se lui e Wozniak fossero riusciti a fornirgli entro una certa data cinquanta schede madri già assemblate, con tutti i chip installati, le avrebbe pagate 500 dollari al pezzo (in altre parole, dieci volte più di quello che i due ragazzi chiedevano ai membri del club per i circuiti stampati). Senza battere ciglio, Jobs si disse felice di poter garantire la commessa, anche se lui e il suo socio non avevano né il denaro, né i componenti, né tanto meno un «laboratorio» e la «forza lavoro» necessari.

Da quel momento in poi, la capacità di Steve di approfittare delle occasioni che gli capitavano e la sua determinazione avrebbero definito i contorni del suo rapporto con Wozniak. Quest'ultimo, dal canto suo, gli avrebbe insegnato il valore intrinseco di un'ingegnerizzazione perfetta dei componenti. I risultati ottenuti dal suo socio in questo campo contribuirono infatti a rafforzare in Jobs la convinzione che con un genio della tecnologia al suo fianco tutto sarebbe stato possibile. In questo senso, Wozniak fu per lui come Paul Jobs, che gli aveva insegnato quanto fosse importante dedicare la massima cura alla realizzazione di qualsiasi progetto. Tuttavia, fu la capacità di Steve di manipolare il suo socio a guidare il loro rapporto professionale, nel bene e nel male.

Nel 1974, quando la Atari, cercando di replicare l'immenso successo ottenuto con Pong, decise di sviluppare una nuova versione del videogioco, Nolan Bushnell affidò a Jobs il compito di creare un prototipo di console, offrendogli un considerevole bonus se fosse riuscito a ridurre il numero di chip necessari per ciascun circuito stampato. Steve chiese immediatamente l'aiuto di Wozniak, promettendogli che avrebbe spartito con lui i guadagni. Il progetto si rivelò più economico di quanto Bushnell ritenesse possibile e Steve, oltre ai 700 dollari previsti, ricevette un ulteriore premio di 5.000 dollari. Stando alla versione di Wozniak, Jobs gli avrebbe dato solo 350 dollari, invece dei 2.850 che gli sarebbero spettati considerando anche la gratifica aggiuntiva. Nella biografia ufficiale di Jobs, Walter Isaacson scrive invece che Steve negava di avere dato al socio meno del dovuto. L'accusa, però, potrebbe essere fondata, perché anche in qualche altro caso Jobs sarebbe ricorso a simili «scorciatoie» con le persone che gli stavano attorno.

Ciononostante, come del resto è vero per molti altri stretti collaboratori che in seguito si sentirono sfruttati da Steve, anche Wozniak ammette che senza di lui non avrebbe mai ottenuto risultati così brillanti. La commessa di Terrel per una quantità di schede madri pari a un valore di 25.000 dollari, infatti, era di circa 25.000 dollari più alta di quanto Wozniak avesse immaginato di poter guadagnare dal suo computer.

I due giovani erano già riusciti nell'impresa di creare una piccola nicchia di mercato per le loro blue box, exploit che però impallidiva in confronto a quest'ultima sfida: non avevano mai dovuto produrre così tanti esemplari di un dispositivo, non avevano mai dovuto cercare finanziamenti ufficiali per la loro impresa, né avevano mai venduto qualcosa che avesse davvero un qualche valore. Niente di tutto questo riuscì a dissuadere Jobs, che cominciò subito a occuparsi dei dettagli. Come «impianto di produzione» di fortuna, prese possesso di una stanza nella casa dei genitori e costrinse la sorella a montare e saldare i semiconduttori e gli altri componenti negli appositi alloggi della scheda madre. Quando Terrel ordinò altri cinquanta pezzi, Steve spostò la produzione nel garage, dopo che il padre lo ebbe liberato dalle automobili che riparava per poi rivenderle. Per velocizzare la procedura, chiamò a lavorare per lui Bill Fernandez, l'amico che alle superiori lo aveva presentato a Wozniak, e altri ragazzi del quartiere. Organizzò un servizio di segreteria e aprì una casella postale. In altre parole, fece tutto ciò che era necessario.

Nel garage della famiglia Jobs prese forma una sorta di catena di montaggio in miniatura. In un angolo, la sorella di Steve e altri amici installavano e saldavano i chip dei circuiti stampati; accanto a loro lavorava Wozniak, che controllava le schede una volta terminate. Sul lato opposto del garage, i circuiti assemblati erano lasciati per ore sotto la luce di lampade a raggi infrarossi, per testarne la resistenza. La signora Jobs rispondeva alle telefonate. Tutti lavoravano giorno e notte, fine settimana compresi. E Steve era quello che si impegnava più di tutti: spronava incessantemente il gruppo e, se qualcosa andava storto, prendeva rapidamente provvedimenti. Quando una sua ex ragazza dimostrò di non saper saldare correttamente i chip sui circuiti, le affidò la contabilità. Perdeva subito la pazienza e non esitava a sminuire il lavoro della sua squadra, se non lo riteneva adeguato. Durante l'infanzia, Steve si era sempre sentito libero di esprimere apertamente ciò che pensava. Ma in quel garage, durante l'estate 1976, cominciò a capire una delle prime, fondamentali regole del management: se avesse saputo incanalare l'esuberanza del suo carattere, avrebbe potuto trasformarla in un ottimo strumento per motivare gli altri. Fu una lezione che non avrebbe mai più dimenticato.

Sotto l'attenta supervisione di Steve, quella squadra raccolta alla bell'e meglio riuscì sempre a consegnare a Terrel tutte le schede madri che ordinava. Malgrado il successo piuttosto limitato del prodotto (in tutto furono venduti meno di duecento Apple I), l'estate trascorsa in quel leggendario garage fu la prima occasione in cui Jobs raccolse un gruppo di persone che, impegnandosi al massimo, crearono qualcosa di innovativo e miracoloso, qualcosa la cui importanza nemmeno loro riuscivano pienamente ad afferrare. Non fu certo l'ultima volta che gli riuscì un simile numero. Dopo avere abbandonato l'università, intrapreso un avventuroso pellegrinaggio in India, sperimentato qualche illuminante «viaggio» con l'LSD e svolto una specie di tirocinio alla Atari, Steve aveva finalmente scoperto la sua vera missione. E non l'avrebbe più persa di vista.

2
«Non volevo essere un uomo d'affari»

Il primo periodo di Jobs alla Apple è la storia degli esordi di un giovane visionario. Dopo avere avuto un ruolo tanto importante nella realizzazione e nella commercializzazione dell'Apple I, Steve dovette trovare un «campo da gioco» molto più grande di quello offerto dal garage del padre, dove sviluppare la sua immaginazione, la sua intelligenza e il suo intuito: il mondo aziendale e finanziario della Silicon Valley. Pur essendo un tipo che imparava in fretta, non sapeva come fare. Certe persone sembrano nate apposta per la vita aziendale (uno fra tutti, Bill Gates), ma questo non era il caso di Steve.

Se voleva fare qualcosa di più che inventare piccole novità in un garage con i suoi coetanei, doveva imparare a giocare secondo le regole degli adulti. Ma non sarebbe stato facile. Parlando, mi disse diverse volte: «Non volevo essere un uomo d'affari, perché non volevo essere come tutti gli uomini d'affari che conoscevo». Era naturalmente portato ad assumere un atteggiamento anticonformista, ribelle, a considerarsi un minuto Davide in lotta contro il gigantesco Golia del potere in tutte le sue forme. Voleva partecipare a quel gioco, ma secondo le sue regole.

Già subito dopo avere evaso i primi ordini dell'Apple I, Wozniak aveva assicurato al socio di poter progettare un computer migliore. Così come lo immaginava lui, il prossimo modello avrebbe dovuto avere un monitor a colori, essere molto più potente e performante senza però richiedere una scheda madre più ingombrante ed essere dotato di slot di espansione, che gli avrebbero consentito di svolgere un maggior numero di funzioni. Steve sapeva che per assemblare e vendere quella sofisticata macchina serviva un capitale considerevole. Certo non sarebbe bastato il denaro che avrebbero potuto racimolare continuando a elemosinare prestiti da amici e parenti o chiedendo di essere pagati in anticipo dai proprietari dei negozi che avrebbero commercializzato il loro prodotto. Non sapendo dove trovare tutti quei soldi, si attivò per riuscire ad avere qualche contatto con gli imprenditori, i venditori e gli investitori che vivevano nell'inaccessibile mondo della Silicon Valley.

Nel 1976, la strada per il successo nella Valley era ancora tutta da tracciare. Oggi, a un imprenditore basta digitare «venture capital» su Google per trovare dei finanziatori. All'epoca, invece, non c'erano così tanti avvocati, finanziatori e manager e in molti casi le questioni professionali si risolvevano con un incontro a quattr'occhi fra i diretti interessati. Un imprenditore ambizioso incontrava mille ostacoli. Ma Jobs sapeva benissimo come crearsi una rete di contatti. «Sono stato fortunato a entrare nel settore quando era ancora agli albori», mi confessò una volta. «In quegli anni i laureati in informatica non erano molti e chi si occupava di computer aveva studiato matematica, fisica, musica, zoologia, qualsiasi cosa. Quale che fosse la loro formazione, amavano profondamente quel nuovo settore; alcuni, poi, erano anche incredibilmente intelligenti.» Steve non si fece scrupoli ad avvicinare chiunque fosse in grado di offrirgli informazioni o aiuto. Dopotutto, era quello che faceva fin da quando, appena quattordicenne, aveva telefonato a Bill Hewlett… Era del tutto privo dell'incertezza che normalmente un giovane prova quando si accinge a imparare le regole di un ambiente nuovo, come era per lui quello degli investitori. Era sicuro dell'importanza di ciò che faceva e della correttezza delle sue idee, al punto da essere certo che prima o poi qualcuno avrebbe deciso di finanziarle. E quando la sua eccessiva sicurezza di sé non diventava maleducazione, sapeva essere estremamente convincente.

Così, una telefonata e un appuntamento alla volta, si presentò a tutti gli esperti della Silicon Valley, finché riuscì ad arrivare a Regis McKenna, il mago del marketing che aveva già collaborato con la Intel e che presto avrebbe avuto un ruolo di primo piano nel promuovere l'immagine anticonformista della Apple.

Jobs e Wozniak incontrarono McKenna nel suo ufficio. Steve non aveva certo deciso di vestirsi elegante per l'occasione: come al solito, indossava un paio di jeans strappati, era spettinato, scalzo e puzzava. In quel particolare momento della sua vita pensava che deodoranti, scarpe e affini fossero ricercatezze inutili. Dal canto suo, McKenna era un rappresentante sui generis del gotha della Silicon Valley: ben pettinato e con due occhi azzurri dallo sguardo magnetico, era diretto, spietato e aveva conoscenze ovunque, oltre a essere dotato di un tagliente senso dell'umorismo e di una sfacciata sicurezza, che faceva il paio con quella di Steve. Sul suo biglietto da visita era riportato soltanto: «Regis McKenna, *lui in persona*». Riuscì a intravedere la brillante intelligenza dei due giovani al di là del loro aspetto trasandato e pensò che gli piacevano. «Steve era uno che afferrava le cose al volo», ricorda, «e aveva una profonda sicurezza in se stesso, che non lo abbandonava mai.» McKenna e Nolan Bushnell, il vecchio capo di Jobs alla Atari, indirizzarono Steve verso Don Valentine, socio fondatore della Sequoia Capital, una società di venture capital che avrebbe mostrato di saper padroneggiare l'arte di investire nelle aziende tecnologiche prima che raggiungessero il successo.

Valentine apparteneva molto più di McKenna all'élite del settore. Proveniva dal mondo dei chip, dove aveva lavorato con i fondatori della Intel, prima che questi abbandonassero la Fairchild Semiconductor per aprire la loro impresa, ed era stato un dirigente della National Semiconductor. Acconsentì a incontrare i due ragazzi soltanto perché era amico di McKenna e, turandosi il naso, ascoltò quello che aveva da dirgli. Dopo l'incontro, telefonò a McKenna e gli domandò: «Perché diavolo mi hai mandato quei due reietti della specie umana?» Ciononostante, affidò i due a un *angel investor*, un investitore privato che sarebbe stato più propenso a lavorare a stretto contatto con un'azienda anticonvenzionale come la Apple.

Fu così che Steve conobbe A.C. «Mike» Markkula, il quale, nel bene e nel male, sarebbe diventato uno dei suoi più importanti mentori alla Apple. Un giorno, Markkula decise di presentarsi al garage a bordo della sua Corvette dorata perché i due ragazzi potessero illustrargli le meraviglie dell'Apple I. Laureato in ingegneria elettronica ed ex manager della Intel, era riuscito a fare un mucchio di soldi in pochissimo tempo e, non ancora trentenne, quando un altro era stato promosso al suo posto a direttore del reparto marketing dell'azienda, aveva deciso di «andare in pensione». Markkula era un tipo tranquillo, un vero e proprio geek, e ne sapeva perfino un po' di programmazione informatica. Intuì subito il potenziale delle ambiziose idee di Jobs e Wozniak, apprezzando non solo la loro intelligenza e intraprendenza ma anche la loro duttilità. Dopo qualche incontro si decise a investire, obbligando i due ad accettare le sue condizioni. In quello che all'epoca fu uno dei più importanti investimenti privati nel settore, Markkula mise sul piatto 92.000 dollari di tasca propria e chiese un fido di 250.000 dollari alla Bank of America, in cambio di un terzo delle quote della Apple.

Markkula voleva assolutamente che Wozniak, che in quel momento lavorava ancora alla Hewlett-Packard, diventasse un dipendente a tempo pieno della Apple. Lui, dal canto suo, si trovava bene alla HP, ma desiderava più di ogni altra cosa creare un altro straordinario microcomputer. Decise dunque di presentare ancora una volta il proprio prodotto alla HP, per concedere ai dirigenti un'ultima occasione di sviluppare il progetto appena abbozzato che aveva in mente per l'Apple II. Loro non si mostrarono interessati. «Le società, gli investitori e gli analisti con maggiore esperienza, tutti quegli esperti di economia aziendale che avrebbero dovuto essere più svegli di noi, credevano che quel prodotto non avrebbe avuto un grande mercato», ricorda Wozniak. «Erano convinti che sarebbe rimasto una specie di hobby, come i robot o gli apparecchi per radioamatori, e che solo pochi fanatici della tecnologia lo avrebbero trovato interessante.» Così, lasciò l'impiego alla Hewlett-Packard ed entrò ufficialmente alla Apple.

Fin dal principio fu chiaro che Markkula era completamente diverso da Jobs e Wozniak. Minuto, curato ed elegante, con la macchina sportiva, i basettoni, la folta chioma e i completi dai colori sgargianti, sembrava appena uscito da un ufficio casting di moda anni Settanta. Quando parlava con qualcuno, tendeva più che altro a borbottare e, pur essendo chiaramente un tipo intelligente e un grande appassionato di tecnologia, non aveva un carattere energico e determinato, né si mostrava particolarmente battagliero quando si trattava di sostenere le proprie opinioni. Inoltre, anche se era già molto ricco ed era interessato a guadagnare ancora di più, non aveva alcuna intenzione di ammazzarsi di lavoro. È vero che in seguito, quando Jobs lasciò la Apple, Markkula si impegnò al massimo per tentare di tenere a galla l'azienda, ma fu costretto a farlo perché venne a trovarsi nel bel mezzo di una crisi. Del resto, quando incontrò Steve, era più che soddisfatto della sua enorme casa e della liquidazione ricevuta dalla Intel. Una prova lampante di questa sua ambiguità di fondo è data dal fatto che promise alla moglie che non avrebbe lavorato con la Apple più di quattro anni.

Così, quando decise che l'azienda doveva cessare di essere una piccola società per azioni per diventare una corporation e assumere un professionista come amministratore delegato, Markkula fece chiaramente capire di non essere interessato a quell'incarico e come primo presidente e CEO della Apple assunse Michael Scott, detto «Scotty», trentaduenne ex manager della produzione della National Semiconductor. Markkula, che aveva trentaquattro anni, tenne per sé il posto di presidente del consiglio di amministrazione. Era il febbraio 1977 e Jobs, appena ventunenne, aveva affidato la neonata Apple alle cure di due adulti. Purtroppo, né Markkula né Scott sarebbero mai diventati per lui le figure di riferimento di cui aveva bisogno.

L'azienda cambiò sede, spostandosi dal garage dei genitori di Steve in un vero ufficio su Stevens Creek Boulevard a Cupertino. Scott e Markkula cominciarono ad assumere il personale e si occuparono di tutte le procedure per trasformare la Apple in una corporation. Jobs, almeno per i primi mesi, continuò a fare ciò che gli riusciva meglio, preoccupandosi di selezionare e organizzare un piccolo gruppo di persone per creare un prodotto straordinario. Questa volta fu il turno dell'Apple II, il dispositivo con cui i consumatori avrebbero finalmente scoperto che cosa potesse davvero essere un personal computer.

Ancora una volta, Jobs interpretò il ruolo dell'impresario e Wozniak quello del formidabile genio della progettazione. Steve spronò il socio, blandendolo, rimproverandolo e mettendo alla prova le sue capacità. La sua risposta fu una nuova macchina dotata di una versatilità, immediatezza e facilità d'uso mai possedute prima da un microcomputer. Era un apparecchio completo e dalle dimensioni contenute. Per farlo funzionare, bastava collegarlo al monitor di un televisore. L'Apple II, con i suoi componenti interni alloggiati dentro un elegante case di plastica beige con tastiera integrata, ricordava le macchine per scrivere elettroniche diffuse in quegli anni, intuitive e facili da usare. Era stato pensato come un prodotto finito, pronto per entrare nelle case, nelle scuole e negli uffici. L'Apple I, adesso era chiaro, sarebbe stato relegato al mondo dei saldatori, degli oscilloscopi, dei voltometri e di tutte le altre diavolerie elettroniche con cui il consumatore medio non voleva avere nulla a che fare.

Rispetto al suo predecessore, il nuovo modello era dotato di un microprocessore molto più veloce e di una maggiore memoria, garantendo pertanto prestazioni notevolmente migliori. Aveva un amplificatore audio, una cassa acustica e un ingresso jack al quale potevano essere collegati un joystick per giocare o un registratore a cassette per salvare i dati in modo economico. Wozniak voleva che gli appassionati di programmazione potessero cominciare a usarlo subito, perciò aveva preinstallato sul sistema anche il linguaggio BASIC, caricandolo su un chip dedicato saldato alla scheda madre. Ma l'aspetto più importante era forse che il computer era progettato per poter ricevere aggiornamenti hardware, nel caso se ne volessero migliorare in generale le prestazioni o si intendesse ottimizzare la macchina per un compito specifico (funzioni di calcolo, creazione di database, compilazione di programmi, videogiochi). Wozniak aveva inserito otto cosiddetti «slot» di espansione, grazie ai quali sarebbe stato possibile aggiungere schede specifiche – in sostanza, circuiti stampati di dimensioni ridotte – che, lavorando con il microprocessore e i chip di memoria saldati alla scheda madre, avrebbero permesso per esempio di aggiungere un lettore per i floppy disk, di migliorare la risoluzione video e la definizione del suono o di espandere la memoria. Con le applicazioni software professionali e le schede di espansione dedicate che presto sarebbero state immesse sul mercato, l'Apple II sarebbe potuto diventare un computer molto più completo e potente.

Come già era accaduto nel garage dei suoi genitori, le manie di perfezionismo di Jobs e il suo innato anticonformismo crearono qualche tensione. Per esempio, era contrario agli slot di espansione, perché credeva che un computer come quello, pensato per un grande numero di utenti, dovesse essere facile da usare e che nessuno avrebbe mai avuto voglia di aprirlo per espanderne le caratteristiche hardware. L'idea di fondo – vendere una macchina dotata della facilità d'uso di un comune elettrodomestico – era forse condivisibile come obiettivo a lungo termine, ma sarebbe stata una scelta completamente sbagliata per un personal computer nel 1977. Gli appassionati di elettronica che avevano fiuto per gli affari si erano infatti già mostrati interessati a progettare le schede che avrebbero permesso all'Apple II di comunicare con telefoni, strumenti musicali, apparecchiature di laboratorio, dispositivi medici, stampanti e così via. Wozniak lo aveva capito, e questa volta riuscì a convincere Steve.

Ci furono però molti altri casi in cui le scelte controcorrente di Jobs si rivelarono azzeccate. Per esempio, era convinto che per essere davvero personal, un computer non avrebbe dovuto assomigliare a quelli che usavano le grandi aziende: nessuno avrebbe voluto una macchina di quel tipo sulla scrivania. Così, convinse un talentuoso ingegnere, Frederick Rodney Holt, a progettare uno speciale alimentatore che non richiedesse la presenza di una ventola in costante movimento per evitare il surriscaldamento della macchina. Steve insistette anche per avere un case che conferisse al dispositivo l'aspetto di un oggetto di uso quotidiano e non quello di un apparecchio di laboratorio. Per cercare ispirazione, visitò perfino alcuni grandi magazzini. Oggi un'idea di questo tipo può sembrare ovvia, ma in quegli anni gli appassionati di computer preferivano telai di aspetto industriale, quando non sistemi privi di case che, oltre a mettere in mostra tutta la complessità dei componenti interni, rendessero più semplice l'accesso nel caso di eventuali modifiche. Per gli utenti meno esperti, tuttavia, il design dell'Apple II appariva più rassicurante, finito e gradevole, qualità che lo rendevano completamente diverso da tutti gli altri computer. Anche se la prima applicazione software di una certa importanza – VisiCalc, un foglio elettronico scritto da Dan Bricklin – sarebbe arrivata soltanto nel 1979, l'Apple II, venduto al prezzo di 1.295 dollari, ottenne un enorme successo fin da quando fu presentato, nell'aprile 1977.

Di lì a un anno, l'azienda abituata a produrre poco più di una decina di Apple I la settimana avrebbe venduto quasi cinquecento macchine al mese.

Per la seconda volta, Jobs aveva dimostrato grandi qualità di leader, quando si trattava di dirigere un gruppo ridotto di persone. Ma la sfida più difficile per lui fu capire come farsi guidare dagli altri, nello specifico da Markkula e Scott, mentre si occupavano di qualcosa che lui sapeva bene di non poter ancora fare da solo: progettare, avviare e dirigere un'azienda in espansione che sviluppasse, producesse, distribuisse e vendesse computer. Cedere ad altri il controllo non era invece stato un problema per Wozniak, il quale non nutriva alcun interesse per le questioni legate alla direzione di un'impresa in rapida crescita. Ormai diventato un programmatore elettronico di fama mondiale, era più che felice del ruolo di vicepresidente del settore ricerca e sviluppo della Apple, dove poteva continuare a inventare e confrontarsi con i colleghi ingegneri.

Per Steve, ovviamente, fu molto più difficile accettare la situazione, e non solo perché fin dall'adolescenza aveva seri problemi a rapportarsi con l'autorità. Aveva infatti capito che il suo anticonformismo era fondamentale nella creazione di quei prodotti rivoluzionari che avrebbe voluto ideare, e aveva notato che il suo carattere ruvido e irascibile poteva stimolare un gruppo di persone a trovare il modo di concretizzare la sua visione. Purtroppo, le sue idee non corrispondevano allo stile dirigenziale più posato e maturo che Scott stava cercando di portare in azienda.

Ciò che Scott aveva da offrire erano procedure e sistemi. Se volessimo paragonare la Apple a una famiglia, era come se lui si occupasse di tutte le incombenze necessarie – la gestione del conto in banca, il pagamento delle rate del mutuo e così via –, anche se ovviamente ciò che faceva per l'azienda era molto più complicato. Aveva maturato una grande esperienza nel settore della produzione industriale lavorando come ingegnere alla National Semiconductor; era il classico nerd tecnologico, come si intuiva già dal portapenne di plastica che portava nel taschino delle sue camicie a maniche corte. Aveva già avuto occasione di coordinare centinaia di persone e dirigere gli articolati processi di fabbricazione di un'azienda produttrice di chip. Alla Apple, si accollò il grosso del lavoro manageriale necessario ad avviare da zero una moderna organizzazione operante nel settore tecnologico: trovò una sede per gli uffici, affittò gli spazi e i macchinari per la produzione, allestì un processo di fabbricazione affidabile, organizzò un reparto vendite, stabilì i controlli di qualità, supervisionò le fasi di progettazione, dotò il management dei sistemi informativi e selezionò uno staff dirigenziale che si occupasse delle assunzioni e del bilancio. Grazie a lui furono stretti i primi, fondamentali accordi con importanti fornitori di hardware e sviluppatori di software, e Steve imparò moltissimo osservandolo mentre gestiva tutti questi aspetti.

Alle difficoltà intrinseche alla mansione di Scott si aggiungeva il fatto che la Apple fosse una delle primissime aziende a operare in un settore che si distingueva dalla maggior parte degli altri per un elemento cruciale. I computer erano infatti sistemi nei quali si trovavano a convivere tre tecnologie in rapida e costante evoluzione: semiconduttori, software e archiviazione dati. Una sola organizzazione non sarebbe mai riuscita a ideare un apparecchio all'avanguardia, attrezzare un impianto di produzione e occuparsi della fabbricazione del prodotto per poi aspettare con comodo di contare i soldi guadagnati. Un simile sistema aveva funzionato nel passato per aziende come la Polaroid e la Xerox, ma i tempi erano cambiati. Ora, una volta inventato un nuovo computer, bisognava rimettersi subito al lavoro per cercare di migliorarsi prima che qualcun altro escogitasse una versione più aggiornata e, come un novello Prometeo, rubasse il fuoco. Ed era un lavoro che doveva continuare sempre, prodotto dopo prodotto.

In effetti, ben presto fu evidente come la strategia vincente per un'azienda fosse quella di cominciare a lavorare al dispositivo che avrebbe reso obsoleta la sua più recente e stupefacente creazione *molto prima* che quest'ultima arrivasse al pubblico. Il mercato tecnologico, all'epoca ancora a uno stadio embrionale, cambiava con sconvolgente rapidità. Inoltre, ciascuna delle tre tecnologie alla base dei computer si evolveva in modo indipendente e a un ritmo impressionante, perciò tutti cercavano di portarsi in vantaggio adottando i componenti migliori e più recenti non appena diventavano disponibili.

Malgrado tutti gli sforzi che facevano per gestire le loro aziende nel modo più rigoroso possibile, i principali dirigenti del settore dovevano accettare che quello stato di costante fermento avrebbe prima o poi mandato all'aria tutti i loro piani. Mike Scott possedeva le qualità e la personalità tipiche di un buon direttore operativo, ma non era certo un amministratore delegato eccezionale, e non riuscire a dare alla Apple la stabilità da lui tanto agognata lo stressava. Una stabilità che, soprattutto a causa di Jobs, non sarebbe mai riuscito a raggiungere davvero.

Naturalmente Steve, perlomeno a livello razionale, capiva che per realizzare la sua visione l'azienda doveva seguire procedure precise e collaudate; ciononostante, era irresistibilmente attratto dall'instabilità. Il suo piano, in fondo, era quello di sovvertire il mercato dei computer. La stabilità era una delle caratteristiche della IBM, e secondo lui la Apple doveva essere l'anti-IBM.

Inutile a dirsi, quel matrimonio combinato fra un uomo che aveva abbracciato l'incertezza e un altro che si affannava per raggiungere la stabilità non era destinato a durare. Un primo presagio dell'inevitabile divorzio si intravide già nelle prime settimane dopo l'arrivo di Scott alla Apple, quando il nuovo CEO dovette numerare progressivamente i badge che tutti nel nuovo ufficio di Stevens Creek Boulevard avrebbero dovuto portare. Quando decise che Wozniak sarebbe stato il «Dipendente n. 1», Jobs andò subito da lui a lamentarsi. Non ci volle molto prima che cedesse e consegnasse a Steve un nuovo badge creato apposta per lui, con la scritta «Dipendente n. 0».

In parte per come gestiva i suoi dissidi con Markkula e Scott, in parte perché esprimeva le proprie opinioni come se fossero dati di fatto e in parte perché nel corso della sua lunga carriera parlando con la stampa fu sempre restio a spartire con altri il merito dei successi della Apple, Jobs si fece la reputazione di un egocentrico che non era disposto a imparare nulla dagli altri. Questo giudizio tradisce però una fondamentale incomprensione della sua personalità, anche per quegli anni di gioventù in cui poteva effettivamente essere molto arrogante e prepotente.

In cerca di modelli, Steve non osservava solo i suoi superiori più anziani alla Apple, ma guardava anche altrove. Non possedendo ancora le qualità manageriali necessarie per creare un'azienda di successo, ammirava profondamente quelli che già erano riusciti nell'impresa e faceva di tutto per conoscerli e imparare qualcosa. «Nessuno di loro lo faceva per soldi», mi raccontò una volta. «Dave Packard, per esempio, ha lasciato tutto alla sua fondazione. Avrebbe potuto essere l'uomo più ricco al cimitero, ma non lo faceva per soldi. Anche Bob Noyce [cofondatore della Intel] era così. Sono abbastanza vecchio da avere fatto in tempo a conoscerli. Quando avevo ventun anni, ho conosciuto Andy Grove [CEO della Intel dal 1987 al 1998]. Gli ho telefonato e gli ho detto che avevo sentito che era un asso della logistica, poi gli ho chiesto se accettava un invito a pranzo. Ho fatto lo stesso anche con Jerry Sanders [fondatore della Advanced Micro Devices], Charlie Sporck [fondatore della National Semiconductor] e altri. Così sono riuscito a incontrare tutti quei personaggi che avevano creato una loro azienda… Ero affascinato da quella particolare atmosfera che aleggiava nella Silicon Valley.»

In genere, quegli uomini più vecchi trovavano divertente discutere con un tipo così loquace, brillante e ansioso di imparare e gli davano volentieri qualche consiglio. Ovviamente, dato che non lavoravano con lui, c'erano scarse possibilità che da questi incontri si sviluppassero rapporti più stretti. Alcuni di quei personaggi, infatti, erano eroi personali di Steve, che avrebbe incontrato solo una o due volte, come Edwin Land, il fondatore della Polaroid. Tra le molte qualità che vedeva in Land, Jobs apprezzava sicuramente la volontà di realizzare prodotti che gli utenti trovavano eleganti, pratici e affascinanti (come la rivoluzionaria SX-70, la macchina fotografica pieghevole che sbalordì l'America negli anni Settanta), il fatto che nelle sue scelte si affidasse all'intuito piuttosto che alle ricerche di mercato, l'inesauribile entusiasmo e la creatività con cui guidava l'azienda che aveva fondato.

Ma alcuni di quegli uomini gli avrebbero fatto da mentori per tutta la vita. Grove, per esempio, in molti momenti critici della carriera di Steve sarebbe stato per lui una sorta di consulente personale, nonostante la Apple – almeno fino al 2006 – fosse una delle grandi aziende informatiche che non utilizzavano processori Intel. Jobs nutriva per lui un grande rispetto. Ebreo ungherese scampato alle persecuzioni fasciste e a un campo di concentramento nazista durante la seconda guerra mondiale, sopravvissuto a una rivoluzione fallita e al lungo assedio sovietico di Budapest, Grove aveva perso quasi del tutto l'udito a seguito di una grave forma di scarlattina contratta quando aveva quattro anni e da adolescente era riuscito a fuggire dal regime comunista e a raggiungere completamente da solo Ellis Island. Cinico e pragmatico come qualsiasi altro uomo d'affari, era però una persona poliedrica e dai vasti interessi, proprio come Steve. Aveva imparato perfettamente l'inglese al City College di New York, insieme con tutta una serie di feroci insulti che pronunciati da lui suonavano incredibilmente velenosi per via dell'accento ungherese. Steve ammirava la sua miscela di pragmatismo ed esuberanza e sperava di poterla replicare, un giorno.

Andy Grove, che insieme con Steve Jobs e Bill Gates forma la troika cui spetta il merito di avere introdotto il personal computer tra le masse, si era subito fatto notare dopo essere stato assunto come primo dipendente della Intel Corporation, una «startup» fondata nel 1968 da due ingegneri della Fairchild Semiconductor, Robert Noyce e Gordon Moore, che nel 1965 aveva coniato l'omonima legge. In sostanza, la legge di Moore individuava un rapporto tra prezzo e performance dei semiconduttori che nessun altro aveva notato prima: il numero di transistor contenuti in un processore di determinate dimensioni raddoppiava ogni diciotto mesi circa, senza che ciò andasse a incidere direttamente sul suo costo. Fu Grove che meglio di tutti capì quanto fosse difficile fabbricare componenti per semiconduttori affidabili in quantità tali da soddisfare la domanda di produttori di computer come IBM, Sperry e Burroughs. In un certo senso, dunque, fu lui a trasformare la legge di Moore in un modello di business e a permettere al mercato di aspettarsi incrementi prestazionali significativi a intervalli piuttosto regolari. Grove era noto per essere un tipo concreto e imprevedibile nelle sue decisioni strategiche; una delle più celebri fu quella di abbandonare il mercato dei chip di memoria, dal quale provenivano quasi tutte le entrate della Intel, per riconvertire l'azienda in un produttore di microprocessori per personal computer e workstation, entrambe categorie di prodotto allora emergenti, e in seguito per macchine più ingombranti dette *file servers*. Il suo eclettico e articolato stile dirigenziale divenne il modello da seguire per le organizzazioni della Silicon Valley, tanto che per qualche anno Grove tenne anche una popolare rubrica dedicata a questioni di management sul *San Jose Mercury News*.

Un altro eroico pioniere del settore era Noyce, cofondatore della Intel, nonché inventore dei circuiti integrati. Nel 1977 Jobs e Wozniak presentarono l'Apple II a lui e ai membri del consiglio di amministrazione della Intel. Pur apprezzando la tecnologia alla base del prodotto, Noyce non gradì i capelli lunghi e l'aspetto trasandato dei due giovani. Ciononostante, Steve continuò sempre a cercare i suoi consigli e con gli anni i due divennero amici. La moglie di Noyce, Ann Bowers, fu tra i primi a investire nella Apple e nel 1980 ne diventò addirittura la prima vicepresidente delle risorse umane.

I rapporti che Jobs instaurava con i suoi mentori esterni all'azienda potevano essere molto stretti. «Steve sentiva il bisogno di una famiglia», ricorda McKenna. «Veniva da noi e si sedeva in cucina con me e mia moglie [Dianne, architetto urbanista in seguito sindaco di Sunnyvale]. Quando telefonava, voleva immancabilmente scambiare qualche parola anche con lei. Abbiamo sempre avuto la sensazione che cercasse una famiglia. Quando avevo qualche problema con il mio Apple II, veniva dal suo ufficio a sistemarmelo. Io gli dicevo: 'Steve, hai cose molto più importanti da fare', ma lui continuava a venire. 'Così riesco anche a fare una chiacchierata con Dianne', rispondeva.»

In parte perché era una persona piacevole, in parte perché Markkula gli aveva chiesto di lavorare come consulente per la Apple e in parte per la sua esperienza in un settore verso il quale Steve si sentiva naturalmente attratto – il marketing –, McKenna divenne il più importante fra i suoi primi mentori. Era insuperabile quando si trattava di raccontare la storia di un marchio, ma era anche un ottimo stratega aziendale. I marketer sono sempre stati essenziali per la Silicon Valley, quasi quanto gli ingegneri. Ogni progresso tecnologico deve essere raccontato in modo accattivante, se si vuole che esca dai laboratori e arrivi negli uffici e nelle case. Poiché si tratta perlopiù di migliorie a tecnologie con cui i consumatori hanno ben poca familiarità, con un impatto potenziale piuttosto indefinito quando non assai incerto, il compito di un buon marketer è rendere accessibili queste idee a noi comuni mortali affetti da tecnofobia. McKenna ebbe un ruolo di primo piano nell'affermazione di molte aziende di successo – non solo nella Silicon Valley –, tra cui National Semiconductor, Silicon Graphics, Electronic Arts, Compaq, Intel e Lotus Software.

McKenna notò subito che Steve non solo era un affabulatore formidabile, ma era anche molto motivato. «Sapeva benissimo come muoversi nell'ambiente della Silicon Valley», ricorda. «Hai presente quei ragazzini che crescono per strada e sanno sempre dove andare per trovare una certa cosa e conoscono i rapporti di potere all'interno del quartiere? Nella Valley ci sono ottime probabilità che il tuo vicino di casa sia un ingegnere elettronico o un programmatore software, e un bambino sveglio e curioso può imparare tantissimo anche solo andando in giro e osservando. Steve frequentava quell'ambiente fin da quando aveva cominciato le scuole medie, e cercava di capirne i meccanismi.»

I due trascorsero molte ore insieme nella cantina della casa in stile ranch di McKenna a Sunnyvale, discutendo degli obiettivi che Jobs aveva in mente per la Apple e per il suo straordinario Apple II. Le loro conversazioni vertevano su aspetti diversi del mondo aziendale – design, marketing, sviluppo del prodotto e strategie –, per capire come potessero essere combinati per dare vita a un'azienda di successo. McKenna sapeva presentare gli elementi necessari per la riuscita nel modo più congeniale a Steve. «Discutevamo di come il fatturato di una società fosse la sua migliore risorsa di marketing», racconta. «Perché la gente si accorga di te e ti conceda un po' della sua attenzione, soprattutto nel settore dei computer, devi essere un'organizzazione con ottimi risultati finanziari.»

McKenna si sentiva affascinato e stimolato da Jobs. «Era un tipo piacevole e divertente, ed era anche molto intelligente. Poteva parlare degli argomenti più disparati. Spesso cominciavamo a chiacchierare di qualcosa di banale e poi finivamo a discutere di affari. Una volta mi chiese se pensassi che la Apple potesse superare la Intel. La mia risposta, ovviamente, fu che la Intel operava nel settore della componentistica e che in genere quel tipo di aziende aveva un fatturato molto alto.»

I due legarono così tanto che in quegli anni McKenna fu probabilmente la persona che più di ogni altra riuscì a conoscere a fondo Steve, forse anche perché non era disposto a tollerare i tratti peggiori del suo carattere. «Era impulsivo e si scaldava subito, ma con me non alzava mai la voce, non era mai irascibile. Discutevamo? Certo! Litigavamo? Come no! Ma andavamo anche molto, molto d'accordo», assicura. «Un giorno una mia assistente mi disse che Steve aveva chiamato perché aveva bisogno di qualcosa, urlando e sbraitando e prendendola a male parole. Alla prima occasione, gli dissi: 'Senti un po', non azzardarti mai più a comportarti così'. La mia assistente mi raccontò poi che la volta successiva che era venuto da noi, era entrato nel suo ufficio per chiederle scusa e dirle che era mortificato per il suo comportamento. Mi ero fatto le ossa nel settore dei semiconduttori con Charles Sporck, Don Valentine e altri personaggi dello stesso calibro, in un ambiente in cui se non sapevi farti valere venivi spazzato via, perciò non avevo alcun problema a dirgli: 'Steve, adesso chiudi la bocca'. Non era per cattiveria se tentava di prevaricare gli altri. Ma quando le persone si comportavano da tirapiedi, glielo lasciava fare.»

McKenna e il suo team lavorarono con Jobs a una campagna di marketing che rappresentasse l'Apple II come il computer facile da usare, rivolto a un pubblico molto più vasto di quello offerto dai patiti della tecnologia. Il titolo del primo pieghevole promozionale ideato da McKenna recitava: «La semplicità è il massimo grado di perfezione». All'epoca si trattava di un'idea contraria a ogni trend del settore, se si considera che la maggior parte dei produttori esistenti, inclusi Commodore, MITS e Vector Graphics, promuoveva le proprie macchine tra gli appassionati con chilometriche brochure in bianco e nero nelle quali si presentavano ai maniaci dell'informatica nuove, straordinarie funzionalità. La scelta di adottare uno stile di marketing più vicino al consumatore avrebbe distinto la Apple dalla concorrenza anche nei decenni a venire.

McKenna aiutò inoltre Steve a capire che quel tipo di immagine avrebbe dovuto essere applicato a ogni aspetto dell'azienda. Fin da subito, infatti, convinse Jobs che, poiché i suoi computer non avevano all'apparenza nulla di speciale, la Apple avrebbe dovuto scegliere un logo incontrovertibilmente moderno, abbandonando quello disegnato da Ronald Wayne, che ricordava una vecchia incisione e si addiceva più a uno *head shop* di Berkeley che a un'azienda pronta a guidare la rivoluzione informatica. Il vecchio simbolo fu così sostituito con l'ormai celeberrima mela morsicata attraversata da sei vivaci strisce dei colori dell'arcobaleno poste una sopra l'altra senza lasciare spazi, come espressamente voluto da Steve. Aveva un'aria elegante e moderna e sembrava promettere che i computer Apple sarebbero stati molto più divertenti e facili da usare dei sistemi mainframe IBM, dove le iniziali del marchio erano date da sobrie linee bianche distanziate tra loro su fondo blu (una specie di motivo gessato disposto in orizzontale).

Come spiegò allora Jobs: «Il principio fondamentale su cui si basa la nostra azienda è che tra una persona e un computer succeda qualcosa di speciale, qualcosa di completamente diverso da quello che accade quando a un computer lavorano dieci persone. Quello che vorremmo provare a fare è rimuovere l'ostacolo rappresentato dal dover imparare a usare un computer».

Anche Steve, come McKenna, aveva il dono di saper esprimere

concetti tecnologici complessi con parole semplici, chiare e appassionate. Entrambi erano consci che per la Apple questo rappresentava una preziosa risorsa, soprattutto considerata la totale mancanza di carisma da parte degli altri leader dell'azienda. Un mirabile esempio delle sue straordinarie doti comunicative si trova in un articolo pubblicato dal *New Yorker* alla fine del 1977, quando il lettore medio conosceva così poco l'argomento che a un giornalista era ancora concesso indugiare in doppi sensi, ricorrendo a espressioni come «computer nudo» e facendo pessimi giochi di parole tra «byte» (omofono di *bite*, «morsicare») e «Apple» («mela»).

L'inviato della rivista incontrò Jobs allo stand della Apple nel corso di una fiera di informatica. «Magari ci fossero stati i personal computer quando ero ragazzo», gli disse Steve, per poi lanciarsi in una tirata:

> Negli ultimi dieci anni si è sentito raccontare di tutto sui computer da parte dei media. Per quanto oggi i computer controllino molti aspetti della nostra vita, la maggior parte delle persone non ha idea di che cosa siano veramente. Ora, per la prima volta, è possibile comprare un computer al prezzo di un buono stereo, interagirci e scoprirne tutti i segreti. È come smontare pezzo per pezzo una Chevrolet del 1955. Oppure, prova a pensare alle macchine fotografiche. In tutto il Paese ci sono migliaia di persone che seguono corsi di fotografia. Anche se non diventeranno mai fotografi professionisti, vogliono comunque capire come funziona una macchina fotografica. Lo stesso sta accadendo con i computer. Nel 1976 abbiamo avviato una piccola azienda di personal computer in un garage di Los Altos e oggi siamo la più importante società al mondo in questo settore. Produciamo quello che a noi piace pensare sia la Rolls-Royce dei computer. Un computer addomesticato. Tutti si aspettano di trovarsi davanti una serie di luci intermittenti, ma alla fine scoprono che si tratta di qualcosa di molto simile a una macchina per scrivere portatile che, collegata a uno schermo adatto, può mostrare immagini e testi a colori. Quelli che lo usano si sentono gratificati, ne sono entusiasti. Continuano a chiederci che cosa è in grado di fare e,

per quanto possa davvero svolgere un sacco di funzioni, credo che la cosa più importante che sta facendo ora è insegnare alla gente come si programma un computer.

Prima di dirigersi verso uno stand in cui un gruppo di ragazzi giocava a un videogioco, *Space Voyager*, il reporter domandò a Steve se volesse dirgli quanti anni aveva. «Ventidue», rispose lui.

Possiamo notare qui come nel corso di una breve chiacchierata informale con un giornalista di passaggio, che scriveva fra l'altro per una rivista decisamente non di argomento tecnologico, Jobs sia riuscito a trovare diverse immagini capaci di rendere più comprensibile per il consumatore medio il dispositivo soltanto all'apparenza semplice, ma in realtà tremendamente complesso, che lui e Wozniak avevano creato. Steve mostra di capire la recondita paura delle persone che i computer possano un giorno assumere il controllo della loro vita (la stessa che sfrutterà anche in seguito, in particolare nell'ambientazione orwelliana del famoso spot *1984*), di comprendere la loro ignoranza in materia, e fornisce delle analogie rassicuranti e alla portata di tutti: le Chevrolet, le macchine per scrivere, quelle fotografiche… Fa davvero credere che un computer non sia più difficile da usare di una macchina fotografica, arrivando addirittura a definire l'Apple II «addomesticato».

Con tutto ciò, non perde l'occasione per dichiarare gli ambiziosi obiettivi della sua azienda e del suo prodotto, paragonando il computer assemblato qualche mese prima da due capelloni californiani a una Rolls-Royce, organizzazione che all'epoca poteva vantare settantatré anni di attività, emblema dell'eccellenza nel settore automobilistico e icona di stile e di gusto. Arriva perfino ad assegnare alla propria azienda un'importanza mondiale, un'affermazione priva di ogni fondamento che proietta però la Apple nella stessa categoria di IBM, DEC e Burroughs, che in quegli anni erano i colossi del settore. Era davvero un formidabile affabulatore, e McKenna gli insegnò come trarre il massimo profitto da questa sua dote.

* * *

Furono due le migliorie che contribuirono a far schizzare alle stelle le vendite dell'Apple II. Innanzitutto, si decise di installare un lettore floppy, supporto che avrebbe reso molto più semplice il caricamento delle applicazioni; in seguito, nel 1979, un programmatore indipendente, Dan Bricklin, presentò VisiCalc, il primo enorme successo nel mercato dei software. Il programma rendeva relativamente semplice l'utilizzo di un foglio elettronico per la gestione di modelli finanziari e, quando si accorse di tutto il tempo che avrebbe potuto risparmiare nella stesura di un bilancio, nella compilazione di un inventario o nella preparazione di un piano aziendale, anche chi non era un patito della tecnologia trovò all'istante una ragione molto valida per acquistare un computer. Dal giorno alla notte, la Apple visse una sorprendente quanto fulminea ascesa. Poiché i computer che produceva costavano circa 1.300 dollari e le vendite raggiunsero rapidamente l'ordine delle decine di migliaia di unità al mese, fu come se l'azienda avesse scoperto un pozzo di petrolio a getto continuo. Il volume d'affari passò dai 7,8 milioni di dollari del 1978 ai 47 milioni del 1979, fino a raggiungere i 117,9 milioni nel 1980, anno in cui la Apple si collocò sul mercato tramite un'offerta pubblica iniziale (IPO). Nessun'altra azienda era mai cresciuta in modo tanto vertiginoso. A quel punto, anche la stampa non di settore cominciò a interessarsene, e pubblicazioni come *Esquire*, *Time*, *BusinessWeek* e altre si occuparono seriamente della Apple. La rivista *Inc.* arrivò addirittura a mettere una foto di Jobs in copertina, accompagnandola con il roboante titolo: «Quest'uomo ha cambiato per sempre il mondo degli affari».

Il fatto che le cose andassero così bene impediva che trapelassero all'esterno i problemi che affliggevano la Apple, legati alle diverse e contrastanti personalità dei leader.

Ognuna delle figure di riferimento che Steve si era scelto al di fuori dell'azienda gli stava insegnando molto più dei dirigenti della Apple. Edwin Land era un pioniere che aveva visto rifiutate le sue invenzioni ma alla fine, grazie alla testardaggine, era riuscito a creare una grande impresa. Robert Noyce era un personaggio carismatico con lo sguardo sempre volto al futuro e aveva fondato la Intel solo dopo essere uscito dall'ingombrante ombra di William Shockley, la personalità più imponente nella storia dei semiconduttori. I sistemi di gestione aziendale di Andy Grove erano i più complessi e accurati che Mike Scott avesse mai visto, eppure Grove aveva reso la propria organizzazione uno dei luoghi più creativi della Silicon Valley. E Regis McKenna imparò a muoversi con una tale destrezza nell'instabile e mutevole cultura della Valley che alla fine avrebbe scritto diversi libri per insegnare agli altri a fare come lui. Erano tutte personalità poliedriche, complesse, profonde e affascinanti, a proprio agio di fronte al cambiamento e che vivevano come sarebbe piaciuto a Steve, in quello che sembrava il punto d'incontro fra tecnologia e arti liberali. Erano tutti uomini che giocavano la grande partita del mondo aziendale secondo le loro regole.

È impossibile dire che cosa sarebbe potuto accadere se uno di quei personaggi fosse stato il capo di Steve alla Apple. Forse sarebbe riuscito a mettere a frutto quel suo groviglio di contraddizioni. Ma non ci è dato saperlo. I suoi interlocutori erano Scott e Markkula, e loro, com'era ormai chiaro, non erano in grado di tenerlo a freno. Riuscivano a malapena a incanalarne l'energia creativa. L'incontro tra il giovane Steve Jobs e il vasto mondo che lo circondava stava per trasformarsi in una sorta di collisione al rallentatore, che gli sarebbe costata il posto di lavoro, gli avrebbe alienato gli amici e lo avrebbe privato dell'azienda che lui stesso aveva fondato.

3

Ascesa e caduta

Ogni luogo comune ha un fondo di verità. Quello secondo cui Jobs era in parte un genio e in parte uno stronzo dipende in larga misura dal comportamento che tenne negli ultimi sette anni del suo primo periodo alla Apple. È ad allora che risalgono infatti i suoi più celebri successi e i suoi errori più imperdonabili; quello fu il momento della sua vita in cui cercò maggiormente le luci della ribalta e fu più ribelle. Si creò un seguito di ammiratori e uno stuolo di nemici. In quella fase, il contraddittorio intrico di qualità e difetti di Steve prese il sopravvento, travolgendo lui e la sua azienda. Quegli anni ci forniscono una pietra di paragone per il resto della sua carriera.

Il modo in cui gestiva la sua vita privata, che era caotica, sregolata e incasinata come quella della maggior parte dei ventenni – soprattutto quelli che cercavano di avere successo nel mondo degli affari rinunciando al sonno, a una vita sociale o a una famiglia – arrivò a un punto di non ritorno quando, nel 1978, rifiutò di riconoscere la paternità della bambina avuta da Chrisann Brennan, che per qualche tempo era stata la sua ragazza. Chrisann aveva dato alla luce la loro figlia Lisa nel maggio 1978, nel meleto di Robert Friedland nell'Oregon, e tre giorni dopo il parto Steve l'aveva raggiunta per passare un po' di tempo con lei e la neonata. Ciononostante, per mesi negò di essere il padre della piccola e non contribuì al suo mantenimento, anche quando un test disposto da un tribunale ne accertò la paternità al 94,4%. Era come se credesse che, semplicemente negando il fatto, sarebbe riuscito a confutare quella prova. Anche quando finalmente cominciò a versare un assegno mensile di 385 dollari, continuò ad affermare di non essere certo di essere il padre della bambina. Andava a trovarla di rado e lasciò che fosse Chrisann a crescerla da sola, in una casa fatiscente di Menlo Park.

Ci vollero anni prima che decidesse di far entrare Lisa nella sua vita. In seguito, tuttavia, si disse più volte profondamente pentito: sapeva di avere commesso un terribile errore, di essersi comportato in modo inaccettabile. Lisa ha raccontato della distanza che sentiva tra lei e suo padre, dell'incertezza e dell'instabilità provate quando era piccola. Anche Chrisann ha parlato e scritto su questo argomento, dipingendo (per quanto in modo non certo imparziale) Steve come un compagno e un padre irresponsabile, negligente, assente e crudele. Quando si discute se Jobs fosse una persona «buona» o «cattiva», è proprio questa l'accusa più grave nei suoi confronti. A soli ventitré anni, la nascita di Lisa lo richiamò alle responsabilità della vita adulta: lui ignorò quel richiamo proprio come rifiutò la figlia.

I suoi colleghi più stretti sapevano di Lisa, sentivano Steve negare quella paternità e lamentarsi di essere perseguitato da Chrisann. Arthur Rock descrisse in seguito questo suo atteggiamento come una sorta di «fissazione». Soprattutto per uno poco avvezzo ai sentimentalismi come Rock, questo comportamento trovava corrispondenza nella condotta irresponsabile che Jobs aveva cominciato a tenere anche alla Apple. Sia quando lavorava con quelli che avrebbero dovuto essere i suoi superiori, come Rock stesso, sia quando prendeva decisioni sui dipendenti, sembrava indifferente alle possibili conseguenze delle sue scelte. Trasmetteva una totale mancanza di empatia.

L'anno seguente alla sua visita al Giardino di Allah, quando la Apple fece il grande salto e si quotò sul mercato, questo atteggiamento si accentuò ulteriormente. Molti anni dopo, Steve rivelò a Susan Barnes, direttrice finanziaria sia della Apple sia della NeXT, che il 12 dicembre 1980 (giorno dell'IPO della Apple) era stato il più importante di tutta la sua carriera, perché solo in quel momento era stato sicuro che le persone che avevano decretato il successo dell'azienda avrebbero guadagnato un sacco di soldi. Ciononostante, Jobs aveva deliberatamente escluso dai proventi delle azioni collaboratori come Bill Fernandez e Daniel Kottke, un ingegnere che aveva conosciuto al college, anche se il loro apporto era stato decisivo nella nascita della Apple in quell'estate 1976 nel garage di suo padre. Aveva una ragione «tecnica» per farlo: ai dipendenti retribuiti a ore non spettavano le quote azionarie «riservate ai fondatori», che avrebbero permesso ad altri trecento vecchi dipendenti assunti a tempo indeterminato di diventare milionari. Ma la sua mancanza di generosità cominciava a delinearsi come parte di un tratto caratteriale molto più complesso.

«Era pieno di energie», spiega Lee Clow, il direttore dell'agenzia pubblicitaria Chiat/Day, che dopo avere lavorato al celebre spot *1984* sarebbe diventato molto amico di Steve, «ma le riversava quasi esclusivamente nel lavoro.» E siccome era ancora un giovane immaturo, il suo dare la priorità al successo professionale rendeva di fatto sostituibile la maggior parte delle persone che aveva attorno. Per esempio, Fernandez e Kottke, per quanto fossero stati importanti tre anni prima, secondo lui non erano riusciti a tenere il passo. Il loro contributo non era più essenziale per la Apple, perciò non lo era nemmeno per la sua vita. Bisognava innanzitutto ricompensare chi in quel momento stava concorrendo a migliorare l'azienda. Si trattava della cinica valutazione di un ragazzo la cui vita professionale stava per crescere fino a raggiungere dimensioni che lui stesso non aveva mai pensato possibili. Tuttavia, la logica sottesa a questo tipo di ragionamento comportava un costo emotivo che Jobs non aveva preso in considerazione: Kottke, Fernandez e altri come loro si sentirono offesi e disprezzati. Anche Steve pagò lo scotto di un simile atteggiamento, che contribuì a isolarlo sempre di più all'interno dell'azienda. Non capiva ancora che nel mondo degli affari è importante avere degli amici veri; se ne sarebbe reso conto soltanto più tardi.

Dopo l'IPO, il patrimonio di Jobs fu valutato intorno ai 256 milioni di dollari. Questa cifra, riportata da tutti i mezzi di comunicazione, le automobili di lusso che cominciarono a frequentare il parcheggio della sede della Apple, le case di campagna e le costose vacanze di cui si sentiva parlare concorsero a diffondere all'interno dell'azienda la sensazione che la quotazione in Borsa avesse diviso i dipendenti in vincenti e perdenti. La Apple, che nel 1977 era formata da un piccolo gruppo di persone, nell'estate 1981 era diventata un'organizzazione con duemilanovecento impiegati. Nell'autunno 1980, il suo personale era raddoppiato in appena tre mesi. Nacquero dissapori e divisioni interne. I «veterani» cominciarono a riferirsi a quel periodo come all'«era dei babbei», mostrando disprezzo per i nuovi arrivati.

Pur non ostentando quasi mai la sua nuova ricchezza, Steve contribuì personalmente a estremizzare questa situazione. I dipendenti si dedicavano o alla gestione e al supporto dell'Apple II o allo sviluppo di nuovi prodotti. L'Apple II era l'articolo di punta dell'azienda e richiedeva quel genere di lavoro mirato a perfezionare e rendere ancora più utile il prodotto, perché potesse avere successo ancora per molti anni. Il personale assegnato all'Apple II si occupava di potenziare la rete di distribuzione delle centinaia di rivenditori, collaborava con gli sviluppatori di software (una figura professionale allora emergente) assicurandosi che avessero a disposizione tutti gli strumenti necessari per compilare programmi più interessanti, in grado di attrarre un numero sempre maggiore di consumatori, e lavorava a modelli più aggiornati del prodotto, come l'Apple IIe e l'Apple GS. Era un'attività economicamente molto remunerativa: l'Apple II, in tutte le sue diverse configurazioni, fu estremamente longevo e prima che uscisse di produzione, nel 1993, ne furono venduti quasi sei milioni di esemplari. Per dieci anni, l'azienda si affidò al vecchio Apple II di Woziak per sostenere la sua spettacolare crescita. In effetti, fu soltanto nel 1988 che i ricavi provenienti dalle vendite del Macintosh riuscirono finalmente a superare quelli dell'Apple II.

Jobs, che ufficialmente era responsabile dello sviluppo di quel prodotto, non impiegò molto a stufarsene. Sentiva «nelle ossa», per usare un'espressione a lui cara, che serviva una nuova, straordinaria creazione. Il progresso del settore informatico avveniva a un ritmo vertiginoso e lui credeva che se la sua azienda si fosse limitata a riproporre versioni aggiornate dell'Apple II, le conseguenze avrebbero potuto essere fatali. Dopo avere espresso apertamente queste preoccupazioni, propose che i migliori ingegneri e addetti marketing cominciassero a lavorare con lui a quello che sarebbe stato il prossimo rivoluzionario prodotto Apple. Se questo suo atteggiamento mortificava decine di specialisti hardware e programmatori software dell'azienda, risultava particolarmente offensivo nei confronti di Wozniak, che alla fine scelse di continuare a seguire l'Apple II, invece di unirsi al team del Mac. «Alcuni ingegneri che lavoravano all'Apple II erano trattati come se non esistessero», raccontò lui stesso. Più l'organizzazione cresceva, più Wozniak e Steve si allontanavano.

In generale, Jobs aveva ragione a credere che la Apple dovesse presentare presto una nuova, strabiliante creazione. Nel campo dei computer, la ricetta migliore per mantenere i profitti in costante aumento è avere già pronto un prodotto appena quello precedente raggiunge l'apice del successo. Markkula, Scott e il consiglio di amministrazione concordarono che fosse necessario cominciare a lavorare con una certa urgenza a un nuovo modello pensato espressamente per l'ufficio, considerate le insistenti voci secondo cui la IBM, che fino ad allora era stata il gigante dormiente del settore, aveva cominciato a studiare il progetto di un personal computer (immesso poi sul mercato nell'estate 1981). Pertanto, nel 1978 il CDA della Apple fornì a Steve le risorse economiche e il personale di talento necessari per avviare lo sviluppo di un degno successore dell'Apple II.

Allora, il settore era appena agli inizi e tutti procedevano alla cieca, compreso Jobs. Non aveva ancora capito una cosa molto importante: nella maggior parte dei casi, un prodotto rivoluzionario è il risultato di un accumulo regolare di nuove funzionalità e si ottiene solo dopo una lunga serie di prototipi fallimentari, operando una sintesi delle tecnologie già disponibili. Lui e Wozniak, invece, erano partiti a testa bassa, lavorando sodo, e avevano creato al primo colpo qualcosa di eccezionale e completamente nuovo. Steve credeva che sarebbe sempre andata così, ma scoprì che una corporation non funzionava in quel modo.

Per il nuovo computer, che si sarebbe dovuto chiamare Apple III, c'erano obiettivi al contempo ambiziosi e concreti: sarebbe stato pensato sia per l'ufficio sia per un uso domestico e avrebbe avuto un monitor a colori capace di proiettare ottanta caratteri per riga di testo, vale a dire il doppio dell'Apple II. Dal momento che in genere anche i documenti battuti a macchina avevano fino a ottanta caratteri per riga, l'Apple III avrebbe potuto competere alla pari con i computer espressamente dedicati alla videoscrittura della Wang, che negli ultimi due anni avevano invaso gli uffici statunitensi ed europei più di quanto l'Apple II fosse riuscito a entrare nelle case degli utenti. Se non avessero commesso errori, il nuovo modello avrebbe spalancato loro le porte del mercato dei personal computer.

Dopo il successo dell'Apple I e dell'Apple II, Steve nutriva fin troppa fiducia nelle proprie di capacità di giudizio e prese una serie di decisioni sbagliate cui si rivelò poi difficile rimediare, prima fra tutte la direttiva che il nuovo computer, che avrebbe avuto un ingombro ridotto per lasciare un ampio spazio di lavoro su una normale scrivania da ufficio, avrebbe dovuto essere silenziosissimo e pertanto privo di ventola di raffreddamento. Questo rallentò spaventosamente il processo di sviluppo, perché gli ingegneri dovettero capire come creare flussi d'aria convettivi che raffreddassero sia la scheda madre in cui era alloggiato il chip del processore, sia l'alimentatore. Senza una ventola, questi due componenti avrebbero potuto portare la temperatura interna del dispositivo ai livelli di quella di un forno per pizza. La soluzione studiata dai tecnici fu quella di usare il case stesso come dissipatore di calore; ciò comportava però la necessità di realizzarlo in alluminio pressofuso, un materiale che avrebbe fatto lievitare i costi e la complessità del processo di produzione.

A frenare lo sviluppo dell'Apple III, tuttavia, non furono solo le richieste di Steve. Volendo attirare anche le persone che avevano già acquistato un Apple II, l'azienda decise che i programmi già comprati o compilati personalmente dagli utenti per il vecchio modello funzionassero anche su quello nuovo. Ma quella della retrocompatibilità si rivelò una questione assai più fastidiosa e complicata di quanto Jobs avesse immaginato, e il tempo che gli ingegneri dovettero dedicare a risolvere il problema rallentò il progetto quasi tanto quanto la sua pignoleria in materia di hardware. Steve non smetteva di incalzare il team addetto all'Apple III perché superasse questi ostacoli il più rapidamente possibile, incurante delle difficoltà intrinseche incontrate dai tecnici. Abituato alle magie di Wozniak, abilissimo nel risolvere i problemi e a escogitare sempre nuovi espedienti, si aspettava che anche gli ingegneri hardware e software con cui lavorava ora sapessero fare altrettanto. Purtroppo, non era così.

L'insofferenza mostrata da Jobs nei confronti dei meccanismi della vita aziendale era comprensibile. Lui era un visionario. Oggi, in particolare nell'ambiente della Silicon Valley, questo termine è un po' abusato, ma se esiste qualcuno che fin dalla sua adolescenza può essere definito tale, quella persona era Steve. Aveva la capacità di vedere più lontano degli altri, di intuire come idee già esistenti ma non ancora sviluppate potessero essere combinate per creare qualcosa di nuovo, eccezionale e per altri inimmaginabile. La sfida per lui consisteva nel riuscire a diventare un visionario pragmatico: è solo così che un sognatore può trasformarsi in qualcuno capace di cambiare il mondo.

Verso la fine del 1979, qualche settimana prima della visita al Giardino di Allah, su richiesta di Bill Atkinson, Jef Raskin e altri tecnici della Apple, Jobs aveva deciso di andare a vedere il lavoro di un noto informatico, Alan Kay, e di altri ingegneri al Palo Alto Research Center della Xerox, a dieci minuti d'auto da Cupertino. Il PARC è poi diventato famoso per avere sviluppato le basi di molte importanti tecnologie, come l'interfaccia Ethernet per reti locali, i monitor ad alta risoluzione, le stampanti laser e la programmazione orientata agli oggetti.

Quell'estate, la Xerox aveva deciso di partecipare, insieme con altre società di venture capital, a un secondo investimento nella Apple, che ammontava complessivamente a 7 milioni di dollari. Come parte dell'accordo, Steve aveva ceduto agli investitori una quota azionaria del valore di un milione di dollari; in cambio, la Xerox aveva concesso alla Apple di dare una sbirciatina alle sue tecnologie più all'avanguardia (o, come dicono nella Silicon Valley, aveva «aperto il kimono»). Quelle visite erano per Jobs vere e proprie rivelazioni; al PARC trovava infatti conferma visiva e materiale di tutto ciò che secondo lui i computer avrebbero potuto e dovuto essere.

Fu là che lui e la sua squadra scoprirono tecnologie che sarebbero state utilizzate prima esclusivamente dal Lisa e dal Macintosh e poi da tutti i personal computer. Videro un dispositivo con lo schermo – che non era nero ma bianco – delle dimensioni di un foglio A4, su cui potevano essere proiettati font tipografici neri così precisi e definiti da sembrare stampati. I caratteri erano stati «bitmappati», vale a dire che ogni pixel dello schermo riceveva istruzioni individuali dal computer, una tecnologia completamente nuova che consentiva agli sviluppatori di avere il pieno controllo grafico di un monitor (in precedenza, era possibile immettere a schermo soltanto font rudimentali, simili a quelli delle macchine per scrivere, di colore bianco, verde o arancione su fondo nero. La creazione di immagini grafiche era ancora fuori discussione).

La possibilità di bitmappare i font costituiva solo un aspetto di questa rivoluzionaria novità: lo schermo in questione era anche in grado di proiettare e organizzare il contenuto delle informazioni digitali del computer sotto forma di «icone», a loro volta bitmappate e non più grandi di un francobollo. Queste ultime rappresentavano visivamente documenti e file che potevano essere salvati «dentro» cartelle virtuali, a loro volta rappresentate da icone, servendosi di uno strano dispositivo di puntamento che i geek del PARC chiamavano «mouse», che poteva essere utilizzato anche per spostare il cursore sul monitor quando si scriveva o si lavorava a un documento. Per cancellare un file o una cartella, si «trascinava» con il mouse l'icona corrispondente su un'altra immagine che compariva sullo schermo e aveva l'aspetto di un cestino per la carta, dove letteralmente si «buttavano» i file. In confronto agli schermi neri con quei bizzarri caratteri verdi che l'avevano preceduta, questa «interfaccia grafica utente», o GUI, avrebbe rappresentato per il settore informatico un cambiamento tanto epocale quanto lo era stato il passaggio dal muto al sonoro nel cinema.

I ricercatori del PARC, ben consapevoli dell'enorme portata di un simile sviluppo, erano sbigottiti che la Xerox avesse pagato per avere il privilegio di concedere a Jobs e agli altri visitatori della Apple la possibilità di conoscere questa nuova, straordinaria tecnologia. Credevano, a ragione, che la dirigenza della Xerox, la cui sede principale era sulla East Coast, non fosse veramente interessata alla creazione di un nuovo computer; i loro piani prevedevano la realizzazione di migliori fotocopiatrici e forse la messa a punto di un sistema di videoscrittura in grado di competere con quello offerto dalla Wang. La Xerox non si decise a produrre un computer basato sulle tecnologie sviluppate al PARC fino al 1981. Il risultato fu lo STAR, un curioso dispositivo disponibile solo per il mercato aziendale e venduto come parte di un sistema che prevedeva la presenza di almeno tre desktop collegati in rete, del costo di 16.000 dollari l'uno. Nonostante fosse un microcomputer molto potente per gli standard dell'epoca, i quasi 50.000 dollari necessari per installare la configurazione di sistema minima per un ufficio erano una cifra che molti potenziali clienti non erano disposti a spendere. L'impatto che lo STAR ebbe sul mercato fu dunque insignificante.

Steve capì che il GUI della Xerox poteva essere la base di qualcosa di più ambizioso e allo stesso tempo più personale. Visualizzare delle icone su uno schermo avrebbe reso più immediato e intuitivo l'uso del computer per tutti. Le interfacce esistenti, con i loro misteriosi comandi e tutti quei simboli tipografici simili a quelli che nei fumetti si usano per censurare le parolacce, rappresentavano una sorta di barriera tra l'utente e i risultati forniti dalla macchina. Sostituendo quei comandi con icone facilmente gestibili tramite un mouse, sfruttare la capacità di elaborazione dati di un computer sarebbe diventato naturale come entrare in una biblioteca e prendere un volume da uno scaffale o discutere con un amico o un insegnante particolarmente brillante. L'immediatezza di questa interazione, di questo dialogo con la macchina, avrebbe permesso a Jobs di raggiungere il suo obiettivo finale: creare un dispositivo veramente personale accessibile a chiunque. Per esprimere la sua idea di quello che un computer avrebbe dovuto essere, Steve usava una metafora: *una bicicletta per la mente*. Quella visita al PARC fece di lui un uomo profondamente diverso: aveva visto con i suoi occhi le tecnologie che avrebbe voluto rendere disponibili al mondo intero.

* * *

Ora Jobs doveva capire come raggiungere questo traguardo senza uscire dai confini imposti dalla Apple. Fu un progetto straordinariamente ambizioso, che solo lui in azienda avrebbe potuto concepire e che nessun altro avrebbe potuto rendere tanto follemente complicato. Il lungo percorso che ne seguì, ricco di deviazioni e costellato di imprevisti, avrebbe alla fine condotto alla presentazione del Macintosh nel 1984.

Dopo essere stato al PARC, Steve si disinteressò definitivamente all'Apple III. Il suo impegno in tal senso aveva già cominciato ad affievolirsi quando si era reso conto che il dispositivo sarebbe stato solo un aggiornamento dell'Apple II. Ma ora decise di abbandonarlo del tutto, determinato ad applicare quanto aveva imparato al PARC a un altro computer già in fase di sviluppo, una macchina pensata espressamente per le grandi aziende, quelle che comparivano nella Fortune 500 (la lista delle maggiori imprese statunitensi) e avevano bisogno di una potenza di calcolo che un Apple II o perfino un Apple III non erano in grado di offrire.

Lo sviluppo del Lisa, come sarebbe stato chiamato il nuovo dispositivo, non aveva ancora mostrato progressi significativi, nonostante fosse cominciato già intorno alla metà del 1978. Quando Steve ne assunse il comando all'inizio del 1980, la squadra che se ne occupava fu attraversata da un'intensa quanto fugace ondata di ottimismo. Jobs affermò che era sua ferma intenzione fare in modo che il Lisa fosse il primo computer dotato di mouse e di un'interfaccia grafica utente, aggiungendo che quella era la loro occasione per portare a compimento un'impresa storica. Chiese a Bill Atkinson, lo sviluppatore software responsabile del progetto, quanto tempo sarebbe occorso per tradurre ciò che avevano visto al PARC in un software in grado di girare sul Lisa. Atkinson rispose che gli ci sarebbero voluti al massimo sei mesi, sbagliando di circa due anni e mezzo. A quanto pare, Steve non era l'unico alla Apple convinto che fosse sufficiente avere chiaro ciò che si voleva fare per risolvere ogni problema nel minor tempo possibile.

Nel breve periodo in cui si dedicò al Lisa, Jobs rivelò tutti i suoi difetti. Ancora una volta, non riuscì a trovare una mediazione tra ciò che la dirigenza chiedeva per quel computer che aveva chiamato come la figlia e le sue convinzioni personali. Anche se il dispositivo era stato ideato per il mercato aziendale, Steve pensava quasi esclusivamente a trovare il modo di renderlo più intuitivo e accessibile agli utenti privati. Di nuovo, la sua intuizione era corretta se vista sul lungo periodo – anni dopo, la semplicità d'uso sarebbe diventata una caratteristica fondamentale per diffondere i computer nelle piccole e grandi imprese – ma mancava della prospettiva necessaria per avere successo a breve termine. Steve accettò che il Lisa disponesse di tutte le speciali funzioni richieste da istituzioni ed enti, ma quello che lo affascinava davvero erano gli angoli stondati delle icone dell'interfaccia desktop.

Atkinson e i suoi programmatori riuscirono a migliorare significativamente quanto avevano visto al PARC: il Lisa fu il primo computer in cui trovarono piena applicazione i concetti di interfaccia utente, di finestre sovrapponibili, di scrolling fluido e di mouse così come li conosciamo oggi. Ciononostante, Jobs non fu in grado di gestire il progetto, in larga misura perché, considerando che i suoi interessi non coincidevano con quelli degli utenti ai quali il computer era rivolto, non seppe fornire al gruppo che vi lavorava un indirizzo preciso. E quando, com'era inevitabile, lo sviluppo del prodotto giunse a un punto morto, cominciò a prendersela con tutti, attaccando personalmente i membri del team e minacciando di rivolgersi a Wozniak, che sicuramente sarebbe riuscito a fare tutto meglio e più rapidamente. Scott tentò di dare una mano a Steve rivolgendosi a Larry Tesler, uno dei ricercatori più brillanti del PARC, e ad alcuni suoi colleghi, perché definissero meglio gli obiettivi del progetto e lo portassero avanti con più rigore. Ma quando, due mesi dopo avere assunto Tesler, Scott verificò lo stato di avanzamento dei lavori, si accorse che il Lisa sarebbe stato pronto troppo tardi, avrebbe avuto un prezzo troppo alto e sarebbe stato una macchina confusa e farraginosa.

Nell'autunno 1980, Scott fece fuori Jobs dal team, dopo soli nove mesi, sostituendolo con John Couch, un ex dirigente del settore ingegneristico della Hewlett-Packard. Per due volte di fila Steve aveva fallito nella guida di una squadra che avrebbe dovuto creare un computer destinato al mercato. Quasi tutti quelli che operavano nel settore informatico sapevano entrare in perfetta sintonia con i bisogni dei clienti del mondo aziendale, ma non Jobs.

Le conseguenze delle difficoltà che da sempre Steve aveva con l'autorità – l'incapacità di gestire gruppi di persone troppo numerosi, il rifiuto di mettere le proprie qualità al servizio dei superiori (i quali, va detto, non brillavano per efficienza) – furono catastrofiche. Il lancio sul mercato dell'Apple III si rivelò un disastro: il computer fu pronto solo nel maggio 1980, con un anno di ritardo sulla programmazione, e fu messo in vendita a partire da 4.340 dollari, più del doppio di quanto era stato previsto. Di lì a poche settimane, quando un'allarmante percentuale di pezzi venduti cominciò a manifestare gravissimi problemi di funzionamento a causa del surriscaldamento, molti clienti decisero di restituire le macchine che avevano acquistato, chiedendo di essere rimborsati. In alcuni casi la scheda madre si scaldava così tanto che lo stagno delle saldature si ammorbidiva e i chip uscivano dai loro alloggi. Alla fine, gli esemplari sostituiti furono quattordicimila. (Il problema non era il case in alluminio, che riusciva a dissipare il calore, ma il fatto che i componenti interni fossero stati montati troppo vicini fra loro sulla scheda madre.) Inoltre, quella della retrocompatibilità si era rivelata una questione così complicata che al momento del lancio sul mercato i programmi disponibili erano pochissimi, quindi anche i dispositivi che non presentavano malfunzionamenti non risultavano particolarmente utili. L'Apple III fu un completo flop: prima che, nel 1984, ne fosse sospesa la produzione, ne furono vendute solo centoventimila unità (in quello stesso intervallo di tempo furono acquistati quasi due milioni di Apple II).

La responsabilità di trovare una soluzione a questi problemi, resa tanto più pressante dal fatto che le azioni dell'azienda erano fra le più contrattate, ricadeva in gran parte sulle spalle di Scott. Ma Jobs sabotava immancabilmente le iniziative del suo capo: umiliava i fornitori che lui era riuscito a convincere, si lamentava sempre con tutti di inezie come il colore dei banchi del laboratorio, e a ogni piè sospinto rallentava il calendario di produzione stabilito da Scott, fissandosi su particolari insignificanti. Era come se non imparasse nulla dagli insuccessi; anzi, sembrava che questi servissero soltanto ad accrescere l'antipatia che provava nei confronti di Scott, che in fondo si stava solo sforzando di trovare un equilibrio tra le diverse priorità di migliaia di dipendenti. Steve, però, non accettava compromessi e ogni decisione che si discostasse dalle sue idee provocava discussioni tra lui e il suo capo, scontri che in azienda tutti chiamavano «le guerre di Scotty».

Avere un interlocutore così difficile rappresentava per Scott un ostacolo insormontabile, tanto che alla fine la situazione degenerò. A poco a poco, divenne un leader poco affidabile per l'azienda, che necessitava di una guida più sicura. Ebbe anche qualche problema di salute, chiaramente causato dallo stress cui era sottoposto Quando infine, nel marzo 1981, decise di rimediare ad alcuni danni provocati dall'«era dei babbei» licenziando parte del personale, convocò una riunione e confessò in presenza di tutti i dipendenti che dirigere la Apple non lo divertiva più come un tempo.

Non passò molto prima che il consiglio di amministrazione convenisse che Scott doveva lasciare il suo incarico. Lui se ne andò, non prima di avere sparato un'ultima cartuccia, scrivendo una lettera in cui si scagliava contro quello che considerava un ambiente pieno di ipocriti, tirapiedi e «costruttori d'imperi». Naturalmente, Scott aveva contribuito all'insorgere di quel clima di conflitto tanto quanto gli altri. Tuttavia, Steve sapeva bene che il peso delle maggiori responsabilità legate al processo che aveva trasformato la Apple da startup in una vera e propria organizzazione era toccato proprio a Scott, tanto che, dopo che questi se ne fu andato, fu assalito da un improvviso senso di colpa, e c'è pure chi lo sentì confessare: «Vivevo nel terrore che qualcuno mi telefonasse per dirmi che Scotty si era suicidato».

Un giorno del settembre 1981, appena un paio di mesi dopo la partenza di Scott, Bill Gates arrivò nel campus Apple a Cupertino. In realtà, le visite dell'allora ventiseienne CEO della Microsoft erano piuttosto frequenti, dato che tra le due aziende esisteva una stretta collaborazione nel campo dei linguaggi di programmazione per sviluppatori di software. In quel periodo Steve era molto più ricco e famoso di Gates; quest'ultimo, però, era un uomo d'affari assai più precoce e astuto.

Dopo avere abbandonato gli studi a Harvard, nel 1975 Gates aveva fondato la Microsoft ad Albuquerque, nel Nuovo Messico, con l'amico Paul Allen, un compagno delle superiori con il quale condivideva la passione per la programmazione. Albuquerque era sede della MITS, produttrice di quell'Altair che tanto aveva entusiasmato i membri dell'Homebrew Club. Gates e Allen avevano compilato un programma detto «interprete», con cui gli appassionati potevano scrivere i propri software per l'Altair usando il semplice e diffusissimo linguaggio BASIC, e la MITS aveva deciso di preinstallarlo sugli Altair. Fu così che la Microsoft entrò in attività.

Figlio di un noto avvocato di Seattle e di una madre colta e impegnata nel sociale, il giovane Bill aveva una predisposizione naturale per gli affari. Quando lui e Allen scoprirono che gli appassionati si passavano copie piratate del loro interprete BASIC per l'Altair, Gates scrisse una sorta di manifesto in cui sosteneva che gli sviluppatori di software per microcomputer avrebbero dovuto essere pagati per il loro lavoro. In questo modo, sosteneva, si sarebbe creato un settore completamente nuovo che avrebbe favorito in egual misura i creatori di software, i produttori di microcomputer e gli utenti. Fu un cambiamento epocale: a quel tempo lo sviluppo dei software era ancora un'attività controllata in gran parte dalle aziende produttrici di hardware, che dunque caricavano anche quei costi sul prezzo al pubblico dei loro dispositivi. Bill credeva che le possibilità di guadagno in questo campo avrebbero favorito l'innovazione e permesso ai nuovi produttori di microcomputer di approfittare dei costanti e rapidi progressi che la legge di Moore prometteva nella tecnologia dei semiconduttori.

Il manifesto di Gates fu decisivo per il successo dei personal computer tanto quanto lo fu la legge di Moore. Lo sviluppo software richiede un investimento iniziale molto contenuto, essendo fondamentalmente un capitale intellettuale, qualcosa di immateriale, che si esprime in una serie di istruzioni dettagliate scritte in un linguaggio comprensibile alle macchine. Il costo principale è dato dal lavoro richiesto per compilarlo e testarlo. Non occorrono dispendiosi impianti di produzione e non è necessario approntare macchinari e processi di fabbricazione. E poiché i potenziali clienti rientrano nell'ordine delle centinaia di migliaia, gli sviluppatori possono vendere il loro prodotto a prezzi relativamente contenuti.

Gates aveva ragione e la sua dichiarazione d'intenti spianò la strada alla nascita di un nuovo settore molto dinamico. Si potrebbe affermare che il suo maggior contributo al settore non sia stato né la Microsoft, né i sistemi operativi MS-DOS e Windows, né il pacchetto Office, usato da centinaia di milioni di persone, ma l'avere sostenuto per primo l'idea che il software avesse un valore in sé e per sé, sufficiente per garantire la nascita di un mercato completamente nuovo. Una persona capace di una simile visione era perfetta per le dinamiche del mondo aziendale. In quegli anni, infatti, diversamente da quanto accadeva alla Apple, la Microsoft fu sempre diretta con oculatezza e lungimiranza.

La medesima mattina del settembre 1981 in cui Bill arrivò a Cupertino, la IBM lanciò sul mercato il suo primo personal computer. Steve si prendeva da sempre gioco della Big Blue, com'era soprannominata l'azienda, sostenendo che fosse una specie di gigantesco mostro goffo e pesante, ed era profondamente convinto che nessun utente accorto avrebbe preferito uno dei suoi microcomputer a quelli prodotti dalla Apple. Dal canto suo, Gates sapeva che quello avrebbe potuto essere l'inizio di qualcosa di grande. Il suo sistema operativo MS-DOS era preinstallato su ogni PC venduto dalla IBM e lui stesso aveva potuto constatare la rapidità con cui Don Estridge e Bill Lowe erano riusciti a portare a termine il loro computer, nonostante i bizantinismi per cui la IBM era famosa. Mossa dall'urgenza di ritagliarsi uno spazio in quel mercato, l'azienda, contrariamente alle proprie abitudini, aveva accettato di siglare un accordo con Gates che avrebbe cambiato per sempre il settore, autorizzando Bill a concedere la licenza d'uso di MS-DOS anche ad altri produttori. Fu una decisione di cui la IBM si sarebbe amaramente pentita, perché in quel modo tutto il potere passò dalle mani dei produttori in quelle della Microsoft. In effetti, ciò non solo dimostrò la validità del manifesto di Gates, ma creò anche le condizioni perché MS-DOS diventasse lo standard nell'intero settore informatico, marginalizzando di conseguenza la Apple, che invece si teneva ben stretto il suo sistema operativo proprietario. Ciononostante, in quel giorno d'autunno, nessuno alla Apple si rese conto – e tanto meno si preoccupò – che il loro mondo era sul punto di cambiare. Anni dopo, Gates ricorderà: «Continuavo a ripetere: 'Non vi pare una cosa grossa?' Ma sembrava che non importasse a nessuno».

Quando Scott se ne andò, Markkula diventò amministratore delegato e Jobs fu nominato presidente. Mentre stava per essere colta alla sprovvista dalla IBM e da tutte le altre aziende produttrici di computer «cloni» che l'avrebbero seguita, la Apple era guidata da due uomini che non desideravano né erano tagliati per gli incarichi che ricoprivano. Non sarebbe troppo lontano dal vero affermare che furono l'impulsività e l'immaturità di Steve, oltre ai suoi problemi con l'autorità, a portare l'azienda allo sbando. Inoltre, a causa della perenne indecisione di Markkula, i dipendenti non avevano un'idea chiara di dove fosse diretta la loro organizzazione. La Apple tirò avanti così per alcuni mesi, prima di decidere di mettersi seriamente in cerca di un altro CEO. Il compito di trovarlo fu assegnato a Gerry Roche, presidente della nota agenzia specializzata in ricerca di personale Heidrick & Struggles. Fu Roche a presentare John Sculley a Steve.

La storia di come Jobs corteggiò personalmente Sculley, all'epoca presidente della PepsiCo, è stata raccontata un'infinità di volte. In realtà, si tratta della storia di due persone che videro nell'altra soltanto ciò che volevano vedere, esaltate dal pensiero di come la loro vita sarebbe potuta cambiare se avessero unito le loro forze. Ma rimasero entrambi amaramente delusi.

Sculley, un quarantatreenne originario di New York, lavorava come dirigente nel settore delle bibite e degli snack. Era il prodotto delle migliori scuole e università che il denaro potesse comprare: si era laureato alla Brown University di Providence, nel Rhode Island, e aveva conseguito un master in direzione aziendale alla Warton

School of Business dell'Università della Pennsylvania, a Filadelfia. Si era fatto notare alla Pepsi ideando campagne di marketing come la *Pepsi Challenge* (in cui chiedeva ai consumatori di assaggiare il prodotto e giudicarlo), introducendo alcune novità nelle promozioni nei supermercati e rinnovando le strategie di marketing dell'azienda. Credeva fermamente che le indagini di mercato fossero il modo più efficace per migliorare la propria offerta.

Nonostante la sua sprezzante tendenza a ignorare Markkula e Scott, Jobs sapeva bene di avere ancora molto da imparare sul mondo aziendale. Era convinto di trovare in Sculley sia il brillante dirigente di un'azienda che figurava nella Fortune 500, che avrebbe potuto guidare con polso e acume un'organizzazione di successo, sia una figura di riferimento con la quale lavorare. Quando Steve gli presentò i punti di forza della Apple, a Sculley vennero varie idee per mettere a frutto la sua esperienza in modo da guidare la capacità di visione di Jobs, portando l'azienda dove lui voleva che andasse. Decise però di accendere ulteriormente il desiderio di Steve, fingendosi disinteressato. Rifiutò così la prima offerta, che vedeva sul piatto uno stipendio di 300.000 dollari l'anno più un contratto di opzione su cinquecentomila azioni della Apple, per un valore che all'epoca ammontava a circa 18 milioni di dollari. Il 20 marzo 1982, i due si incontrarono all'hotel *Carlyle*, in quello che fu il momento decisivo del corteggiamento. Passeggiarono per Central Park e attorno al Metropolitan Museum, prima di arrivare al San Remo Building di Central Park West. Un attico a due piani in una delle due caratteristiche torri dell'edificio era libero e in vendita e Steve pensava di acquistarlo. Su un balcone al trentesimo piano, Sculley disse a Jobs che se volevano che anche solo prendesse in considerazione l'idea di entrare alla Apple, avrebbero dovuto garantirgli uno stipendio annuo di un milione di dollari, più un milione come bonus al momento della firma del contratto e un milione come indennità di licenziamento, nel caso in cui le cose non fossero andate per il verso giusto. Era una richiesta esorbitante, ma Steve non si scoraggiò e assicurò che se fosse stato necessario avrebbe messo quei soldi di tasca propria. Poi tagliò la testa al toro, sfidandolo con una frase che sarebbe entrata di diritto a far parte del suo mito:

«Vuoi continuare a vendere acqua zuccherata per tutta la vita o vuoi avere l'occasione di cambiare il mondo?»

Due giorni dopo, il fondatore della CBS William S. Paley disse a Sculley che se fosse stato più giovane sarebbe andato nella Silicon Valley, perché era là che si stava preparando il futuro. Sculley cominciò a lavorare a Cupertino l'8 aprile 1983. Lo stratosferico trattamento economico previsto dal contratto lo rese di gran lunga il dirigente più pagato che il settore dei computer avesse mai visto.

La cotta di Steve per Sculley si sarebbe rivelata un altro deplorevole errore. Nella sua smania di trovare un dirigente le cui capacità fossero all'altezza delle proprie, Steve non si accorse di alcuni macroscopici difetti dell'oggetto delle sue brame. Se infatti Sculley era decisamente in gamba (anche se non molto innovativo) in materia di marketing, non lo era altrettanto in vari altri aspetti fondamentali nella gestione di un'organizzazione, malgrado il master in direzione aziendale e tutti gli anni passati alla PepsiCo. In un certo senso, era insicuro proprio come Jobs, tanto da sentirsi in dovere di dimostrare le proprie competenze tecnologiche ai geek della Apple. Si vantò in modo sospetto di essere stato un radioamatore da ragazzino e di avere inventato un tipo particolare di tubo catodico per televisori a colori. Ma di computer non sapeva quasi nulla. Quando arrivò a Cupertino, una delle sue prime mosse fu assumere un assistente che lo aiutasse a capire qualcosa di più in materia e gli insegnasse a usare l'Apple II che aveva in ufficio.

Nonostante la sua intelligenza, capitava che Steve si facesse ingannare, spesso decidendo troppo precipitosamente che un prestigioso outsider fosse una scelta migliore rispetto a chi già lavorava per lui. Con il tempo, imparando a reagire prontamente per riparare i danni da lui stesso provocati, le conseguenze di questi errori sarebbero diventate meno gravi. Ma l'assunzione di Sculley fu un doppio fallimento. Innanzitutto, Steve non trovò in lui il saldo mentore di cui aveva bisogno per affinare le sue doti di dirigente. In secondo luogo, Sculley era un navigato uomo d'affari, molto più esperto di lui delle oscure arti delle politiche aziendali. Ci volle tempo prima che Jobs capisse che Sculley non sarebbe stato in grado di dargli tutto ciò che aveva sperato. E quando alla fine se ne rese conto, non seppe vincere la battaglia che ne seguì.

Nonostante i problemi legati alla gestione, chi lavorava alla Apple in quegli anni la ricorda come un'azienda unica nel suo genere e parla di Steve come di un'inesauribile fonte di ispirazione. E nulla più della storia del lungo e tortuoso processo di sviluppo del Macintosh è in grado di spiegare perché Jobs, che pure ebbe un ruolo di primo piano nel crollo dell'organizzazione che tanto amava, fu sempre guardato con ammirazione e rispetto.

Per capire come questo sia potuto accadere, dobbiamo fare un passo indietro e tornare all'autunno 1980, quando Scott sollevò Steve dalla direzione del gruppo che si occupava dello sviluppo del Lisa e gli propose di dare un'occhiata a un interessante progetto parallelo, condotto da Jef Raskin. Quest'ultimo era un brillante professore universitario, originale e incline alla riflessione teorica, il cui primo incarico in azienda era stato quello di supervisionare la stesura dei manuali e della documentazione relativa all'Apple II. Pur pensando che Raskin fosse un intellettuale pedante, Jobs era incuriosito dall'obiettivo che si era posto: realizzare un «computer domestico» da vendere a soli 1.000 dollari, che si sarebbe chiamato Macintosh.

Quando Steve decise che il Mac sarebbe diventato il suo nuovo passatempo, si sbarazzò sbrigativamente di Raskin. Cominciò a criticarlo e a contestarlo davanti a tutti, chiedendo agli ingegneri di occuparsi di questioni che esulavano dal progetto, e disse apertamente che il suo piano di produzione non era attuabile. Infine, organizzò un incontro a tre con Scott e lo stesso Raskin, nel quale sostenne appassionatamente che lo sviluppo di quel prodotto gli spettava di diritto. Quando Scott si pronunciò a favore di Jobs, Raskin si infuriò e, prima di andarsene, inviò ai superiori una nota che conteneva un velenoso elenco di tutti i difetti di Steve. «Per quanto in materia di tecniche di management il signor Jobs abbia idee condivisibili e rispettabili, in pratica è un pessimo dirigente. [...] È l'esempio perfetto del manager che si assume il merito di avere steso un programma con scadenze ravvicinate e troppo ottimistiche e, quando queste non vengono rispettate, attribuisce tutta la responsabilità ai suoi collaboratori», scrisse, aggiungendo: «[Jobs] non si presenta agli appuntamenti [...] non riconosce il contributo degli altri [...] e non mantiene le promesse».

Tutto vero. Eppure, Steve ebbe ragione a estromettere Raskin dal progetto. Aveva capito che il modesto Macintosh da lui proposto non sarebbe mai diventato un prodotto rivoluzionario. Per raggiungere un mercato significativamente più ampio bisognava tentare qualcosa di completamente diverso, e ciò significava decidersi ad applicare le tecnologie alla base dell'interfaccia grafica utente che aveva visto all'opera per la prima volta al PARC. Jobs era convinto di poterlo fare tanto quanto era certo che Raskin non ci sarebbe mai riuscito. Non gli importava che gli altri lo considerassero egoista o troppo aggressivo: era disposto a tutto pur di raggiungere i suoi obiettivi.

A questo proposito, fece in modo di tenere separati l'Apple e il Mac, dirigendo il progetto come se fosse un suo feudo personale per cui poteva disporre di tutte le risorse economiche dell'azienda (come effettivamente accadde nel breve periodo di luna di miele che seguì l'arrivo di Sculley). Spese un milione di dollari per dare una sede al team che seguiva il Macintosh: fece costruire un edificio separato dalla sede della Apple, il Bandley Three. Quando il gruppo si trasferì lì, un programmatore, Steve Capps, issò sull'edificio una bandiera dei pirati. Quello divenne il punto di ritrovo della squadra che lavorava al nuovo computer, ma in azienda tutti lo presero come un chiaro segno del fatto che Steve era lì per il Mac, non per l'Apple. E anche questo era vero. Ma presto il Lisa si rivelò un flop come l'Apple III e l'Apple II cominciò a risentire dell'ingresso della IBM sul mercato con il suo PC, rivelatosi un successo. Bisognava sfornare un prodotto eccezionale. E questa volta Jobs riuscì a far raggiungere a quei talentuosi ingegneri vette che non avevano mai immaginato di poter toccare.

Raskin aveva pensato a un economico e limitato microprocessore Motorola 6809e, privo della potenza di calcolo necessaria per gestire un mouse o offrire una risoluzione sufficientemente alta per supportare una grafica bitmap. Steve decise di sfruttare lo spirito competitivo dell'ingegnere hardware Burrell Smith, un geniale ventiquattrenne con capacità tecniche in grado di rivaleggiare con quelle di Wozniak, sfidandolo a realizzare un prototipo del computer che montasse il processore installato sul Lisa – il ben più potente Motorola 68000 – senza con questo incidere troppo sul prezzo finale del prodotto. Non sarebbe stato facile: un Motorola 68000 costava quanto venti 6809e messi assieme.

Smith, come Wozniak, non era tipo da tirarsi indietro di fronte alle sfide. La svolta avvenne quando riuscì a moltiplicare il flusso di dati provenienti dal processore distribuendolo al resto dell'architettura del circuito, un trucco alquanto ingegnoso grazie al quale il computer poteva sfruttare appieno la maggiore potenza di calcolo senza bisogno di altri chip o circuiti di supporto. Il risultato fu un comparto grafico reattivo e preciso, esattamente ciò che serviva per un dispositivo che prevedeva l'uso di un mouse e di immagini bitmappate. Mentre i colleghi erano via per il giorno del Ringraziamento e per le vacanze di Natale, Smith rimase nel suo laboratorio giorno e notte per un mese. Non smise di lavorare nemmeno per festeggiare il suo venticinquesimo compleanno, il 19 dicembre. Ma riuscì in quell'impresa che sembrava impossibile.

Spronare Burrell Smith fu soltanto l'inizio. Il progetto del Mac riprodusse su una scala più ampia quanto era già accaduto nel garage di Palo Alto, dove Steve aveva diretto e motivato un piccolo gruppo di persone straordinariamente creative. Rubò i migliori programmatori al team che lavorava al Lisa e ad altri progetti, mostrando un'indifferenza nei riguardi dell'etichetta aziendale pari solo alla sua sfacciataggine. Per citare uno degli esempi più noti, non essendo disposto ad aspettare qualche giorno perché l'eccezionale Andy Hertzfeld terminasse un lavoro per l'Apple II, staccò la presa della sua postazione (facendogli così perdere il codice cui stava lavorando) e lo portò in auto con il computer e tutte le sue cose nell'edificio in cui si trovava la squadra che si occupava del Mac. Quando volle accaparrarsi uno dei migliori programmatori del PARC, lo invitò al campus Apple un fine settimana per convincerlo che il Macintosh sarebbe stato fantastico. I tratti della sua personalità che in altre occasioni si erano rivelati disastrosi in questo caso furono determinanti. Continuava a mostrare un caratteraccio con i subordinati, ma a quel gruppo di «artisti» concedeva ampi margini di iniziativa. «Se capivi come prenderlo, poi faceva quello che volevi», spiega Lee Clow. «Chi era troppo sensibile e non riusciva a sopportare il modo arrogante e violento con cui faceva le sue richieste se ne andava. Ma io sono uno che reagisce. Se incontro qualcuno così, voglio dimostrargli che sono in grado di fare ciò che mi chiede.» E questo valeva anche per gli elementi migliori del team addetto allo sviluppo del Mac.

Ogni tanto Jobs organizzava dei ritiri, durante i quali poteva avere il team tutto per sé, lontano dalle distrazioni che sempre nascevano alla Apple. Sapeva come motivare chi gli stava accanto. «Il lavoro che stanno facendo cinquanta persone», diceva, «lascerà una traccia indelebile nell'universo.» Con il passare dei mesi, quando il progetto cominciò – com'era del resto prevedibile – a richiedere più tempo di quello preventivato, anche il tenore dei suoi discorsi cambiò. Da «Siamo una vera nave di artisti» passò a «La ricompensa è il viaggio» e «Meglio fallire che fare qualcosa di sbagliato». Eppure, le sue parole trasmettevano sempre ai membri della squadra la sensazione che li considerasse davvero degli artisti, spiriti creativi e innovatori. «Era così protettivo nei nostri confronti», dichiarò uno di loro a *Fortune*, «che quando ci lamentavamo di qualcuno che lavorava in un altro reparto, era come se scatenassimo un dobermann. Steve prendeva subito il telefono e, prima ancora che ce ne rendessimo conto, aveva già fatto una lavata di capo a quel tipo.»

I migliori del gruppo si sentivano assolutamente liberi e autonomi, tanto che riuscivano a conquistarsi il rispetto di Jobs sfidandolo a viso aperto e cercando astutamente e ripetutamente di convincerlo con i fatti della validità delle loro idee. A volte, poi, lo ignoravano del tutto. Bob Belleville, un ingegnere hardware, collaborò con la Sony allo sviluppo di un nuovo e meno ingombrante disco rigido per il Mac, nonostante Steve gli avesse esplicitamente ordinato di non farlo. Alla fine, il disco della Sony fu installato sul Macintosh, evitando che il progetto accumulasse un ritardo potenzialmente disastroso, e Jobs elogiò Belleville per non avere mollato.

«Uno legge quello che è stato scritto su di lui e si domanda: Perché qualcuno avrebbe voluto lavorare per lui, visto che era una persona così difficile?» dice Susan Barnes, direttrice generale del progetto Mac. Barnes, imperturbabile genio della finanza capace di relazionarsi con uguale tatto sia con i superiori sia con i sottoposti, con il suo atteggiamento tranquillo e misurato riuscì a dare a Steve la stabilità che gli mancava. Nonostante il fisico minuto e la semplicità del suo modo di porsi, Susan incute rispetto. «Dopo un po' che lavori, capisci subito la differenza tra un capo che coglie le cose al volo e uno cui devi spiegare quello che stai cercando di fare. E quando ti trovi di fronte uno che afferra immediatamente, pensi: Perfetto! Ora sarà tutto più facile. Steve era quel genere di persona. Era sulla tua stessa lunghezza d'onda. Non dovevi spiegargli nulla. Si appassionava alle cose. E si impegnava sempre a fondo.»

La squadra lavorò instancabilmente per due anni. Jobs la guidava con lo stesso rigore che pretendeva da se stesso, ricordando a tutti che il destino dell'azienda dipendeva da loro e strigliandoli quando non rispettavano una scadenza o un risultato era meno che perfetto. Più il tempo passava, più lo stress aumentava. Era un compito gravoso, sia psicologicamente sia fisicamente, e alcuni si esaurirono al punto che in seguito non riuscirono più a lavorare nel settore dell'hi-tech. Altri, pur avendo trovato quell'esperienza elettrizzante, non volevano un giorno essere chiamati a ripeterla, perciò lasciarono la Apple e trovarono un impiego meno totalizzante. Altri, infine – il gruppo più ridotto –, vissero quell'impresa con tanta passione che decisero di rimanere, pronti a tutto pur di poter ricominciare da capo, per lavorare ancora nella rarefatta atmosfera carica di entusiasmo e tensione che Steve sapeva creare ogni volta che era lui a dirigere lo spettacolo.

Quando il progetto si concluse, Jobs volle che le quarantasei persone il cui apporto era stato più decisivo firmassero l'interno del case di ogni Mac. Anche quelli che lavoravano all'Apple II riconobbero che Steve era stato davvero eccezionale. «Tra noi dicevamo che quelli del Mac avevano Dio al loro fianco», confessò scherzando, nemmeno troppo, uno di loro.

* * *

Il debutto del Macintosh confermò le incredibili doti affabulatorie di Jobs. Il celebre spot *1984*, trasmesso un'unica volta nel corso del Super Bowl del 22 gennaio 1984, e la presentazione ufficiale del computer al Flint Auditorium nel campus del De Anza College di Cupertino, il 24 di quello stesso mese, avrebbero cambiato per sempre l'idea di come dovesse essere organizzato il lancio di un prodotto. «Steve era la reincarnazione di P.T. Barnum»,* commenta Clow, che ora porta i capelli bianchi spettinati e una lunga barba che ricorda quella di uno stregone. «Adorava i colpi di scena, tipo: 'E ora, signore e signori, ecco a voi l'uomo più piccolo al mondo!' Gli piaceva molto sollevare il panno di velluto nero che celava un nuovo dispositivo. Amava il mondo dello spettacolo, il marketing e le comunicazioni.»

Affiancato da una squadra di marketer e PR, Steve provava e riprovava ogni intervento nei minimi dettagli. Bill Gates, che fu presente in un paio di occasioni, ricorda com'era trovarsi dietro le quinte con lui. «Non sono mai stato alla sua altezza nelle presentazioni», confessa. «Era incredibile vedere quanto fosse scrupoloso quando provava. E se doveva salire sul palco e il suo staff non aveva tutto sotto controllo, diventava molto, molto duro con loro. Considerata l'importanza di quegli eventi, ogni tanto capitava che fosse anche un poco nervoso. Ma quando era sul palco, era straordinario. Insomma, sapeva esattamente quello che avrebbe detto, ma lo diceva in modo da convincerti che stesse improvvisando...» Gates scoppia a ridere.

Lo spot *1984*, al quale Jobs lavorò con il direttore creativo Lee Clow, il direttore artistico Brenton Thomas e Steve Hayden, l'autore dei testi, fu realizzato in semiclandestinità. Steve, infatti, non volle che il consiglio di amministrazione lo vedesse fino a un paio di giorni prima del Super Bowl. Quella proiezione, però, lasciò molti membri del CDA terrorizzati. Diretto da Ridley Scott, il regista di *Blade Runner*, lo spot, della durata di un minuto, mostrava una donna a colori che correva attraverso una folla di uomini e donne grigi, che ascoltavano

* Phineas Taylor Barnum (1810-1891) fu un imprenditore statunitense noto per l'abilità di attrarre gli spettatori ai suoi spettacoli circensi. (*N.d.R.*)

docili un enorme volto che da un maxischermo illustrava minaccioso i vantaggi del conformismo più assoluto. Il filmato si concludeva con la donna che scagliava il pesante martello che portava con sé contro lo schermo, mandandolo in frantumi. L'ultima scena era seguita da una scritta: «Il 24 gennaio, la Apple Computer presenterà il Macintosh. E capirete perché il 1984 non sarà come *1984*».

Sculley, raggelato, chiese alla Chiat/Day di rivendere il costoso spazio pubblicitario acquistato nel corso dell'intervallo del Super Bowl. L'agenzia riuscì a dare via il segmento in cui avrebbe dovuto proiettare una seconda versione ridotta dello spot, della durata di trenta secondi, ma – mentendo – disse a Sculley che per quello più lungo non si poteva fare più nulla. Il responsabile del marketing, Bill Campbell, decise di mandarlo in onda nonostante i timori di Sculley e del consiglio di amministrazione. Hayden, dotato di un talento pari a quello di Clow, in seguito disegnò una vignetta in cui esprimeva i suoi sentimenti nei confronti di Sculley. Si vedevano il CEO e Jobs che passeggiavano in un parco. Steve diceva all'altro: «Sai, penso che la tecnologia possa davvero rendere migliore l'umanità». Il fumetto sopra la testa di Sculley, che riportava il suo pensiero, recitava: «Riuscirò a convincere il consiglio di amministrazione. Mi libererò di questo ragazzino nel giro di sei mesi».

Il geniale spot fece centro e preparò il colpo di scena ideato da Steve per la presentazione ufficiale al De Anza College. Quel giorno, sfoderò il suo miglior P.T. Barnum. Muovendosi sul palco con estrema sicurezza, fece subito capire che il Mac stava dalla parte dei ribelli, dei creativi e dei coraggiosi, leggendo alcuni versi di *The Times They Are a-Changin'* di Bob Dylan. Dopo avere preso bonariamente in giro la IBM, mostrò la splendida grafica del suo computer, proiettando la scritta FOLLEMENTE ECCEZIONALE sul maxischermo che si trovava sul palco. Il nuovo, spettacolare dispositivo si presentò addirittura da solo, dicendo con la sua buffa voce da cyborg: «Ciao, sono il Macintosh. È fantastico essere usciti da quella borsa», riferendosi all'elegante sacca di tessuto dentro la quale era rimasto nascosto finché Steve lo aveva tirato fuori e collegato alla corrente. Il pubblico andò in visibilio e lui, che sembrava sopraffatto dall'emozione, si godette quelle manifestazioni di meraviglia. Offrì alla platea la versione idealizzata del Mac e tutti gli credettero, stampa compresa. Stuzzicati dal lungo e brillante battage – orchestrato da McKenna – che aveva preceduto il debutto, i quotidiani e le riviste non si tennero più. Il Mac ricevette elogi da tutti, da *Computerworld* a *Fortune*, da *Esquire* a *Money*, che lo definì «senza ombra di dubbio l'hardware migliore nella sua fascia di prezzo». *Rolling Stone* ne lodò gli ideali ispirati alla controcultura e *Venture*, dal canto suo, arrivò a decantare lo stile dirigenziale «trasgressivo» di Steve.

Il dispositivo era alloggiato in un accattivante case color avorio delle dimensioni di un minifrigorifero, un design talmente informale da riuscire a neutralizzare la connotazione ancora vagamente minacciosa della parola «computer». Ma era l'interfaccia utente a rappresentare il trionfo dell'accessibilità e dell'usabilità. Per la prima volta, era possibile lavorare a file che avevano l'aspetto di veri documenti su carta; con il mouse si poteva controllare un cursore e inserire quei file all'interno di cartelle. Per eliminare un lavoro, bastava spostare il documento nel cestino. Tutte novità già applicate in precedenza al PARC, ma nessuna con la straordinaria semplicità e simpatia mostrate all'auditorium del De Anza quel giorno. Le recensioni entusiastiche, la curiosità generale e gli accordi con alcune delle migliori università americane diedero un importante impulso alle vendite per qualche mese. Tuttavia, una volta svanito l'effetto sorpresa, il volume d'affari calò rapidamente.

In realtà, la macchina presentata da Jobs era piena di difetti. Era un brillante prodotto di ingegnerizzazione e un magnifico esempio delle possibilità offerte dai personal computer, ma non era abbastanza potente da essere davvero utile. Per contenerne il prezzo entro i 1.995 dollari, Steve si era rifiutato di installare più di 128 kilobyte di memoria (un decimo di quella montata sul meno economico Lisa). La grafica bitmap del Mac era avida di risorse; le linee e i caratteri che apparivano sul monitor erano sì molto belli, ma a volte impiegavano un'eternità prima di decidersi a comparire. Anzi, il primo Mac faceva più o meno tutto con estenuante lentezza. Invece di avere un disco rigido montava un lettore floppy, quindi per passare i file da un dischetto a un altro bisognava inserire ed estrarre più volte i due supporti. Alle pecche intrinseche del dispositivo si aggiungeva il fatto che era stato messo in vendita praticamente senza software, perché il lavoro sul sistema operativo era proseguito fino al giorno del lancio. Non c'è dunque da meravigliarsi se le vendite crollarono. Inseguendo la propria visione, Steve aveva trascurato l'effettiva utilità del prodotto.

La persona incaricata di risolvere i problemi tecnologici del Mac avrebbe dovuto essere lui stesso. C'era molto da fare: predisporre un disco rigido per il computer, aumentarne la memoria, collaborare con sviluppatori di software indipendenti per scrivere un maggior numero di applicazioni che ne sfruttassero le potenzialità grafiche. In effetti, poco dopo la presentazione, Steve fu ufficialmente nominato responsabile del reparto che si sarebbe occupato sia del Lisa sia del Mac. Ma lui non era minimamente interessato a coordinare gli interventi di miglioramento richiesti da entrambi i modelli. Nella sua carriera aveva già sperimentato due fallimenti – l'Apple III e il Lisa – e sfornato un paio di prodotti all'avanguardia. Dopo avere aperto un nuovo mercato capace di far sognare il mondo intero con un altro rivoluzionario computer, non aveva alcuna voglia di sobbarcarsi la fatica necessaria a garantire che il Mac continuasse a vendere.

Inoltre, lo scintillante debutto del computer aveva proiettato Jobs nell'olimpo delle celebrità, alimentando la sua sensazione di avere già raggiunto un risultato straordinario. Consegnò personalmente un Mac a Mick Jagger, Sean Lennon e Andy Warhol. Per il suo trentesimo compleanno, ingaggiò Ella Fitzgerald per un concerto davanti a più di mille invitati all'hotel *St. Francis* di San Francisco. La sua arroganza cominciò presto a ripercuotersi anche sul lavoro. Infatti, durante il progetto del Mac si era inimicato l'importantissima comunità degli sviluppatori di software; si era comportato come se stesse concedendo un enorme privilegio consentendo loro di scrivere applicazioni per il suo dispositivo. «Arrivavamo a Cupertino», ricorda Bill Gates, «e Steve ci diceva: 'Questo computer è talmente eccezionale che non so se ho voglia che anche voi ci abbiate qualcosa a che fare. Mi hanno detto che siete un branco di idioti, mentre questa macchina è fantastica. La venderemo a 999 dollari, ancora nove mesi e sarà finita'.» Ma poi tradiva tutta la sua insicurezza. «Il giorno dopo ci incontravamo per un'altra riunione», prosegue Gates, «e questa volta diceva: 'Oh, merda, non so se quello che stiamo facendo valga davvero qualcosa... Accidenti, potreste darci una mano?'» In ogni caso, non era facile lavorare con lui.

Il calo nelle vendite non contribuì a stemperare la protervia di Steve. Mike Slade, che allora lavorava come addetto marketing per la Microsoft ma in seguito fu assunto alla Apple e divenne uno degli amici più cari di Jobs, ricorda di avere sperimentato di persona quanto Steve potesse essere supponente. Accadde nell'autunno 1984, quando accompagnò Bill Gates al meeting organizzato dalla Apple presso l'*Hilton Hawaiian Village* a Honolulu per discutere le strategie di vendita del Macintosh a livello nazionale. Riuscire a portare il proprio software sul Mac era essenziale per la Microsoft, che aveva messo moltissimi sviluppatori a lavorare su applicazioni grafiche per il nuovo computer. Anche se in seguito l'azienda sarebbe diventata il principale produttore di software per Mac, allora risentiva della serrata concorrenza della Lotus, che aveva creato un foglio di calcolo compatibile con il Macintosh chiamato Jazz. «Era come se Jim Manzi ed Eric Bedel [rispettivamente CEO della Lotus e direttore di produzione di Jazz] fossero le nuove ragazze in una confraternita», ricorda Slade, il cui caustico senso dell'umorismo nasconde una profonda capacità analitica, che lo rese uno dei favoriti sia di Gates sia di Jobs. «Steve era lì con tutta la sua banda, e ignoravano non soltanto me ma anche Bill [Gates]. Lo trattavano come se fosse l'uomo delle pulizie. A cena ci misero addirittura in uno dei tavoli peggiori.» Quella sera, Slade e Gates uscirono per una lunga passeggiata sulla spiaggia. «Bill era molto coinvolto, molto nervoso. Indossava un paio di mocassini e quando rientrammo in albergo erano tutti bagnati e chiazzati di sale. Non si era accorto che stava camminando nell'acqua. Non si era accorto di nulla.»

Le cose non andarono meglio nemmeno tre mesi dopo, quando Slade e Gates prepararono una dimostrazione di Excel per Steve, Sculley e altri dirigenti della Apple. «Cominciammo a mostrare il programma, anche se non c'era molto da vedere, perché la demo era appena funzionante. Dopo trenta secondi, Steve si disinteressò completamente alla presentazione. Se la demo non funzionava, allora non gli interessava. Sculley invece capì, e iniziammo a parlare di come avremmo potuto posizionarlo sul mercato, dicendo che era un programma migliore di quelli che giravano sui PC. Ma Jobs si spostò dall'altra parte del tavolo e si mise a discutere animatamente di BASIC con Andy Hertzfeld. Nessuno era in grado di controllarlo. Io, che vengo da una famiglia disfunzionale, pensai: Questa è la scena più incredibile che abbia mai visto. Poi, finalmente, Steve se ne andò e la riunione prese una piega migliore.» Ad anni di distanza, dopo la morte di Jobs, Gates dice: «Steve ha un carattere difficile ma non se la prende con me troppo spesso» (lui e molte altre persone che ho intervistato tendono a parlarne al presente, come se fosse ancora vivo). Quando gli chiedo se c'è qualcosa che Jobs davvero non sapesse fare, scoppia a ridere: «Starsene tranquillo durante un meeting in cui non era lui a dover parlare e l'oggetto della discussione era ordinario. Proprio non ce la faceva».

Le vendite del Mac crollarono nella seconda metà del 1984. Il 70% del fatturato aziendale dipendeva ancora dall'Apple II, e il PC della IBM continuava a guadagnare spazio sul mercato. La situazione non migliorò neppure con il nuovo anno: le cifre erano talmente lontane da quelle programmate da far temere che il Macintosh si rivelasse un buco nell'acqua, come l'Apple III e il Lisa prima di lui. Il CDA, al quale era stato fatto credere che il nuovo computer avrebbe potuto non solo sostituire l'Apple II ma anche sbaragliare l'IBM, cominciò a rendersi conto che né l'amministratore delegato dell'azienda né il capo del suo più importante reparto di produzione avevano piani precisi per il futuro. Il tempo che Jobs e Sculley trascorrevano insieme, finendo uno le frasi dell'altro e facendosi i complimenti a vicenda, cominciò a diminuire a mano a mano che aumentava lo stress cui entrambi erano sottoposti. E questo fu un problema per Steve.

Nel marzo 1985, Sculley decise che Jobs doveva lasciare il posto di capo della divisione Mac. Lui tentò di dissuaderlo per settimane, con le buone e con le cattive, blandendolo e ricorrendo agli insulti, proprio come aveva già fatto in precedenza – sporadicamente ma con ottimi risultati – con altri che avevano lavorato per lui. Ma Sculley non si lasciò convincere e l'11 aprile portò la questione davanti al consiglio di amministrazione, che si schierò all'unanimità dalla sua parte, nonostante tra i suoi membri figurassero Markkula, Rock e altri che in tutti quegli anni avevano investito molto su Steve. Per uno che aveva messo tutto se stesso nell'azienda di cui era fondatore e che doveva la propria fama solo a quello che aveva realizzato alla Apple, l'idea di un simile declassamento dovette sicuramente essere sconvolgente.

Dopo qualche settimana, Jobs decise che non avrebbe accettato quella degradazione e avrebbe reagito, cercando di far licenziare Sculley. Rivelò ai suoi più stretti confidenti che aveva intenzione di spodestare il CEO durante il fine settimana del Memorial Day, quando Sculley sarebbe stato a Pechino per firmare un accordo che avrebbe autorizzato la Apple a vendere i suoi computer in Cina. Steve era così sicuro di essere nel giusto – e così ingenuo – che rivelò i suoi piani anche al direttore operativo per l'Europa, Jean-Louis Gassée, il quale era stato chiamato da Sculley a Cupertino proprio per sostituire Jobs. «Feci la mia scelta», racconta Gassée. «In quel momento preferivo lavorare con Sculley. Steve era completamente fuori controllo.» Gassée informò dunque Sculley dei piani di Jobs, avvertendolo: «Se vai in Cina, sei finito». Lui cancellò il viaggio e affrontò direttamente Steve il giorno seguente, durante una riunione del comitato esecutivo. Chiese alla dirigenza dell'azienda di prendere posizione: o con lui o con Jobs. Uno dopo l'altro, tutti i presenti spiegarono perché avrebbero scelto Sculley. Steve rimase a guardare, mentre vedeva svanire tutto il sostegno che pensava di avere e su cui era sempre stato convinto di poter contare quando fosse giunto il momento della verità. Poi, ancora sotto choc, telefonò agli altri congiurati che stavano dalla sua parte e a due amici, annunciando che aveva perso la battaglia. «Ho fatto male i miei conti», disse a Larry Brilliant quel pomeriggio, raccontandogli tra le lacrime di come Markkula, McKenna e tutti gli altri gli si fossero uno dopo l'altro rivoltati contro. Anche il consiglio di amministrazione, avvisato telefonicamente da Sculley durante il fine settimana, si schierò contro di lui. Il giovedì seguente, capì che con la Apple aveva chiuso. Venerdì 31 maggio, seduto in ultima fila nell'auditorium aziendale, ascoltò Sculley annunciare un riassetto dell'organigramma che prevedeva la promozione di Gassée e per Jobs soltanto la carica di presidente non esecutivo. Nessuno avrebbe più risposto direttamente a lui. Era il suo secondo declassamento, e questa volta non esisteva possibilità di recupero. «Steve aveva sempre avuto una specie di belva che viveva dentro di lui», racconta Gassée, «e all'inizio degli anni Ottanta fu proprio quella belva a mandarlo al tappeto. *Bum.* Ma riuscì a rimettersi in piedi.»

Jobs fu confinato nel più totale e umiliante esilio. Gli fu addirittura assegnato un ufficio in un altro stabile, lontano da Sculley, da Gassée e dagli altri dirigenti che ora avrebbero guidato l'azienda. Fu mandato in Russia per promuovere niente meno che l'Apple II, poi in Italia, Francia e Svezia, ufficialmente sempre in missione di lavoro. Quando tornò in California, visitò un gruppo di tecnici all'avanguardia nella computer grafica che lavorava per il regista di *Guerre stellari* George Lucas e cominciò a pensare che la grafica tridimensionale ad alta risoluzione potesse aprire infinite possibilità nel settore dell'informatica. Propose così al consiglio di amministrazione della Apple di acquisire quella divisione della Lucasfilm. «Quei ragazzi erano anni luce più avanti di noi in materia di grafica», mi raccontò anni dopo. «Erano molto, molto più avanti di chiunque altro. Me lo sentivo nelle ossa che quella cosa sarebbe diventata importantissima.» Ma a quel punto il CDA non prestava più molta attenzione a lui e rifiutò di acquistare quella che un giorno sarebbe diventata nota come Pixar. Ormai Steve, il cofondatore della Apple, non veniva più interpellato per le decisioni importanti.

Sculley disse chiaramente che era sua intenzione dare all'azienda un atteggiamento più «orientato al mercato». La Apple sarebbe dovuta andare incontro alle richieste dei consumatori, invece di dettare al mercato le proprie regole come Steve aveva tentato di fare.

Le decisioni sulla produzione sarebbero state prese dai responsabili delle vendite e del marketing, non dagli ingegneri. Si trattava di un provvedimento razionale, adottato da un CEO che tentava di dare una direzione specifica a un'organizzazione che non era mai riuscita a imporsi definitivamente. Certo, però, questa scelta non avrebbe mai ricreato quel sogno che aveva attirato tanti brillanti ingegni a Cupertino, soprattutto per chi aveva lavorato allo sviluppo del Mac, con tutti i suoi esaltanti alti e terrificanti bassi. Un dipendente dichiarò a *Fortune*: «Hanno tolto alla Apple il suo cuore e l'hanno sostituito con uno artificiale. Vediamo per quanto tempo riuscirà a battere». Susan Barnes era tra quelli convinti che la Mela stesse perdendo ciò che la rendeva speciale e diventando come tutte le altre. «Stavamo andando nella direzione sbagliata», afferma. «Dopo il riassetto, per trovare un ingegnere dovevo cercarlo sette livelli sotto il mio. Un fatto del genere è estremamente pericoloso per un'azienda che opera nel settore tecnologico.»

Jobs cominciò a pensare alla sua vita senza la Apple. Prese a trascorrere più tempo con la figlia Lisa, cercando di diventare una presenza importante per lei. Si diede al giardinaggio, coltivando ortaggi biologici nella tenuta della sua enorme casa di Woodside. Meditò di candidarsi a una qualche carica pubblica e fece richiesta per volare come civile sullo Shuttle. Per un po', si comportò più come un pensionato che come uno dei trentenni più ambiziosi al mondo. «Un giorno mi telefonò», ricorda Barnes, «e mi disse: 'La prossima settimana avremmo dovuto cenare insieme, ma ho deciso di andare in Europa. Potrei restarci per un annetto…' Io risposi: 'Bene, grazie, ma oggi è una giornata infernale al lavoro e non ho nessuna voglia di sentirti parlare di Parigi o dell'Italia'.»

Anche se il viaggio in Europa doveva essere formalmente un incarico di lavoro, Steve trovò il tempo per visitare i musei e fare il turista. Trascorse molto tempo da solo e con la sua ragazza. «La Apple era nata quando lui aveva ventun anni», spiega Barnes, «perciò non aveva mai avuto il tempo di pensare a quello che veramente avrebbe voluto fare nella vita.»

Era un'occasione per riflettere, per assimilare la lezione che aveva imparato, per pensare a cosa non fosse andato per il verso giusto, per capire quali fossero state le sue responsabilità nelle difficoltà in cui lui e la sua azienda si trovavano ora. Perché, in fondo, Jobs e i suoi sostenitori avevano ragione: lui era il cuore della Apple, che senza di lui sarebbe diventata come tutte le altre. Come aveva potuto lasciarsi sfuggire di mano la situazione in quel modo?

Riflettere su se stesso non era qualcosa che al nostro trentenne riuscisse particolarmente facile. In Europa, era ancora accolto come una personalità che aveva rivoluzionato il mondo aziendale e le sue visite a capi di Stato, rettori di università, artisti e così via non fecero che rafforzare l'idea che aveva di sé, quella di un individuo straordinario che era stato messo fuori gioco da un grigio burocrate. Ma quella tendenza alla megalomania si mescolava alla profonda sofferenza provocatagli dalla cacciata dall'azienda che lui stesso aveva fondato. In seguito, quell'estate, Steve telefonò a Barnes dall'Italia in preda a una depressione così profonda che lei temette potesse pensare al suicidio.

Tuttavia, quando tornò negli Stati Uniti ricominciò a pensare a quello che da sempre era il suo unico obiettivo: creare il prossimo nuovo, rivoluzionario prodotto. All'inizio di settembre, incontrò lo scienziato e vincitore del premio Nobel Paul Berg, che gli parlò di quanto fosse deluso dal fatto che i computer non fossero ancora riusciti ad accelerare in modo significativo la ricerca scientifica. Mac e PC non erano abbastanza potenti per l'elaborazione dei modelli informatici necessari, mentre i mainframe e i minicomputer erano troppo costosi e ingombranti per un laboratorio. Steve iniziò a immaginare quali direzioni avrebbe potuto imboccare il settore e a pensare a un computer potente e innovativo. Informato da Barnes e da altri che Sculley stava commettendo un errore dopo l'altro, sapeva di poter contare su un piccolo gruppo di potenti alleati alla Apple per avviare una nuova azienda. E il 13 settembre, nel corso di una riunione del consiglio di amministrazione, svelò i suoi piani a Sculley e agli altri.

Annunciò che avrebbe fondato una nuova impresa e che avrebbe voluto portare con sé alcuni dipendenti «di secondaria importanza». L'azienda avrebbe lavorato allo sviluppo di una workstation di fascia alta, un prodotto completamente nuovo e destinato a una nicchia di mercato molto circoscritta: i livelli più elevati del sistema scolastico superiore. In nessun caso, assicurò, sarebbe entrata in concorrenza con la Apple. Anzi, sarebbe stato felice se questa avesse voluto investire nella sua iniziativa.

Nei giorni seguenti, si scatenò l'inferno. Sculley sosteneva che i dipendenti richiesti da Jobs non fossero affatto «di secondaria importanza» e i membri del CDA accusarono Steve di essere «un bugiardo» sulla stampa. Ancora una volta, la sua foto apparve sulla copertina di riviste del calibro di *Newsweek*. Lui diede le dimissioni e la Apple gli fece causa.

Ma niente di tutto questo gli importava più. Ormai se n'era andato. Adesso poteva cominciare a fare davvero sul serio. Era pronto a creare il suo prossimo straordinario prodotto. Di nuovo.

4

Che cosa farò adesso?

In quei dolci e radiosi giorni di settembre, Steve e i disertori che l'avevano seguito si incontrarono nella sua casa immersa nel bucolico paesaggio di Woodside, cittadina situata a ovest dell'autostrada I-280, in una valle i cui fianchi occidentali si congiungono alla bassa catena montuosa costiera che protegge la Silicon Valley dal Pacifico. Aveva acquistato quella proprietà nel 1984: probabilmente il regalo più dispendioso e originale che si era concesso in omaggio alla sua condizione, pari a quella di una rockstar. L'edificio era stato voluto da Daniel C. Jackling, un altro controverso innovatore. All'inizio del Novecento, era stato un pioniere nelle tecniche di estrazione dalle miniere a cielo aperto, un metodo altamente redditizio ma spaventosamente inquinante per ricavare rame grezzo, che ancora oggi viene utilizzato in tutto il mondo.

Come Jobs, anche Jackling era diventato ricchissimo grazie alla sua idea, e si era fatto costruire la casa in stile coloniale spagnolo di Woodside come monumento al suo successo. Disposto su una pianta irregolare di milleseicento metri quadrati, il fabbricato aveva quattordici stanze da letto, lampadari in ferro battuto realizzati su misura e un organo con settantuno assordanti canne. Nell'enorme sala da ballo erano state organizzate feste con personaggi come Charles Lindbergh e l'attrice Lillian Gish. Dal viale d'accesso si potevano ammirare l'ampia tenuta, all'epoca in stato di parziale abbandono, e alcuni degli sfizi che Steve si era tolto: una moto BMW e una Porsche 911 grigia parcheggiate di fronte all'edificio. L'interno non dava assolutamente l'aria di una casa. Da mesi Steve non trovava il tempo per comprare i mobili; c'erano solo un materasso, una lampada e alcune stampe di Ansel Adams. Aveva scelto una dimora mostruosamente grande ma aveva deciso di viverci senza preoccuparsi troppo di farla davvero sua.

I disertori della Apple, gli apostoli dell'hi-tech (Rich Page, ingegnere hardware; Bud Tribble, uno dei migliori programmatori software; George Crow, un altro specialista hardware; Dan'l Lewin, responsabile delle vendite dei Mac nelle università e nei college; Susan Barnes, direttrice amministrativa e finanziaria), si incontravano regolarmente con il loro messia per preparare la rivoluzione. Fin dall'inizio, tutto il mondo li spiò: sulla copertina che dedicò a Jobs quando lasciò la Apple, *Newsweek* pubblicò una foto in cui tutti e sei erano seduti sul prato di fronte a casa in abiti «da ufficio» (Dan'l Lewin, il distinto laureato a Princeton che avrebbe diretto il reparto vendite della nuova azienda, portava addirittura la cravatta). «È difficile pensare che un'organizzazione da 2 milioni di dollari e con quattromilatrecento dipendenti non sia in grado di competere con sei persone in blue jeans», disse Steve al giornalista. Tutta quell'umiltà, com'è ovvio, era assolutamente falsa.

Al momento delle dimissioni, Jobs aveva garantito al consiglio di amministrazione che la sua nuova azienda, la NeXT, non avrebbe cercato di occupare settori di mercato importanti per la Apple, ma non era vero. Il suo obiettivo dichiarato – l'ambiente dell'istruzione superiore – era infatti vitale per la Apple. Steve, inoltre, era riuscito anche a portarsi via Lewin, un elemento fondamentale per la gestione delle vendite alle università. Ma non aveva posato gli occhi solo su quella ridotta fascia di mercato che potenzialmente interessava anche la Apple. Per come vedeva le cose, a lui si dovevano le due prime vere svolte nell'era del personal computer: la creazione dell'Apple II e quella del Mac (ovviamente, c'era stato anche un altro avvenimento altrettanto fondamentale, vale a dire il lancio del PC IBM nel 1981, una pietra miliare che Steve continuava però a ignorare, perché non riusciva a immaginare un mondo in cui la maggior parte delle persone scegliesse dispositivi molto più difficili da usare di quelli ideati da lui). Era giunto il momento di una terza rivoluzione, e ovviamente sarebbe stato lui a guidarla. Avrebbe dato a quei burocrati che avevano snaturato lo spirito della Apple un paio di lezioni sull'innovazione e sulla capacità di leadership.

Credeva di avere tutto ciò che serviva per diventare un ottimo amministratore delegato. D'altra parte, negli otto anni precedenti non era forse stato coinvolto in ogni aspetto della vita aziendale? Era un tipo che imparava in fretta, sapeva immaginare prodotti rivoluzionari e ispirare piccoli gruppi di persone a progettarli e produrli, ed era un venditore nato. Era certo che nessuno avrebbe potuto dire lo stesso di Sculley e delle sue strategie «orientate al mercato». «Penso che la domanda che tutti si stanno facendo sulla Apple sia la seguente», affermò nel corso di una delle nostre prime interviste. «Esiste ancora in quell'azienda l'ambiente adatto alla creazione del prossimo Macintosh? Siamo sicuri che riuscirebbero ad accorgersene, se anche ce l'avessero sotto il naso?» La sua nuova organizzazione, la NeXT, sarebbe diventata molto più importante della Apple, per la sola ragione che lui si aspettava che facesse molto di più. «Il mondo non ha bisogno di un'altra azienda di computer da 100 milioni di dollari», dichiarò, scuotendo la testa al pensiero di poter dare vita a qualcosa di così ordinario.

Era veramente convinto di essere l'unica persona al mondo capace di creare da zero quei prodotti eccezionali indispensabili per avviare la prossima grande azienda del settore informatico. Così la pensava anche il resto della sua banda. «Conoscevo molto bene i difetti di Steve», ricorda Lewin, l'ultimo dei sei fuoriusciti dalla Apple che si unirono a lui. «Ero pienamente consapevole dei rischi cui sarei andato incontro lasciando il mio impiego e scegliendo di lavorare per lui, ma temevo che se non fossi andato alla NeXT, avrei passato il resto dei miei giorni a ripetermi che avrei dovuto provarci.» Un altro dipendente entrato alla NeXT nel 1986 aggiunge: «Dovevi essere proprio un idiota per non credere che Steve avrebbe fatto qualcosa di straordinario. Tutti ne erano sicuri».

Nessuno ancora poteva prevedere che, a tempo debito, la NeXT avrebbe offerto a quelli che già alla Apple si erano profilati come i tratti peggiori di Jobs l'occasione di manifestarsi appieno. È vero, Steve aveva saputo concepire prodotti rivoluzionari per la sua azienda e per il settore che aveva contribuito a fondare e ne era stato un portavoce formidabile, ma era del tutto privo dell'esperienza necessaria per diventare un buon CEO. Sotto molti aspetti, non era nemmeno completamente adulto.

Proprio quando credeva di essersi riguadagnato la meritata libertà, dopo essersi sottratto a un padrone ottuso e oppressivo, era invece diventato schiavo di molto altro: la sua celebrità, il suo smodato e ossessivo desiderio di perfezione assoluta, la volubilità e l'arroganza del suo stile dirigenziale, l'incapacità di capire a fondo il suo stesso settore, il bruciante desiderio di vendetta, la sua cecità. In molti sensi, era ancora un adolescente: egocentrico, idealista fino alla perdita di ogni realismo, incapace di gestire gli alti e bassi dei rapporti umani.

Era troppo egoista per vedere quanta parte del successo della Apple dipendesse da una felice coincidenza creata dal momento storico e dal lavoro altrui, e d'altro canto non sapeva riconoscere quanto lui stesso avesse contribuito al tracollo dell'azienda. Non capiva di avere imparato ben poco durante quella sorta di corso intensivo sul mondo degli affari. Era stato l'amministratore delegato ufficiale della Apple solo nei primi mesi di vita della sua creatura, prima che Mike Scott fosse chiamato a ricoprire quell'incarico, e non conosceva a fondo le responsabilità richieste a un leader aziendale. Era abbastanza intelligente da capire che un buon CEO doveva assegnare la giusta priorità ai diversi progetti e idee che affidava ai dipendenti, ma gli ci sarebbero voluti anni per imparare a farlo, e a convincersi che non sempre le sue idee erano le migliori. Oltretutto, non aveva l'esperienza necessaria per avviare una nuova organizzazione in un settore con una concorrenza tanto agguerrita. E, come se non bastasse, non si rendeva conto di nessuna di queste sue debolezze.

In un pomeriggio di quell'autunno, nel corso di una delle prime riunioni nella casa di Woodside, a un certo punto fuori si alzò un vento molto forte. «Le porte cominciarono a sbattere», ricorda Susan Barnes. «Il vento continuava ad aprirle e a chiuderle, e questo mandava Steve fuori di testa. Intuii che c'era una parte di lui che avrebbe voluto poter incolpare qualcuno di noi per quanto stava accadendo e cacciarlo via. Però eravamo a casa sua. Alla Apple mi occupavo anche di quel genere di faccende, ma lì non ero io la responsabile! Perciò, caro mio, se la casa è tua, sei tu quello che ha un problema con le porte, non io!» A Susan sembrava che Jobs non avesse la minima idea dell'infinità di minuzie di cui gli altri si erano dovuti occupare nel corso degli anni per mandare avanti la Apple mentre lui partoriva le sue idee straordinarie. Doveva imparare come funzionavano davvero le cose. «Quando sei amministratore delegato e fondatore di un'azienda», conclude Barnes ricordando quel pomeriggio, «tutto ricade sotto la tua responsabilità.»

A differenza di quanto era accaduto nel 1975, quando lui e Wozniak avevano inventato il mercato dei personal computer, nel 1986 Jobs stava per entrare in un campo già molto competitivo, con un'offerta così vasta che ogni nuovo arrivato era praticamente costretto a inventare un prodotto unico per riuscire a sopravvivere. Seguendo la legge di Moore, che come si è detto prevedeva una crescita esponenziale della potenza di calcolo, in quei dieci anni la tecnologia alla base dei computer aveva fatto passi da gigante. Il 1985 fu l'anno in cui produttori di processori come Intel e NEC riuscirono per la prima volta a integrare un milione di transistor nello stesso chip di memoria (naturalmente non è nulla in confronto ai moderni chip ad alta capacità di archiviazione, in grado di contenere fino a centoventotto trilioni di transistor). Ma quella dei semiconduttori non era l'unica tecnologia a essersi evoluta tanto rapidamente. I dischi rigidi, per esempio, venivano finalmente venduti a prezzi accessibili ai consumatori, che potevano acquistare per 700 dollari un supporto di archiviazione digitale di dieci megabyte, spazio all'epoca più che sufficiente per salvare i software e le principali applicazioni necessarie per utilizzare il computer (a titolo di confronto, oggi con 700 dollari si comprano dischi da dieci terabyte, ossia circa centomila volte più capienti, dov'è possibile archiviare più di mille film in alta definizione).

Di conseguenza, anche la potenza e la capacità dei microcomputer aumentavano rapidamente senza andare a incidere troppo sui prezzi, che si mantenevano a livelli ragionevoli. Una tendenza che sarebbe rimasta immutata anche negli anni successivi. Steve lo capiva, ma pensava che fosse comunque possibile trovare la nicchia di mercato perfetta per il suo nuovo prodotto, che sarebbe andato a collocarsi tra i personal computer e una nuova categoria di sistemi desktop, le workstation.

Il settore delle workstation era nato all'inizio degli anni Ottanta, quando la Apple lavorava al Lisa e la IBM si preparava a lanciare sul mercato i suoi computer. Le workstation erano fondamentalmente dei PC «pompati», dotati di più memoria, maggiore spazio di archiviazione dati, processori più potenti e grandi monitor da ventiquattro pollici. Erano rivolte soprattutto ai dipartimenti universitari di informatica ed erano progettate per mettere la maggiore potenza di calcolo possibile al servizio degli utenti, di solito ingegneri e ricercatori che poi avrebbero compilato le applicazioni necessarie per svolgere attività di calcolo o creare modelli matematici. Si distinguevano dagli altri dispositivi anche per altre due caratteristiche. Innanzitutto, erano pensate per lavorare in rete con altre macchine simili. Inoltre, montavano il software per microcomputer più avanzato dell'epoca, sviluppato dai programmatori informatici dei laboratori Bell della AT&T e in seguito perfezionato e potenziato da ricercatori universitari e scienziati sparsi nei laboratori di tutti gli Stati Uniti: Unix, al quale si deve la prima «rete di reti», che in seguito sarebbe stata chiamata «Internet».

La Sun Microsystems, un produttore di workstation della Silicon Valley, cominciò a realizzare questo tipo di macchine nel 1982 per la Stanford University Network. In soli quattro anni dal suo debutto, raggiunse vendite per un miliardo di dollari, un record assoluto nella storia statunitense, che resiste tuttora. Quell'incredibile risultato fu conseguito proprio l'anno in cui la nuova azienda di Jobs si affacciò sul mercato. La Sun Microsystems era un'organizzazione molto concreta: i suoi potenti computer non avevano nulla di speciale, se non gli eccezionali risultati che facevano registrare nei test di valutazione. Le sue workstation offrivano un ottimo rapporto qualità-prezzo, ma Steve trovava che avessero un aspetto orribile, privo di qualsiasi attenzione all'estetica. Invece di cogliere l'utilità di quelle macchine, vedeva soltanto un'opportunità: era chiaro che il mondo avrebbe preferito qualcosa di più bello e più semplice da usare.

Nel frattempo, i personal computer venduti dalla IBM e i sempre più numerosi cloni della Compaq e di altri produttori stavano diventando i dispositivi perfetti per le migliaia di aziende in cui l'informatica cominciava a trasformarsi in uno strumento indispensabile di lavoro. Il mercato rivolto al mondo dell'impresa era in piena espansione e la concorrenza per soddisfare le richieste di clienti attenti a costi, produttività e ritorni d'investimento era spietata. Per riuscire a imporsi, una startup avrebbe dovuto realizzare – e avrebbe dovuto farlo in fretta – un computer che si distinguesse da tutti gli altri, offrendo a scuole, aziende e utenti privati qualcosa che ancora non erano riusciti a trovare altrove.

Considerata l'aspra competizione nel settore, non è difficile capire perché Sculley e il consiglio di amministrazione della Apple intentarono causa a Jobs. Dal momento che la IBM e i produttori degli altri cloni che utilizzavano MS-DOS come sistema operativo dominavano il mercato dei PC nel mondo aziendale, la Apple aveva ora più che mai bisogno di avere tra i suoi clienti scuole e università. Le workstation stavano rapidamente diventando strumenti di lavoro necessari in molte discipline, nelle università come nei dipartimenti di ricerca e sviluppo di tante organizzazioni. Era naturale che la Apple volesse offrire il suo approccio unico anche con questo tipo di dispositivi. Il procedimento legale impedì a Steve di muoversi con la rapidità desiderata, ostacolando la NeXT in tutta una serie di operazioni di base come gli accordi con i fornitori, la registrazione legale della società, l'assunzione del personale e così via.

La Apple ritirò la causa nel gennaio 1986, quando Sculley finalmente capì di non avere il coraggio necessario per affrontare le inevitabili conseguenze mediatiche di quello scontro con un personaggio così famoso. Nel frattempo, nell'autunno 1985, Jobs aveva messo in cantiere alcuni progetti. Lui, Lewin e gli altri fondatori della NeXT avevano visitato diverse università, per capire le reali esigenze dei professori e dei ricercatori. Al ricordo di quelle visite, i padri della NeXT sono presi dalla stessa affettuosa malinconia che li assale quando ripensano alle prime riunioni nella casa di Woodside. Finanziati personalmente da Steve, che quando voleva sapeva essere un vero spilorcio, lavoravano in economia, animati da quell'«attività febbrile tipica di una startup», per ricorrere alle parole di Jobs. «All'epoca non avevamo molti soldi», mi raccontò più avanti Bud Tribble. «Quando dovevamo fare una di quelle visite, ci stringevamo tutti e sei in una macchina presa a nolo. Dividevamo anche le camere d'albergo. Avevamo una mentalità da pionieri.»

Per un paio di mesi, alla NeXT si respirò l'atmosfera di una vera startup, e i membri di quella «squadra mobile» fecero una scoperta che sembrava promettente: i docenti e i ricercatori avevano effettivamente bisogno di tutta la potenza offerta da quelle workstation da 20.000 dollari, ma non potevano spenderne più 3.000 per ogni computer. Come già aveva fatto per la Apple, Lewin mise insieme un consorzio di scuole che avrebbero fornito consulenza alla NeXT e, soprattutto, sarebbero stati i primi acquirenti dei suoi computer. I rettori di quelle università non erano affascinati soltanto dall'idea di lavorare con il grande Steve Jobs, ma erano anche attratti dalla sua promessa di mettere sul mercato il computer che agognavano a un prezzo di soli 3.000 dollari. Una promessa che alla fine non sarebbe nemmeno lontanamente riuscito a mantenere.

In seguito, Steve sarebbe diventato il più abile di tutti a gestire i rapporti con i media; a poco più di trent'anni, però, era ben lungi dall'essere un maestro delle pubbliche relazioni. Quando fondò la NeXT, pensò che un po' di pubblicità avrebbe attratto gli investitori che gli erano indispensabili per avviare la sua versione riveduta e corretta della Apple, e aprì le porte di casa a due prestigiosi mezzi d'informazione, *Esquire* e la PBS. I servizi che ne risultarono avevano un loro fascino, ed erano il ritratto di un giovane imprenditore che, pur provando a vestire i panni dell'uomo d'affari navigato, sembrava non sentirsi ancora completamente a suo agio in quel ruolo.

Il pezzo su Jobs mandato in onda dalla PBS nel corso della trasmissione *The Entrepreneurs* si apriva con lui che raccoglieva carote nel suo orto. È vero che ogni tanto gli piaceva dedicarsi alla terra e che molto probabilmente in quel modo voleva confermare la sua appartenenza alla controcultura, ma quell'immagine contribuiva a conferire alla presentazione una vaga atmosfera di simpatia e cordialità che preparava il terreno per un reportage in cui si rivelava di Steve molto di più di quanto lui avrebbe probabilmente desiderato. Il servizio consisteva soprattutto di brevi filmati girati nel corso dei primi due ritiri aziendali della NeXT, incontri molto intensi che in parte erano serviti per rafforzare lo spirito di gruppo e scambiarsi idee e in parte erano stati test di resistenza alle interminabili lezioni tenute da Jobs sull'arte di costruire una nuova azienda. L'obiettivo degli autori del pezzo era raccontare la storia di un giovane ed eroico imprenditore, come si intuiva chiaramente dalla voce fuori campo che presentava il reportage come un'occasione per vedere Steve «dare il meglio di sé quale motivatore e creatore di startup». Quelle parole, tuttavia, non si sposavano al meglio con le immagini tratte dai due meeting, dalle quali risultava evidente che per Jobs sarebbe stato molto difficile capire quale strada avrebbe dovuto intraprendere la NeXT.

I due ritiri erano stati entrambi tenuti a Pebble Beach, in California, il primo nel dicembre 1985 e il secondo nel marzo seguente. Steve e il suo staff li avevano programmati per dare contorni più precisi al loro grande progetto e nominare dei responsabili per le varie fasi del suo sviluppo. Le immagini del meeting di dicembre mostravano Jobs alla lavagna mentre tentava di raggiungere un accordo con la sua squadra sulla priorità principale: era più importante riuscire a contenere il prezzo del prodotto entro i 3.000 dollari, realizzare un computer dotato delle migliori tecnologie o lanciare sul mercato il dispositivo entro la primavera 1987? Come succede in tutte le startup, ogni reparto difendeva i propri interessi. Rich Page sosteneva che l'operazione non avrebbe avuto senso, se il prodotto non avesse rappresentato un progresso radicale in campo tecnologico. Dan'l Lewin, in qualità di responsabile delle vendite e del marketing, spiegò che, siccome le scuole acquistavano i computer durante l'estate, se non fossero riusciti a metterlo sul mercato a primavera, in pratica avrebbero perso un anno di fatturato. George Crow, genio dell'hardware, disse che gli insegnanti non avrebbero mai comprato un dispositivo troppo caro. Come sempre, Jobs si mostrava sicuro di sé e faceva sfoggio di tutto il suo carisma, consapevole di essere ripreso dalle telecamere. Parlava con passione, con sensibilità; le parole che usava erano audaci, capaci di ispirare. «Non stiamo soltanto pensando a come realizzare un prodotto. L'importante è che stiamo cercando di costruire un'organizzazione che si spera possa essere molto più straordinaria... Il totale sarà molto più incredibile della somma delle sue parti», argomentava. «Le ventimila decisioni che dovremo prendere nei prossimi due anni, per quanto impegnative, ci aiuteranno a capire che cosa potrà diventare questa azienda. E uno degli aspetti che ha reso la Apple eccezionale fin dagli inizi è stato lo spirito di abnegazione sui cui era fondata.» Eppure, piuttosto stranamente per un amministratore delegato che sottolineava l'importanza di prendere «ventimila decisioni», non riusciva a portare il gruppo a un consenso sull'argomento in discussione. L'unica conclusione chiara cui giungeva – «La data di consegna è improrogabile» – suonava esattamente come poi si sarebbe rivelata: una direttiva impraticabile. I membri della squadra erano tutti brillanti, pieni di entusiasmo e intelligenti, e al contempo giovani ingenui, con le idee poco chiare e un disperato bisogno di un leader più deciso di quanto Steve fosse allora.

Mentre pontificavano e si accusavano a vicenda – soprattutto in una rovente diatriba sulla necessità di tagliare le spese accesasi durante l'incontro di marzo –, i sei capirono che era assurdo pensare di produrre un computer straordinario in soli quindici mesi. Per anni, Jobs era stato criticato da Scott, Sculley, Markkula, Wozniak e altri per la sua impulsività, che fomentava i contrasti, perché creava complicazioni inutili, ritardava lo sviluppo dei prodotti, era incapace di dare direttive precise e metteva le proprie idee davanti agli interessi dell'azienda. Quegli scontri erano un chiaro sintomo che anche la NeXT sarebbe andata incontro a problemi simili.

Per il servizio di *Esquire*, pubblicato nel dicembre 1986, Steve invitò il giornalista Joe Nocera a passare una settimana in azienda. Nocera (oggi editorialista del *New York Times*) partecipò a riunioni di programmazione e meeting strategici nella nuova sede della NeXT, allo Stanford Research Park di Palo Alto (la stessa che avrei visitato io quando incontrai Jobs per la prima volta), dove ebbe occasione di parlare con molti dipendenti. Pranzò con Steve e andò a casa sua; due cose che in seguito Jobs non avrebbe più fatto con la maggior parte dei giornalisti.

Come al solito, Steve aveva un messaggio molto importante da comunicare, in questo caso che la NeXT stava per «portare la tecnologia a un livello completamente nuovo», come annunciò a Nocera. Per riuscirci, doveva ricreare l'atmosfera carica di entusiasmo e tensione che aveva sperimentato durante lo sviluppo del Macintosh. «Ricordo che, molte volte, quando uscivo la sera tardi dall'edificio dove stavamo lavorando al Mac, avvertivo la straordinaria sensazione di poter fare quello che volevo della mia vita», gli confessò. «Ero assolutamente entusiasta di ciò che facevo. È un po' quello che sto provando ora alla NeXT. Non riesco a spiegarlo. Non riesco nemmeno a capirlo completamente. Ma mi fa sentire bene.»

Dalle sue parole era talmente evidente il profondo affetto che ancora nutriva nei confronti della Apple che quando disse a Nocera di essersela lasciata definitivamente alle spalle, lui non poté fare a meno di definire la sua affermazione una «pia illusione». «Per me quella con la Apple è come una tormentata storia d'amore con una ragazza alla quale ho voluto tantissimo bene ma che ha deciso di mollarmi per mettersi con qualcuno che non è niente di speciale», dovette ammettere Jobs. Nell'articolo si parlava anche della relazione di Steve con quella che all'epoca era la sua fidanzata, Tina Redse, e si raccontava di come una volta le avesse scritto una lettera in cui si scusava per essere rimasto a lavorare fino a tardi. Secondo Nocera, l'essere così determinato rendeva Steve un uomo molto solo. Ma lui, che a un certo punto dell'articolo mostrava di non ricordare se a casa sua ci fossero le tende alle finestre, negava di essere triste o insoddisfatto.

«Questa impressione di eterna giovinezza», scrisse Nocera, «è alimentata da alcuni tratti di ingenuità quasi infantili. Per esempio, non può fare a meno di esibire la sua fulminante e brutale intelligenza quando ha attorno qualcuno che non considera alla propria altezza.

Questo è evidente anche nella sua quasi assoluta mancanza di tatto, o nella sua incapacità di nascondere la noia quando è costretto a fare qualcosa che non gli interessa, come se fosse un ragazzino di prima media che non vede l'ora che finisca la lezione.» Con il senno di poi, è chiaro che Nocera aveva intuito qualcosa che allora pochi – compreso Jobs stesso – erano disposti a capire: Steve era troppo inesperto, troppo egoista e troppo immaturo per poter riuscire negli equilibrismi richiesti a un buon CEO.

Più o meno nel periodo del servizio di Nocera, Jobs si rivolse a una nuova agenzia di pubbliche relazioni, la Allison Thomas Associates. Aveva conosciuto Allison quando lei dirigeva una commissione statale sull'innovazione industriale, un progetto che rafforzava il sostegno dello Stato della California alle aziende informatiche e permetteva, fra l'altro, di ottenere agevolazioni fiscali in cambio di donazioni di computer alle scuole. Steve voleva dare una nuova immagine di sé, relegando nel passato tutte le storie che circolavano sul suo carattere imprevedibile e incostante. Thomas, che nel corso degli anni sarebbe diventata una sua cara amica, trovò il modo di discutere il problema senza farlo innervosire: che cosa avrebbero potuto fare dell'«altro Steve», quello che dava l'impressione di essere arrogante e cattivo? Era un approccio decisamente brillante per affrontare la questione, ma alla fine la spuntò ancora l'«altro Steve», che prese ad assillare Thomas chiedendole di chiudere ogni rapporto con i giornalisti critici nei suoi confronti. Allison rinunciò all'incarico nel 1993, qualche settimana dopo che Jobs l'aveva cercata al telefono per ben tre volte mentre lei stava assistendo alla cerimonia di insediamento del presidente Bill Clinton a Washington.

Dopo una delle prime sedute del consiglio di amministrazione della NeXT, Steve prese da parte Susan Barnes. «Quando non ci sarò più», le disse, «sarò ricordato per le mie imprese creative. A nessuno interesserà sapere quanto ero bravo a dirigere un'azienda.»

In effetti, quando fondò la NeXT, Jobs sapeva meglio della maggior parte delle altre persone come andasse gestita un'organizzazione che operava nel settore informatico. Malgrado la sua complessa personalità, era certamente un ottimo motivatore e un instancabile innovatore. Aveva dimostrato di essere anche un buon negoziatore con i fornitori, riuscendo spesso a strappare prezzi concorrenziali per la Apple nonostante le ordinazioni dell'azienda avessero ancora volumi molto contenuti. Aveva idee straordinarie e intuiva come combinare diverse tecnologie in qualcosa di molto più grande. «Conosceva la contabilità di magazzino, comprendeva i meccanismi degli investimenti di capitali e dei flussi di cassa», racconta Barnes. «Essere stato il fondatore della Apple gli aveva insegnato cose che nei master di direzione aziendale si possono soltanto provare a spiegare agli studenti. Ma lui le conosceva. [Erano le sue] tecniche di sopravvivenza.»

Steve voleva assolutamente che queste sue doti fossero riconosciute. Parlava spesso di come avrebbe diretto al meglio la NeXT e di quanto avesse imparato dagli errori commessi dalla Apple negli anni della sua vertiginosa crescita. «Questa è la terza volta per me e per molti altri che lavorano qui», mi disse. «Alla Apple dovevamo dedicare metà del tempo a correggere i nostri errori, che si trattasse di un piano di partecipazione azionaria per un dipendente, del sistema di numerazione progressiva dei componenti dei dispositivi o di un metodo di produzione. Alla NeXT abbiamo il vantaggio di avere già sperimentato tutto questo in un'azienda che, partendo dal nulla, è arrivata ad avere un valore di mercato di 2 miliardi di dollari e possiamo prevedere alcuni dei problemi più complessi che la prima e la seconda volta non ci aspettavamo di incontrare. Ora siamo molto più sicuri di noi e questo ci consente di assumerci rischi maggiori. Lavoriamo in maniera molto più intelligente. Riflettiamo di più e riusciamo a fare di più lavorando meno.»

Per quanto il tutto suonasse incredibilmente bene, si trattava in buona sostanza di un'illusione dettata da un eccesso di sicurezza. Quando aveva fondato la Apple, non avendo ancora la presunzione di essere in grado di dirigere un'azienda, Steve era consapevole che si sarebbe dovuto affidare, almeno per un po', ai consigli dei suoi mentori e dei suoi capi. Ora, invece, si comportava come se sapesse tutto sulla gestione di un'impresa, dall'attribuzione degli stipendi all'ingegnerizzazione dei prodotti, dal marketing ai processi di produzione. Questa volta era determinato a fare tutto alla perfezione. Lo si capiva dal suo atteggiamento. Quando qualcuno affrontava un argomento che lui pensava di conoscere a fondo – o, per come la vedeva Jobs, di conoscere meglio di chiunque altro – cominciava a guardare altrove, a battere i piedi, ad agitarsi sulla sedia e in genere a comportarsi come un adolescente che non riesce a trattenersi, finché finalmente poteva intervenire e dire la sua. E, ovviamente, faceva tutto questo in modo plateale.

Il suo insopprimibile desiderio di esercitare un'autorità su tutto – di prendere le «ventimila decisioni» giuste – non fece che rallentare le cose. Questa microgestione fu un esempio lampante della sua incapacità di stabilire delle priorità. Al gruppo che aveva partecipato ai ritiri a Pebble Beach aveva detto che si doveva scegliere fra tre priorità: una macchina eccezionale, oppure pronta entro una certa scadenza, o del costo inferiore a 3.000 dollari. Ma era una falsa scelta: la NeXT doveva assolutamente fare tutte e tre le cose. Steve, però, era incapace di mantenere l'azienda concentrata su quello che era davvero importante, dal momento che lui stesso non lo sapeva.

Non riuscì a gestire proficuamente gli investimenti che si era assicurato. La NeXT poteva contare su 12 milioni di dollari che Jobs aveva messo di tasca propria in due soluzioni, oltre a 660.000 dollari provenienti dalla Carnegie Mellon University di Pittsburgh, altrettanti dalla Stanford University e 20 milioni da H. Ross Perot, l'eccentrico uomo d'affari che aveva deciso di investire nella NeXT dopo avere visto la puntata di *The Entrepreneurs* con il servizio su Steve. («Mentre lo guardavo, finivo le frasi per loro», raccontò estasiato a *Newsweek*.) Grazie a quei finanziamenti, la neonata azienda, che non aveva ancora sfornato alcun prodotto, nel 1987 fu quotata in Borsa per 126 milioni di dollari. (Due anni dopo, la Canon avrebbe aggiunto altri 100 milioni, portando il valore complessivo dell'azienda a 600 milioni.) Per Jobs, questo primo successo era la dimostrazione pratica della validità del suo progetto. I fondi della Carnegie Mellon e di Stanford attestavano che il mondo dell'istruzione era impaziente di avere il suo computer; il sostegno di Perot sottolineava invece la potenziale quota di mercato raggiungibile e dimostrava che l'imprenditore più innovativo di quel periodo capiva la grandezza, le capacità e la maturità di Steve. Perot giurò che non avrebbe perso di vista la NeXT: «Sarà una vita d'inferno per quest'ostrica», dichiarò con il suo tipico stile irriverente nell'intervista a *Newsweek*, paragonandosi alla sabbia che, irritando un'ostrica, le consente di formare una perla. In realtà, Perot avrebbe poi lasciato carta bianca all'uomo che considerava un giovane genio. Anni prima, aveva deciso di non investire nella Microsoft, perdendo l'occasione di guadagnare miliardi di dollari quando le azioni dell'organizzazione erano lievitate, e questa volta era più che determinato a scommettere su uno dei giovani talenti della West Coast. Steve gli promise che avrebbe amministrato saggiamente la somma. Nel servizio trasmesso da *The Entrepreneurs*, Jobs continuava a chiedere al suo staff di non sprecare risorse, arrivando perfino a lamentarsi del costo delle loro stanze d'albergo. Nonostante lo avesse già visto spendere e spandere alla Apple, sulle prime Barnes era fiduciosa che Steve potesse cambiare. «Pensavo che, essendo soldi suoi, si sarebbe comportato diversamente», ricorda. «Ragazzi, quanto mi sbagliavo!»

All'inizio, la maggior parte delle startup della Silicon Valley ha una struttura molto agile e semplice. Il loro vantaggio sulle aziende già affermate è dato dalla capacità di dedicarsi completamente a un singolo prodotto o idea. Senza i lacci della burocrazia e il freno rappresentato da un listino di prodotti da difendere, un piccolo gruppo di persone di talento è libero di affrontare in modo rapido e intelligente la realizzazione di un concetto. Contenti di lavorare anche cento ore la settimana, i dipendenti non vogliono altro dall'azienda se non che paghi lo stipendio e non si intrometta in ciò che fanno. Certo, sanno che se riusciranno a sviluppare brillantemente la loro idea la loro organizzazione crescerà e dovranno confrontarsi con le regole e i limiti di una corporation, ma in genere si tratta di preoccupazioni che preferiscono affrontare in seguito. Se si soffermassero subito sui rituali e le regole della vita aziendale, sarebbero distratti dall'impegno assoluto richiesto dall'oggetto del loro desiderio.

Come aveva spiegato a Nocera, Jobs amava questa mentalità da startup. Tuttavia, la sua idea di agilità e semplicità era condizionata dall'esperienza avuta alla Apple. «Per lui fare economia non era facile, dopo che per anni aveva fatto la bella vita», racconta Barnes. Steve aveva approfittato dei vantaggi offerti dalle risorse e dalle dimensioni della Apple, dalla sua capacità produttiva e dal suo cospicuo budget per il marketing. Nonostante quanto aveva detto sul suo desiderio di ripetere l'esperienza fatta con l'Apple II e con il Mac, ciò che voleva realmente era ricreare alla NeXT l'atmosfera del suo vecchio garage senza però rinunciare alla sicurezza, allo status e ai privilegi offerti da un'azienda da Fortune 500. Il gioco non gli riuscì.

Che spendesse il denaro con troppa munificenza fu chiaro fin dall'inizio, quando versò 100.000 dollari a Paul Rand per disegnare il bellissimo logo della NeXT. Quella scelta era un ulteriore indizio dell'ambizione di Jobs: il logo più celebre creato da Rand è quello ancora oggi impiegato dalla IBM. La fama del designer era tale che Steve accettò la condizione che per quei 100.000 dollari Rand avrebbe preparato un'unica proposta, prendere o lasciare. Per fortuna, Jobs fu molto soddisfatto del suo lavoro: gli piaceva il logo e gli piaceva anche il modo in cui gli era stato presentato, in una raffinata brochure in cui Rand spiegava dettagliatamente come fosse giunto a elaborare quello straordinario design, incluse le ragioni filosofiche per cui la «e» del nome dell'azienda era scritta in minuscolo e si erano scelti quei quattro vivaci colori su fondo nero.

Il giorno in cui l'opuscolo fu distribuito ai membri della squadra, Lewin ripensò a quando aveva incontrato per la prima volta Steve, nel 1977. Allora lavorava come rappresentante per la Sony, il cui reparto vendite si trovava vicino alla sede della Apple, su Stevens Creek Boulevard. Ricordava il modo in cui Jobs aveva accarezzato il materiale di marketing dell'azienda, quasi con devozione, facendo osservazioni sulla qualità della carta e sulla professionalità del design. «Steve andava matto per la Sony. Perché le persone erano disposte a spendere il 15% in più per un suo prodotto? Così, veniva da noi e si metteva a studiare e a toccare la carta su cui stampavamo le brochure. Non gli interessavano i nostri dispositivi, ma la sensazione che quelle pagine gli davano al tatto, la superficie della carta e il modo in cui erano presentati i prodotti.»

Ma la NeXT era una startup, non un'organizzazione affermata e di successo come la Sony, con un fatturato di miliardi di dollari che rendeva una bazzecola la cifra necessaria per realizzare un simile dépliant.

Spese di quel tipo diventarono ben presto la prassi alla NeXT, soprattutto se a beneficiarne era la sede dell'azienda. Gli uffici di Palo Alto erano arredati con costosi mobili fabbricati su misura e stampe di Ansel Adams e avevano una cucina con i piani in granito. Quando, nel 1989, la NeXT si trasferì a Redwood City, in un edificio più grande, non si badò a spese. Nell'ingresso facevano bella mostra di sé lunghi, lussuosi divani di pelle importati dall'Italia. Il tocco finale era una scala sospesa disegnata dall'architetto di fama mondiale I.M. Pei, l'autore della Piramide del Louvre, che era stata inaugurata proprio quell'anno. La sua splendida scalinata anticipava quelle altrettanto magnifiche che oggi troneggiano negli Apple Store.

La prodigalità di Jobs si estendeva a tutta l'azienda. «Il nostro sistema informativo», mi rivelò orgoglioso nel 1989, «è pensato per un'organizzazione con un fatturato di un miliardo di dollari» (quell'anno la NeXT avrebbe totalizzato solo qualche milione di dollari di vendite, registrando un risultato di cento volte inferiore rispetto al miliardo preventivato). Ciononostante, Steve giustificava la spesa sostenendo che stava creando da zero le infrastrutture necessarie per una corporation degna di figurare nella Fortune 500. Diversamente dalla Apple, mi disse, «siamo riusciti a fare questo investimento tutto in una volta. Cerchiamo pure le persone migliori, discutiamo e stabiliamo una strategia, ma facciamolo tutto in una volta! E cerchiamo di farlo bene perché possa durare ben più di qualche anno! Spenderemo qualcosina di più all'inizio, ma è un investimento che sicuramente ci ripagherà nei prossimi anni».

Il pezzo da novanta era un impianto di produzione all'avanguardia, una fabbrica pensata per essere ammirata dal mondo intero. Nonostante le dimensioni contenute, lo stabilimento, situato a Fremont, a venticinque chilometri da Redwood City, era una vera meraviglia. Jobs me lo fece visitare nel 1989, appena prima che entrasse in funzione. Era quasi vuoto, e Steve mi spiegò che era stato progettato per funzionare con poche persone. Mi illustrò con orgoglio ogni particolare, facendomi notare i robot e i macchinari verniciati nei toni di grigio che lui stesso aveva indicato. L'area riservata alla produzione aveva le dimensioni di un grande ristorante. Per quanto quel giorno, con nessuno in giro, avesse l'aria di un villaggio Potëmkin, di una fabbrica completamente vuota e allestita soltanto per sfoggio, lui sosteneva che potesse produrre fino a seicento computer al giorno, vale a dire l'equivalente di un miliardo di dollari in hardware l'anno.

L'impianto era stato progettato da una schiera di ingegneri specializzati in sistemi di produzione (per un certo periodo, ci furono più dottori di ricerca impegnati nel reparto produzione della NeXT che nel settore software). Ai robot sarebbero toccati praticamente tutti i compiti che richiedevano una certa precisione, compresi alcuni interventi di assemblaggio di cui Wozniak e Jobs si erano occupati personalmente ai tempi dell'Apple I: montavano i chip sui circuiti stampati, li saldavano nei loro alloggi, effettuavano i test necessari e ne valutavano i risultati per verificare che non ci fossero errori. A quel punto interveniva un operaio per un ultimo controllo e per assemblare le diverse parti, installandole negli slot all'interno dei case in magnesio di forma cubica.

Steve aveva ragione: era una fabbrica esemplare. In quel periodo, i produttori giapponesi avevano estromesso la maggior parte delle aziende statunitensi dal mercato dei semiconduttori ed erano presi a modello dalle industrie automobilistiche di Detroit. Jobs sperava che questo suo favoloso stabilimento offrisse uno scintillante esempio dell'eccellenza americana nel settore dell'hi-tech. Ma, soprattutto, era convinto che l'ostentata perfezione di quel luogo e la sua ossessiva attenzione ai dettagli avrebbero trasmesso ai dipendenti il messaggio che, puntando sempre al massimo, si potevano conseguire risultati impensabili e straordinari.

Era un principio condivisibile, ma da solo non poteva giustificare la somma stratosferica spesa per quella fabbrica futuribile, dove si sarebbero dovuti assemblare computer per i quali non esisteva ancora una vera domanda. Per contenere i costi, Steve avrebbe potuto facilmente appaltare la produzione. Alla fine degli anni Ottanta, infatti, operavano nella Silicon Valley moltissime aziende in grado di occuparsi della fabbricazione di prodotti complessi come il computer NeXT.

Con tutte le sue meraviglie, dalla rigogliosa area verde davanti all'ingresso ai tavoli a rotelle accuratamente studiati per trasportare i componenti dei computer da una postazione all'altra durante il processo di produzione, lo stabilimento di Fremont si rivelò un pozzo senza fondo. Altro che i seicento dispositivi al giorno di cui aveva parlato Steve: la fabbrica non riuscì mai a produrre più di seicento computer al mese.

In linea teorica, non c'è nulla di sbagliato in un impianto di produzione all'avanguardia, in una splendida sede per i dipendenti o in un bel logo. Tuttavia, una decisione dopo l'altra, Jobs si dimostrò incapace di prevedere le conseguenze delle sue esorbitanti spese. Non riusciva a distinguere fra il superfluo e il necessario. Come amministratore delegato di una nuova azienda, questo avrebbe dovuto essere il suo compito principale, compito che alla NeXT non fu evidentemente in grado di svolgere.

Per esempio, decise fin dall'inizio che il nuovo computer avrebbe montato un lettore di dischi ottici per l'archiviazione dei dati, invece di un più comune disco rigido. I vantaggi erano evidenti: i dischi ottici potevano contenere una quantità di informazioni duecento volte superiore rispetto agli hard disk più diffusi ed erano rimovibili. Steve voleva che le persone potessero portare con sé i propri file, spostandoli da un computer a un altro dopo averli salvati su un CD. Sembrava affascinato dall'utopica visione di una popolazione che si muoveva accompagnata dalle informazioni che riteneva più importanti. (Oggi, ovviamente, dai nostri smartphone e tablet abbiamo accesso a una quantità enormemente maggiore di dati, ma i file risiedono nel cosiddetto «cloud».) Quei lettori avevano però molti problemi, primo fra tutti il fatto che il recupero delle informazioni dal supporto ottico era estremamente lento. Jobs aveva scelto di perseguire la propria visione (una capacità di archiviazione potenzialmente più ampia) contro le reali necessità degli utenti (la possibilità di accedere velocemente ai dati). Quando finalmente i computer NeXT apparvero nei negozi, alla fine del 1989, concorrenti quali la Sun Microsystems furono ben felici di poterli etichettare come «lumache», se paragonati ai loro dispositivi dotati di disco fisso.

Molte caratteristiche di quel computer sembravano concepite soprattutto per stupire. Come gli altri PC, anche il NeXT era composto da quattro elementi: una tastiera, un mouse, un case cubico contenente l'hardware e un monitor. Il suo aspetto era stato ideato da Hartmut Esslinger, il designer industriale tedesco che aveva già lavorato con Steve al primo Mac. Progettista di fama mondiale, rigoroso e intransigente tanto quanto lo era Jobs, Esslinger era stata un'altra scelta dispendiosa. Aveva pensato a una forma cubica con spigoli al vivo, per differenziarsi da quelli stondati dei computer degli altri produttori, Apple inclusa. Quelle stondature, tuttavia, non erano tanto una scelta estetica, quanto una necessità legata ai processi di produzione: realizzare un cubo perfetto con spigoli non smussati richiedeva l'impiego di particolari stampi, che dovettero essere prodotti su misura da un fornitore di metalli speciali di Chicago, con costi molto elevati.

Esslinger e Jobs vollero anche che il case fosse in magnesio, materiale ovviamente molto più costoso della plastica. Il magnesio, come già l'alluminio per l'Apple III otto anni prima, fu una scelta che comportò un problema di non poco conto: se infatti questo metallo presentava alcuni vantaggi rispetto alla plastica, il suo processo di lavorazione era assai più complicato, e ciò determinava un aumento dei difetti di fabbricazione nel prodotto finito.

Considerate le caratteristiche del computer, fu impossibile contenerne il prezzo entro i 3.000 dollari. A ogni piè sospinto, venivano aggiunti sempre nuovi dettagli. «Il budget», ricorda Lewin, «prevedeva un cubo dal costo complessivo di 50 dollari, scheda madre esclusa. Poi, a Steve venne il capriccio di volere che fosse dipinto come il braccio in titanio di un giradischi da 400 dollari che aveva visto nel fine settimana. Allora mandò tre dipendenti alla General Motors per osservare quella tecnica di verniciatura; d'altra parte, Perot sedeva nel consiglio di amministrazione di GM, e loro erano i migliori al mondo quando si trattava di verniciare i metalli. Così, imparammo quello che avremmo dovuto fare. Ma che fine fece il cubo che doveva costarci complessivamente 50 dollari? Solo verniciarlo ne prevedeva altri 50! Era davvero come se vivesse in suo mondo di fantasia.»

Ancora più problematiche si rivelarono alcune direttive puramente estetiche di Jobs riguardo ai componenti interni del computer, e tra queste una in particolare. Di solito, agli ingegneri vengono comunicate le specifiche che il computer dovrà avere e loro si occupano della progettazione dei circuiti per fare in modo che la macchina le rispetti; solo a questo punto affrontano la questione delle dimensioni e della forma che avrà la scheda madre. Per il NeXT, Steve invertì questo processo. Disse infatti a George Crow e ai suoi ingegneri hardware che la scheda madre doveva essere quadrata, in modo da poterle dare le stesse dimensioni dei lati del cubo di magnesio. Per i tecnici, la forma quadrata comportava non poche difficoltà, ma lui insistette, impedendo di fatto agli ingegneri di rispettare le specifiche richieste e contenere i costi. In sostanza, aggiunse un ulteriore e inutile livello di complessità, aumentando così le spese necessarie perché un numero maggiore di tecnici potesse lavorasse più ore a una scheda che non portava alcuna miglioria significativa al prodotto finale.

Continuava a fare scelte che, prese singolarmente, potevano anche sembrare giustificabili ma nel complesso danneggiavano l'azienda, tenendola lontano dal suo obiettivo principale. Non riusciva a giudicare razionalmente le proprie idee e non accettava una realtà: che a volte è impossibile far andare tutto esattamente come vogliamo.

In parte, ciò dipendeva dal fatto che lui stesso credeva a quanto gli altri dicevano di lui. Secondo i media e i suoi finanziatori, era un genio. Un entusiasta Ross Perot lo aveva descritto come «un trentatreenne che ha accumulato cinquant'anni di esperienza nel mondo degli affari». Non poteva nemmeno immaginare quanto si sbagliava. Malcolm Baldrige, segretario al Commercio sotto la presidenza di Ronald Reagan, chiamava Steve per farsi consigliare. I direttori delle principali testate nazionali continuavano a inviare giornalisti sulla West Coast per scoprire le sue opinioni su ogni genere di argomenti, non necessariamente legati al settore dei computer e alla tecnologia.

(Una volta mandarono anche me per un servizio di questo tipo, e lo ascoltai esprimere con la solita sicurezza le sue idee in materia di politica industriale, rivalità con l'Unione Sovietica, lotta al narcotraffico e su Manuel Noriega.)

Il fascino esercitato dalla sua nuova azienda, del tutto ingiustificato per una startup che si affacciava in un settore altamente competitivo senza ancora avere un prodotto da offrire, contribuì a confermare in lui la sensazione di essere destinato a grandi imprese. Ed era proprio questa percezione della propria genialità e del proprio destino a rendergli impossibile rinunciare anche solo a una delle sue idee. Si comportava come se ogni particolare o modifica da lui proposto potesse segnare la differenza tra un dispositivo rivoluzionario e quella paccottiglia che pensava offrissero gli altri produttori. Anni dopo, Perot ammise di avere preso un abbaglio. «Uno degli errori più grandi che abbia mai fatto è stato quello di dare tutti quei soldi a quei ragazzi», confessò.

Inoltre, Jobs non resisteva alla tentazione di rivaleggiare con la Apple. Dal momento che la sua vecchia azienda aveva un logo molto riconoscibile, allora anche lui aveva bisogno di un simbolo con lo stesso potenziale e con un eccellente pedigree; se la Apple aveva un impianto di produzione all'avanguardia, anche la sua piccola startup doveva dotarsi di uno stabilimento scandalosamente costoso, che garantisse uguali volumi di produzione. Nonostante costringesse al silenzio i suoi collaboratori su questo argomento, era chiaro che nutriva una vera e propria ossessione per la Mela.

La prima volta che andò a trovarlo, il direttore di *Fortune*, John Huey, stava aspettando Steve nell'atrio della sede della NeXT, quando lui tornò da un pranzo di lavoro con alcuni visitatori. Senza riconoscere Huey, Jobs sedette su uno dei costosissimi divani di pelle che aveva fatto sistemare nella lobby e per un quarto d'ora sfogliò tutta una serie di riviste, criticando ferocemente la «stupidità» delle pubblicità della Apple, ideate da chissà quale di quei «babbei» che in quel momento dirigevano la baracca.

C'è chi ha cercato di dare una lettura freudiana di questa ossessione di Steve e della sua ansia di riconoscimento e di successo, interpretandole come tentativi di liberarsi della figura dei genitori naturali che lo avevano rifiutato dandolo in adozione. Ciò che invece mi è sempre parso evidente è che, nei suoi tratti peggiori e più infantili, Jobs si rivelasse per quello che realmente era: un bambino viziato. Brillante, precoce e meticoloso, le aveva sempre avute tutte vinte dai genitori adottivi, e quando qualcosa non filava secondo i suoi piani, ragliava come un asino ferito. Una volta cresciuto, avrebbe continuato a comportarsi nello stesso modo, lasciandosi talvolta andare a improvvisi accessi di collera. Alla NeXT non c'era nessuno che lo aiutasse a stemperare questi lati del suo carattere. Nonostante alcune persone più mature ed equilibrate, come Lewin e Barnes, spesso non fossero d'accordo con lui e cercassero di consigliarlo, Steve sceglieva di ignorarle apertamente, spesso prendendosi gioco di loro.

Raccontando dei giorni successivi alla storica presentazione del Mac, dichiarò a Joe Nocera: «Penso di sapere che cosa significhi assistere alla nascita di un figlio». Purtroppo per i dipendenti della NeXT, sotto molti aspetti lui stesso era ancora un bambino, piuttosto che un genitore maturo e responsabile.

Le decisioni arbitrarie di Jobs lasciavano esterrefatti i dipendenti, tormentati dalle sue manie di controllo. Dava per scontato che lavorassero di notte e nei fine settimana; se scopriva un problema «urgente», non esitava a chiamarli a casa di domenica o durante le vacanze. Ciononostante, gli ingegneri hardware e i programmatori software volevano lavorare per lui.

Steve capiva i tecnici. La loro occupazione principale è quella di risolvere problemi. Si esaltano quando riescono a trovare una via d'uscita da un vicolo cieco, soprattutto nei casi più complicati, quando non esiste un sentiero battuto da seguire. Lui li metteva di fronte a sfide che non avevano mai immaginato. Nessun altro nel settore informatico aveva aspettative e obiettivi così radicali; nessun altro sembrava dare altrettanto valore al loro lavoro. L'idea di creare un computer che rivoluzionasse il mondo dell'istruzione era di per sé straordinaria, ma ciò che quei programmatori e ingegneri eccezionalmente talentuosi trovavano irresistibile era il pensiero di poterlo fare per il loro capo.

Con il passare del tempo, fu chiaro che gli obiettivi di Jobs per il suo nuovo computer si spingevano ben oltre i confini del mercato universitario. Lewin e colleghi corteggiavano clienti provenienti da ogni contesto aziendale, convinti che il NeXT, che combinava la potenza di calcolo necessaria per la creazione di modelli 3D e per processare grandi quantità di dati con la capacità di connettersi facilmente alle reti aziendali, avrebbe potuto trasformare anche quel settore. Un apparecchio di quel genere, se reso disponibile non solo a chi viveva nelle torri d'avorio delle università ma anche agli analisti di Wall Street e ai grandi commercianti, poteva davvero essere rivoluzionario. Pertanto, anche se mese dopo mese, anno dopo anno, l'azienda continuava a rimandare il lancio del prodotto sul mercato, molti ingegneri seguitavano a produrre idee eccezionali, considerando il loro lavoro sia una nobile missione sia un atto d'amore. Erano loro a farla da padroni alla NeXT. Avevano un'ala privata nella sede dell'azienda, con un pianoforte a coda e serrature alle porte che impedivano l'accesso agli altri dipendenti. E, in effetti, la collezione di talenti raccolta da Steve ottenne alcuni risultati geniali.

Richard Crandall, professore di fisica al Reed College di Portland, fu nominato ricercatore capo ed ebbe piena libertà di movimento per tentare di capire quanto l'informatica potesse migliorare il mondo dell'istruzione superiore in ambiti quali le scienze computazionali. Crandall sviluppò ulteriormente il suo lavoro alla NeXT con le sue decennali ricerche nel campo della crittografia; in seguito, fu nominato capo dell'Advanced Computation Group della Apple. Michael Hawley, neolaureato al Massachusetts Institute of Technology, lavorò invece con un gruppo di altri tecnici alla creazione della prima biblioteca digitale al mondo, che includeva l'opera omnia di Shakespeare e l'*Oxford Dictionary of Quotations*. E quando finalmente sarebbe apparso, il computer NeXT avrebbe permesso di svolgere facilmente il multitasking e di allegare velocemente i documenti alle e-mail, oltre ad avere un'interfaccia utente intuitiva per rendere il più agevole possibile la navigazione.

Ma il colpo più importante Steve lo mise a segno quando convinse Avie Tevanian, un giovane genio del software laureatosi alla Carnegie Mellon University, a unirsi alla NeXT invece di scegliere la Microsoft. All'università, Tevanian aveva lavorato allo sviluppo di Mach, una versione più efficace di Unix, il potente sistema operativo open source usato nelle università, nei laboratori e nelle pubbliche amministrazioni di tutto il mondo. Divenne lo sviluppatore più importante nella squadra di Bud Tribble, responsabile del sistema operativo del computer NeXT, chiamato NeXTSTEP. Per anni, Tevanian avrebbe tenuto aperto in una finestra del suo computer un documento in cui ogni giorno registrava il valore delle azioni alle quali aveva rinunciato quando aveva rifiutato la proposta della Microsoft. Ciononostante, amava il proprio lavoro, in parte anche perché Jobs riconosceva la sua genialità e fin dal momento del suo ingresso in azienda gli aveva affidato incarichi di enorme responsabilità.

Steve dichiarò più volte che la differenza tra la NeXT e gli altri produttori di workstation era che lui prestava molta più attenzione al software di quanta gliene riservasse la concorrenza. In effetti, il sistema operativo NeXTSTEP sviluppato da Tribble e Tevanian era veramente raffinato: in pieno stile Jobs, riusciva a dare un'immagine elegante e accattivante a qualcosa che in precedenza solo gli ingegneri erano in grado di decifrare. Inoltre, Steve aveva capito che la tecnica chiamata «programmazione orientata agli oggetti» (Objected Oriented Programming, OOP) avrebbe permesso agli sviluppatori di risparmiare un'enorme quantità di tempo nella creazione delle applicazioni. Un toolkit OOP ideato dalla squadra di Tevanian, il WebObjects, si rivelò in seguito un prodotto altamente redditizio per la NeXT: con la diffusione di Internet, si dimostrò estremamente utile per le aziende in cerca di strumenti per realizzare rapidamente servizi web-based.

Quando si rese conto di dipendere completamente dalle capacità di Tribble e Tevanian, Jobs cominciò a tiranneggiarli. «All'inizio», racconta Susan Barnes, che è anche moglie di Tribble, «Bud si lamentava con me perché Steve insisteva per vedere in funzione su uno schermo quello a cui stava lavorando. 'Lui può anche sbraitare che il sole non dovrebbe sorgere a Est', mi diceva Bud, 'ma continuerà comunque a sorgere a Est, così come ci vorrà ancora tempo prima di avere una versione del software in cui sia possibile vedere qualcosa di concreto su uno schermo. So che è uno che impara vedendo le cose, so che è solo così che riesce a capirle e so che trova frustrante dover leggere tutte quelle righe di codice... ma così va la vita!'»

«L'azienda era talmente piccola che ci conoscevamo tutti», ricorda Tevanian, che con il fisico atletico e i riccioli neri sembra un calciatore. «Lavoravo fino a tardi, Steve passava e io gli mostravo quello che stavo facendo. Allora lui si metteva a urlare che quella roba faceva schifo, però alla fine erano tutte cose che io conoscevo e di cui lui non capiva nulla, e lo sapeva benissimo. Ma in fin dei conti ci rispettavamo, e io sopportavo alcune sue critiche perché quando dovevo dirgli qualcosa di importante, sapevo che mi avrebbe ascoltato. In qualche modo riuscivamo ad andare d'accordo.»

Agli esordi della NeXT, Jobs aveva detto che la cosa più importante che avrebbe potuto fare era «costruire un'azienda straordinaria». Questo nobile proposito si sarebbe però realizzato solo in modo confuso e incompleto. Le buone intenzioni di Steve, infatti, determinavano a volte una sorta di abbaglio intellettuale, per cui le questioni più banali diventavano importantissime e quelle fondamentali finivano nascoste sotto il tappeto.

Ce la metteva tutta per essere un buon capo. Per esempio, organizzava «picnic famigliari» per i dipendenti a Menlo Park. Erano feste pensate soprattutto per i bambini, con clown, partite di pallavolo, hamburger, hot dog e gare di corse con i sacchi. Su suo invito, nel 1989 partecipai a una di quelle giornate con mia figlia Greta, che aveva cinque anni. Jobs, scalzo, mi tenne compagnia per circa un'ora, restando seduto con me su una balla di fieno a chiacchierare mentre Greta assisteva all'esibizione del Pickle Family Circus, una compagnia di acrobati, comici e giocolieri della Bay Area da lui ingaggiata per l'occasione. Ogni tanto si avvicinava un dipendente della NeXT per ringraziarlo per la festa.

Discutemmo un po' della sua azienda, ma mi parlò soprattutto di quanto fossero importanti le famiglie per la NeXT e di quante famiglie ci fossero alla Pixar, la startup di computer grafica che aveva da poco acquistato da George Lucas. In parte erano solo chiacchiere, ma alcune sue affermazioni erano chiaramente una prova del fatto che non aveva ancora completamente accettato le sue responsabilità di padre e che sentiva il bisogno di farsi una famiglia. Trascorreva sempre più tempo con la figlia, in un processo di riavvicinamento che non si compì mai pienamente, anche se Lisa andò a vivere con lui negli anni in cui frequentò le superiori. Avevo la sensazione che Steve considerasse quei picnic la prova che avrebbe potuto essere un buon padre, se non per sua figlia, almeno per i bambini dei suoi dipendenti. «Credo che durante quelle giornate si guardasse attorno e pensasse: Dio mio, non sono responsabile solo di quelli che lavorano per me, ma anche delle loro famiglie», sostiene Barnes. «Un ulteriore motivo di stress che si andava ad aggiungere agli altri che già gli gravavano addosso.»

Questo aspetto paternalistico del suo carattere si manifestava anche nei tentativi di stringere amicizia con alcuni dei suoi più stretti collaboratori. Quando Tribble e Barnes ebbero il loro primo figlio, Jobs si intrufolò nell'ospedale al di fuori dell'orario di visita. «Voleva essere a tutti costi una figura paterna», conferma Jon Rubinstein, detto «Ruby», che entrò alla NeXT nel 1991 e alla fine prese il posto di Rich Page come capo ingegnere hardware. «Aveva solo un anno più di me. Io lo trovavo divertente, perché era convinto di sapere più di chiunque altro sulla vita. Mi faceva un sacco di domande personali.»

Eppure, quando Steve provava a razionalizzare o concretizzare queste sue tendenze, i risultati erano sempre effimeri e superficiali. Per «costruire un'azienda straordinaria», aveva tentato un esperimento sociale che aveva chiamato «Operazione trasparenza». A ogni livello dell'organigramma corrispondeva una precisa retribuzione, perciò tutti quelli che svolgevano il medesimo incarico ricevevano un identico trattamento economico. Inoltre, le informazioni sul salario di ogni dipendente erano accessibili a tutti. Secondo Steve, questa era una dimostrazione del suo impegno a trattare con correttezza chi lavorava nella sua azienda, come mi spiegò lanciandosi in una delle sue solite tirate appassionate:

Sono loro le persone che mandano avanti la nostra organizzazione. Sono loro che si occupano di scrivere il software, di progettare i dispositivi. Non dobbiamo pensare di poter battere i concorrenti facendo di più con meno risorse, dobbiamo mostrare di essere più intelligenti degli altri. Ogni volta che assumiamo qualcuno, aggiungiamo un nuovo mattone per costruire il nostro futuro.

Scegliere le persone giuste è soltanto l'inizio; è essenziale anche avere un'organizzazione trasparente. Prova a vederla così: se pensi a come funziona il nostro corpo, le cellule sono specializzate ma ciascuna di loro lavora per un piano più grande, per la sopravvivenza di tutto il corpo.

Noi siamo convinti che la NeXT possa diventare l'azienda migliore al mondo, se tutti quelli che ci lavorano sapranno capire il disegno più grande che le sta dietro e usarlo come metro di paragone quando è il momento di prendere delle decisioni. Certo, si corrono dei rischi concedendo a tutti pieno accesso alle informazioni, e non si possono escludere eventuali danni economici, ma i benefici superano nettamente i potenziali costi.

La prova più evidente della nostra trasparenza è il fatto che tutti possono sapere a quanto ammonta lo stipendio di un collega. Chiunque può consultare i documenti in amministrazione. Perché? In un'azienda qualsiasi, un dirigente deve dedicare almeno tre ore la settimana a questioni legate alla retribuzione dei dipendenti, e passa la maggior parte di questo tempo a cercare di tenere sotto controllo le voci e i discorsi che circolano tra il personale sugli stipendi altrui.

Anche da noi un manager deve mettere in conto queste tre ore, ma le userà per difendere in modo assolutamente trasparente le decisioni che abbiamo preso e i motivi per cui le abbiamo prese, chiarendo a chi lavora per noi che pure lui può aspirare a un migliore trattamento economico. Perciò, tendiamo a considerare quelle tre ore un'opportunità per imparare qualcosa.

Parlare dell'«Operazione trasparenza» dava a Jobs l'occasione di attribuire una sorta di superiorità morale alla NeXT. Tuttavia, le sue azioni ben presto contraddissero tutte quelle belle parole. Già quando mi raccontava queste cose, era evidente a tutti che non sarebbe andata così. Questo anche perché Steve era sempre determinato ad assumere «i migliori al mondo», in particolare quando si trattava di ingegneri. «Nella maggior parte dei settori, una persona in gamba è in grado di rendere al massimo il doppio di una normale», mi disse una volta. «Se per esempio vai a New York e trovi il miglior tassista della città, potresti riuscire ad arrivare a destinazione mettendoci il 30% di tempo in meno di quanto avresti impiegato con un tassista normale. Avere un rendimento pari al doppio della norma è già straordinario, ma nel campo del software lo scarto può essere anche di venticinque volte superiore. La differenza tra un programmatore normale e uno veramente bravo è questa. Abbiamo fatto di tutto per assicurarci i migliori al mondo. E quando si lavora in un campo in cui la differenza di rendimento si attesta su questo rapporto, è uno sforzo che ripaga.»

La selezione per entrare alla NeXT era molto severa. Si susseguivano diversi colloqui e in molti casi bastava un solo «No» per escludere un candidato. E di candidati ce n'erano moltissimi, tutti a disputarsi una chance di lavorare con Jobs. Naturalmente, anche alla NeXT non era possibile assumere i più talentuosi senza proporre incentivi economici. Pertanto, Steve cominciò a fare delle eccezioni, offrendo ad alcuni bonus di assunzione stratosferici e concedendo ad altri uno stipendio più alto di quello che spettava ai colleghi al loro stesso livello. E quando questi accordi iniziarono a figurare nei documenti disponibili in amministrazione, tutto d'un tratto consultarli non fu più così facile.

L'«Operazione trasparenza» non solo era irrealizzabile da un punto di vista logistico e manageriale, ma era anche del tutto incompatibile con l'atmosfera che notoriamente si respirava in un luogo di lavoro diretto da Steve Jobs. Era proprio lui, infatti, a minare di continuo la visione di armonia, pace ed equanimità che promuoveva, con i suoi improvvisi accessi d'ira e il ricorso a un atteggiamento passivo-aggressivo per spronare gli altri a impegnarsi sempre di più. Alla NeXT, era imprevedibile e prevaricatore proprio come lo era stato prima. Inoltre, era offensivo con tutti e sbraitava regolarmente non solo con gli ingegneri ma anche con i dirigenti, i segretari e gli assistenti personali.

Alla fine, chi gli era più vicino imparò a prevedere i suoi scatti, ma questo non li rendeva certo più sopportabili. Tevanian faceva del suo meglio per proteggere gli ingegneri dalla collera di Jobs, assicurandosi che non fossero in ufficio quando doveva informarlo di un ritardo sulla tabella di marcia o quando una funzione dell'interfaccia utente da lui personalmente richiesta si dimostrava inservibile.

Anche Barnes, che fin da quando lavorava alla Apple aveva imparato a fronteggiare le sfuriate di Steve, aveva studiato strategie precise per se stessa e per i suoi subordinati. «Quando si scaldava a cominciava a urlare, mettevo giù il telefono. Credo sia l'unica persona di mia conoscenza che, quando la richiamavi dopo averle sbattuto in faccia il telefono, diventava più calma. Se qualcuno lo facesse con me, potrei ucciderlo. Ma con lui, se non avevi voglia di sentirlo strillare, dovevi fare un passo indietro. Bastava uscire dalla stanza perché poi diventasse più gentile, cambiasse tono. Avevo capito che il suo era un atteggiamento che attivava a comando e decideva di usare quando si accorgeva che funzionava.» Alle persone che lavoravano per lei, Susan non si stancava mai di ripetere di chiudere mentalmente le orecchie e tentare di «ascoltare cosa si nascondeva sotto tutti quegli urli. Dovevi cercare di ignorare i suoi strepiti e individuarne la ragione. Era quello l'importante, e in genere si trattava di qualcosa che potevi provare a sistemare».

Il senso di aspettativa che circondava la NeXT cresceva di pari passo con l'appressarsi del 22 ottobre 1988, il giorno previsto per il debutto del suo computer. Jobs non smetteva di spronare il personale perché tutto fosse pronto in tempo. Gli piaceva da sempre imbastire veri e propri spettacoli per il lancio delle sue creazioni, ma era dal 1984 – da quando aveva estratto il Macintosh dalla sacca come un coniglio dal cilindro – che non saliva su un palco per un evento di questo tipo. Credeva che quelle presentazioni strutturate come numeri di magia non solo fossero ottime occasioni promozionali, ma potessero anche motivare i dipendenti e infondere nuove energie a un'azienda stremata dalle fatiche erculee che aveva dovuto affrontare. Con gli anni, a mano a mano che le sue esibizioni diventavano sempre più elaborate e la sua presenza scenica migliorava visibilmente, aumentò non solo il lavoro preparatorio richiesto da quegli eventi ma anche la quantità di stress che ricadeva su tutti quelli che si occupavano di organizzarli. Era un lavoro spossante, e, quando il sipario calava, tanti si prendevano qualche giorno di ferie.

La presentazione del NeXT richiese a Steve di esibirsi nel miglior gioco di prestigio della sua vita. Infatti, il sistema operativo del computer era pieno di bug e sarebbe stato pronto solo di lì a un anno, il lettore ottico era troppo lento per poterlo sfoggiare in pubblico e non esisteva ancora una sola applicazione scritta da sviluppatori esterni. Con la sola possibile eccezione dell'iPhone, quasi vent'anni dopo, Jobs non avrebbe mai più presentato un prodotto che non fosse meno che pronto per il mercato. In quel momento, però, non poteva più aspettare. E l'evento doveva essere un successo. L'effetto garantito dalla «nuova straordinaria azienda di Steve Jobs», che fino ad allora aveva permesso alla NeXT di andare avanti, stava ormai svanendo; anche le promesse fatte da una persona con il suo potenziale avevano una data di scadenza.

Più di tremila invitati gremivano la Davies Symphony Hall, l'elegante e moderna sede della San Francisco Symphony Orchestra. Per impedire l'accesso a imbucati e a decine di fantomatici VIP che sostenevano di avere ricevuto inviti privati, era stato disposto un servizio di sicurezza molto severo. All'interno, le pareti dei corridoi d'accesso alla sala ospitavano una mostra fotografica del cantante folk Graham Nash, a indicare forse la partecipazione di alcune vere celebrità allo spettacolo che sarebbe cominciato di lì a poco.

Entrando in sala, il pubblico riuscì a intuire i contorni di un enorme schermo sullo fondo del palco ancora immerso nell'oscurità. Sulla sinistra, su un tavolino c'erano un grande vaso pieno di tulipani bianchi e diversi telecomandi e dispositivi di puntamento; sulla destra, coperta da un telo di velluto, quella che aveva tutta l'aria di essere una schiera di monitor disposti su un tavolo di forma ovale. Oltre la sedia da ufficio posta davanti al tavolo, stava una colonna alta circa un metro e coperta da un altro panno di velluto nero. Come si conveniva al luogo in cui stava per svolgersi l'evento, mentre gli spettatori prendevano posto, gli altoparlanti diffondevano musica da camera. Anche se era un martedì mattina, a giudicare dall'abbigliamento della maggior parte dei presenti sembrava di essere a un concerto di gala (anch'io ero in giacca e cravatta). Proprio come voleva Steve.

L'evento ebbe un successo così clamoroso che potrebbe a buon diritto essere considerato il primo vero prodotto della NeXT. Quando la luce dei riflettori illuminò Jobs, ben rasato, con un taglio di capelli impeccabile e un elegante completo nero italiano, una camicia di un bianco abbagliante e una cravatta a rombi nera e bordeaux, in sala scese il silenzio. Lui si fermò un momento per godersi la scena, poi accennò un sorriso, sforzandosi di non prorompere in un ghigno a trentadue denti, mentre si beava dell'interminabile applauso che gli veniva riservato.

«È fantastico essere tornato», disse quando l'applauso cessò completamente. Poi, unendo le mani come quando si prega, partì con una tirata che andò avanti per due ore e mezzo. Da mesi provava le battute, che sembravano adatte più a una lezione di economia aziendale che alla presentazione di un prodotto. Invece di raccontare una breve storia del settore informatico come aveva fatto in occasione del lancio del Macintosh, si prese tutto il tempo necessario per illustrare il panorama allora offerto dal mercato dei computer, ovviamente facendo apparire il suo nuovo dispositivo come una naturale e straordinaria versione evoluta dei prodotti già esistenti. Lo fece servendosi di una serie di diapositive meticolosamente preparate a mano, dato che non esisteva ancora un'applicazione informatica in grado di gestire il processo. Il lavoro sulle diapositive era stato estenuante. Dopo giorni in cui non riusciva a trovare il punto di verde più adatto a un'immagine, Steve aveva finalmente individuato la tonalità che cercava e aveva cominciato a borbottare: «Un verde eccezionale! Un verde eccezionale!» Quella frase era diventata una sorta di mantra per il gruppo marketing, sempre assillato dalle sue richieste.

Jobs spiegò in che modo quella che chiamava «personal workstation» avrebbe potuto soddisfare le esigenze dei consumatori più esigenti, ben più di quanto potessero fare le macchine che la Sun Microsystems e la Apollo vendevano a decine di migliaia di dollari. Ammise che quando lavorava alla Apple aveva trascurato l'importanza di poter connettere un personal computer come il Macintosh a una rete; il nuovo apparecchio della NeXT era stato dunque interamente progettato per lavorare in rete.

Gli ingegneri informatici presenti tra il pubblico ovviamente capirono di cosa stesse parlando; non così la maggior parte degli altri convenuti, che era però completamente irretita dal fascino di Steve. Era sempre stato bravo a descrivere i vantaggi per gli utenti che si celavano dietro tecnologie apparentemente oscure, e lo faceva con una disinvoltura tale da suscitare nei suoi ascoltatori una sorta di bramosia. Era convinto di poter vendere alle persone prodotti tecnologici che non sapevano nemmeno di desiderare, convinzione poi confermata dai fatti. Quando mostrò la componentistica interna del computer NeXT e la descrisse come «il più bel circuito stampato che io abbia mai visto», il pubblico rimase senza fiato per poi prorompere in un applauso, anche se già da una distanza di un metro tutti i circuiti stampati sembrano uguali. La platea applaudì perfino quando parlò del cavo di alimentazione del NeXTcube, lungo tre metri. Quando definì le grandi università «aziende da Fortune 500 che si chiamano con un altro nome», tutti sembrarono addirittura credere che potesse essere vero.

La parte più delicata dello show giunse quando gli toccò spiegare che il nuovo, rivoluzionario computer si sarebbe dovuto accontentare di una grafica in scala di grigi. Una scelta dettata dalla volontà di contenere i costi (grazie alla quale l'azienda era riuscita a ridurre di quasi 750 dollari il prezzo di vendita), resasi inevitabile dopo che le continue intromissioni e i ghiribizzi di Steve avevano ritardato lo sviluppo del dispositivo e fatto lievitare le spese di produzione. Jobs presentò lo schermo come uno splendido esempio di design. Si vantò delle infinitesimali tonalità di grigio, quasi a intendere che un monitor a colori fosse una spesa non necessaria. Mentre la presentazione proseguiva, si fece sempre più magniloquente, arrivando a sostenere che quel computer avrebbe potuto rivoluzionare non solo il mondo delle scienze e dell'istruzione, ma anche quello dell'arte. Considerato il suo enorme potenziale, proseguì, era incredibile che il NeXT costasse soltanto 6.500 dollari, che la sua stampante fosse venduta a 2.000 dollari e che gli utenti che desideravano montare un hard disk convenzionale per aumentare la capacità di archiviazione dell'apparecchio dovessero sborsare più o meno altri 2.000 dollari. In sostanza, un sistema NeXT completo sarebbe costato oltre 10.000 dollari, circa 7.000 più del previsto.

Steve sapeva che avrebbe dovuto chiudere la presentazione con un numero in grado di far dimenticare lo spiacevole dettaglio del prezzo, qualcosa che facesse cadere il pubblico ai suoi piedi. E quel qualcosa era la musica. Nelle sei settimane precedenti aveva spinto Tevanian, che lavorava alla NeXT soltanto da qualche mese, a realizzare un'applicazione per riprodurre musica, grazie alla quale avrebbe potuto presentare il suo Cube come il più versatile sul mercato.

Era stato necessario un complesso lavoro di programmazione, finché una sera, dopo settimane di tentativi, Tevanian era finalmente riuscito a capire come fare. «Tutto d'un tratto la scheda madre riproduceva i suoni!» ricorda lui stesso. «Pensai che fosse un risultato fantastico, ma erano già le undici e non c'era nessuno cui mostrarlo. Così andai nell'edificio accanto e, guarda caso, anche Steve stava ancora lavorando. Gli dissi: 'Voglio farti vedere una cosa'. Tornammo nel laboratorio e gli mostrai quello che ero riuscito a fare. Cominciò subito a insultarmi: 'Perché diavolo mi hai fatto venire qui? Non posso credere che tu abbia fatto questa schifezza!' Io risposi: 'Steve, non capisci? Funziona!' E lui: 'Non me ne importa nulla, perché fa schifo! Non voglio mai più vedere una cosa del genere!'»

Tevanian aggiunge: «Per me fu molto istruttivo. La maggior parte delle persone che lavorava in un'azienda di Steve Jobs alla fine dava le dimissioni o veniva licenziata quando succedevano episodi di questo genere, ma io mi rimisi subito al lavoro e pensai soltanto:

Beh, vuol dire che c'è un livello minimo che devo raggiungere prima di mostrargli quello che ho fatto. Posso far vedere i miei progressi ad altri, ma non a lui».

Così, proprio quando il pubblico avrebbe potuto cominciare a spazientirsi, Jobs svelò il colpo da maestro di Tevanian, facendo riprodurre alla sua workstation un pezzo di un'orchestra gamelan indonesiana, a dimostrazione della capacità del dispositivo di sintetizzare suoni polifonici. Tutti ammutolirono mentre la musica si diffondeva nella sala. Steve, come un genitore che tenti di non mostrarsi troppo orgoglioso, si limitò ad accennare un sorriso. Nessuno aveva mai sentito qualcosa di simile uscire da un computer. Ma quello era solo un assaggio. Subito dopo, invitò sul palco Dan Kobialka, il primo violino dell'orchestra sinfonica di San Francisco, per eseguire un pezzo con il suo strumento insieme con il Cube. Il brano scelto era tratto dal *Concerto per violino in la minore* di Bach. Steve si ritrasse e due riflettori illuminarono il musicista e il computer; per cinque minuti buoni, al pubblico della Davies Symphony Hall parve di trovarsi in un salotto intimo e raccolto. Quando Kobialka alla fine sollevò l'archetto, tutti gli spettatori si alzarono ad applaudire. Nel frattempo, un terzo riflettore andò a illuminare Jobs che, con una rosa in mano, si inchinava davanti alla platea in adorazione.

Le reazioni alla presentazione furono sopra le righe tanto quanto l'evento stesso. Esperti del settore come Stewart Alsop, Dick Shaffer e Michael Murphy annunciarono che entro il 1990 quel computer avrebbe fatto della NeXT un'azienda dal valore di 200 o 300 milioni di dollari. Shaffer si definì «un convertito». Oltre agli analisti – che, dopotutto, sono abituati a fare previsioni grandiose –, anche le testate più sobrie credettero ai proclami di Steve sul suo nuovo dispositivo. Io, per esempio, in un articolo in prima pagina sul *Wall Street Journal*, scrissi che era «sensazionale» e «relativamente economico». Proprio come voleva lui, lo paragonai alle workstation presenti sul mercato, senza pensare al prezzo che Jobs stesso aveva promesso alle università, che avrebbero dovuto essere i suoi più importanti clienti.

Nessuno di noi giornalisti capì che quel computer non aveva alcuna possibilità di successo. Per via degli errori e dei capricci di Steve, il

NeXTcube costava solo un po' meno della maggior parte delle altre workstation, e i pochi miglioramenti che presentava rispetto a quanto già offriva il mercato non bastavano a controbilanciare i suoi molti difetti. Dei principi che avrebbero dovuto ispirarlo non rimaneva traccia, gli obiettivi di quei ritiri aziendali ormai lontani erano stati da tempo accantonati. Jobs aveva sempre detto che il computer non sarebbe costato più di 3.000 dollari. Di recente, inoltre, i suoi consulenti nel mondo dell'istruzione gli avevano riferito che molto probabilmente sarebbe stato meglio vendere il prodotto intorno ai 1.500 dollari. I college non erano disposti a spendere 10.000 dollari per un elegante sistema NeXT, quando con 2.500 avrebbero potuto acquistare un Mac o con 5.000 si sarebbero potuti permettere una workstation della Sun Microsystems di fascia bassa. La partita era già persa in partenza, ma pochi di noi se ne accorsero.

I principali concorrenti di Steve, invece, non si lasciarono abbindolare da quello sfavillante debutto. Alla Sun Microsystems, la presentazione fu accolta da sonore risate; l'amministratore delegato, l'impertinente Scott McNealy, originario di Detroit e appassionato di hockey, sport che praticava nel tempo libero, pensava che i font eleganti e il case di magnesio della creatura di Jobs fossero sprecati per gli utenti tipo delle workstation. «Noi diamo loro quello che vogliono», mi disse. «E a loro non interessa quanto sono belle le icone.»

Se Steve avesse cominciato l'avventura con la NeXT con le idee chiare e un pizzico di umiltà in più, avrebbe dovuto considerare la Sun Microsystems non solo come la sua più pericolosa concorrente, ma anche come il modello da seguire. McNealy era stato uno dei quattro fondatori dell'azienda nel 1982 e ne era diventato amministratore delegato nel 1984. Aveva solo tre mesi più di Jobs ma sembrava molto più maturo di lui. Suo padre era stato CEO della American Motors, produttore di automobili oggi scomparso noto soprattutto per modelli di macchine originali come la Nash Rambler e la AMC Pacer. Da bambino, la sera Scott sbirciava di nascosto nella ventiquattrore del papà, spinto dalla curiosità di scoprire che cosa potesse contenere di così importante. Negli anni dell'adolescenza e più tardi quando frequentava il college era diventato, come lui stesso si definisce, un «topo di fabbrica»; aveva cominciato a passare molto tempo negli impianti di produzione, facendo esperienza diretta delle complessità legate alla fabbricazione delle auto e delle dinamiche proprie delle corporation che impiegano un grande numero di persone. Tipico rampollo di una famiglia benestante, aveva frequentato le migliori scuole private di Detroit, per poi laurearsi in economia a Harvard e conseguire un master in direzione aziendale a Stanford.

McNealy non avrebbe potuto essere più diverso da Jobs. A parte gli studi universitari, era anche un fanatico dello sport. Amava la musica country e l'heavy metal, non Dylan e i Beatles. Era un inguaribile burlone, con la battuta sempre pronta, ma dirigeva la sua azienda con una maturità che Steve poteva soltanto simulare. La Sun Microsystems aveva registrato vendite per un miliardo di dollari in soli quattro anni. McNealy aveva avuto successo scegliendo con oculatezza una base di consumatori che aveva molti soldi da investire in tecnologia: i reparti di ricerca e sviluppo aziendali, l'esercito degli Stati Uniti, i laboratori statali... Clienti molto meno glamour ma assai più ricchi degli atenei corteggiati da Jobs. La Sun Microsystems aveva poi diretto la propria attenzione su Wall Street, che allora aveva appena cominciato a scoprire l'utilità dei computer per recuperare rapidamente informazioni sulle operazioni di Borsa e cogliere le occasioni di investimento. A clienti di quel tipo non interessava che aspetto avessero i computer: a loro bastava che avessero schermi abbastanza grandi e fossero in grado di gestire simultaneamente numerose operazioni di calcolo.

La Sun Microsystems sfondò perché seppe individuare le reali necessità del mercato e offrire il prodotto giusto, contenendo entro limiti ragionevoli il prezzo dei suoi dispositivi. La NeXT fallì sotto tutti questi aspetti. Anzi, riuscì a vendere il suo primo computer solo quasi un anno dopo quella spettacolare presentazione, a ben quattro anni dalla fondazione dell'azienda. McNealy non perdeva mai di vista gli obiettivi, stava attento al budget e sapeva cogliere al volo le opportunità; Jobs non aveva le idee chiare ed era uno spendaccione che prima di capire qualcosa doveva sbatterci più volte la testa. McNealy aveva scelto di lavorare alla Sun Microsystems per poter vendere molti computer, offrire un servizio ai consumatori e diventare ricco; Steve aveva fondato la NeXT perché era furibondo con John Sculley e la Apple, perché aveva disperatamente bisogno di una seconda possibilità e perché pensava che fosse sua responsabilità – e suo diritto di nascita – continuare a sbalordire il mondo. Quando aveva avviato la NeXT, il mercato offriva ancora margini molto ampi di sviluppo, come dimostrato dal successo di McNealy. Ma Jobs era immaturo e convinto di non avere rivali significativi nel settore informatico. Passava il tempo a guardarsi allo specchio mentre McNealy, osservando dalla finestra, imparava ciò di cui il mondo aveva veramente bisogno.

Anche un altro leader del settore non era per nulla impressionato dal prodotto della NeXT. Bill Gates, infatti, aveva rifiutato di sviluppare software per il computer di Steve, nonostante lui avesse tentato ripetutamente – seppure in maniera confusa – di convincerlo, con la promessa che la Microsoft avrebbe guadagnato con il Cube tanto quanto aveva già fatto con il Mac (la Microsoft era stata per anni il principale sviluppatore di applicazioni per il Macintosh). Quando Bill andò per la prima volta a trovare Jobs negli uffici di Palo Alto per vedere che cosa avesse in mente, lui lo fece aspettare all'ingresso per mezz'ora, prima di andargli incontro. Una mancanza di rispetto che segnò quella che sarebbe stata la non relazione tra la Microsoft e la NeXT. Gates respinse più volte, velenosamente, le offerte di Steve. «Sviluppare per quel coso?» disse a *InfoWorld*. «Ci piscio sopra!» Il software della Microsoft stava per diventare lo standard in quasi tutti gli ambienti di utilizzo dei computer, perciò il fatto che Gates non intendesse supportare il Cube con le versioni ad hoc delle sue applicazioni software relegava di fatto l'azienda di Jobs ai margini del mercato.

Bill non cambiò idea nemmeno dopo la presentazione alla Davies Hall. «Nel complesso», dichiarò, «molte delle sue funzioni sono completamente inutili.» Un anno più tardi, disse del Cube: «Se volete un computer nero, posso recuperarvi un barattolo di vernice». Ancora oggi, Gates ricorda il momento in cui annunciò definitivamente a Jobs che la Microsoft non avrebbe mai sviluppato software per la NeXT. «Non era arrabbiato», mi ha raccontato di recente. «Era avvilito. Gli mancavano le parole, e questo per lui non era certo normale. Sapeva che quello che stavo dicendo probabilmente era vero: il futuro che si prospettava per i suoi grandi cubi neri destinati a cambiare il mondo era tutto fuorché roseo.»

Verso la fine dell'evento alla Davies Hall, Jobs svelò la novità più importante: la IBM, il colosso del mercato informatico, aveva deciso di installare NeXTSTEP, il sistema operativo del Cube, su uno dei suoi modelli di workstation. L'idea del maggior produttore di computer al mondo che adottava il rivoluzionario sistema operativo di Steve era un'ottima notizia in termini di visibilità.

L'accordo preliminare prevedeva che la IBM acquistasse i diritti di utilizzo di NeXTSTEP come interfaccia grafica per i suoi dispositivi in cambio di 60 milioni di dollari, un'inezia per la Big Blue, che rappresentava invece per la NeXT un capitale liquido vitale, considerato che negli anni l'azienda aveva speso quasi tutto il denaro fornito dagli investitori. Molti credevano che quell'accordo avrebbe avuto conseguenze ben più ampie, un'idea che Jobs si guardò bene dal confutare. La IBM aveva un precedente contratto con la Microsoft per lo sviluppo congiunto di un nuovo sistema operativo per PC, chiamato OS/2. Annunciando la propria collaborazione con la NeXT, il colosso informatico intendeva probabilmente far capire di non volere la Microsoft come unico partner (in effetti, qualche mese dopo l'annuncio della NeXT, fu chiaro che la Big Blue e la Microsoft avevano serie difficoltà a collaborare). Steve era attratto dall'allettante prospettiva che il suo sistema operativo fosse installato non solo sulle workstation della IBM ma anche sui personal computer del più temibile concorrente della Apple. Se così fosse avvenuto, la sua rivincita sarebbe stata completa.

Ma Jobs non sembrò mai in grado di giocare bene le proprie carte in questa partita. Nel corso delle trattative mantenne un atteggiamento infantile, sempre in bilico fra tracotanza e incertezza. Sapeva anche essere energico e coraggioso, come quando era riuscito ad assicurarsi l'investimento promesso dalla IBM prima ancora che qualsiasi dirigente della Big Blue avesse visto di persona NeXTSTEP. Però poteva anche essere estremamente sgarbato. Una volta, arrivato in ritardo a un meeting con un gruppo di ex dipendenti IBM che erano passati alla NeXT, interruppe la discussione affermando sbrigativamente: «La vostra interfaccia utente fa schifo». Dan'l Lewin, che incontrava Steve prima di ogni riunione con la Big Blue per stabilire la strategia da seguire, non sapeva mai cosa aspettarsi dal suo capo. A volte Jobs rischiava di compromettere tutto il lavoro preparatorio che lui stesso e Lewin avevano fatto. «Lo prendevo a calci sotto il tavolo», ricorda Lewin. «Per esempio, durante un incontro disse: 'Non riesco proprio a capire perché vogliate aiutarci'.»

Da un punto di vista psicologico ed emotivo, per Steve firmare un accordo con la IBM era tanto difficile quanto dover scongiurare Bill Gates di sviluppare software per il Cube. Aveva sempre considerato NeXTSTEP la spina dorsale del suo spettacolare computer. Voleva essere il protagonista, non il comprimario di un'azienda più potente. Se la IBM avesse davvero impiegato il suo sistema operativo e fosse riuscita a vendere molte macchine che montavano una versione proprietaria di NeXTSTEP, tutto il merito sarebbe andato alla Big Blue, non a lui.

Non dovrebbe dunque sorprendere che Steve non riuscisse a mettere a frutto questa importante relazione. Mandò all'aria la collaborazione con la IBM dimostrandosi un partner inaffidabile. Uno dei promotori dell'accordo era stato Bill Lowe, un dipendente della Big Blue di lunga data che aveva avuto un ruolo fondamentale nella produzione del PC nel 1981. Poi, nel 1990 Lowe andò in pensione e fu sostituito da James Cannavino, il quale pensava logicamente che la IBM potesse utilizzare sui suoi computer la versione 2.0 di NeXTSTEP. Ma Jobs, che non si era ancora degnato di incontrare il nuovo dirigente, rifiutò di consegnare il sistema operativo, pretendendo prima altri soldi.

Fu così che la IBM decise di rinegoziare l'accordo. Steve aveva tirato troppo la corda. Cannavino smise di rispondere alle sue telefonate e abbandonò il progetto, anche se ufficialmente non fu dato alcun annuncio in proposito. Per la IBM si trattò in fondo di una piccola delusione che metteva fine al suo sogno di creare una valida alternativa a Windows, il nuovo sistema operativo della Microsoft. Per la NeXT, invece, fu un colpo fatale. L'azienda aveva perso la sua ultima vera occasione per affermarsi a un livello dal quale sarebbe potuta diventare, come aveva detto Jobs nel 1985, «la prossima azienda di computer migliore al mondo».

Lewin, deluso, lasciò la NeXT mesi prima che l'accordo con la IBM andasse in fumo. Fu il primo dei cinque fondatori ad abbandonare l'azienda. «Avevamo il mondo nelle nostre mani, eppure fallimmo per colpa di Steve», ricorda. Due settimane dopo che aveva dato le dimissioni, Jobs lo invitò a pranzo e gli chiese: «Ora che stai per andartene, dimmi che cosa pensi davvero».

«Se continui così ti mangerai ogni centesimo», gli rispose l'ormai ex responsabile delle vendite. All'epoca, la NeXT aveva ancora a disposizione circa 120 milioni di liquidità. «Questa azienda semplicemente non può funzionare. Puoi anche detenerne il 50% o il 58%, poco importa, ma più della metà dei dipendenti lavorava per me. Ho litigato con te perché so benissimo quello che bisogna fare perché le cose funzionino. Se vuoi andare avanti, devi imparare ad ascoltare chi ti sta attorno. Altrimenti, sei fregato.»

Qualche mese più tardi se ne andò anche George Crow, un altro dei fondatori, stanco di essere il bersaglio degli accessi di collera di Steve per i ritardi nello sviluppo dell'hardware. Più o meno nello stesso periodo, lasciò anche Susan Barnes: gestire le finanze di Jobs quando lui dimostrava di avere scarsissima disciplina e di non saper controllare la tendenza a scialacquare era diventato sfiancante. «Era sempre la solita storia», racconta Barnes. «Il suo ottimismo visionario contro il mio senso pratico. Era sicurissimo che prima o poi avremmo finalmente svoltato, mentre io continuavo a ripetergli che non c'era nulla nel nostro modello di business che lo indicasse.»

Quando Susan rassegnò le dimissioni, Steve le tolse immediatamente, e senza alcun preavviso, l'accesso al telefono e alla posta elettronica. Un anno dopo, fu la volta di Rich Page; poi Bud Tribble telefonò a McNealy della Sun Microsystems per chiedergli se avesse bisogno di un ingegnere con un'esperienza come la sua. E qualche giorno dopo si ritrovò a lavorare per l'azienda che incarnava tutto quello che la NeXT avrebbe dovuto essere. Ad appena sei anni dalle burrascose riunioni nella vecchia casa di Woodside, i disertori erano fuggiti lasciandosi alle spalle la loro rockstar.

5
Una scommessa parallela

NEL corso di quello strano e convulso autunno 1985, subito dopo avere lasciato la Apple per fondare la NeXT, Steve non riusciva a smettere di pensare a un'altra allettante opportunità. Non poteva togliersi dalla testa il Graphics Group della Lucasfilm, quel team di geniali ingegneri di cui aveva parlato alla Apple la primavera precedente, tentando invano di convincere l'azienda ad acquisirlo. Il gruppo spiccava per una caratteristica che Jobs ammirava enormemente: la capacità di mettere una tecnologia all'avanguardia al servizio di un più alto scopo. Era una squadra formidabile; grazie alle sue applicazioni software, la Industrial Light & Magic di Lucas aveva curato gli effetti speciali di diversi film di altre case di produzione, tra i quali *Star Trek II - L'ira di Khan* e *Piramide di paura*. Steve era convinto che quella spettacolare tecnologia avesse un enorme potenziale commerciale: sarebbe stata perfetta per gli ospedali, le aziende e le università cui puntava con la NeXT. Poteva essere qualcosa di rivoluzionario. Guardando al futuro, pensava che, grazie alla legge di Moore, i costi richiesti dal conseguimento della potenza di calcolo necessaria per lavorare con le immagini 3D sarebbero inesorabilmente calati, tanto che un giorno tutti avrebbero potuto manipolarle facilmente. Ma c'era un altro elemento che rendeva quel team «eccezionale», per usare una delle parole preferite di Jobs: le persone che lo componevano. «Voleva che tutti i membri della squadra continuassero a lavorare insieme», racconta Susan Barnes. «Soffriva nel vedere quel gruppo così straordinariamente affiatato correre il rischio di essere smantellato. Non poteva nemmeno pensare alla possibilità che quell'enorme patrimonio di energie intellettuali andasse disperso.» Così, decise di tornare nella Contea di Marin per un'altra visita al team: una decisione che avrebbe cambiato per sempre la sua vita, anche se non nel modo in cui aveva previsto.

George Lucas, impegnato in un divorzio economicamente piuttosto dispendioso, aveva deciso che il Graphics Group era ormai un lusso che avrebbe potuto cedere senza compromettere il successo dei suoi film. Ciononostante, chiedeva 10 milioni di dollari, mentre Steve non era disposto a sborsarne più di 5. Jobs scoprì che negoziare con lui non era affatto semplice. Tanto per cominciare, Lucas non era mai presente alle trattative e lasciava ai suoi incaricati il compito di discutere con Steve e con i funzionari di banca. L'aggiunta di questo ulteriore livello nella catena decisionale rallentava l'intero processo, con grande disappunto di Jobs. Inoltre, Lucas era in trattativa con molti potenziali acquirenti, tra cui Siemens, Philips, Hallmark e la divisione EDS della General Motors. Quando, uno dopo l'altro, gli accordi con tutti gli altri non andarono in porto, Steve, che non aveva bisogno del Graphics Group quanto Lucas aveva bisogno di quei soldi, si ritrovò a condurre la partita e decise di giocare in modo altrettanto duro.

«A un certo punto», racconta Barnes, che prese parte alle negoziazioni, «le cose cominciarono ad andare troppo per le lunghe e lui pensò bene di presentarsi da uno dei loro dirigenti per dirgli che se ne andassero pure affanculo, letterali parole.» Susan ricorda che quando gli fece notare: «'Steve, non puoi dire una cosa del genere a uno dei vicepresidenti esecutivi di Lucas'», lui le rispose: «'Certo che posso, e ora vaffanculo pure tu!'»

Come avrebbe dimostrato ancora molte volte nel corso della sua vita, Jobs era un negoziatore spericolato. La sua minaccia di rinunciare all'accordo dette però i risultati sperati: di fronte alla prospettiva di non ottenere nulla, Lucas fu costretto a cedere. Steve sborsò 5 milioni di dollari sull'unghia, promettendo che ne avrebbe aggiunti altri 5 per capitalizzare l'azienda. Dichiarò quindi a *BusinessWeek* che l'acquisizione della Pixar era il suo tentativo di ingresso in un settore (la computer grafica 3D) che era «come quello dei personal computer nel 1978». Secondo Ed Catmull, che allora dirigeva il Graphics Group e poi sarebbe diventato presidente dell'azienda, «[Steve] considerava la Pixar il cuore della NeXT».

In seguito divenne chiaro che Jobs aveva ragione riguardo all'importanza della pionieristica tecnologia della Pixar. Nei dieci anni che seguirono, la possibilità di gestire e modificare immagini tridimensionali rivoluzionò tutti i settori, dalla programmazione dei piani di volo all'analisi dei mercati, passando per la ricerca petrolifera, la medicina e la meteorologia. Purtroppo per Steve, chi lavorava in quei campi continuò a preferire le sofisticate workstation della Sun Microsystems e della Silicon Graphics ai prodotti offerti dalla Pixar e dalla NeXT.

Ciononostante, alla fine la Pixar ottenne un successo straordinario. Grazie a questa improbabile scommessa parallela, Jobs ebbe l'occasione di intuire la direzione in cui si stava muovendo il settore della tecnologia consumer e di capire come seguirla, molto più di quanto gli fosse riuscito quando era alla Apple o di quanto avrebbe potuto fare alla NeXT. Fu proprio in questo periodo che cominciò a sviluppare due delle sue migliori qualità: la capacità di reagire nei momenti difficili e l'attitudine a sfruttare una nuova tecnologia al massimo delle sue possibilità, conseguendo così un enorme vantaggio rispetto ai concorrenti. In altre parole, quell'esperienza gli insegnò a non perdere la testa e a reagire quando si trovava all'angolo, oltre che a muoversi più rapidamente degli avversari. Inoltre, fu sempre grazie alla Pixar che, per quanto lentamente, con riluttanza e lottando contro la propria natura, imparò finalmente che a volte il modo migliore per gestire le situazioni è evitare di occuparsi personalmente di ogni dettaglio, concedendo a persone brillanti e di talento lo spazio di cui hanno bisogno per dare il meglio di sé.

Quello che Steve non sapeva nel 1986 era che la Pixar gli avrebbe assicurato molto più di una nuova tecnologia da sfruttare con la NeXT. Anche se ci vollero quasi dieci anni, quella nuova avventura gli fece ritrovare la fiducia in se stesso, rendendolo miliardario e mettendolo in contatto con nuovi mentori che gli insegnarono ben più di quelli con cui aveva lavorato fino ad allora. Senza l'esperienza della Pixar, lo strepitoso secondo atto della Apple non sarebbe mai stato possibile.

La Pixar era uno dei più originali gruppi di informatici dotati di inclinazioni artistiche mai messi assieme. Il nucleo del team si era formato in una singolare scuola di Long Island, il New York Institute of Technology (NYIT), il cui fondatore, Alexander Schure – un eccentrico milionario nonché educatore rivoluzionario – aveva offerto nella sua università un'ampia gamma di corsi sia a reduci dal Vietnam sia a studenti che cercavano di evitare l'arruolamento. Il suo sogno, tuttavia, era creare uno studio di animazione in grado di rivaleggiare con la Disney, nonostante le sue competenze in quel settore fossero quanto meno discutibili. Il suo unico tentativo come regista, un lungometraggio autoprodotto intitolato *Tubby the Tuba*, era infatti stato un completo fiasco. Cionondimeno, alla fine degli anni Settanta, Schure era l'unico a investire nel lavoro degli specialisti di computer grafica, così che molti pionieri in quell'ambito cominciarono a riversarsi al NYIT. Schure formò una squadra di tutto rispetto, in cui figuravano Jim Clark, poi fondatore di Silicon Graphics e Netscape Communications, e Lance Williams, che sarebbe diventato direttore scientifico degli studi di animazione Disney, oltre a Ed Catmull, Ralph Guggenheim e Alvy Ray Smith, tutti e tre future figure chiave della Pixar.

Per quanto fosse stato lui a metterlo insieme, Schure non seguiva il team tenendogli il fiato sul collo, condizione ideale perché un gruppo di ricercatori universitari sicuri delle proprie capacità potesse sviluppare le sue rivoluzionarie idee sfruttando il tempo e il denaro che aveva a disposizione. In un enorme garage riadattato che sorgeva su una proprietà della North Shore di Long Island (dov'è ambientato *Il grande Gatsby*), il gruppo si occupava dei più vari aspetti della grafica tridimensionale, dai caschetti per la realtà virtuale al *texture mapping* (un metodo per ottenere dettagli estremamente precisi nelle immagini generate al computer), alla creazione di personaggi antropomorfi per gli spot televisivi, ideati a partire da oggetti di uso quotidiano. Ralph Guggenheim, futuro responsabile del reparto produzione della Pixar, definirà poi quella squadra «una straordinaria confraternita di fanatici della tecnologia». Fin dall'inizio, il loro sogno comune era realizzare il primo lungometraggio animato al computer. Perciò, quando un portavoce di George Lucas chiamò Guggenheim per chiedergli se fosse interessato a collaborare alla creazione di un reparto alla Lucasfilm che permettesse al regista di *Guerre stellari* di utilizzare la grafica computerizzata nelle sue pellicole, tutto il team si trasferì a San Rafael, una cittadina della Baia di San Francisco nota principalmente per essere la sede del penitenziario di San Quintino. Il nuovo reparto prese il nome di Graphics Group e fu incaricato di sviluppare strumenti software che Lucas avrebbe usato nei suoi film visivamente audaci e strabilianti.

Come già a Long Island, il responsabile della squadra era Ed Catmull. Informatico, originario dello Utah, Catmull aveva sognato fin da piccolo di realizzare cartoni animati; quando si era reso conto di non avere abbastanza talento come disegnatore, aveva deciso di specializzarsi nel nuovo settore della computer grafica, disciplina che aveva studiato presso l'Università dello Utah a Salt Lake City, prima di entrare al NYIT.

Per Jobs si rivelò utile soprattutto il fatto che, grazie all'esperienza accumulata nella direzione di quell'eterogenea brigata, Catmull sapesse gestire con competenza e fantasia un gruppo di individui creativi. Per anni Ed avrebbe rimpianto di avere rinunciato al sogno di diventare un animatore di cartoni; eppure, mentre traghettava la sua variegata e talentuosa ciurma oltre le innumerevoli difficoltà che incontrava lungo il percorso, imparò a considerare il management una vera e propria forma d'arte, riconoscendo che quello era il campo in cui poteva dare il suo maggiore contributo. Più avanti, è stato premiato come uno dei migliori manager al mondo e nel 2014 ha pubblicato *Verso la creatività e oltre*, un brillante bestseller che illustra le caratteristiche necessarie per guidare un'azienda in cui lavorano dei creativi. In effetti, quando si parla di ciò che serve per dirigere e motivare persone creative, questo signore tranquillo e barbuto, dal contegno professorale eppure dimesso, ne sa molto più di chiunque altro io abbia mai incontrato, compresi personaggi del calibro di Akio Morita della Sony, Andy Grove della Intel, Herb Kelleher della Southwest Airlines, Bill Gates e Jeffrey Katzenberg, cofondatore con Spielberg e Geffen della DreamWorks. Il successo di Catmull fornì a Steve un ottimo esempio da seguire.

Così come Schure, anche Lucas lasciò che il gruppo lavorasse in modo quasi completamente indipendente. Nei primi anni Ottanta, all'apice della carriera, il regista era impegnato nella costruzione dello Skywalker Ranch, il centro nevralgico del suo impero cinematografico, sperduto nella verde campagna ricca di vigneti e allevamenti a nord di San Rafael, zona nota anche come «Lucas Valley». Stava inoltre lavorando alla regia del secondo e del terzo episodio della saga di *Guerre stellari* e alla produzione dei primi due *Indiana Jones*. Il gruppo di Catmull sviluppava strumenti hardware e software che velocizzavano la creazione di alcuni effetti speciali animati, contribuendo a una riduzione dei costi di produzione. Ciononostante, il loro obiettivo rimaneva quello di servirsi dei computer per creare il primo lungometraggio animato. Mosso da questa idea, Catmull convinse John Lasseter, all'epoca giovane e insoddisfatto animatore della Disney, a preparare una serie di cortometraggi animati che dimostrassero il potenziale della computer grafica 3D. Sapendo che Lucas voleva che la sua squadra si dedicasse principalmente allo studio di software e non ai film, Catmull giustificò l'assunzione di Lasseter facendolo passare per «designer di interfacce». «Era sicuro che nessuno dell'amministrazione avrebbe mai rischiato di fare una figuraccia andandogli a chiedere che cosa significasse quella formula», racconta Lasseter.

I corti, alcuni di una durata inferiore ai trenta secondi, furono proiettati al SIGGRAPH, il congresso annuale di computer grafica, dove fecero una straordinaria pubblicità al lavoro del gruppo. Opere geniali come *Le avventure di André e Wally B.* e *Luxo Jr.* dimostravano chiaramente non solo quanto fosse formidabile la tecnologia sviluppata dal team, ma anche che Lasseter aveva straordinarie doti di storyteller ed era abilissimo nel conferire caratteristiche umane a oggetti comuni (come la lampada snodabile Luxo, che in seguito fu inserita nel logo della Pixar).

La squadra, che lavorava con un budget assai consistente e in autonomia quasi totale, diventò molto unita. Catmull la dirigeva come se fosse un dipartimento di ricerca universitario, in modo assolutamente non verticistico.

Quando Lucas decise di cedere la divisione, Catmull fece tutto il possibile per trovare un acquirente che non volesse smantellare il gruppo. Anche se Jeffrey Katzenberg della Disney, che aveva visto i corti di Lasseter e rimpiangeva di essersi lasciato sfuggire un talento così straordinario, tentò in ogni modo di riassumerlo, lui, come la maggior parte degli altri membri – conquistati dall'atmosfera che Catmull era riuscito a creare –, decise di restare fedele al team.

Quando le trattative per l'acquisizione di quella che divenne nota come Pixar si conclusero, Steve si ritrovò in una posizione del tutto nuova. Alla Apple aveva impersonato lo sfrontato principiante, il fondatore che, nel bene e nel male, aveva ispirato la cultura della propria organizzazione. Anche alla NeXT era lui il centro dell'attenzione, il polo attorno al quale tutto doveva ruotare, nonché il visionario. Ma la Pixar non era una sua creatura, e non poteva plasmarla a sua immagine e somiglianza. L'azienda possedeva già una cultura propria e aveva già un leader. I membri di quel gruppo così unito e collaborativo sapevano esattamente che cosa volevano.

E Catmull non avrebbe permesso che il nuovo, giovane proprietario incasinasse tutto. Sapeva che Jobs aveva fama di essere un manager difficile, che pretendeva di occuparsi in prima persona di ogni minimo dettaglio della vita aziendale. In effetti, sulle prime Catmull aveva tentato di opporsi alla decisione di Lucas di cedere la divisione a Steve, sebbene la visita che gli aveva fatto a Woodside nell'autunno 1985 fosse stata molto piacevole. Pertanto, dopo la cessione, cominciò a studiare il suo comportamento, con tranquillità ma senza mai abbassare la guardia. Avendo già gestito le idiosincrasie di Schure e Lucas, sapeva che sarebbe stato possibile fare altrettanto anche con Jobs. Ciononondimeno, era consapevole che sarebbero inevitabilmente sorte anche delle difficoltà. Con il tempo, Catmull si sarebbe rivelato forse l'osservatore più acuto di Steve e sarebbe riuscito a capirlo così a fondo da diventare una delle sue figure di riferimento più preziose.

Di lui colse subito sia il potenziale sia l'immaturità. «Era intelligente, dannatamente intelligente. Dio, quanto era intelligente!» ricorda. «Con Steve non c'era modo di barare, perché era troppo sveglio. Così mi limitavo a dirgli: 'Il problema è questo', senza mai suggerirgli che cosa pensare.» Intuì anche che Jobs era naturalmente portato a dirigere una grande azienda. «Quando lo vedevo in una stanza con altre persone che ricoprivano incarichi importanti, era chiaro che si capivano al volo. Discutevano e risolvevano problemi come non avevo mai visto fare. Steve sapeva come trattare con i potenti.»

Il rovescio della medaglia era dato dalla sua inesperienza e dalla sua totale mancanza di rispetto, che si manifestava in modo improvviso. «All'inizio, non sapeva come trattare chi non ricopriva posizioni di rilievo, come se non riuscisse a capire quel genere di persone», racconta Catmull. «Quando arrivava qualcuno, lui diceva subito qualcosa per vedere se fosse o meno un 'babbeo'. E non faceva nulla per nasconderlo. Diceva cose offensive, come se gli servissero per farsi un'idea su quella persona. E spesso risultava sgarbato perché, quando qualcuno non rispondeva alle sue aspettative, non ne faceva mistero. A me non è mai successo, ma gliel'ho visto fare con altri. Chiaramente, non era un comportamento accettabile.»

Ciononostante, Ed pensava che Steve potesse cambiare. «A volte le reazioni che gli altri avevano nei riguardi di questo suo atteggiamento lo sconcertavano», prosegue. «Allora mi chiedeva: 'Perché si scaldano così tanto?' Perciò mi resi conto che non era sua intenzione ottenere quel genere di risultati. Non era cattivo; solo, non sapeva ancora come fare.»

Catmull e Alvy Ray Smith, l'altro fondatore della Pixar, studiarono una strategia perché il loro nuovo capo fosse soddisfatto e non sentisse il bisogno di intromettersi troppo. Una delle tattiche principali consisteva nel tenerlo fisicamente lontano dalla Pixar. L'azienda decise infatti di non abbandonare la minuscola sede di San Rafael, a più di un'ora e mezzo d'auto dagli uffici della NeXT. Quasi ogni lunedì mattina, Catmull, a volte accompagnato da Smith, attraversava il Golden Gate per raggiungere Steve e aggiornarlo sulla situazione. L'accordo andava a genio anche a Jobs, perché gli risparmiava quello che considerava un fastidioso viaggio su strade perennemente congestionate dal traffico. Ed si presentava sempre con un ordine del giorno, anche se ogni volta Steve trovava il modo di indirizzare a suo piacimento quegli incontri, proponendo nuove idee per l'azienda. Non smetteva di insistere con Catmull perché cominciasse a pensare alla tecnologia offerta dalla Pixar come a una serie di strumenti hardware e software che avrebbero potuto essere commercializzati e venduti a caro prezzo. Innanzitutto, riuscì a convincere il team a creare il Pixar Image Computer (PIC), che non era un vero e proprio computer ma un particolare processore grafico da installare su una workstation. Jobs partecipò anche alla progettazione del prodotto, insistendo perché avesse forma cubica e fosse verniciato con una finitura a effetto granito.

Anche se alla Pixar il suo entusiasmo era apprezzato, Catmull e Smith rientravano spesso da quegli incontri pensando che Steve non cogliesse l'unicità della loro azienda. «Non capiva nulla di quello che facevamo. A dire il vero, non sapeva nemmeno come dirigere una piccola impresa come la nostra», sostiene. «Aveva delle competenze nella gestione di un'azienda di prodotti di consumo, ma all'inizio non era in grado di offrirci suggerimenti utili [sulla Pixar]. Anzi, nella maggior parte dei casi riusciva a darci soltanto pessimi consigli! Non che noi sapessimo meglio di lui che cosa fare...» Non condividevano l'entusiasmo con cui Jobs prospettava la creazione di prodotti di consumo ai quali applicare la loro straordinaria tecnologia. Operando da molto tempo nel settore della grafica 3D, sapevano quanto fosse difficile avere successo in una simile impresa e si accontentavano di occupare una piccola nicchia di mercato altamente specializzata. Soprattutto, non condividevano l'obiettivo di Steve. L'unica ragione per cui vendevano strumenti grafici software e hardware era riuscire a sopravvivere finché avessero finalmente potuto realizzare un lungometraggio animato al computer. In seguito, Jobs dichiarò di avere sempre creduto che la Pixar fosse destinata a realizzare opere eccezionali, ma sicuramente negli anni Ottanta non voleva che diventasse una casa di produzione cinematografica; il suo sogno era trasformarla in un'azienda informatica di successo, idealmente complementare alla NeXT.

Fare della Pixar un'organizzazione tecnologica economicamente autosufficiente sarebbe stato un compito arduo anche per lo stratega più navigato. E, alla fine degli anni Ottanta, Steve non era ancora un esperto uomo d'affari. Le sue idee per la Pixar non erano quasi mai d'aiuto. Un esempio: aveva deciso che l'azienda si sarebbe dovuta espandere anche nel settore ospedaliero, che faceva ampio ricorso a immagini ad alta risoluzione (come accadeva per le radiografie). Furono così assunti nuovi addetti al reparto vendite, che si occuparono di cercare contatti; la Philips si disse disposta a utilizzare la propria rete di distribuzione per vendere i dispositivi dell'azienda negli ospedali. Ma il Pixar Image Computer costava l'esorbitante cifra di 135.000 dollari, alla quale bisognava aggiungere il prezzo di una workstation della Sun Microsystems di fascia alta, vale a dire più o meno altri 35.000 dollari (la NeXT non aveva ancora immesso sul mercato le sue workstation). Il principale cliente della Pixar era la Disney, che da lei aveva acquistato non solo numerosi esemplari del PIC ma anche un'applicazione software, il CAPS, che permetteva al gigante dell'animazione di gestire l'archiviazione dei lucidi disegnati a mano, tenendo traccia delle modifiche apportate nel corso della lavorazione. La Disney era più che soddisfatta di quella tecnologia, ma il sistema offerto dalla Pixar era troppo costoso e complesso da programmare perché potesse trovare applicazioni pratiche anche in altri settori, come invece Jobs sperava.

Alvy Ray Smith, dotato di un carattere tanto sfacciato quanto quello di Steve, non fece quasi nulla per nascondere il disprezzo che provava nei riguardi delle sue idee più balzane. Smith, un tipo dalla parlantina sciolta originario di Mineral Wells, nel Texas, in materia di computer grafica aveva già dimenticato molto più di quanto Jobs avrebbe mai imparato, e dover stare lì ad ascoltarlo disquisire di straordinarie strategie aziendali lo mandava su tutte le furie. Prevedibilmente, il rapporto fra i due si risolse in uno scontro finale: come due bambini al campo giochi, durante una riunione del consiglio di amministrazione i due litigarono su chi dovesse utilizzare per primo la lavagna e cominciarono a insultarsi. Anche se poi Steve cercò di scusarsi, Smith decise che ne aveva abbastanza e di lì a poco abbandonò la Pixar per avviare un'azienda in proprio, prima di essere assunto come ricercatore alla Microsoft.

La Pixar vendeva anche un'applicazione, RenderMan, con cui i grafici potevano gestire da monitor trame e colori sulle superfici di oggetti in 3D generati al computer, ottenendo una nitidezza e una precisione tali che le immagini potevano essere utilizzate anche in pellicole con attori in carne e ossa. Come ogni altro prodotto della Pixar, anche in questo caso si trattava di un software all'avanguardia. I tecnici di Steven Spielberg utilizzarono RenderMan (su una workstation della Silicon Graphics) per creare le scaglie della pelle e l'avorio delle zanne dei terrificanti dinosauri di *Jurassic Park*. Il software ebbe un ruolo fondamentale nel settore della computer grafica 3D, allora in pieno sviluppo, e fu impiegato in film quali *The Abyss*, *Terminator 2*, *Alien 3* e in pellicole di animazione della Disney come *Aladdin*, *La bella e la bestia* e *Il re leone*. La Pixar ne realizzò anche una versione per Mac ma, per quanto si trattasse di un programma eccezionale, RenderMan non riuscì mai nemmeno per un istante a garantire l'autosufficienza economica all'azienda.

Nel 1990, sembrava non esistere una sola ragione per cui la Pixar dovesse continuare la sua attività come organizzazione indipendente. Jobs era ancora tutto fuorché un grande uomo d'affari. Dalle azioni che aveva venduto quando aveva lasciato la Apple aveva ricavato 70 milioni di dollari e aveva fatto anche qualche investimento particolarmente ben riuscito. Ma dopo anni trascorsi a occuparsi di quelli che avevano tutta l'aria di essere due clamorosi insuccessi, gli rimaneva solo una minima parte di quella fortuna. Il fatturato della Pixar era stagnante e lui era costretto a staccare un assegno dopo l'altro per mantenerla a galla. Il più famoso imprenditore al mondo nel settore informatico rischiava di scivolare nella mediocrità e nell'anonimato che già aveva e avrebbe inghiottito tanti altri estemporanei prodigi del mondo della tecnologia. Chiudere una volta per tutte quel dispendioso progetto parallelo sarebbe stata la scelta più sensata. Eppure, Steve non si diede per vinto.

Lo fece per diverse ragioni. La più facile da intuire è che non era assolutamente disposto ad ammettere il suo fallimento. Dopo essere stato costretto ad abbandonare la Apple in modo tanto inglorioso e in mancanza di successi tangibili con la NeXT, riusciva a mantenere intatta la propria reputazione sostanzialmente continuando ad annunciare straordinari obiettivi che in realtà di straordinario avevano ben poco. Oppure si lanciava in proclami in cui comunicava al mondo che era sul punto di fare qualcosa di follemente eccezionale, come il Cube, o sbandierava quali segni tangibili di approvazione il sostegno economico offerto da un importante banchiere, l'acquisto di uno dei suoi computer o del suo software da parte di una grande azienda o, nel caso della Pixar, un premio ricevuto nel campo della grafica computerizzata.

Ma gli annunci da soli non sarebbero riusciti a tenere alla larga la realtà per sempre e le storie che si raccontavano su Steve cominciavano ad avere per argomento più i suoi fallimenti presenti che i suoi passati successi. Chiudere la Pixar avrebbe solo accelerato questo processo. In quel momento, mentre la sua vita professionale toccava i minimi storici, non poteva rischiare di peggiorare ulteriormente la situazione rinunciando alla Pixar. «Una volta, Steve ci disse che quando aveva fondato la NeXT non aveva nulla da dimostrare», ricorda Catmull. «Non ci ho mai creduto, nemmeno per un istante. Sapevamo che con la NeXT aveva tutto da dimostrare. Noi eravamo l'unica altra azienda nella quale avesse scommesso, e ci disse che ci eravamo rivelati una banda così complicata da gestire che aveva rinunciato a fare altre scommesse.»

La ragione principale per cui Jobs decise di tenere in vita la Pixar fu che continuava ad avere fiducia in quel piccolo e talentuoso gruppo di persone e in chi le dirigeva. L'azienda sembrava navigare a vista, ma Steve nutriva un profondo rispetto nei riguardi di Catmull e Lasseter. Ammirava molto le capacità manageriali e l'esperienza maturata dal primo. Quanto a Lasseter, era uno di quei rari geni che riescono sempre a far sembrare la vita più spettacolare di quanto realmente sia e con la sola loro presenza danno l'impressione che esistano infinite opportunità da cogliere.

«Steve parlava soprattutto con Ed», racconta Lasseter. «Erano loro a occuparsi delle questioni pratiche della vita aziendale, mentre io lavoravo come animatore in un altro edificio. La prima volta in cui ebbi davvero a che fare con lui fu mentre mi preparavo per il SIGGRAPH del 1986. Eravamo a Dallas. Era l'inizio di agosto e faceva un caldo tremendo. La proiezione dei film al SIGGRAPH era come un concerto rock: le persone cominciavano a mettersi in fila all'ingresso sei ore prima. E a nessuno verrebbe mai in mente di provare a saltare la coda di fronte a un pubblico di fanatici, perché sa che andrebbe su tutte le furie. Ed ecco che Steve arriva con la sua ragazza e mi chiede: 'Ehi, John, dobbiamo davvero metterci in fila?' Allora io mi faccio strada fino all'addetto alla sicurezza e mi invento qualcosa per riuscire a far entrare lui e la sua fidanzata prima degli altri. Ci hanno fatti passare, sotto gli occhi di quella fiumana di gente.

«Prima di allora, Steve aveva avuto la prova tangibile del suo successo per esempio quando andava in visita in una scuola e vedeva i laboratori pieni dei suoi computer. Quella volta fu diverso. Sembrava di essere a un grande concerto rock, uno di quegli eventi musicali che si organizzano negli stadi.

«Cominciarono le proiezioni; il pubblico andò in visibilio alla vista di tutta una serie di prodigi tecnici, per esempio sfere trasparenti che rimbalzavano sullo schermo. Niente che avesse una trama, però. Poi iniziò il nostro *Luxo Jr.* Sai, quella piccola lampada che saltella. Durava solo un minuto e mezzo, ma ancora prima che fosse finito il pubblico stava già applaudendo. È un evento che è entrato nella storia della computer grafica, la prima volta che in un film animato al computer contavano soprattutto la trama e i personaggi, e non il semplice fatto che fosse stato realizzato con quel tipo di tecnologia. Alla fine ci fu una standing ovation. Le persone si erano rese conto di avere assistito a qualcosa di completamente nuovo.

«Steve si voltò verso di me con gli occhi sgranati», prosegue Lasseter, spalancando a sua volta gli occhi, «come a dire: 'Fantastico! Questo mi piace!' Non aveva mai avuto una reazione così immediata, era completamente rapito. Quell'esperienza ci avvicinò. Oltre al fatto che avevo avuto il coraggio di saltare la coda di fronte a seimila fanatici che avrebbero potuto spellarmi vivo! Da quel momento in poi il nostro rapporto cambiò.»

«*Luxo Jr.* è stato il punto di svolta», mi confessò lo stesso Steve. Se divenne un appassionato di cinema, fu soltanto grazie a Lasseter, il cui lavoro rappresentava l'esempio perfetto di quella che Jobs riteneva la caratteristica più importante dei computer, ossia il fatto che fossero strumenti capaci di liberare e potenziare la creatività umana. Nonostante il suo stile infantile (il suo ufficio è talmente pieno di giocattoli che potrebbe diventare un museo della Pixar e il suo guardaroba consiste esclusivamente di jeans e centinaia di camicie a fiori hawaiane), Lasseter era un adulto sicuro di sé ma per nulla borioso. Anche se non cercava mai il consiglio di Steve per i suoi corti, ascoltava sempre le idee del suo capo, prima di procedere seguendo comunque i propri piani. Eppure, se necessario, sapeva scendere a compromessi, invece di ricercare ossessivamente la perfezione: quando non riuscì a preparare una versione completa di un corto intitolato *Tin Toy* in tempo per il SIGGRAPH, si accontentò di proiettare quanto aveva in quel momento, integrando le parti pronte con disegni bidimensionali in bianco e nero.

Lasseter viveva nel timore costante che Jobs chiudesse il suo piccolo reparto animazione. Pur continuando a staccare assegni per finanziare la Pixar, infatti, Steve tagliava regolarmente il budget e congelava gli stipendi dei dipendenti. «Dal 1984 al 1989 credo di avere guadagnato 45.000 dollari l'anno», ricorda Lasseter. «Ed ero convinto che prima o poi avrebbero deciso di sbarazzarsi del gruppo addetto all'animazione. Una volta stavano discutendo di alcuni licenziamenti, mi pare nella divisione hardware, e furono in molti a lamentarsi dicendo: 'E quelli dell'animazione, allora? Non fanno nulla per aumentare il fatturato!' Così domandai al responsabile software, che si chiamava Mickey Mantle, proprio come il giocatore di baseball: 'Quando accadrà l'inevitabile? Quando chiuderanno anche il reparto animazione?' Lui mi rispose: 'John, non lo faranno mai'.

«'Perché?' replicai io», prosegue Lasseter. «E Mike mi disse: 'È così che va il mercato del software e dell'hardware: ci sono momenti buoni e meno buoni. Ma quando le persone pensano alla Pixar, non pensano ai nostri computer o al nostro software. Pensano ai corti che avete fatto voi. Sono quelli a rappresentarci nel mondo. Perciò, se la Pixar dovesse dire che non realizzerà più cartoni animati e decidesse di licenziare tutti quelli che lavorano nel reparto animazione, il mondo intero capirebbe che è un'azienda finita. Ecco perché non lo chiuderanno mai'.»

Sicuramente, aiutò anche il fatto che il team di animatori avesse cominciato a ottenere riconoscimenti sempre più prestigiosi. Quando Lasseter aveva chiesto a Jobs di approvare il budget per *Tin Toy*, lui si era limitato a dirgli: «Fa' qualcosa di eccezionale». Il corto, che durava un minuto e mezzo e aveva per protagonista un tamburino di latta terrorizzato da un neonato sbavante che scagliava i suoi giocattoli qua e là, era effettivamente qualcosa di eccezionale, e il 29 marzo 1989, durante la cerimonia di consegna degli Academy Awards a Los Angeles, vinse l'Oscar per il miglior cortometraggio di animazione. Poco dopo, Steve invitò tutti quelli che avevano lavorato alla sua realizzazione a cena da *Greens*, un famoso ristorante vegetariano di San Francisco.

«Era davvero orgoglioso», racconta Lasseter. «Ricordo che presi l'Oscar e glielo misi davanti. 'Mi avevi chiesto di fare qualcosa di eccezionale', gli dissi. 'Eccoti servito.' Aveva appena conosciuto Laurene e l'aveva portata con sé alla cena.» Laurene e Steve erano seduti accanto a Lasseter e a sua moglie Nancy. «Fu molto piacevole stare con loro quella sera. Si vedeva che Steve era innamorato. Non riusciva a toglierle le mani di dosso. Continuava ad abbracciarla e a baciarla… Era così felice, così effervescente. Sai, quella sensazione per cui ti sembra che tutto nella tua vita sia come delle bollicine di champagne… Era entusiasta. Aveva vinto un Oscar e aveva anche trovato una donna meravigliosa.»

In retrospettiva, il 1989 fu l'anno in cui il caos della furia e della frenesia giovanile di Jobs cominciò a finalmente a placarsi anche se ci sarebbe voluto ancora tempo prima che riuscisse a risolvere i suoi problemi professionali. Per quanto l'Oscar vinto con la Pixar fosse un ottimo punto messo a segno nella vita lavorativa, lo stimolo principale gli venne dall'incontro con la sua futura moglie. Steve aveva visto Laurene per la prima volta durante una conferenza che aveva tenuto alla Stanford Business School, dove lei frequentava un master in direzione aziendale. «Era lì in prima fila, nella sala conferenze, e non riuscivo a levarle gli occhi di dosso», mi confessò poco dopo. «Continuavo a perdere il filo, mi sembrava di avere le vertigini...» Poi l'aveva seguita fino al parcheggio e l'aveva invitata a cena. Erano usciti insieme quella sera stessa.

Erano una coppia ben assortita. Il padre di Laurene era morto quando lei era ancora piuttosto giovane. Come Steve, era cresciuta in una famiglia piccoloborghese, nel suo caso nella cittadina di West Milford, nel New Jersey, dove, sempre come Steve, aveva imparato a cavarsela da sola. Aveva frequentato scuole prestigiose: l'Università della Pennsylvania e poi la facoltà di direzione aziendale a Stanford. Era intelligente e determinata, nonché un'avida lettrice, interessata in particolare all'arte, alla nutrizione, alla politica e alla filosofia. E, diversamente da Steve, praticava vari sport. Dopo il college aveva provato a lavorare nel mondo dell'alta finanza a Manhattan, scoprendo di non essere abbastanza interessata a quel tipo di carriera. Così, dopo un paio d'anni, aveva lasciato la Goldman Sachs per iscriversi al master in direzione aziendale, sperando che questo la aiutasse a capire cosa avrebbe voluto fare davvero.

All'epoca Jobs aveva già avuto parecchie ragazze, tra le quali la cantante Joan Baez e Chrisann Brennan, la madre di sua figlia. Ma Laurene, una ragazza esile con una chioma bionda da californiana e gli occhi penetranti, aveva una profondità di carattere che seppe conquistarlo. Alcune delle donne che aveva frequentato, con il tempo si erano rivelate troppo dipendenti da lui; Laurene non era così. Era assolutamente autonoma e non era interessata ai suoi soldi o a quel genere di vita sociale che lui avrebbe potuto avere, se solo lo avesse voluto. Riconoscevano entrambi il valore del duro lavoro, il che rese più semplice per lei accettare gli orari di Steve. Il fatto che entrambi provenissero dalla classe media si rivelò molto importante anche in seguito, quando i due, dopo avere messo su famiglia, fecero tutto il possibile per crescere i figli con gli stessi valori delle persone comuni, nonostante la loro crescente ricchezza.

La loro relazione fu molto intensa fin dall'inizio, com'è normale nel caso di una coppia formata da due individui così determinati. Alla fine, Steve riuscì a superare l'ansia da scapolo e nel 1990, il primo giorno dell'anno, chiese a Laurene di sposarlo, dichiarandosi con in mano «un mazzolino di fiori di campo appena colti», come ricorderà lei ventun anni dopo, nel corso della cerimonia funebre in sua memoria. Laurene prese sempre sul serio Steve, non solo quella mattina, ma anche negli anni seguenti. Studiò il buddismo, leggendo i libri che lo avevano influenzato. A celebrare le loro nozze fu Kobun Chino Otogawa, il monaco buddista zen che per molti anni fu la guida spirituale di Jobs. Si sposarono nello chalet Ahwahnee, nel Parco nazionale di Yosemite, il 18 marzo 1991. Lei era incinta del loro primo figlio, Reed, che nacque a settembre.

Mickey Mantle aveva ragione: Lasseter non doveva preoccuparsi dei suoi animatori. Jobs, per ricorrere alle parole dello stesso Lasseter, era veramente «rapito». Perciò, quando decise di rientrare delle perdite che aveva con la Pixar, non rinunciò completamente all'azienda ma si limitò a cederne la divisione hardware per 2 milioni di dollari, stabilendo che dal quel momento l'organizzazione si sarebbe occupata esclusivamente di software e animazione al computer. All'inizio del 1991, Steve ridusse il personale, tagliando il numero dei dipendenti da centoventi a quarantadue, licenziando tutti gli addetti alle vendite che lui stesso aveva insistito per assumere e riportando l'azienda più o meno alle dimensioni in cui l'aveva trovata quando l'aveva acquistata, cinque anni prima.

Fu un momento difficile, quasi straziante. Jobs riuscì a sostenere economicamente la Pixar a un costo molto alto, ricomprando a prezzi stracciati le opzioni sulle azioni riservate ai dipendenti, privandoli così del loro principale incentivo finanziario a lungo termine. In seguito tentò di dipingere questo frangente come un eroico momento di svolta, un'occasione in cui l'entusiasmo aveva trionfato sulla tetra realtà delle pessime vendite dell'azienda. «Chiamai tutti a raccolta», mi raccontò, «e dissi: 'Nel profondo del nostro cuore siamo produttori di contenuti. Rinunciamo a tutto il resto. Dedichiamoci solo a questo. È per questa ragione che ho comprato la Pixar. Ed è questo il motivo per cui molti di voi sono qui. Facciamolo. È una strategia rischiosa, ma la ricompensa sarà molto più alta. Ed è lì che vogliono andare i nostri cuori'.»

Di fronte a questo fervorino, alcuni dipendenti si sentirono incoraggiati ma la maggior parte di loro pensò che quelle parole ignorassero la situazione effettiva e non fornissero alcuna indicazione utile su ciò che davvero serviva per trasformare l'azienda. Secondo Catmull, che come Lasseter si vide privato della quota azionaria che gli spettava di diritto, si trattò di un periodo tutt'altro che entusiasmante: «È stato uno dei peggiori della mia vita». A quel punto, Steve aveva già investito quasi 50 milioni di dollari nella Pixar.

Con l'azienda ridotta a un terzo delle sue dimensioni, le entrate dipendevano solo da tre elementi. Oltre al sistema di gestione delle immagini CAPS utilizzato dalla Disney e a RenderMan (distribuito ora in una versione che consentiva anche ai Mac di creare immagini 3D), c'era una nuova fonte di reddito, introdotta dal reparto animazione: la pubblicità. La Pixar era infatti riuscita a siglare accordi a Madison Avenue con alcune aziende, tra cui Listerine, Trident, Tropicana e Volkswagen, per realizzare spot animati. Ideati da Lasseter e altri animatori come Andrew Stanton (futuro coregista di *A Bug's Life - Megaminimondo*), quei filmati di trenta secondi erano vivaci e originali. Erano la prova della straordinaria capacità della Pixar di conferire tratti e caratteristiche umane a oggetti quali un pacchetto di gomme da masticare che ballava o un'arancia che rimbalzava. Inoltre, gli spot costringevano gli animatori a rispettare le scadenze e i limiti di budget. «Una forma di disciplina che ancora dovevamo imparare», riconosce Catmull. Insieme con i sempre più elaborati cortometraggi di Lasseter, quelle produzioni dimostravano che ormai l'azienda possedeva tutto ciò che le serviva – sia in campo tecnologico sia per quanto riguardava le capacità narrative – per realizzare il suo sogno di produrre un lungometraggio. Ma continuava a non registrare un fatturato in grado di garantirle l'autosufficienza economica.

Fu allora che Peter Schneider, presidente della divisione animazione della Disney, si fece di nuovo avanti con Lasseter, cercando per la terza volta in tre anni di strapparlo alla Pixar. Lui non se ne andò. «Vivevo nella Bay Area, creavo cose nuove», ricorda. «Decisi che sarei rimasto lì. La mia precedente esperienza alla Disney era stata piuttosto infelice.» Disse a Schneider che avrebbe accettato di lavorare per loro solo a una condizione: la Disney avrebbe dovuto realizzare un lungometraggio con la Pixar.

6
Una visita di Bill Gates

Il pomeriggio del 21 luglio 1991, cinque persone si ritrovarono a casa di Jobs, a Palo Alto. Era una domenica particolarmente calda; il termometro aveva superato i trenta gradi e, a giudicare dall'atmosfera soffocante che si respirava all'interno dell'edificio, non sembrava che Steve avesse pensato di accendere l'aria condizionata. Era rientrato in tutta fretta da un fine settimana al Parco di Yosemite con Laurene, dove avevano alloggiato nello stesso hotel in cui si erano sposati qualche mese prima.

Steve aveva acquistato quella casa da poco. Né lui né la moglie volevano crescere un bambino in una dimora vuota, fatiscente e isolata sulle colline di Woodside. Preferivano una posizione meno defilata, e il quartiere di Old Palo Alto era tranquillo e distava pochi minuti a piedi dal centro. Inoltre, lì vicino viveva con la madre la prima figlia di Steve, Lisa, che era ormai un'adolescente. Per il fabbricato erano state riciclate enormi travi di legno che erano state usate per mettere in forma le parti in cemento del Golden Gate. Ciononostante, non era per nulla una magione pretenziosa, almeno secondo gli standard della Bay Area. (John Lasseter la chiama scherzosamente «la casa di Hansel e Gretel».) Jobs sarebbe vissuto lì per il resto della sua vita.

Nel corso degli anni, la coppia apportò qualche cambiamento all'edificio, senza mai intervenire in modo radicale. In seguito, acquistarono anche un terreno adiacente per ampliare il già vasto giardino, completo di orto, al quale entrambi si dedicavano. Quel mese di luglio, l'orto traboccava di pomodori, girasoli, fagiolini, cavolfiori, basilico e diversi tipi di insalata. Lungo il perimetro della proprietà, che si affacciava sulla strada su due lati, Steve e Laurene avevano piantato erbe selvatiche della California settentrionale. All'inizio alcuni vicini brontolarono, ma in seguito quasi tutti impararono ad apprezzare il mutare del loro colore e del loro aspetto al cambiare delle stagioni: a primavera era tutta un'esplosione di fiori, mentre d'estate i folti ciuffi d'erba scintillavano al sole mossi dalla brezza. Non c'erano muri di cinta, ma solo un semplice steccato. Non c'era nemmeno un garage. Per entrare, i due si servivano raramente della grande porta di legno dell'ingresso principale. La maggior parte degli ospiti parcheggiava sulla strada dietro la Porsche o la Mercedes di Jobs, entrava dal cancello dell'orto e bussava alla porta sul retro che dava sulla cucina, sempre che non fosse già spalancata e non stesse sbattendo al vento.

Quella fu per me la prima di numerose visite che nel corso dei successivi dieci anni avrei fatto a Steve a casa sua. Volle che io, il fotografo George Lange e il suo assistente vedessimo la porta della cucina che, per via del gran caldo di quel giorno, era effettivamente aperta. L'ospite d'onore non era stato avvertito di usare quell'ingresso, o forse si era semplicemente dimenticato di farlo. Giunse con un quarto d'ora di ritardo, e per annunciare il suo arrivo usò il grande batacchio della porta sulla veranda. Quando Jobs e io gli andammo incontro per salutarlo, Bill Gates fece cenno all'autista della sua limousine nera di andare. Ci stringemmo la mano ed entrammo.

Anche se la nuova dimora era decisamente più piccola della Jackling Mansion di Woodside, era altrettanto spoglia, perlomeno in quel momento. Lungo le pareti del salotto c'erano cinque o sei stampe fotografiche al platino di Ansel Adams, già provviste di cornice ma ancora da appendere. Un impianto stereo di alta qualità era collegato a due casse posizionate con cura lungo una parete; sul pavimento c'era almeno un centinaio di dischi, alcuni in uno scatolone, altri sparsi disordinatamente vicino allo stereo.

Per sedersi c'erano solo due poltrone Eames con due pouf poggiapiedi. Bill e Steve si accomodarono sulle poltrone e io mi accontentai di un pouf. Di tanto in tanto, Gates si spostava sull'altro poggiapiedi o passeggiava per il salotto; Jobs, che era scalzo, rimase seduto con le gambe raccolte sotto di sé per la maggior parte del tempo. Lange girava liberamente per il salotto, scattando fotografie mentre i due parlavano.

Quella fu la prima delle uniche due interviste concesse insieme da Jobs e Gates (la seconda sarebbe stata sedici anni più tardi, in occasione di una conferenza sull'hi-tech). Avevo organizzato quell'incontro perché diventasse il pezzo forte di una serie di articoli di *Fortune* in occasione del decimo anniversario del primo PC della IBM, e per cercare di avere uno sguardo sul futuro di questo ancora giovane settore. Convincere Bill era stato piuttosto facile. Per l'occasione era rientrato da una vacanza al mare con l'amica Ann Winblad, una programmatrice del Minnesota che in quel periodo si occupava di investimenti in capitale di rischio. Come a Gates, anche a lei piaceva viaggiare con una pila di libri, che i due leggevano per poi discuterne insieme. Bill frequentava la sua futura moglie Melinda French già da diversi anni, ma anche quando ormai la loro storia d'amore era definitivamente sbocciata, le aveva detto chiaramente che non avrebbe rinunciato alla sua annuale «settimana di ritiro» con Winblad.

Steve, invece, non si era lasciato persuadere facilmente. Diversamente da Gates, aveva insistito perché l'incontro si svolgesse secondo certe condizioni. Soprattutto, avrebbe dovuto avere luogo sul suo territorio: Bill sarebbe dovuto andare nella sua casa di Palo Alto, proprio quella particolare domenica. L'intervista violava quello che nel frattempo era diventato uno dei principi fondamentali che regolavano il rapporto di Jobs con i media: accettare di esporsi solo per promuovere i prodotti della sua azienda. Per assicurarmi quell'esclusiva e avere libero accesso alla sua persona ora che non aveva qualcosa da vendere, avevo fatto in modo che tutte le sue richieste fossero soddisfatte.

Uno sguardo alle vite professionali di Gates e di Jobs e a come si siano incrociate nel corso degli anni aiuta a comprendere meglio la storia del mondo dell'informatica e contribuisce a spiegare non solo perché durante i difficili anni alla NeXT Steve non abbia avuto successo, ma soprattutto le ragioni per cui subito dopo essere tornato alla Apple ne abbia invece inanellato uno dopo l'altro. Anche se *Fortune* l'aveva pensata come una sorta di retrospettiva sul mondo dei PC, la mia intervista divenne l'occasione per una discussione sulle direzioni che i due avrebbero imboccato. Gates e Jobs erano molto diversi e avevano opinioni estremamente differenti sui computer, che rispecchiavano appieno il loro carattere e la loro personalità. Se *Fortune* poteva a buon diritto definirli i padri della rivoluzione del PC, nel 1991 non era facile prevedere che entrambi avrebbero guidato gli sviluppi di questo settore per un altro ventennio. Eppure, dal lancio dell'Apple II nel 1977 fino alla morte di Steve nel 2011, per quanto mossi da filosofie contrastanti, sarebbero stati loro a determinare il design, le funzioni e la presenza sul mercato di tutta un serie di dispositivi, dagli smartphone e gli iPod ai computer portatili e fissi più economici, passando per gli enormi sistemi mainframe che aiutano le aziende della Fortune 500 a garantirsi il loro fatturato.

Nel 1991, i due, non ancora quarantenni (Steve, di otto mesi più vecchio di Bill, aveva trentasei anni), procedevano in direzioni opposte. Molto semplicemente, la carriera di Jobs stava precipitando, mentre quella di Gates stava vertiginosamente ascendendo a livelli inimmaginabili. Una delle prove del suo crescente successo era che per quell'intervista, che avrebbe dovuto ricordare il debutto sul mercato del primo PC della IBM, *Fortune* non aveva nemmeno preso in considerazione l'idea di invitare un rappresentante della Big Blue. Questo perché Gates aveva neutralizzato la IBM prima ancora che riuscisse a produrre il suo primo personal computer, quando ne aveva convinto la dirigenza a utilizzare il suo sistema operativo MS-DOS senza pretenderne l'esclusiva. Grazie a quella brillante mossa, nel 1991 era lui, e non la Big Blue, a tenere in pugno il futuro del settore.

Era riuscito ad avere la meglio perché aveva capito qualcosa che la IBM non era stata capace di cogliere: il software che l'azienda cercava – cioè un sistema operativo – aveva tutto il potenziale per diventare un pilastro fondamentale dell'intero settore informatico. Un sistema operativo gestisce il flusso di informazioni di un computer e consente ai programmatori di sfruttare tutta la potenza di calcolo offerta dall'hardware. È l'intermediario principale fra il programmatore che intende svolgere un'operazione e i semiconduttori e i circuiti che permettono di portarla a termine. Gates aveva intuito ciò che nessun altro fino ad allora era arrivato a comprendere: un sistema operativo standard sarebbe stato estremamente utile per il settore, offrendo al contempo un enorme vantaggio strategico a chi lo avesse prodotto.

Questo era accaduto nel 1981. Nei dieci anni successivi, mentre Steve tentava di realizzare una serie di dispositivi rivoluzionari, Bill aveva perseguito un piano ancora più grande. Contrariamente alla Apple, la IBM era riuscita a imporre subito il suo PC come una macchina affidabile, soprattutto nel mercato aziendale. Le vendite dei suoi sistemi avevano ben presto superato quelle degli altri produttori, Apple inclusa. La popolarità dei computer della IBM aveva contribuito all'enorme diffusione di MS-DOS Microsoft, che aveva come unico vero concorrente il sistema operativo proprietario installato dalla Apple sui suoi dispositivi. Ma l'azienda di Cupertino non aveva concesso a nessun altro produttore una licenza d'uso per il proprio sistema, mentre Gates aveva permesso a diverse organizzazioni di utilizzare il suo. Questi nuovi concorrenti (tra cui Compaq, Dell e Gateway), che cominciarono di lì a poco a battere la IBM al suo stesso gioco, erano imprese agili e aggressive, capaci di prendere i due elementi fondamentali dei computer IBM – MS-DOS Microsoft e i microprocessori Intel – e costruire cloni più veloci e innovativi delle macchine prodotte dalla più lenta e conservatrice Big Blue. Fu la Compaq, per esempio, e non la IBM, a sviluppare per la prima volta l'idea di un computer veramente portatile, aprendo un nuovo e importante settore di mercato.

Gates incoraggiava i produttori di cloni, concedendo loro la licenza d'uso per il suo sistema operativo alle medesime condizioni che aveva offerto alla IBM. Inoltre, i suoi sviluppatori di software lavoravano senza sosta per migliorare MS-DOS, che avrebbe costituito il fondamento di Windows, il sistema basato su un'interfaccia grafica simile a quella che Steve aveva utilizzato per primo sul Lisa e sul Mac, che sarebbe diventato lo standard su quasi tutti i PC, fatta eccezione per quelli della Apple. Nel 1991, il sistema operativo di Gates era installato sul 90% dei personal computer di tutto il mondo. E qual era l'azienda che deteneva il restante 10%? Beh, si trattava della Apple, che anno dopo anno diventava sempre meno rilevante e innovativa.

I vantaggi derivati alla Microsoft dall'egemonia dei suoi sistemi operativi furono molteplici. Le sue applicazioni – come Word, Excel e PowerPoint – erano state scritte per funzionare su MS-DOS e poi su Windows, dando alla Microsoft un ampio margine di vantaggio su altre aziende produttrici di software come Lotus e WordPerfect, a loro volta impegnate nello sviluppo di applicazioni orientate alla produttività. Nel 1990, Gates aveva raccolto tutti i suoi programmi per la produttività in un pacchetto, Microsoft Office, che ottenne un successo commerciale talmente vasto da marginalizzare ulteriormente gli altri sviluppatori di software. Nel 1991, la Microsoft era l'azienda di software più importante al mondo. Ma Bill era ben lungi dall'accontentarsi. Stava infatti per portare la sua organizzazione a conquistare una posizione di forza tale che soltanto il governo sarebbe stato in grado di limitare.

Ovviamente, quello strepitoso successo aveva cambiato in modo radicale anche l'immagine pubblica di Gates. Nei primi anni Ottanta, quando aveva cominciato, era visto come una sorta di postulante della IBM e della Apple. Dopo l'IPO della Apple, la quota di partecipazione di Jobs nell'azienda che aveva fondato aveva raggiunto in breve tempo il valore di 256 milioni di dollari, e lui era diventato il più ricco nel settore. Quando, nel marzo 1986, anche la Microsoft era entrata in Borsa, la quota di Gates – che deteneva il 45% delle azioni – era stata valutata 350 milioni di dollari. Al momento di quell'intervista congiunta, Bill era già diventato il più giovane miliardario al mondo; nel frattempo, il conto in banca di Steve si era quasi prosciugato. Adesso era Gates a farla da padrone, ed era sempre più difficile immaginare un futuro in cui Jobs potesse ancora giocare un ruolo di primo piano nel mondo dei computer.

In teoria, c'erano ottime probabilità che l'incontro si trasformasse in una rissa. Nel corso degli anni, sia Steve sia Bill si erano fatti la fama, spesso meritata, di uomini irascibili e spietati.

Molti oggi hanno dimenticato quanto Gates potesse essere un tipo difficile. Dopo essersi dimesso dalla carica di amministratore delegato della Microsoft nel 2000, si è infatti trasformato in un filantropo, trasmettendo all'opinione pubblica l'immagine di un «grande vecchio» riflessivo, sensibile e con le idee chiarissime su come affrontare problemi straordinariamente complessi nel campo dell'istruzione e della salute pubblica. Tutte queste qualità (esclusa ovviamente la parte relativa al «grande vecchio») esistevano già nel 1991, ma allora Bill era impegnato a sbaragliare i concorrenti nel settore informatico e non a finanziare la ricerca di una cura per la malaria, spronare il mondo a combattere l'AIDS, fornire acqua potabile a chi non ce l'ha o aiutare gli agricoltori a superare i problemi provocati dal riscaldamento globale. In quegli anni, il suo piano era quello di rendere Windows onnipresente, installandolo su qualsiasi tipo di dispositivo informatico, ed era ossessionato dall'idea di avere un punto debole che uno dei suoi concorrenti potesse colpire, infrangendo quella specie di guscio protettivo che aveva costruito intorno al settore informatico. «Questa è la cosa più stupida che io abbia mai sentito!» gridava ai colleghi le cui analisi di mercato non rispondevano ai suoi standard, per poi scrollare la testa e borbottare, mettendoli al tappeto: «È fatta a casaccio...» Non del tutto ingiustificatamente, pensava sempre di essere il più intelligente. Era disposto a illustrare le ragioni di una sua decisione una volta, ma guai a chi gli chiedeva una seconda spiegazione! Il risultato poteva essere o un'esplosione di rabbia e sarcasmo o, nel peggiore dei casi, una collera che, prima di manifestarsi all'improvviso, montava lentamente in un atteggiamento passivo-aggressivo.

In pubblico, Gates e Jobs si attaccavano regolarmente, spesso in modo scherzoso, e avrebbero sempre continuato a farlo. Steve dipingeva Bill come un conformista privo di senso estetico e poco originale, un'opinione che avrebbe conservato per tutta la vita. Di fronte a un problema, mi ripeté più volte, Gates non sapeva fare altro che investire soldi e mettere al lavoro persone. Ecco perché il software della Microsoft era così contorto e mediocre, sosteneva Jobs, scordando opportunamente la prodigalità con cui stava dirigendo la NeXT.

Dal canto suo, Bill definiva senza mezzi termini Steve un fallito, uno che era diventato completamente irrilevante a causa delle sue decisioni stupide. Non smetteva mai di pontificare sull'insignificanza della NeXT. In seguito, negli anni Novanta, quando Jobs sostenne il dipartimento della Giustizia nel procedimento contro la posizione di monopolio della Microsoft, Gates lo tirò in ballo più volte accomunandolo a tutti «i perdenti piagnucolosi» che si lamentavano di quello che lui riteneva un meritato successo per la sua azienda.

Ciononostante, quella domenica di luglio i due si comportarono bene, senza troppi attriti e senza che venisse apertamente menzionata l'ovvia disparità della loro situazione economica e della loro posizione nel settore. Steve era troppo orgoglioso per ammettere la superiorità di Bill; Bill era troppo educato per mostrarsi gongolante per i guai che Steve stava attraversando. In qualche modo si rispettavano, riconoscendo ciascuno i pregi dell'altro. Dato che in quel momento non c'era nulla di importante in gioco e la principale rivista di argomento economico degli Stati Uniti era lì sostanzialmente per ingraziarseli, ritennero non ci fosse motivo per esprimere sentimenti negativi nei riguardi dell'altro.

In quell'incontro a quattr'occhi, gli insulti – e certo ce n'erano stati alcuni in precedenza – furono lasciati da parte. Quando Gates criticò John Sculley per il suo progetto di concedere ad altre aziende il diritto di utilizzo del sistema operativo della Apple perché queste potessero assemblare dei cloni, Jobs colse l'occasione per lanciare una frecciatina diretta sia contro Sculley sia contro Gates. «Non mi interessa fare un PC», disse, criticando la standardizzazione promossa da Bill. «Decine di milioni di persone usano senza alcun vantaggio computer che sono ben peggiori di quanto dovrebbero essere.» L'unica offesa esplicita durante quella conversazione, che entrambi trovarono comunque divertente, scaturì proprio da questa affermazione. Sostenendo che la posizione di monopolio della Microsoft ostacolava l'innovazione, Steve proseguì: «Nell'universo del DOS, ci sono centinaia di persone che costruiscono PC».

«Vero», confermò Bill.

«E ci sono centinaia di persone che sviluppano applicazioni per quei PC.»

«Vero anche questo.»

«Ma tutti devono passare attraverso un minuscolo buco chiamato Microsoft per poter comunicare le une con le altre.»

«Beh, è un buco molto, molto largo», replicò Gates, reclinando la testa all'indietro e scoppiando a ridere. «E come non mi stancherò mai di ripeterti, si sta allargando sempre di più... E poi, non è affatto un buco. Non dovremmo usare questo termine.»

«È già stato usato», rispose Steve, ghignando come un ragazzino.

«Quale buco?» chiese Bill, sogghignando a sua volta, prima di ricomporsi e di proseguire: «Comunque...»

Tra i due, Gates era il più posato e il più razionale. Aveva un'idea chiara sia della storia del mondo informatico sia della direzione che avrebbe dovuto seguire. «Nel 1975, quando ho fondato la mia azienda», spiegò, come se quanto aveva previsto grazie alla sua straordinaria lungimiranza fosse un'ovvietà, «avevo scritto che nella produzione dei computer le tecnologie in gioco erano due. La prima era quella dei processori, la seconda quella del software. Il mio approccio al mercato dei PC è sempre rimasto lo stesso. Creare degli standard per il settore è sempre stato uno degli obiettivi della Microsoft, fin dal primo giorno.» Non pensò minimamente di scusarsi per il successo della sua azienda, non ammise la sua posizione di quasi monopolio, ma sostenne risolutamente che la standardizzazione data dall'accoppiata del suo sistema operativo con i chip Intel fosse vantaggiosa per tutti. «Oggi, gli ultimi progressi nel campo dei processori raggiungono più rapidamente ed efficacemente il consumatore finale. Quando la Intel realizza un nuovo chip, qualche settimana dopo ci sono già più di duecento aziende produttrici di computer che lo hanno assemblato in una nuova macchina, che l'utente può subito trovare in un qualsiasi grande magazzino. Lo stesso accade con il software. Visto che i volumi di vendita sono immensi, è possibile trovare applicazioni dieci volte migliori rispetto a quelle che esistevano anche solo cinque anni fa praticamente allo stesso prezzo. Pure nelle categorie di programmi meno diffuse esiste una scelta molto ampia.»

Considerata la posizione traballante che all'epoca deteneva nel settore, non deve sorprendere che fra i due interlocutori il meno incisivo fosse proprio Jobs. Era disposto perfino ad ammettere di avere commesso qualche errore, e riconobbe che Gates aveva ragione quando diceva che la Apple avrebbe dovuto prendere sul serio i PC della IBM. Poi elaborò ulteriormente il ragionamento: «Ciò che ha pesato di più sulla posizione della Apple negli anni Ottanta non è stato il Macintosh. Il Mac è stato qualcosa di positivo. A influire negativamente sulla sua situazione è stato l'Apple III. È stata la prima volta in tutta la mia carriera in cui ho visto un prodotto prendere vita e svilupparsi molto più di quanto fosse necessario per rispondere alle esigenze dei clienti. Il progetto ha richiesto diciotto mesi più di quelli che avevamo programmato e il prodotto finito era troppo elaborato e aveva un prezzo eccessivo. Chissà cosa sarebbe successo se l'Apple III fosse stato, come avrebbe dovuto essere, una semplice versione aggiornata dell'Apple II, in grado di offrire alcune funzioni aggiuntive che lo rendessero più appetibile per il mercato aziendale. [Invece], la Apple ha combinato davvero un bel casino.» Ammise quindi che buona parte della responsabilità di quel fallimento era sua. «Una delle ragioni dei problemi dell'Apple III era che avevo preso alcune delle persone migliori che ci lavoravano e avevo chiesto loro di pensare a come trasformare in realtà tutto quello che avevo visto allo Xerox [PARC].»

Una confessione decisamente interessante: Jobs non era mai stato disposto a riconoscere i suoi errori, ed ecco che ora, durante quella conversazione pubblica con un amico, che tutti tranne lui consideravano il leader del settore informatico, si mostrava profondamente pentito. A un certo punto, tirò fuori anche le pagine di un articolo che aveva strappato da un numero di *Newsweek*. Voleva assicurarsi che Bill non fosse rimasto offeso dalle parole del giornalista, secondo il quale l'amicizia fra loro era finita. «Ho strappato via queste pagine e stavo per chiamarti, quando ho saputo che ci saremmo incontrati», disse, brandendo quei fogli a mo' di prova, come un avvocato nel corso di un processo. «Non è assolutamente vero. Non saprei proprio dire da dove abbia preso questa cosa!»

Steve si mostrò più coinvolto nella conversazione quando passammo a un altro argomento: il mondo dei PC sarebbe mai stato in grado di creare un altro computer innovativo quanto il Mac? Quello, ovviamente, era il tipo di prodotti che interessava davvero a Jobs. In ogni momento della sua vita, avrebbe sempre cercato di realizzare dispositivi capaci di rivoluzionare il mondo informatico. «Fondamentalmente», spiegò, «il mercato dei PC sta usando ciò che già esiste, assemblandolo in modo diverso o tentando di renderlo più veloce. Dal punto di vista economico è molto più vantaggioso di quello che facevo io, ma sono convinto che per mantenere vivo il nostro settore sia assolutamente necessario accompagnare questo processo di costante miglioramento con sviluppi più decisivi. Ed è proprio di questi che mi occupo io, cercando di capire da dove possano provenire.» Poi aggiunse: «Ogni tanto, chi detta gli standard ha bisogno di una spintarella. Anche chi crea l'innovazione capace di sparigliare le carte può ricavarne vantaggi straordinari. Se ha visto bene, ad aspettarlo troverà una grande pentola d'oro, oltre ad avere l'occasione di rendere il mondo un posto migliore».

L'idea di creare qualcosa di straordinario non era invece un'ossessione per Gates. Pur sapendo che c'era sempre spazio per le innovazioni e che la natura stessa della tecnologia – e dell'uomo – garantiva continui progressi, nel corso dell'intervista ammise apertamente che a preoccuparlo di più erano le difficoltà che quei repentini sviluppi causavano alle aziende che utilizzavano il suo software. «Ciò che voglio è una macchina che viaggi sulle strade tracciate», chiarì. Gli enormi investimenti che le imprese statunitensi avevano cominciato a fare nel settore dei PC e dei software ingeneravano, secondo Gates, «dinamiche molto insolite. Fra cinque anni, in un punto vendita Egghead Software non sarà più possibile trovare applicazioni per la produttività aziendale sviluppate per sei tipi di computer diversi. Per quanto mi riguarda, mi stupirei anche solo se si trovasse software per più di un computer, quello che avrà avuto maggior successo, e forse un altro paio di sistemi. Non riesco nemmeno a pensare alla possibilità di trovare più di tre versioni per ogni programma».

Quando Jobs aveva lasciato la Apple nel 1985, la battaglia nel mercato dei computer si combatteva sul campo dell'hardware; si credeva che chi fosse riuscito a progettare la macchina migliore avrebbe conquistato il maggior numero di consumatori. Cinque anni più tardi, però, la situazione era completamente diversa, come Steve stava cominciando lentamente a capire, posto di fronte ai problemi incontrati dal Cube. Ora la partita si giocava sul saper garantire servizi alle aziende che avevano acquistato milioni di computer, dai quali dipendevano sempre di più. Su queste macchine erano installate applicazioni che permettevano di eseguire operazioni complesse e richiedevano la capacità di gestire una grande mole di dati, e le aziende avevano bisogno che quei programmi girassero anche sui sistemi più recenti. I costi richiesti per tradurre quei dati in modo che potessero essere letti per esempio da un computer NeXT – su cui non era possibile installare Windows – sarebbero stati esorbitanti, considerando che l'attività di riprogrammazione non avrebbe inciso solo di per sé ma, richiedendo tempi piuttosto lunghi, avrebbe anche impedito di cogliere le opportunità che si sarebbero presentate nel frattempo. A interessare clienti come le aziende non erano funzioni e accessori aggiuntivi, che anzi li spaventavano; ciò che volevano era una maggiore potenza di calcolo, una maggiore velocità e soprattutto una maggiore affidabilità.

Pochi dei giornalisti che si occupavano di questo nuovo settore sulla stampa generalista capirono che i computer stavano diventando strumenti di lavoro come tanti altri, soprattutto perché nei primi anni Novanta la maggior parte di noi si lasciava ancora facilmente entusiasmare dalle potenzialità dei software educativi, dalla possibilità di gestire le proprie finanze o di organizzare le ricette in una «cucina digitale», o dall'idea che anche gli architetti dilettanti potessero cimentarsi nella progettazione degli edifici più strambi sul PC di casa. E chi non si sarebbe entusiasmato all'idea di avere tutta una gamma di nuove possibilità grazie al computer, inteso come un'estensione del nostro cervello, come «una bicicletta per la mente», per dirla con le parole di Steve? Era di questo che la maggior parte della stampa trattava quando affrontava l'argomento, e nessuno sapeva raccontare questa storia meglio di Jobs.

Gates sembrava immune da tutto quell'entusiasmo. Lo considerava una sorta di ingenua fantasia, che impediva di capire quante e più complesse funzioni i PC potessero svolgere a favore di chi operava nel settore aziendale. Se anche il mercato consumer può essere davvero redditizio (per dirla brutalmente, il numero dei clienti cui vendere un prodotto e spillare quattrini è di gran lunga maggiore rispetto a quello delle aziende), all'epoca i computer non erano ancora abbastanza potenti o economici da interessare la maggior parte dei consumatori o da riuscire a cambiare in modo significativo la loro vita. Il mercato aziendale, invece, era un altro paio di maniche. L'obiettivo cui Bill puntava, con tutta la sua lungimiranza e determinazione, erano le enormi prospettive di vendita assicurate da tutte quelle scrivanie in tutte quelle migliaia di piccole e grandi imprese. Quelli erano clienti disposti a pagare fior di quattrini per la sicurezza e l'affidabilità garantite dai PC che montavano Windows. Ciò che volevano era un'evoluzione lenta e costante, e Bill sapeva come dargliela. Steve, invece, per quanto sostenesse di seguire questa filosofia, non ne era per nulla convinto. Il solo pensiero che lo elettrizzava era quello di un dispositivo incredibilmente migliore, di cui gli utenti potessero sfruttare appieno il potenziale.

Questa differenza fondamentale tra i due padri putativi del PC emerse chiaramente nel corso della mia intervista. Ciò che invece non venne fuori e che Gates si guardò bene dal rivelare fu quanto la sua profonda comprensione delle necessità informatiche delle aziende avrebbe saputo trasformare il settore negli anni successivi, marginalizzando ulteriormente chi, come Jobs, si concentrava sull'aspetto estetico ed emozionale. Nessuno allora se ne rendeva conto, ma Bill stava per eliminare il lato «personale» dal mondo dei computer. Ironia della sorte, così facendo avrebbe lasciato uno spazio che alla fine Steve sarebbe riuscito a occupare.

Negli anni Novanta, un'unica azienda indicò la direzione da seguire all'intero settore informatico: la Microsoft. Uno dei suoi partner più importanti era la Intel, i cui processori erano montati su quasi ogni dispositivo dotato del sistema operativo Windows. Ma il fatto che la Microsoft offrisse anche una sempre più nutrita suite di applicazioni per la produttività le consentì di affermarsi nel mondo aziendale, in un modo che la Intel non sarebbe mai riuscita a eguagliare. Mentre la potenza e la velocità dei processori Intel aumentavano regolarmente, aprendo la strada a un costante (alcuni direbbero inesorabile) progresso tecnologico, Windows e le altre applicazioni della Microsoft cominciarono a plasmare il mercato informatico aziendale. Rispondendo ai bisogni sia delle grandi organizzazioni sia delle piccole imprese, Gates si affermò come vero re della tecnologia. Con sua grande costernazione, l'amministratore delegato della Intel, Andy Grove, si vide relegato al ruolo di «grande vecchio».

Insieme, Gates e Grove avevano saputo trarre profitto da qualcosa che Jobs si era lasciato sfuggire. Guardando al futuro, erano riusciti a capire che l'architettura e le performance dei PC sarebbero migliorate fino a poter svolgere ogni tipo di compito. Nel passato, i sistemi aziendali avevano architetture proprietarie, che non potevano dunque trarre alcun beneficio dalle economie di scala entro cui si muovevano i dispositivi prodotti in serie. Bill e Andy sapevano che alla fine – e non ci sarebbe voluto molto – i costosi componenti ad hoc montati nelle workstation avrebbero trovato spazio in minuscoli circuiti stampati installabili su PC. Anche i minicomputer, i mainframe e addirittura i supercomputer – quelle rare e costosissime macchine utilizzate per tutta una serie di funzioni specifiche, dallo studio di modelli meteorologici alla gestione di impianti nucleari – avrebbero seguito la stessa evoluzione. (Per esempio, Watson della IBM, il computer che ha battuto sia il campione di scacchi Garri Kasparov sia Ken Jennings, il fenomeno di *Jeopardy!*, è uno di questi sistemi basati su un'architettura simile a quella di un personal computer.) Di conseguenza, quasi tutte le macchine utilizzate in ambito aziendale per gestire le operazioni più complesse avrebbero presto adottato l'architettura elettronica dei PC, diventando assai più economiche e più semplici da programmare e da usare di quanto non fossero gli ingombranti sistemi mainframe. In questo modo, avrebbero beneficiato delle sempre più convenienti economie di scala garantite dalla legge di Moore e dalla sbalorditiva espansione del settore dei computer.

Nel corso degli anni Novanta, la Microsoft diventò dunque il leader indiscusso del mercato informatico aziendale. Le imprese accolsero a braccia aperte il suo processo di standardizzazione e, in una frenetica e travolgente corsa volta a migliorare la produttività attraverso la tecnologia, spesero miliardi di dollari. Nel 1991, i 124 miliardi investiti dalle aziende in tecnologia informatica rappresentavano solo il 2% del PIL statunitense, percentuale che nel 2000 sarebbe più che raddoppiata, fino a raggiungere il 4,6%. Il principale beneficiario di tutto questo fu proprio la Microsoft, che nel medesimo periodo vide passare il fatturato da 1,8 a 23 miliardi di dollari e gli utili netti da 463 milioni a 9,4 miliardi, con un incremento del valore del titolo azionario pari al 3.000%.

Impantanato nei problemi della NeXT, Steve non riuscì a conquistare se non una minima parte del bottino garantito da questa nuova frenesia. Vendette qualche computer a qualche azienda e, quando Internet diventò il network più importante al mondo, il suo software WebObjects si rivelò un utile strumento nella realizzazione di siti web personalizzati per le imprese. Ma si trattava in ogni caso di briciole. Perlopiù, dovette accontentarsi di rimanere in disparte a osservare in qualità di semplice spettatore, mentre il suo vecchio amico/nemico, che sapeva capire molto meglio di lui le esigenze del mercato aziendale, diventava l'uomo d'affari più importante al mondo.

Dopo due ore e mezzo, l'intervista si concluse. Erano ormai anni che mi occupavo di Jobs e Gates, ma riuscire finalmente a mettere insieme quei due dinamici e testardi avversari e a impegnarli in una conversazione significò per me vederli per la prima volta a tutto tondo. Assistere a quella chiacchierata mi aiutò, come per una sorta di effetto di parallasse, a comprendere meglio e apprezzare di più entrambi. E, forse perché in quell'occasione il loro scopo non era vendere qualcosa, colsi molte sfumature del loro carattere. Se pure la rivalità che esisteva tra i due si era manifestata in involontarie battute e affermazioni perentorie, quella vicinanza era stata l'occasione per rivelare l'esistenza di un sentimento di amicizia che in contesti diversi entrambi dissimulavano.

George Lange, che perlopiù aveva girato intorno a Bill e Steve con la macchina fotografica in mano, ora cercava lo scatto per la copertina.

Non ci restava molto tempo: Gates doveva assolutamente raggiungere l'aeroporto di San Francisco in tempo per prendere un volo per Seattle. Sulle prime, George aveva pensato di fare la foto in giardino, ma poi decise che la scala interna, che saliva partendo dal salotto disegnando una curva particolarmente scenografica, avrebbe fornito uno sfondo migliore per l'immagine, e spiegò a entrambi le ragioni di quella scelta. Bill non faceva mai il difficile quando veniva il momento delle foto per la stampa (la sua preoccupazione principale era che tutto si risolvesse in fretta). Steve, invece, soprattutto da quando aveva cominciato a collezionare le stampe di Ansel Adams, si vantava di essere un esperto autodidatta di questa forma d'arte. Le trattative più estenuanti che avevo con lui quando dovevo scrivere un articolo per *Fortune* vertevano sempre sulle fotografie. Aveva immancabilmente tutta una serie di consigli sulle immagini che avrebbero dovuto accompagnare i miei pezzi, in particolare sullo stile della foto di copertina. Era piuttosto vanitoso quando si trattava di essere ritratto e voleva sempre l'ultima parola non solo su chi avrebbe scattato la fotografia, ma anche su come questa dovesse essere studiata e preparata. Quella volta, però, non fece storie: salì qualche gradino in cotto rosso della scala e si sedette. George lo guardò ed esclamò: «Steve, non hai le scarpe! Davvero non vuoi mettertele per la foto di copertina di *Fortune*?» Lui scrollò le spalle e rispose: «Va bene, d'accordo». Corse di sopra e tornò con indosso un paio di sneaker con le stringhe slacciate.

Dopo lo scatto, dissi a Gates che avrei potuto accompagnarlo io all'aeroporto, ma che avrebbe dovuto aspettare ancora un minuto, il tempo che George facesse una foto a tutti e tre insieme nel giardino di Steve, da pubblicare accanto all'articolo. Poi salimmo in macchina. Non ci dicemmo molto. Credo stesse già pensando a quello che avrebbe dovuto fare dopo. «Mi pare che voi due andiate piuttosto d'accordo», osservai. «E perché mai non dovremmo?» replicò lui. Pur essendo assorto nei suoi pensieri, era come al solito molto educato. «Grazie, sono davvero contento che siamo riusciti a fare questo incontro», mi disse mentre scendeva dall'auto.

La foto scattata quel giorno da George Lange sarebbe diventata la mia preferita, fra tutte quelle che hanno accompagnato i miei numerosi articoli su Bill o Steve. I due giovani cybertycoon sono seduti accanto, tra le due ringhiere in ferro battuto che corrono ai lati della scala, Jobs un gradino più in alto di Gates. L'espressione sul loro viso è autentica e rivela molto della loro personalità. Bill ha l'aria di un gatto che ha appena mangiato un canarino; Steve, che sarebbe probabilmente riuscito a vendere a chiunque il Golden Gate (tranne che a Bill, certo), sfoggia quel sorriso birichino tipico dei giovani brillanti che non cresceranno mai del tutto e continueranno a combinare guai.

Nonostante le disavventure professionali, Jobs aveva parecchie ragioni per sorridere. Se pure la sua vita professionale aveva temporaneamente perso la rotta, era molto felice per come procedeva quella privata. La sua prima figlia, Lisa, era andata da poco a vivere con lui e Laurene. Considerato che in precedenza aveva tentato di negare la sua paternità, dimostrandosi immaturo e incapace di assumersi le proprie responsabilità, questo tentativo di riparare agli errori commessi non era per nulla scontato. Inoltre, l'imminente nascita del figlio Reed riempiva di normalissimo entusiasmo quell'uomo per tutto il resto così atipico. Reed era il primo figlio che avesse cercato e, quando nacque, Steve reagì esattamente come tanti altri padri: sapeva tutto lui e aveva quell'atteggiamento di assoluta serietà che i genitori già passati attraverso questa esperienza trovano molto divertente. «Erano i tipici neogenitori», ricorda Mike Slade. «Non ne facevano una giusta. Erano entrambi hippy, dopotutto. Così, il bambino era sempre nel lettone con loro ed era allattato soltanto al seno. Quindi che cosa faceva, il piccoletto? Vediamo… Strillava tutto il tempo, aveva sempre fame… Nel giro di una settimana, Laurene e Steve sembravano due reduci da un campo di prigionia.

«Anche Steve in fondo era un po' un bambino, no?» continua Slade. «E non riusciva a dormire. Se andava bene, dormiva due ore per notte. Così, all'improvviso, cominciò a comportarsi come un matto per la mancanza di sonno. Sembrava uscito direttamente dalle pagine del manuale di tortura della CIA. Non sto scherzando. Dopo una settimana dalla nascita di Reed, lo sentivi ripetere: 'Devo assumere un presidente e un direttore operativo. Devo. Non ce la faccio più'.» Ma anche tutto questo era la prova di come adorasse in modo assolutamente normale quel nuovo figlio e del suo desiderio di prendersi cura di lui.

C'era però anche un altro motivo per rallegrarsi, sebbene nessuno all'epoca, Steve compreso, potesse ancora saperlo.

La strategia di Gates – fare in modo che la Microsoft portasse l'intero settore a una standardizzazione che rispondesse alle esigenze dei clienti aziendali – dettò il successivo sviluppo dell'informatica. Le workstation furono sostituite dai PC; i mainframe furono rimpiazzati da semplici circuiti stampati integrati nell'architettura dei personal computer. I colossi come Dell, Compaq, HP e Gateway presero a sfornare tutta una serie di dispositivi anonimi, cercando di superare la concorrenza in termini di velocità, potenza di calcolo e tempi di produzione. I miliardi di individui che in tutto il mondo avevano cominciato a dipendere dal computer interagivano quotidianamente con questi apparecchi assolutamente identici, tutti dotati del medesimo processore, che eseguivano i compiti richiesti tramite applicazioni gestite dallo stesso sistema operativo. La Apple, che era rimasta l'unica azienda a produrre macchine diverse da tutte le altre e pensate espressamente per le persone, si avviava ormai al fallimento, dopo che Sculley e gli altri amministratori delegati che lo avevano seguito avevano invano tentato di adattarsi alle richieste del mercato. Verso la fine degli anni Novanta, era come se lo scenario orwelliano dello spot del Mac *1984* fosse ormai diventato realtà. Il Grande Fratello erano le organizzazioni che dominavano il mondo dell'informatica; gli utenti, come droni, usavano quello che veniva detto loro di usare. I computer non avevano più nulla di personale. Anno dopo anno, un inevitabile, inesorabile e noioso passo dopo l'altro, la Microsoft affermava sempre più la propria supremazia. Sembrava che Windows dovesse regnare per sempre. L'ascesa di Bill Gates fu piatta tanto quanto lo era la sua azienda. Almeno così la pensava Steve sui trionfi del suo rivale di maggior successo.

Tutta questa standardizzazione lasciava però aperto uno spiraglio, un'opportunità per chiunque scegliesse di realizzare macchine che sapessero conquistare le persone, prima ancora di rispondere alle necessità del business. Un'opportunità per qualcuno come Jobs. All'epoca della nostra intervista, Steve non aveva ancora le idee chiare. Il livore che continuava a provare per il trattamento ricevuto da Sculley e dal consiglio di amministrazione della Apple, il senso di frustrazione che gli derivava dalle difficoltà e dalla posizione di secondaria importanza della NeXT, il suo egoistico bisogno di contare qualcosa in un settore che avanzava lungo una strada tracciata da altri gli rendevano impossibile trovare una soluzione ai suoi problemi. Negli anni immediatamente successivi, continuò a cercare il successo con la NeXT e la Pixar, ma alla fine riuscì a capire come occupare quello spazio lasciato libero dalla Microsoft perché la sua azienda potesse tornare a creare computer follemente eccezionali per tutti noi. E quando intravide l'occasione e seppe metterla a frutto, conquistò una fama e un rispetto che Gates non sarebbe mai nemmeno lontanamente riuscito a raggiungere.

7
Fortuna

WOODY: Oh, Buzz! Hai fatto una brutta caduta, hai solo le idee un po' annebbiate.
BUZZ: No, Woody. Per la prima volta ho le idee veramente chiare. Hai ragione tu. Io non sono uno space ranger. Sono solo un giocattolo. Uno stupido e insignificante giocattolo.
WOODY: Ehi, calma, aspetta un momento! Essere un giocattolo è molto meglio di essere uno space ranger.
BUZZ: Sì, certo...
WOODY: Sì, è così! Senti, in quella casa c'è un bambino che ti trova fantastico. E non perché sei uno space ranger, amico mio, ma perché sei un giocattolo! Sei il suo giocattolo!

Da *Toy Story*

QUALCHE mese dopo l'intervista del 1991 con Gates e Jobs, fui nominato direttore della redazione asiatica di *Fortune* e mi trasferii a Tokyo con la mia famiglia. Una delle ragioni per cui accettai con entusiasmo quell'incarico fu che nei primi anni Novanta il settore informatico era diventato piuttosto noioso, ora che la Microsoft e la Intel – noti in coppia come Wintel – avevano praticamente vinto la grande guerra dei personal computer. Non sembrava esserci più spazio per l'innovazione; tutto lasciava credere che in futuro la partita si sarebbe giocata soltanto sulla capacità di aziende come Dell, Gateway, Compaq e HP di ridurre i costi di produzione e ottimizzare i numerosi cloni che avevano in listino. La Apple era diventata sostanzialmente irrilevante.

Ciononostante, quando tre anni più tardi tornai nella Silicon Valley, molte cose erano cambiate. Bill Clinton aveva scalzato George H.W. Bush dalla presidenza dopo un solo mandato; Bill Gates, il cui patrimonio aveva superato i 10 miliardi di dollari, aveva spodestato Warren Buffett come uomo più ricco al mondo nella classifica di *Forbes*; John Sculley era stato licenziato dalla Apple (ma l'azienda continuava a non contare nulla). Con tutto ciò, il mondo dell'informatica cominciava a farsi nuovamente interessante. La Netscape Communications aveva rilasciato alcune versioni beta – non definitive ma già testate – del primo browser commerciale, il futuro Navigator, e iniziavano a diffondersi nel lessico quotidiano termini come «World Wide Web», «dot-com» e «URL». Che Internet avrebbe cambiato radicalmente il settore dei computer era lampante: un'ottima notizia per un giornalista che si occupava di tecnologia ed economia.

Nel luglio 1994 scrissi un'e-mail a Jobs per comunicargli che *Fortune* mi aveva richiamato da Tokyo e che quando avessi avuto nuovamente un ufficio e mi fossi sistemato lo avrei chiamato per fare una bella chiacchierata. Qualche settimana più tardi, una domenica mattina in cui mi trovavo solo nella nostra nuova casa, impegnato a dare una ripulita al parquet, squillò il telefono.

«Ciao Brent, sono Steve», disse, con quel tono di voce cantilenante e rilassato, molto californiano, che gli usciva spesso quando parlava al telefono, così artificiosamente cordiale da sembrare registrato. Poi rientrò subito nel suo personaggio: «Allora, sei tornato. Che cos'è successo? Forse a *Fortune* si sono vergognati per avere messo in copertina Sculley presentandolo come una specie di messia la stessa settimana in cui poi è stato licenziato?» Scoppiò in una risatina stridula.

Ci risiamo, pensai. È lui che mi sta intervistando.

«Dovresti passare da me», proseguì. «Potremmo fare una passeggiata, o qualcosa del genere.»

Risposi che prima dovevo finire il lavoro che stavo facendo, ma che di lì a un'ora sarei stato a casa sua.

«Bene», replicò, riagganciando subito.

Quando arrivai da lui, era indaffarato in cucina, nella sua solita tenuta estiva: un logoro paio di jeans tagliati sopra le ginocchia con le fodere bianche delle tasche che sbucavano dagli strappi e una maglietta a maniche lunghe sbiadita della NeXT (non aveva ancora cominciato a indossare i dolcevita neri che Issey Miyake gli confezionava su misura). Naturalmente, era a piedi nudi. Un enorme, splendido chow chow se ne stava tranquillamente disteso sotto un costoso tavolo da lavoro in stile rustico posto al centro della stanza.

Il cane si accorse della mia presenza, senza però mostrare troppo interesse nei miei confronti.

«Immagino non sia da guardia», scherzai, sperando di catturare l'attenzione di Steve. Lui si voltò e, come sarebbe accaduto solo pochissime altre volte nel corso dei nostri tanti incontri, chiacchierò per qualche minuto con me del più e del meno, abbastanza perché sapessi che quello era un cane molto vecchio, che Laurene era di nuovo incinta e che in quel momento lei e Reed non erano in casa.

«Volevo raccontarti di quanto sono contento del primo lungometraggio animato della Pixar», mi annunciò poi, avvicinando uno sgabello dopo averlo agganciato con un piede. Si sedette e mi invitò a prendere una sedia. «Si chiama *Toy Story* e ci vorrà almeno un altro anno prima che sia finito. Non esagero se dico che sarà qualcosa di completamente diverso da tutto quello che è stato fatto finora. La Disney sta pensando di farlo uscire nelle sale a Natale dell'anno prossimo.»

Quando elencano i vari settori che Jobs ha rivoluzionato, molti includono anche quello cinematografico, avendo la Pixar creato un tipo di arte del tutto nuova. Io non sono di questo avviso. Sono stati Ed Catmull e John Lasseter a portare la grafica computerizzata 3D nel cinema e a dare nuova linfa al mondo dell'animazione.

Ciò detto, Steve ebbe un ruolo essenziale nel successo della Pixar. La sua influenza era limitata, perché i veri demiurghi erano Catmull e Lasseter, ma – ironia della sorte – questo gli consentì di dedicarsi solo a ciò che sapeva fare meglio, e che gli riuscì a meraviglia.

Quello che imparò osservando la magia creata dalle persone di straordinario talento che componevano la Pixar fu importantissimo per la direzione che imboccò la sua vita. Soprattutto da quando la Pixar cominciò a dedicarsi a tempo pieno alla produzione di lungometraggi, Jobs fece propria una mentalità che avrebbe contribuito a renderlo una persona diversa quando sarebbe tornato alla Apple. Fu in quegli anni che imparò a gestire più astutamente le trattative, pur conservando la sua irriducibile sfacciataggine. Fu allora che cominciò a capire cosa significasse realmente lavorare in squadra – ben più difficile che limitarsi a trovare le persone giuste per formare un gruppo di lavoro – mantenendo la capacità di guidare e motivare i collaboratori. E fu sempre in quel periodo che diventò più paziente, senza perdere un briciolo della sua memorabile e contagiosa determinazione.

Per come andò con la Pixar, Steve ebbe sicuramente fortuna. Quella che doveva essere solo un'attività parallela, una piccola impresa acquisita quasi per capriccio, ottenne un enorme successo in un settore in cui lui non pensava che l'azienda dovesse operare, facendogli guadagnare molti più soldi di quanti ne avesse ricavati dall'organizzazione che considerava il fulcro del suo lavoro. Catmull ha riflettuto a fondo sul ruolo giocato dalla fortuna nelle sorti di una grande azienda e su come un buon manager debba saperla gestire. Secondo lui, tutto sta nel farsi trovare sempre pronti e nel saper creare un ambiente in grado di reagire tempestivamente agli imprevisti. «Gli intoppi ci sono sempre. A fare la differenza è il modo in cui si risponde», sostiene. Jobs seppe reagire al meglio, in parte grazie a quella che fu probabilmente la sua fortuna più grande: la possibilità di lavorare con Lasseter e Catmull. Sotto molti aspetti, fu proprio l'avere assimilato i principi che aveva appreso da loro la ragione principale del successo che ottenne in seguito con la Apple.

John Lasseter aveva con la Disney una relazione di amore-odio. Già negli anni dell'adolescenza aveva avuto occasione di collaborare con l'azienda, dove era poi stato assunto come animatore dopo essersi laureato al California Institute of the Arts. Per quanto apprezzasse il privilegio di lavorare con alcuni tra i più grandi animatori che avevano fatto la storia della Disney, non poteva soffrire l'inflessibile stile manageriale che governava l'organizzazione, dove il talento degli artisti giovani e meno giovani finiva con l'andare sprecato. «La dirigenza ci spremeva fino al midollo», ricorda. «Fondamentalmente, fu come se mi avessero licenziato.»

Si spiega così la sua richiesta, quando Peter Schneider tentò per la terza volta di convincerlo a tornare a Burbank: avrebbe accettato di lavorare con la Disney solo se quest'ultima avesse fatto un film con la Pixar. Bisogna riconoscere a Schneider il merito di avere preso Lasseter sul serio e di avere subito convocato Catmull nel suo ufficio, annunciandogli che pensava fosse giunta l'ora che la Pixar producesse un lungometraggio, per la Disney. Lui replicò che al momento l'unica cosa che sarebbero riusciti a imbastire era uno speciale televisivo non più lungo di mezz'ora. Schneider scoppiò a ridere: se erano in grado di realizzare uno spettacolo di trenta minuti, sarebbero stati capacissimi anche di produrre un film di settantacinque. Sulle prime Catmull non seppe come replicare, ma poi riconobbe che Schneider aveva ragione.

Ora toccava a Steve occuparsi delle trattative con Jeffrey Katzenberg, il potente capo del reparto animazione della Disney. Contrattare con lui sarebbero stato un ottimo banco di prova per le sue doti di negoziatore e la sua capacità di autocontrollo. Sia Katzenberg sia Jobs sapevano che era la Disney a tenere il coltello dalla parte del manico. La leggendaria casa di produzione stava attraversando un periodo formidabile. A partire dal 1989, il team di Katzenberg aveva inanellato un successo dopo l'altro, per cinque anni di fila: *La sirenetta*, *La bella e la bestia*, *Aladdin*, *Nightmare Before Christmas* (basato su una storia creata da un altro ex animatore della Disney, Tim Burton) e *Il re leone*. Perciò, anche se Katzenberg ammirava le qualità di Lasseter e si rammaricava che non volesse tornare alla Disney, era certo che la sua azienda sarebbe riuscita a sopravvivere benissimo anche senza realizzare un film con la Pixar.

Per Lasseter, Catmull e tutti i dipendenti della Pixar, d'altro canto, quel lungometraggio era probabilmente l'unica chance per evitare il fallimento. Quell'accordo era l'ultima spiaggia, e il loro destino era nelle mani di Steve. Catmull e Lasseter sembravano tranquilli: Jobs si era sempre dimostrato molto abile in tutte le trattative che aveva condotto per la Pixar. «Era veramente tosto», racconta Lasseter. «Entrava nella stanza e diceva: 'Chi di voi è autorizzato a comprare i computer della Pixar?' Se non rispondeva nessuno, mandava via tutti. 'Sono disposto a trattare solo con chi detiene l'autorità necessaria a firmare il contratto', spiegava, poi se ne andava. Dicevamo sempre che era come se lanciasse una bomba a mano appena apriva bocca. Si conquistava subito l'attenzione di tutti.»

Ma riunire nella stessa stanza lui e Katzenberg poteva rivelarsi una catastrofe. Entrambi avevano un ego smisurato ed erano abituati a fare sempre a modo loro. Katzenberg era convinto che sarebbe diventato il prossimo presidente della Disney e si attribuiva tutto il merito dei successi dei suoi animatori. Tanto brillante quanto prepotente, lavorare con lui non era semplice, sebbene in qualche modo riuscisse a farsi benvolere. Come Steve, anche lui era assolutamente sicuro di avere sempre ragione quasi su tutto. Quando si presentò al primo incontro per discutere l'accordo con la Pixar, organizzato in una sala conferenze vicino al suo ufficio, depose davanti a Jobs, da poco diventato padre di Reed, una cesta piena di giocattoli Disney. Era un regalo, certo, ma anche un chiaro segnale per dimostrare chi fosse il più forte.

Secondo Susan Barnes, Jobs affrontava ogni trattativa sapendo esattamente quale risultato intendeva ottenere e con la piena consapevolezza della propria posizione e di quella dell'interlocutore. Quando aveva negoziato con Lucas, era riuscito a sfruttare il suo bisogno di liquidità. Questa volta, si presentò all'appuntamento consapevole che a dirigere il gioco era Katzenberg e che la Pixar aveva bisogno di quel contratto per continuare a vivere. Partì in quarta, spiegando con una certa sfacciataggine che voleva che la Pixar partecipasse agli incassi del film come socia paritaria della Disney, una condizione che difficilmente una nuova casa di produzione avrebbe potuto strappare. Katzenberg, infatti, rispose subito picche.

I due avevano idee completamente diverse sul vero valore della Pixar. Steve era convinto che la tecnologia della sua azienda avrebbe rivoluzionato il mondo dell'animazione, convinto che i computer potessero diminuire drasticamente i costi di produzione delle pellicole di animazione. Trovava quasi offensiva la posizione della Disney, che considerava antiquata. «Il loro errore è che non capiscono il valore della tecnologia», mi disse. «Non lo capiscono assolutamente.» Katzenberg, che conosceva il settore molto meglio di lui, non era d'accordo. «Non mi importava nulla della tecnologia della Pixar», mi spiegò qualche anno più tardi. «A interessarmi erano le qualità di Lasseter come creatore di storie e di personaggi. In un corto di cinque minuti, la lampada Luxo trasmetteva più emozioni e riusciva a divertire più della maggior parte dei lungometraggi di due ore in circolazione.» Quanto ai potenziali benefici economici di quella tecnologia, non era per nulla ottimista. «L'idea che possa rivoluzionare il mondo dell'animazione è una fesseria. Voglio proprio vedere! I disegnatori e gli sceneggiatori vorranno sicuramente continuare a sviluppare questa tecnologia, così fra dieci anni quella che usiamo ora sarà del tutto sorpassata.» Ovviamente, Katzenberg aveva ragione. Non importa quanta parte abbia la tecnologia nella realizzazione di un lungometraggio animato; produrre un buon film sarà sempre un'impresa economicamente dispendiosa. *Toy Story* costò alla Pixar circa 20 milioni di dollari, senza contare le spese che la Disney si accollò per la promozione e la distribuzione della pellicola. Pare che per il suo ultimo film, *Monsters University*, la Pixar abbia investito circa 200 milioni di dollari, costi di promozione inclusi.

Questo genere di divergenze personali e di mentalità con i pezzi grossi della Disney erano molto simili a quelle che Jobs non era stato in grado di gestire alla NeXT, dove il suo atteggiamento ostile e rancoroso aveva contribuito a far saltare l'accordo con la IBM. «I dirigenti della IBM non sapevano nulla di computer. Nulla di nulla», continuò a ripetere con immutato astio anche negli anni seguenti. Uno dei molti errori che aveva commesso quando aveva tentato di alzare troppo la posta in quelle trattative era avere lasciato che i manager della Big Blue capissero i suoi veri sentimenti nei loro confronti. Con Katzenberg, invece, si mosse con maggior cautela. Espose le proprie idee e seppe anche puntare i piedi. Per esempio, quando Katzenberg chiese che la Pixar concedesse alla Disney i diritti di utilizzo della sua tecnologia per l'elaborazione di immagini 3D, lui rifiutò. Ciononostante, invece di gettarsi a corpo morto contro chi chiaramente si trovava in una posizione di forza, in genere si limitò ad accettare le varie condizioni senza protestare. La Pixar non avrebbe posseduto i diritti del film e dei suoi personaggi, né avrebbe partecipato ai profitti provenienti dall'home video, perché Steve non aveva ancora capito quanto potesse essere redditizio il mercato delle videocassette per la famiglia. Tuttavia, riuscì a raggiungere un accordo: la Disney avrebbe finanziato la produzione di *Toy Story*, riservandosi l'opzione di investire nella realizzazione di altre due pellicole; la Pixar avrebbe avuto il 12,5% degli incassi al botteghino e l'occasione di iniziare una nuova vita. Finalmente avrebbe avuto l'opportunità di produrre il suo lungometraggio.

Steve amava la Pixar, e soprattutto gli piaceva l'idea di vedere come la sua squadra avrebbe lavorato a quello che sarebbe diventato *Toy Story*. Ma l'idea di perdere altri soldi non gli andava per nulla a genio. Anzi, in seguito confessò che non avrebbe mai acquisito la Pixar se avesse saputo quanto gli sarebbe costato tenerla a galla. Così, all'inizio degli anni Novanta, sia prima sia dopo avere siglato l'accordo con la Disney, tentò di cedere l'azienda, anche se i pochi potenziali clienti sembravano interessati solo alla tecnologia che offriva e non ai film che avrebbe potuto realizzare. Catmull rimase a guardare, mentre Jobs discuteva con diverse società, tra cui Hallmark, Silicon Graphics e Microsoft, ognuna con idee differenti su come il software della Pixar avrebbe potuto incidere positivamente sulla propria offerta di prodotti. Ma nessuna trattativa andò in porto. Steve non cedette mai sul prezzo esageratamente alto che aveva fissato per l'azienda.

«Mi rendevo conto che vendere sarebbe stata la scelta giusta», dice Catmull. «Alcune delle proposte ricevute erano assolutamente ragionevoli. Non era quello che avevamo sognato di fare ma in fondo, in qualche modo, bisognava pure andare avanti», ricorda. Eppure, non si riusciva mai a giungere a un'intesa, tanto che Ed cominciò a sospettare che Jobs non intendesse davvero vendere. «In seguito, ripensandoci, mi sono domandato perché sia andata così. Forse Steve voleva soltanto una conferma di avere fatto qualcosa di buono.» Secondo lui, Jobs avrebbe deliberatamente fatto naufragare tutti quei possibili accordi per lealtà nei confronti della Pixar. «Aveva un fortissimo senso della lealtà e teneva in gran conto la parola data. Più lo conoscevo, più vedevo come quel lato del suo carattere avesse sotto molti aspetti una parte importante in tutto ciò che faceva. Non che fosse un tipo dedito all'autoanalisi…»

Catmull non affrontò mai questo argomento con Steve. «Non parlavamo quasi mai di questioni 'filosofiche'. Se per caso cominciavamo a discutere di carattere, personalità e altre cose del genere, si limitava a dirmi: 'Sono come sono'.» Pertanto, la sua teoria sulla lealtà di Jobs nei riguardi della Pixar non può che restare tale. Ciononostante, è un'ipotesi in grado di spiegare la complessa situazione in cui Steve si trovava in quel momento: stava perdendo molto più denaro di quanto avesse previsto e tutto alla NeXT sembrava andare per il verso sbagliato. In ogni caso, era ben lungi dal rischiare la bancarotta: poteva tranquillamente provvedere alla sua famiglia e dedicarsi a quello che più lo interessava. E, mentre vedeva nascere *Toy Story*, si era nuovamente innamorato della Pixar. Quel luogo gli offriva un graditissimo sollievo dalle incombenze ben più impegnative e stressanti che lo aspettavano alla NeXT.

Cominciò dunque a presentarsi alla sede della Pixar una volta la settimana, anche se in genere non aveva praticamente nulla da fare lì. Il reclutamento di nuovo personale dopo l'accordo con la Disney per la realizzazione del film – un processo potenzialmente molto rischioso, considerato che l'azienda era stata drasticamente ridimensionata con la cessione del reparto hardware – fu gestito da Catmull. E, sotto la sua guida, la Pixar non conobbe mai un'«era dei babbei».

Jobs non partecipò allo sviluppo della trama di *Toy Story*. John Lasseter, Andrew Stanton, Pete Docter e Joe Ranft si occuparono della sceneggiatura, con la collaborazione di altri colleghi, tra i quali Joss Whedon, futuro creatore della serie televisiva *Buffy l'ammazzavampiri* e regista di film come *The Avengers*. La squadra che lavorava a *Toy Story* si sarebbe dimostrata incredibilmente produttiva e straordinariamente unita. Stanton avrebbe diretto la seconda pellicola della Pixar, *A Bug's Life - Megaminimondo*, e in seguito anche *Alla ricerca di Nemo* e *Wall•E*; Docter sarebbe stato il regista di *Monsters & Co.* e *Up*, mentre Ranft avrebbe collaborato come autore e sceneggiatore capo a numerosi altri film, prima di morire in un incidente d'auto nel 2005. I quattro divennero l'anima di quello che Catmull battezzò Brain Trust, il gruppo di autori, registi e animatori della Pixar il cui compito è fornire critiche e consigli costruttivi su tutti i film prodotti dallo studio. Nato da una geniale intuizione di Catmull stesso, il Brain Trust non è dotato di alcuna autorità: ai registi è richiesto soltanto di ascoltare e riflettere con attenzione sui pareri espressi dai suoi membri. Con il tempo, quel team sarebbe diventato uno strumento di lavoro estremamente efficace, giocando un ruolo fondamentale anche nella riscrittura di pellicole come *Gli Incredibili* e *Wall•E*. Ma Steve non ne fece mai parte. Catmull lo tenne sempre fuori da questo genere di discussioni, sapendo che la sua ingombrante personalità avrebbe potuto essere d'ostacolo.

Osservando Lasseter, Stanton, Docter e Ranft lavorare a *Toy Story*, Jobs fu testimone di un autentico percorso creativo, assistendo a tutte le impasse e i fallimenti che costellano questo genere di imprese. Ma non fece mai mancare il proprio sostegno. «Quando sbagliavamo qualcosa, non ci diceva: 'Ragazzi, avete combinato un gran casino!' Ci domandava: 'E ora quale sarà la vostra prossima mossa?' Quando ti trovi nei territori inesplorati della creatività, qualcosa va bene e qualcos'altro va male. Se ti sembra che sia tutto a posto, in realtà ti stai solo illudendo che sia così. Steve ne era convinto.»

Katzenberg, invece, aveva un atteggiamento completamente diverso. In seguito alle sue severissime critiche la storia fu modificata, adottando una vena più beffarda, con la quale nessun membro del team Pixar si sentiva a suo agio. Anzi, la situazione con la Disney si complicò al punto che, dopo una prima, disastrosa proiezione un venerdì verso la fine del 1993, Schneider decise di fermare i lavori. Per tre mesi, Lasseter e gli altri autori si dedicarono a riscrivere la sceneggiatura. Durante quel periodo, Jobs e Catmull si assicurarono che la troupe che lavorava alla pellicola restasse unita e continuasse a ricevere lo stipendio. E quando *Toy Story* rientrò in produzione, Steve si impegnò anima e corpo per ottenere dalla Disney un aumento del budget che permettesse di adottare tutte le modifiche previste dal nuovo copione. A questo riguardo, Jobs si scontrò piuttosto duramente con Katzenberg, ma alla fine lui e Catmull ottennero il denaro necessario.

«Credo che Steve abbia imparato molto osservando come collaboravamo tra noi, come riuscivamo a migliorarci a vicenda lavorando insieme», sostiene Lasseter. «Sono convinto che il suo nuovo atteggiamento quando rientrò alla Apple si debba proprio a questo. Aveva imparato a riconoscere il talento di chi lo circondava, a lasciarsi ispirare e stimolare, senza mai smettere di incoraggiare le persone che gli stavano attorno perché facessero qualcosa di straordinario che sapeva di non poter fare da solo.»

Alcune delle amicizie più profonde di Jobs risalgono agli anni successivi al suo matrimonio con Laurene. Non erano in genere rapporti di cui amasse parlare e infatti non ne rivelò mai in pubblico gli aspetti più personali. Sapeva tracciare una linea molto netta con i giornalisti quando si trattava della sua vita privata, e chi di noi aveva il privilegio di farne in qualche modo parte aveva sostanzialmente accettato di non raccontare nulla in proposito, fatta eccezione per gli aneddoti e gli episodi di cui lui stesso ci permetteva di parlare. Ed Catmull e John Lasseter diventarono amici molto intimi di Steve, parte di quel ristrettissimo gruppo di persone che gli furono care e che volle vicino fino alla fine dei suoi giorni.

«Mi è piaciuto subito, fin dalla prima volta che ci siamo incontrati», mi disse Steve riguardo a Ed. Lo trovava intellettualmente stimolante. «È un tipo tranquillo, di una tranquillità che alcuni potrebbero scambiare per debolezza. Non si tratta di debolezza, ma di forza. Ed è molto saggio e molto, molto intelligente. È abituato a circondarsi di gente sveglia, e quando si hanno attorno persone brillanti, in genere le si ascolta.»

Steve prestava ascolto a Catmull. Anche se spesso si comportava come se avesse la scienza infusa, cercava sempre di imparare qualcosa. Accurato e professionale, Ed aveva dieci anni più di lui, e questo contribuì a renderlo ai suoi occhi più una figura di riferimento che un semplice collega. Fu lui a insegnargli come nasceva un film, illustrandogli tutte le fasi e i diversi processi coinvolti nella sua realizzazione. Con lui discuteva in dettaglio la tecnologia dell'animazione in 3D. Inoltre, Catmull gli presentava le decisioni che doveva prendere in qualità di dirigente della Pixar con una schiettezza, un coinvolgimento e una logica tali da conquistarsi il suo rispetto incondizionato. Per anni Ed aveva fatto di tutto per assumere collaboratori che riteneva più intelligenti di lui, e gli effetti di quella politica cominciavano finalmente a essere evidenti. «Alla Pixar c'è la più alta concentrazione di individui degni di nota che io abbia mai visto», mi assicurò Steve. Ma, nonostante tutto quello che aveva imparato da Ed, non ammise mai apertamente quanto fosse stato importante per lui. «Al massimo», ricorda Catmull, «mi diceva che apprezzava quello che facevo e che sapeva che era molto diverso da quello che faceva lui.»

La loro fu un'amicizia pacata e sincera, soprattutto grazie alla maturità di Ed. «Steve e io non litigavamo mai», racconta. «Avevamo le nostre divergenze; in molti casi ero io a spuntarla, in molti altri lui. Ma anche all'inizio, quando ancora i rapporti personali non erano il suo forte, sapevo che per lui l'importante non era chi avesse ragione o torto, ma l'argomento della discussione. Tante persone non riescono a imparare nulla perché sovrappongono il loro ego alle loro idee. Dobbiamo saperci separare dalle nostre idee. Lui ci riusciva.»

I due strinsero un legame sincero e lavorarono insieme per ventisei anni. Secondo Catmull, Jobs cambiò moltissimo nel tempo, anche se – ancora una volta – non lo avrebbe mai ammesso pubblicamente. «Per quanto non lo desse a vedere come gli altri e non gli piacesse parlarne, Steve cercava sempre di cambiare. Era impegnato a cambiare il mondo. Il che non gli dava affatto un'aria introspettiva.»

Il rapporto di Jobs con Lasseter era diverso, più vivace. La loro amicizia nacque quando partì la lavorazione di *Toy Story* e il reparto animazione della Pixar, da dispendiosa attività collaterale, divenne il futuro dell'azienda. Lui e Steve erano quasi coetanei ed entrambi avevano appena messo su famiglia. «I nostri figli erano nati più o meno nello stesso momento», ricorda Lasseter.

Fin dall'inizio del loro rapporto, essere il capo e il più ricco dei due fece di Steve una sorta di fratello maggiore. Nella primavera 1995, i Lasseter invitarono la famiglia Jobs a trascorrere un fine settimana nella loro casa di Sonoma. Steve stava valutando l'idea di quotare la Pixar in Borsa dopo la prima di *Toy Story*, prevista per il giorno del Ringraziamento. Così, la prima sera, quando ormai i bambini erano a dormire e dopo che anche Laurene aveva deciso di andare a letto, rimase in piedi fino alle quattro del mattino per spiegare il meccanismo delle stock option a John e a sua moglie Nancy. «Io ho studiato al California Institute of the Arts, sono un animatore di cartoni. Non capivo un accidente di quelle cose. Ci fece una specie di corso introduttivo sulle azioni, come funzionavano, perché le aziende le vendevano, che vantaggi c'erano per le persone, quali erano gli obblighi nei confronti degli azionisti, che richiedevano la stesura di bilanci, consuntivi e quant'altro. Parlò di IPO, disse che dovevamo prepararci. Ci illustrò tutto per filo e per segno. Una vera e propria lezione.»

Il mattino seguente, Steve e John si ritrovarono sulla veranda ad ammirare il panorama e a guardare la Civic del 1984 di John, che aveva quasi trecentoquarantamila chilometri. «La vernice era tutta scrostata», racconta Lasseter. «I sedili erano macchiati, li coprivo con delle magliette. E Jobs era arrivato fin lassù a bordo della sua Cherokee. Ora sapeva su che strade ero costretto a viaggiare tutti i giorni.»

«Non dirmi che quella è la tua macchina!» esclamò Steve.

«Certo», rispose John. «La adoro.»

«E vai avanti e indietro dalla sede della Pixar su queste strade con quella?»

Con leggero imbarazzo, Lasseter annuì.

«No, no, no. Non ci credo. Non può essere!»

«Steve», gli disse John. «Sarò onesto. Ora come ora non posso permettermi una macchina nuova. Abbiamo appena comprato questa casa ed è già molto più di quanto potremmo permetterci. Questo non è proprio il momento.»

Mentre mi raccontava questa storia nella sede della Pixar, al ricordo della reazione di Steve, Lasseter scuoteva la testa. «Credo di capire che cosa pensasse in quel momento: Mio Dio, ho scommesso tutto su di lui e questo qui va in giro su un catorcio del genere! Se un camion dovesse anche solo sfiorarlo, mi morirebbe sul colpo!»

«Bene», concluse Steve. «Troveremo una soluzione. In qualche modo dovrò pur prendermi cura di te.»

Nella busta paga successiva, Lasseter trovò un extra. «Devi usarlo per una macchina», gli disse Jobs. «Compratene una nuova o prendila in leasing. Deve essere sicura e deve avere la mia approvazione.» John e Nancy si decisero per una Volvo 850 turbo. Steve ratificò la scelta.

Lasseter ha incredibili doti di narratore, una qualità che Steve apprezzava molto. Come regista, affrontava la lavorazione di un film con la stessa cura e attenzione che Jobs metteva nella creazione di un nuovo hardware. Entrambi amavano le rifiniture e le minuzie. Una volta, Lasseter e Stanton mi parlarono del lavoro di ricerca che era stato necessario per ottenere la particolare prospettiva del film *A Bug's Life - Megaminimondo*, che adottava «il punto di vista di un insetto». Dopo avere montato delle lenti artroscopiche sulle telecamere, le avevano utilizzate in tutti gli ambienti possibili facendole muovere a livello del terreno, per capire come fosse il mondo visto attraverso gli occhi di una formica. Avevano così scoperto che la maggior parte dei fili d'erba era semitrasparente e la luce che li attraversava proiettava sfumature verdastre. Poiché nel campo dell'animazione è possibile dare maggior enfasi a qualsiasi dettaglio, Stanton e il suo team conferirono una luminescenza particolare al mondo in cui vivevano gli insetti del film.

Jobs era affascinato da quel livello di attenzione per i dettagli. Amava il mosaico narrativo e visivo che Lasseter riusciva a comporre in ogni pellicola della Pixar e, nel corso degli anni, avrebbe ammirato la capacità degli animatori di superare se stessi a ogni nuovo film. Con John condivideva una curiosità infantile, che si accompagnava a una cura maniacale per i particolari. Alla Pixar, Steve vide come questi due tratti potessero concorrere al lento, paziente e prezioso lavoro richiesto per la creazione di un'opera d'arte destinata a sopravvivere ai suoi autori.

Qualche settimana dopo l'IPO della Pixar, Jobs invitò Lasseter a cena nel suo ristorante giapponese preferito, il *Kyo-Ya* del *Palace Hotel* di San Francisco. «Quando uscimmo, rimanemmo a lungo sul marciapiede a parlare», ricorda John. «Saremo stati lì almeno un'ora, affrontando tutta una serie di argomenti. Io gli dissi che ero nervoso, che quell'IPO mi terrorizzava, che avrei preferito aspettare fino al secondo film. E lui, tenendo lo sguardo fisso su un punto lontano, come spesso faceva, rispose: 'Lo sai qual è il ciclo di vita di un computer che facciamo alla Apple? Circa tre anni. Dopo cinque anni puoi usarlo come fermaporta. Se farete bene il vostro lavoro, creerete qualcosa che durerà in eterno'.»

Alla fine del 1994, Steve smise di cercare un acquirente per la Pixar. Non era più disposto ad abbandonare quella che, con la prossima uscita di *Toy Story*, stava chiaramente per diventare un'impresa molto più interessante. Eppure, non capì quanto la situazione stesse effettivamente per cambiare finché non partecipò a una conferenza stampa della Disney, il 1° febbraio 1995 a New York. Non si trattava di una conferenza stampa come tutte le altre: questa era stata organizzata sotto un enorme tendone a Central Park, dove il sindaco della città Rudy Giuliani e il CEO della Disney Michael Eisner annunciarono che il 10 giugno si sarebbe tenuta la prima proiezione di *Pocahontas*, proprio lì a Central Park. Sarebbe stata completamente gratuita e avrebbero potuto partecipare fino a centomila persone. L'evento sarebbe stato solo un assaggio di quello che la Disney aveva in mente per la promozione della pellicola, nella cui campagna di marketing avrebbe investito più di 100 milioni di dollari.

Jobs non credeva ai suoi occhi. Sapeva apprezzare un lancio di prodotto orchestrato in modo impeccabile e pensò che molte delle sue presentazioni impallidivano di fronte a questa. Fu allora che decise di cominciare seriamente a preparare un audace piano per organizzare l'IPO della Pixar. Contava di raccogliere abbastanza denaro perché l'azienda riuscisse a finanziare da sé le proprie produzioni così da poter diventare socio a tutti gli effetti della Disney, invece di rimanere un semplice collaboratore a contratto.

Decidere come avrebbe dovuto essere strutturata l'IPO era ovviamente compito suo, non certo di Catmull o Lasseter. Steve aveva da poco reclutato un nuovo direttore amministrativo e finanziario, Lawrence Levy, un brillante avvocato della Silicon Valley esperto in diritto brevettuale. Per settimane, lui e Levy studiarono a fondo gli aspetti economici e contabili del mercato cinematografico, per capire in che modo le case di produzione ottenessero i loro profitti. Come parte di questa ricerca preliminare, volarono a Hollywood per chiedere a vari studi cinematografici e operatori del settore informazioni sugli accordi di distribuzione e sui budget previsti per i film. Capirono subito che, almeno in quel momento e per svariati ed evidenti motivi, organizzare l'IPO della Pixar non sarebbe stata un'impresa semplice.

Fino ad allora, i risultati finanziari dell'azienda erano stati pessimi: negli anni, aveva accumulato perdite per 50 milioni di dollari, a fronte di un fatturato molto ridotto. Le sue potenziali entrate sembravano essere poco cospicue e incerte. La Pixar dipendeva quasi completamente dalla Disney, l'unica che utilizzava la sua tecnologia CAPS e che le avrebbe concesso un misero 12,5% degli incassi al botteghino per tutte le pellicole che avrebbero realizzato insieme. Inoltre, il lavoro in azienda procedeva a passo di lumaca: da quattro anni si lavorava a un film che non era ancora terminato. C'era poi da mettere in conto l'imprevedibilità del settore cinematografico. Infine, la Pixar si affidava alle idee creative di poche persone che, come Lasseter e Stanton, pur avendo un'ottima reputazione, non avevano ancora prodotto nulla di significativo.

Jobs nutriva più di qualche dubbio sul potenziale commerciale di *Toy Story*, soprattutto per via di quello che gli addetti al marketing della Disney continuavano a ripetergli. «Vennero da noi e organizzarono una presentazione per parlarci del marketing della pellicola», ricorda Lasseter. «Ci dissero che avevano in programma di organizzare un'enorme campagna promozionale nei punti vendita Sears. Steve lanciò uno sguardo ai presenti e chiese: 'Qualcuno di voi è stato da Sears di recente? Anche solo uno?' Nessuno alzò la mano. 'E allora perché vogliamo fare un contratto con Sears? Perché puntiamo così in basso? Non potremmo trovare un accordo con la Rolex o con Cartier? O con la Sony, perché faccia qualcosa con i suoi dispositivi audio di fascia alta? Perché non cerchiamo prodotti che ci piacciano veramente?' Quelli si limitarono a rispondere: 'Beh, in genere noi facciamo così...' Bocciò tutte le loro idee, con una logica inattaccabile. Perché avremmo dovuto legare la nostra immagine a prodotti che non ci piacevano?» (Alla fine, lo sponsor principale fu Burger King.)

Finché la Pixar non presentò richiesta per l'IPO alla Securities and Exchange Commission (SEC, Commissione di controllo della Borsa), Steve fu libero di fare tutto quanto era in suo potere perché la stampa di settore contribuisse ad alimentare l'entusiasmo nei riguardi della sua azienda. Un sabato mattina di maggio, mi sorprese telefonandomi a casa e chiedendomi di passare da lui, questa volta con Greta e Fernanda, le mie due figlie, che avevano rispettivamente dieci e nove anni. «Devo badare a Reed questa mattina», mi disse. «Ho qualcosa di spettacolare da mostrare ai bambini!»

Quando arrivammo, Reed, che aveva tre anni, ci accolse sulla porta della cucina avvolto in stole di seta blu e rosse, gridando: «Sono un mago!» Mentre suo figlio scorrazzava qua e là, Steve offrì ai bimbi un succo di frutta e preparò i pop-corn. Poi ci condusse tutti in salotto, dove inserì una videocassetta nel registratore. Dopo una serie di semplici storyboard, all'improvviso comparve sullo schermo una prima versione a colori di *Toy Story*, accompagnata dalla colonna sonora. Fino a quel momento avevo visto solo alcune tavole appese alle pareti della sede della Pixar, ma nessuna animazione. Era davvero spettacolare. E non assomigliava a nulla di quello che avevo visto fino ad allora. I tre bambini sedevano estasiati sul pavimento di fronte al televisore, anche se Reed aveva già visto più volte diverse parti del film. Lo guardammo tutto, per quanto soltanto metà potesse veramente dirsi finita: per il resto, i disegni consistevano ancora di semplici tratti e linee.

Al termine della proiezione, Jobs mi disse che il consiglio di amministrazione della Pixar non aveva ancora visto tutto quel materiale. Ci credetti fino a un certo punto. (In seguito, Lasseter mi assicurò che Steve lo aveva mostrato a tutti: «Non ne potevamo più!» Larry Ellison, il miliardario fondatore di Oracle amico di Jobs, raccontò poi di averne viste undici versioni differenti.) Si rivolse quindi ai bambini e cominciò a condurre una ricerca di mercato in pieno stile Steve Jobs. «Che ne dite?» domandò alle mie figlie. «È bello come *Pocahontas*?» Greta e Fernanda scossero vigorosamente la testa. «Beh, allora è bello come *Il re leone*?» Fernanda ci pensò un attimo, poi rispose: «Dovrò guardare *Toy Story* almeno altre cinque o sei volte prima di poterlo dirle».

Steve apprezzò molto la risposta.

* * *

Il 9 agosto la fortuna bussò ancora alla porta di Steve, quando la Netscape Communications si quotò in Borsa. Anche se il suo prodotto, il primo browser Internet a raggiungere una vasta diffusione, era davvero rivoluzionario, la piccola azienda non sapeva ancora come avrebbe potuto guadagnarci qualcosa. Ciononostante, l'entusiasmo dell'opinione pubblica per la tecnologia e per il nuovo gingillo chiamato Internet era alle stelle. Alla chiusura delle contrattazioni, le azioni della Netscape Communications, la cui quotazione iniziale era di 28 dollari, avevano raggiunto i 58,25 dollari, consentendo alla nuova azienda di assestarsi su un valore azionario di 2,9 miliardi.

Dopo un tale esempio, quella della Pixar non sembrava più una scommessa così inconsistente. Robertson, Stephens, una banca di investimenti di San Francisco, accettò di sottoscrivere l'IPO e a ottobre presentò un piano alla SEC. Steve decise di sfidare ulteriormente la sorte e fissò come data per l'IPO il 29 novembre 1995, solo una settimana dopo il debutto in sala di *Toy Story*. Se il film si fosse rivelato un fiasco, l'operazione in Borsa sarebbe stata un disastro, vanificando tutti i suoi sforzi per assicurare la stabilità finanziaria all'azienda.

Ma ovviamente le cose non andarono in quel modo. *Toy Story* è un capolavoro, così emozionante, divertente e coinvolgente che l'American Film Institute l'ha incluso nella lista delle cento migliori pellicole statunitensi di tutti i tempi. Anche la successiva IPO della Pixar ebbe un enorme successo, raccogliendo ben 132 milioni di dollari e portando il valore della capitalizzazione dell'azienda a 1,4 miliardi. Lasseter, Catmull, Jobs e altri dirigenti della Pixar seguirono l'operazione negli uffici di Roberston, Stephens, nel centro di San Francisco. Poco dopo l'inizio delle contrattazioni, quando il titolo stava già viaggiando oltre i 22 dollari per azione stabiliti dalla banca, Catmull sentì Steve telefonare da un ufficio a fianco. «Pronto, Larry?» disse, quando il suo amico Ellison rispose. «Ce l'ho fatta!» Jobs, che deteneva l'80% dell'azienda, era diventato miliardario.

* * *

Steve si divertiva a confrontarsi e scherzare con Ellison, che era (ed è ancora) uno degli uomini più ricchi al mondo, ma non era il pensiero del denaro guadagnato con la Pixar a elettrizzarlo. Lo esaltava essere finalmente tornato in partita, avere avuto un ruolo fondamentale nella creazione di un prodotto incredibilmente bello e di successo, che utilizzava una tecnologia nuovissima e geniale, dal potenziale sconfinato. E gli piaceva l'idea di essere di nuovo l'architetto di quella che il mondo non avrebbe potuto fare a meno di considerare un'impresa straordinariamente creativa. Da tantissimo tempo non si sentiva in quel modo, almeno dalla presentazione del Macintosh, undici anni prima.

L'incredibile successo di *Toy Story* e della Pixar fu estremamente importante per lui anche a livello personale. Il suo obiettivo era sempre stato creare prodotti che, oltre ad avere un'utilità pratica, riuscissero a galvanizzarlo. Questa era una delle ragioni per cui le cose non erano mai andate bene alla NeXT. Diversamente da Bill Gates, Steve non riusciva a impegnarsi a fondo in qualcosa capace di rispondere alla perfezione alle necessità di un particolare settore di mercato ma che non lo appassionava. Il computer e i software della NeXT erano prodotti eccellenti e a modo loro belli ed eleganti, ma erano pensati più per le istituzioni che per le persone. Con *Toy Story*, per la prima volta nella sua vita aveva partecipato alla creazione di qualcosa che sarebbe piaciuto anche a una giovane famiglia come la sua. Laurene aspettava Erine, la seconda dei tre figli che la coppia avrebbe avuto. Steve trovava affascinante l'idea che quel film sarebbe piaciuto non solo ai suoi figli, ma anche ai suoi nipoti.

Con il senno di poi, sembra naturale che proprio *Toy Story* abbia segnato l'inizio della risurrezione professionale di Jobs. La trama della pellicola stabiliva quella che ancora oggi rimane la formula classica della Pixar: un personaggio simpatico è causa della propria rovina, spesso a motivo della sua arroganza. Alla fine, però, il nostro eroe (o eroina, nel caso di *Brave*), con bontà, coraggio, spirito, inventiva o una combinazione di tutte queste qualità, arriva a vincere le proprie debolezze, riuscendo a redimersi e diventando un giocattolo (o un insetto, un'automobile, una principessa, un mostro, un topo o un supereroe) migliore e più completo. La caduta dell'eroe comporta fra l'altro una sorta di esilio, per esempio quando in *Toy Story* Woody fa «accidentalmente» precipitare Buzz nel cortile di Sid ed è poi costretto a raggiungerlo per pianificare con lui una rocambolesca fuga da quel perfido bambino. L'analogia con l'esilio di Steve dalla Apple è evidente.

Toy Story restituì a Jobs anche la fiducia in se stesso. Nei mesi successivi all'IPO, ebbi più volte occasione di parlare con lui e posso dire che era davvero entusiasta. Mi raccontava con grandissimo orgoglio di quello che era accaduto alla Pixar e del ruolo che lui aveva avuto nel suo successo. Molto generosamente, concesse cospicui pacchetti azionari a Catmull e Lasseter e nel dicembre seguente consegnò personalmente a tutti i dipendenti dell'azienda un bonus pari a un mese di stipendio. È vero che alcuni alla Pixar si lamentarono di non avere ricevuto un più corposo premio in azioni e che Steve si assunse molto più merito per quel trionfo di quanto effettivamente ne avesse, ma anche Alvy Ray Smith, che aveva fondato la Pixar con Catmull per poi abbandonarla dopo essersi scontrato con Jobs, ammise che senza di lui l'azienda non ce l'avrebbe mai fatta, dichiarando in un'intervista: «Sembravamo destinati a fallire. Ma credo che Steve non sarebbe stato in grado di sopportare un'altra sconfitta. Non ce l'avrebbe fatta».

Nonostante il piacere che gli dava crogiolarsi nella gloria del successo della Pixar, Jobs si rimise subito all'opera. Se continuò a cercarmi, in quei mesi dopo l'IPO, fu anche per un'altra ragione: stava ricominciando a pensare alla sua vecchia azienda di Cupertino.

8

Babbei, bastardi e «beni preziosi»

Grazie allo strabiliante e inatteso successo di *Toy Story* e dell'IPO della Pixar, Steve era tornato alla ribalta. L'attenzione dei media era puntata su di lui, lasciando in ombra quelli che gli stavano intorno, anche se né Catmull né Lasseter ci badavano troppo. Ora che la Pixar aveva finalmente trovato la sicurezza economica, infatti, i due non vedevano l'ora di pensare al loro prossimo film – *A Bug's Life - Megaminimondo* – senza doversi preoccupare del futuro dell'azienda. Per tutti, era come se Jobs avesse ritrovato la sua bacchetta magica. Il trionfo di *Toy Story* aggiunse un tocco di delicatezza al suo mito.

Restava da vedere se sarebbe riuscito a ripetere l'exploit della Pixar. Per essere un uomo che avrebbe segnato la storia delle grandi rentrée aziendali statunitensi, lo Steve Jobs del 1996 non aveva certo ottenuto grandi successi con i suoi secondi atti: l'Apple II era stato seguito dall'Apple III e dal Lisa, entrambi fallimenti totali, mentre il Macintosh si era imposto solo dopo che ne erano state realizzate versioni più potenti, messe in commercio quando l'amministratore delegato della Apple era John Sculley. Inoltre, quello che avrebbe dovuto essere il suo ritorno più spettacolare, la NeXT, era stato tutto fuorché entusiasmante.

La Pixar gli aveva fornito l'occasione di redimersi. Ma lui si era già trovato in cima al mondo prima di allora. La vera domanda era se sarebbe stato in grado di gestire quella situazione meglio di quanto avesse fatto in passato. Avrebbe ripetuto i medesimi errori? O – per rimanere in tema – si sarebbe comportato come Woody in *Toy Story* e avrebbe fatto tesoro di ciò che aveva imparato durante l'esilio? Sarebbe riuscito a tenere a freno il proprio ego, a relazionarsi con chi gli stava attorno, a sconfiggere i nemici e a diventare un vero eroe?

Gli ultimi quattro anni alla NeXT, dopo il fallimento dell'accordo con la IBM nel 1992, furono una sorta di tragicommedia. Jobs aveva adottato strategie così diverse che l'azienda ormai navigava a vista. Aveva realizzato una versione più economica del Cube, non più grande di un contenitore per pizza, la NeXTstation. Poi lui e il suo team avevano deciso di creare un altro modello, basato su un nuovo microprocessore di nome PowerPC, lo stesso che anche la Apple utilizzava nei modelli più recenti dei Mac. Alla fine però avevano rinunciato senza mandarne in produzione un solo esemplare, convinti che non esistesse ancora un mercato per un dispositivo di quel tipo.

Mike Slade, che per un periodo fu a capo del marketing della NeXT, si ritrovava spesso a pensare con nostalgia alla sua vecchia azienda, la Microsoft, «che era come la squadra degli Yankees», ricorda. «Lavorare per la NeXT, invece, era come giocare come primo lanciatore nei Florida Marlins del 1995, una squadra che aveva vinto in tutto una quarantina di partite. In quei giorni, di Steve non si ricordava quasi più nessuno. Era come Brian Wilson [dopo che aveva lasciato i Beach Boys]; era scomparso dalle scene, diventando una vecchia gloria dimenticata. Nel mondo dell'hi-tech non contava quasi più nulla. Quello non era il suo posto. Era nato per vendere al grande pubblico, non certo ai manager delle aziende tecnologiche.»

Jobs aveva un grande intuito per il marketing, che andava però completamente sprecato in un'azienda che non si dimostrava in grado di realizzare un prodotto competitivo. Un giorno, disse a Slade che voleva «piantare un casino» con la Sun Microsystems. Così, gli chiese di far preparare a due programmatori un foglio elettronico piuttosto semplice; uno avrebbe usato un computer della NeXT su cui girava il software dell'azienda, l'altro si sarebbe servito di una workstation della Sun Microsystems con sistema operativo Solaris, un'implementazione proprietaria di Unix, mentre lui li avrebbe registrati. Il programmatore che adoperava il NeXT portò a termine il lavoro molto più rapidamente rispetto a quello che utilizzava la workstation, tanto da trovare il tempo anche per giocare un po'. Nel video che in seguito venne trasmesso si vedeva il tecnico lavorare sul sistema Solaris brontolando, mentre il tempo passava: «Devo ancora sistemare un paio di cose...» La NeXT pubblicò otto annunci a piena pagina sul *Wall Street Journal*, spendendo in un sol colpo tutto il budget pubblicitario. Risultato? «Un casino di pubblicità, proprio come aveva previsto Steve», ricorda Slade, soffocando una risata. Scott McNealy della Sun Microsystems dichiarò pubblicamente che si trattava dell'ennesimo esempio di marketing «infantile». «Quello che le persone non capivano», sostiene Slade, «è che Steve sapeva essere geniale anche quando non poteva fare le cose in grande. Io gli avevo proposto una strategia di marketing molto elaborata e lui mi aveva detto: 'No, quello che conta davvero è piantare un gran casino'. E aveva ragione.»

Malgrado la sua genialità, era subissato dagli impegni comportati dalla gestione dei meccanismi aziendali. Il punto di non ritorno nella lunga serie dei suoi errori manageriali si toccò quando reclutò un logorroico inglese, Peter van Cuylenburg, come responsabile operativo. La storia di «PVC», come lo soprannominarono beffardamente molti dipendenti, dimostra la scarsa lucidità di Jobs in quel periodo. Una volta deciso che aveva bisogno di un presidente, subito, aveva passato in rassegna una serie di candidati appena presentabili prima di decidersi per van Cuylenburg, un ex dirigente della Xerox e della Texas Instruments che aveva già rifiutato una sua precedente offerta via fax. Steve nutriva nei suoi confronti un'ammirazione sconfinata. «Se mi investissero a un incrocio», dichiarò al *New York Times*, «sarei comunque tranquillo, sapendo che lascerei [a Peter] il timone della NeXT.»

Invece, fu Peter a essere travolto, metaforicamente parlando. Aveva promesso di dare una strategia chiara all'azienda, ma non andò così. Trovò parecchia resistenza da parte di alcuni collaboratori, che lo ritenevano più interessato ai processi di lavorazione che non ai prodotti. Peggio ancora, lui e Jobs erano spesso in disaccordo. Investitori come la Canon si lamentavano di non sapere chi dei due fosse al comando. Anche i dipendenti erano disorientati: almeno due manager di alto livello credevano che van Cuylenburg intendesse cedere la NeXT alla Sun Microsystems senza dire nulla a Steve. L'interessato nega (e così pure Scott McNealy, l'amministratore delegato della Sun Microsystems) che le due aziende siano mai arrivate vicine a un accordo in tal senso. Non c'è però alcun dubbio che Jobs e van Cuylenburg non formassero un duo di successo, e «PVC» non rimase a lungo alla NeXT.

Poco dopo, Jobs dovette prendere la dolorosa decisione di interrompere la produzione del computer NeXT. Era l'architettura fisica dei suoi sistemi a entusiasmarlo più di ogni altra cosa ed era molto orgoglioso della bellezza e della funzionalità dei dispositivi realizzati sotto la sua supervisione. Tuttavia, quegli eleganti apparecchi non vendevano e, poco dopo le dimissioni di Rich Page – uno dei fondatori dell'azienda, nonché ingegnere capo del settore hardware –, Steve si vide costretto a chiudere proprio la divisione hardware, licenziare metà del personale e cedere alla Canon ciò che restava del reparto progettazione e manifattura, in seguito a un accordo negoziato da Jon Rubinstein. Fu messo sul mercato anche lo stabilimento di Fremont, perché fosse locato o venduto per quello che era in precedenza: un magazzino per lo stoccaggio di merci. Il sogno da cui tutto aveva avuto inizio – creare un nuovo, eccezionale computer – era così svanito. «Siamo rimasti impantanati nella tecnologia», mi confessò in seguito Jobs.

Non era possibile nascondere il fiasco della NeXT, ed era altrettanto impossibile mascherare il fatto che il primo responsabile fosse proprio Steve. Quello fu il punto più basso della sua carriera. Era sconvolto dall'idea di avere fallito e, in modo assai insolito per lui, lasciò trapelare la sua delusione. Un giorno, Catmull vide un comunicato stampa in cui, così racconta, si diceva «quanto la NeXT fosse felice che il suo software fosse utilizzato sui server governativi, nei centri elaborazione dati e per altri servizi ordinari di questo genere. Ricordo che lessi quelle righe e pensai: Accidenti, Steve starà sicuramente malissimo per questo. Così lo chiamai. Ci incontrammo in un ristorante giapponese di Palo Alto e gli dissi: 'Non è da te, Steve'. Rispose: 'Oh, lo so! Non ne posso più! I direttori informatici saranno anche dei tipi in gamba, ma perdio, questa cosa è tremenda!'»

In pubblico, cercò di dipingere questo cambio di strategia come un'audace scommessa sul software prodotto dalla sua azienda, in particolare il sistema operativo NeXTSTEP che, stando alle sue dichiarazioni, «non aveva rivali». Ma questa volta i media – e i rivali che, come la Microsoft, in teoria non sarebbero dovuti esistere – capirono che si trattava di un bluff.

Jobs non si diede per vinto. Come non si era mai arreso con la Pixar, non mollò nemmeno con la NeXT. E, proprio come aveva fatto con la Pixar, decise di tentare due diverse strategie. Cominciò a cercare, senza troppa convinzione, possibili acquirenti nella Silicon Valley – la Sun Microsystems (di nuovo), la Hewlett-Packard e perfino la Oracle di Larry Ellison – senza mai raggiungere un accordo definitivo. Allo stesso tempo, continuava a incalzare Avie Tevanian e il suo team, profondamente convinto di avere i migliori ingegneri software in circolazione, nella speranza che il mondo delle workstation potesse ancora decidere di adottare NeXTSTEP. Pertanto, i suoi programmatori continuarono a perfezionare il sistema operativo e a lavorare per renderlo compatibile anche con le architetture di altri processori, come quelli della famiglia Pentium della Intel o il PowerPC il nuovo chip prodotto dalla IBM e dalla Motorola. Steve era molto preoccupato di non trovare il modo di ripagare i finanziatori, che avevano assicurato all'azienda un capitale netto d'esercizio di 350 milioni di dollari. Se non fosse riuscito a farli rientrare del loro investimento, ciò avrebbe danneggiato la sua credibilità come imprenditore, nel caso avesse deciso di fondare una nuova azienda. Così, aspettò di vedere dove NeXTSTEP – e il formidabile team di ingegneri diretto da Tevanian – lo avrebbe portato.

Nel 1996, sembrò che i loro sforzi potessero finalmente essere ripagati, seppur in minima parte. La squadra di Avie aveva messo a punto un altro software che stava conquistando l'apprezzamento generale. Chiamato WebObjects, consisteva in una serie di strumenti per la realizzazione di siti Internet commerciali e altre applicazioni online partendo da moduli di codice precompilato detti «oggetti», velocizzando così il processo di sviluppo e consentendo di utilizzare modelli standard. Il pacchetto si dimostrò particolarmente utile nella creazione di «negozi online», in un periodo in cui il World Wide Web lavorava a stretto contatto con sviluppatori di software indipendenti e programmatori aziendali per realizzare siti interattivi a scopi commerciali. Si trattava di un settore in piena espansione, tanto che in breve tempo le licenze vendute per WebObjects superarono quelle di NeXTSTEP. Finalmente, la NeXT era in grado di dichiarare un piccolo utile di esercizio. Steve si rivolse addirittura alla Merril Lynch per la preparazione di un'ipotetica IPO. Ancora una volta, una sua azienda aveva raggiunto la stabilità finanziaria diventando qualcosa di diverso da quello che avrebbe dovuto essere.

Più o meno nello stesso periodo – per la precisione il 1° aprile 1996 –, l'ex capitano dell'aeronautica militare Fred Anderson si presentò nella sede della Apple Computer, al numero 1 di Infinity Loop a Cupertino, per il suo primo giorno di lavoro come direttore amministrativo e finanziario. Ad attenderlo trovò una situazione disastrosa.

«Era come un palazzo in fiamme», ricorda.

Anderson, che aveva trentadue anni, aveva già avuto un incarico simile presso la ADP, con sede a Roseland, nel New Jersey. Gli ingranaggi di quell'azienda erano perfettamente oliati, anche se l'ambiente in cui operava – la fornitura di servizi per la gestione di dati a grandi corporation – aveva ben poco di entusiasmante, come spesso capita nel settore dell'hi-tech. Dopo averci lavorato per quattro anni ed essersi occupato di tutti i problemi che avevano richiesto la sua attenzione e l'esercizio delle sue ottime competenze, aveva cominciato ad annoiarsi. Tuttavia, si dedicava già da tempo con la moglie Marilyn al restauro e all'ampliamento della loro casa in stile Tudor a Essex Falls, nel New Jersey, e la sua vita era ormai quella di un tipico top manager della East Coast. Non stava cercando un nuovo impiego, finché ricevette una telefonata da un'agenzia di reclutamento che lavorava per la

Apple. L'azienda di Cupertino cominciò poi a fargli una corte sempre più serrata quando, nel novembre 1995, l'amministratore delegato Michael Spindler licenziò il direttore amministrativo e finanziario.

La Apple aveva sempre avuto un significato particolare per Anderson e sua moglie. A giudicare dal suo aspetto, nessuno avrebbe sospettato che Fred fosse quello che oggi viene definito un *fanboy* Apple. Incarnava il classico direttore amministrativo di una grande azienda: pacato, alto e ben pettinato, in genere indossava camicie con il monogramma stirate alla perfezione o, quando voleva sentirsi più casual, pantaloni color cachi e una polo. Lui e la moglie erano entusiasti utenti del Macintosh e nutrivano da sempre un attaccamento particolare, quasi romantico, nei confronti della Mela, fin da quando era stata fondata. Fred era originario della California meridionale e Marilyn si era laureata a Stanford, nel bel mezzo della Silicon Valley, ed entrambi nutrivano il desiderio di tornare sulla West Coast.

Così, Anderson ascoltò quello che avevano da dirgli. Come tutto ciò che riguardava la Apple in quegli anni, anche la sua assunzione fu rocambolesca. Nessun dirigente dell'azienda né dell'agenzia di reclutamento si preoccupò di avvertirlo che la Apple, mentre cercava di ingaggiarlo, stava organizzando in gran segreto una fusione la con Sun Microsystems. Forse Anderson si sarebbe potuto accorgere che qualcosa non andava, dato che una delle sue prime conversazioni telefoniche con il CEO Spindler, un burbero tedesco soprannominato «il Diesel», si svolse mentre quest'ultimo era convalescente in ospedale in seguito a un problema di salute dovuto all'eccesso di stress. Spindler fu licenziato qualche settimana più tardi, e Anderson scoprì di essere il candidato principale per la prima importante assunzione voluta dall'amministratore delegato successivo, Gil Amelio, un ex dirigente nel settore dei semiconduttori membro del consiglio di amministrazione della Apple da meno di un anno.

Alla fine, non fu quello che gli dissero Spindler e Amelio a convincerlo. Anzi, sembrava quasi che fosse stato lui a convincere se stesso ad accettare il lavoro, seguendo la medesima logica che Steve Jobs aveva usato con John Sculley quando gli aveva rivolto la celebre battuta: «Vuoi continuare a vendere acqua zuccherata per tutta la vita o vuoi avere l'occasione di cambiare il mondo?» Gli piaceva l'idea di contribuire al tentativo di salvare dall'oblio quella che era stata una delle imprese statunitensi di maggior successo. «Una parte di me pensava: Non voglio che questa azienda fallisca», ricorda. «E quella fu la prima ragione per cui accettai. A me e a mia moglie piacevano tantissimo i suoi prodotti, e credevo che esistesse ancora una base di clienti leale ed entusiasta che non voleva assistere alla sua rovina. Speravo che tutto questo potesse trasmettere entusiasmo anche ai dipendenti, spronandoli a battersi per salvare l'azienda. Ma, in tutta onestà, di questo non ero per niente sicuro. E quando dissi a mia moglie che avrei accettato il posto, lei mi guardò e rispose: 'Sei matto? Hai già un lavoro fantastico!'»

I problemi della Apple erano davvero gravi e nel corso degli anni erano ulteriormente peggiorati. L'azienda «orientata al mercato» di Sculley non era riuscita a produrre alcun progresso tecnologico significativo. Ogni iniziativa in questa direzione aveva risentito negativamente del desiderio del CEO di dimostrare di essere anche lui un innovatore del calibro di Steve. Fra tutte le sue maldestre iniziative, la più dispendiosa in termini economici era stato il tentativo di creare una nuova categoria nel mondo del personal computing con l'invenzione di un dispositivo portatile, il Newton MessagePad, che era stato esposto al pubblico ludibrio quando la sua sbandieratissima funzionalità di riconoscimento della scrittura si era rivelata soggetta a incredibili errori di interpretazione e ridicoli scambi di parole. Le conseguenze di quel flop erano state disastrose, aggravate inoltre dal fatto che Sculley aveva deciso di aprire una serie di punti vendita ad hoc per la distribuzione del nuovo, fallimentare dispositivo. Peraltro, nonostante il Macintosh – la cui linea Sculley si preoccupava di tenere regolarmente aggiornata – riuscisse a coprire in parte le necessità finanziarie dell'azienda, la quota di mercato occupata dalla Apple nel settore dei PC continuava a ridursi, a fronte della costante crescita della Microsoft.

Il consiglio di amministrazione, sempre più stanco degli errori di Sculley, lo aveva licenziato improvvisamente nel 1993, sostituendolo con Spindler, manager esperto di vendite la cui strategia prevedeva di replicare supinamente quanto già fatto da Bill Gates, concedendo la licenza di utilizzo del sistema operativo del Mac anche ad altri produttori, nell'intempestivo tentativo di arrestare l'avanzata di Windows. Tuttavia, anche questa idea si era rivelata fallimentare e la disponibilità sul mercato di cloni a basso prezzo aveva incrinato la reputazione della Apple come produttrice di hardware di alta qualità. Spindler, che nello sviluppo dei prodotti seguiva lo stesso approccio «orientato al mercato» di Sculley, aveva inoltre permesso che l'offerta si ampliasse in modo incontrollabile, mentre gli ingegneri aggiungevano sempre nuove funzioni cercando di catturare l'interesse di potenziali fette di mercato cui destinare altri, differenti modelli di Macintosh.

Ma il principale problema della Apple non era la Microsoft. Quest'ultima era ormai un colosso e, dopo il lancio di Windows 95, era passata definitivamente alla guida dell'innovazione nel mondo dei PC a spese dell'azienda di Cupertino, ormai surclassata anche nel marketing. Gates, infatti, aveva lanciato la nuova versione del suo sistema operativo – che era già lo standard del settore – con uno spettacolo perfettamente orchestrato, presentato da Jay Leno sotto un enorme tendone da circo bianco nel campus della Microsoft e trasmesso in diretta via satellite su maxischermo in quarantatré città sparse in tutto il mondo. Incuriosite da quel bailamme, decine di milioni di persone si erano messe in coda per ore e addirittura per giorni per avere la possibilità di essere tra i primi, a partire dalla mezzanotte del 24 agosto, ad acquistare il software e installarlo sui loro computer. La colonna sonora ufficiale della campagna promozionale era *Start Me Up* dei Rolling Stones.

I tentativi effettuati dalla Apple negli otto anni precedenti di modernizzare l'architettura del suo sistema operativo erano stati a dir poco imbarazzanti e avevano portato a un flop dopo l'altro. Progetti dai nomi in codice come Pink, Gershwin e Copland si erano rivelati solo buchi nell'acqua, e anche un paio di bizzarre iniziative congiunte, tra le quali una con la IBM (curiosamente battezzata Patriot Partners, «i soci patriottici»), non avevano portato a nulla. Il problema era che Windows 95 riusciva a fare così tante cose che l'ormai obsoleto System Software 7 della Apple non era assolutamente più in grado di reggere il confronto. Tra queste, c'erano funzioni come il *preemptive multitasking*, una strana espressione per indicare la capacità di eseguire in simultanea numerose applicazioni senza che interferissero le une con le altre, il salvataggio automatico dei documenti e soprattutto la garanzia di una maggiore velocità, stabilità e affidabilità. Per migliorare l'aspetto e le modalità di interazione dell'interfaccia del nuovo sistema operativo, la Microsoft aveva reclutato il grafico che aveva disegnato le icone del primo Macintosh. Windows 95 offriva anche un'altra novità: il pulsante «Start», che consentiva all'utente di avviare i programmi e gestire i file in modo più semplice. In brevissimo tempo, le vendite della Apple colarono a picco e nei magazzini cominciarono ad accumularsi computer e componenti invenduti. Peggio ancora, l'azienda sembrava avere perso quel quid che per vent'anni l'aveva resa eccezionale. Dopo l'introduzione di Windows 95, la Apple non sarebbe più riuscita a far segnare un aumento nei volumi di vendita per due anni consecutivi fino al 2002.

Quando Spindler fu cacciato, nella primavera 1996, per essere sostituito con Gil Amelio, l'azienda si trovava nel caos totale: la situazione era ormai compromessa in ogni possibile senso, mentre il volume d'affari continuava a contrarsi a un ritmo decisamente preoccupante. A corto di liquidità e senza garanzie di crescita, dovendo sostenere i costi di molti più stabilimenti, giacenze e ovviamente dipendenti di quanti ne fossero realmente necessari e si potesse effettivamente permettere, l'organizzazione cominciò a registrare delle perdite, senza avere in preparazione né in previsione qualche nuovo, interessante prodotto. È dunque del tutto comprensibile che Spindler fosse molto stressato, né dovrebbe destare meraviglia il suo licenziamento. Non c'è nemmeno da stupirsi che Amelio e il presidente del consiglio di amministrazione Markkula avessero raddoppiato i loro sforzi per trovare un acquirente (la Sun Microsystems, la vecchia AT&T o perfino la IBM), o che pensassero di non avere altra scelta se non dichiarare bancarotta. Chiaramente, avevano bisogno di un ottimo direttore amministrativo e finanziario.

A marzo Anderson diede le dimissioni dalla ADP e, prima di trasferirsi definitivamente a Ovest con la moglie, lavorò per la Apple come consulente esterno per circa un mese. Pur intuendo che la situazione cominciava a farsi disperata, fu solo quando arrivò al quartier generale di Cupertino che capì davvero fino a che punto lo fosse. Nel corso della sua carriera non si era mai trovato in una circostanza simile. La ADP aveva avuto per trentacinque anni filati un fatturato a doppia cifra e utili in costante crescita. L'azienda dove aveva lavorato prima, un produttore di computer di nome MAI Basic Four, aveva attraversato un periodo difficile, ma nulla in confronto al disastro della Apple.

Nei sei mesi precedenti, l'organizzazione aveva cessato di poter contare sui suoi già irrilevanti utili, segnando una perdita di quasi 750 milioni di dollari nel primo trimestre fiscale del 1996. Presto sarebbe diventata tecnicamente insolvente verso le banche, che le avevano concesso prestiti per centinaia di milioni di dollari. Il suo primo giorno di lavoro, Anderson rimase scioccato quando apprese che Amelio aveva già chiesto agli avvocati di preparare la dichiarazione di bancarotta. Quale direttore amministrativo con un'esperienza come la sua e nel pieno possesso delle sue facoltà mentali sarebbe stato disposto a ficcarsi in quel casino?

Steve osservava a distanza i guai della Apple, angosciandosi e lamentandosi a mezza voce come un genitore respinto e amareggiato che la celebre organizzazione da lui fondata potesse fallire a causa dell'inettitudine che vi regnava. Dopo dieci anni di esilio, nutriva ancora un fortissimo attaccamento nei confronti della sua prima azienda e di molti suoi dipendenti. «Amava la Apple», racconta John Lasseter. «Non aveva mai smesso di amarla. Soffriva vedendo quello che le stava accadendo.» In effetti, se non aveva ancora ceduto l'unica azione della Apple in suo possesso, era perché voleva continuare a ricevere il materiale informativo riservato agli azionisti e, se gli fosse andato, partecipare all'incontro annuale dei soci. Non aveva reciso del tutto il cordone ombelicale.

Nel 1995, il suo amico miliardario Larry Ellison gli aveva proposto di lanciare un'offerta ostile e rilevare tutte le quote dell'azienda, per poi ritirarne il titolo dalla Borsa e gestirla come più avessero ritenuto opportuno. Ellison si era perfino offerto di occuparsi personalmente di raccogliere la somma necessaria, così che Jobs non dovesse rischiare il suo patrimonio (la Pixar non era ancora stata quotata in Borsa). «Steve è l'unico che possa salvare la Apple», mi disse. «Ne abbiamo discusso seriamente molte, molte volte. Io sono pronto ad aiutarlo, basta solo che me lo chieda. Posso trovare il denaro nel giro di una settimana.»

Ma Jobs non aveva accettato. Nonostante il fascino che la Apple esercitava su di lui, era riuscito a prendere quella decisione in modo pragmatico e razionale. Quello sarebbe stato l'anno più difficile per la Pixar, con l'uscita di *Toy Story* e l'ingresso in Borsa. Inoltre, stava cercando di mantenere a galla la NeXT. In ultimo, Laurene era incinta del loro secondo figlio. C'era già troppa carne al fuoco.

Con il senno di poi, rifiutare la proposta di Ellison fu la prima di una lunga serie di scelte mature e assennate che Steve fece nel periodo in cui si preparava a rientrare alla Apple. Nel suo ritorno nell'azienda che amava più di ogni altra avrebbero giocato un ruolo fondamentale il suo tempismo nel cogliere al volo le occasioni, il suo intuito e le sue doti di manovratore. Ma fu soprattutto grazie a una maturità e a una pazienza del tutto nuove che diventò un uomo d'affari migliore.

Il primo compito ufficiale di Fred Anderson fu annunciare che la Apple aveva perso 750 milioni di dollari nel trimestre fiscale conclusosi il giorno precedente al suo arrivo. Era davvero entrato in un palazzo in fiamme.

La spaventosa entità di quella perdita spinse le banche a chiedere all'azienda di rientrare all'istante di parte dei debiti che aveva contratto. Tuttavia, se l'avesse fatto, la Apple si sarebbe presto trovata in quella che eufemisticamente si definisce «mancanza di liquidità»; in parole povere, non avrebbe avuto a disposizione abbastanza denaro contante né nelle proprie casse né in banca non solo per far fronte a quei debiti, ma anche per le altre spese e per pagare gli stipendi dei dipendenti. Anderson sapeva perciò che doveva muoversi rapidamente, se voleva convincere le banche cui la Apple si era rivolta negli Stati

Uniti, in Giappone e in Europa ad attendere ancora un po' prima di esigere la restituzione dei prestiti. Per raggiungere questo obiettivo, avrebbe dovuto fare anche altre due cose: ideare un programma di ricapitalizzazione per raccogliere altro denaro nel mercato dei bond governativi e preparare un piano di ristrutturazione per tagliare drasticamente i costi operativi dell'azienda. Anche il termine «ristrutturazione», ovviamente, è un eufemismo: i licenziamenti sarebbero stati il mezzo più efficace per ridurre le spese in breve tempo. Moltissimi licenziamenti.

Prima della fine di aprile, Anderson fece visita a tutti i principali creditori della Apple, per chiedere loro di pazientare e per presentare i suoi piani di ricapitalizzazione e riorganizzazione. Si rivolse anche ai principali istituti finanziari che sostenevano l'azienda – Goldman Sachs, Morgan Stanley e Deutsche Bank – per discutere con loro il progetto di un'emissione di titoli di credito che avrebbe permesso all'organizzazione di raccogliere 661 milioni di dollari, da utilizzare in parte per estinguere i debiti contratti con le banche e in parte per finanziare le operazioni in corso. Si trattava in sostanza di un altro prestito, in questo caso concesso dagli investitori e a un tasso d'interesse maggiore, ma consentì alla Apple di guadagnare il tempo necessario per mettere ordine nella situazione e avviare i tagli al personale.

La ristrutturazione prevedeva il licenziamento di metà dei millecento dipendenti, che avrebbe permesso di riportare il bilancio in pareggio, se il volume delle vendite annuali avesse raggiunto i 5,5 miliardi di dollari. In altre parole, Anderson credeva che per evitare la catastrofe metà dell'organizzazione dovesse scomparire. I tagli al personale sarebbero stati spalmati su tre interventi nel corso dei due anni successivi.

Questo piano concesse a Gil Amelio un po' di tempo e di flessibilità in più per trovare il modo di affrontare l'altro enorme problema della Apple: il suo immobilismo tecnologico. La ricapitalizzazione gli forniva i mezzi economici per l'acquisto di un sistema operativo da adattare al Macintosh, per riuscire a stare al passo con Windows 95. Una scelta del genere sarebbe stata un'ammissione di incapacità da parte dell'azienda di Cupertino riguardo alla possibilità di creare da sé una tecnologia competitiva, ma almeno le avrebbe dato un briciolo di speranza, prospettando una soluzione diversa dalla fusione o dalla bancarotta.

Per avere in breve tempo una versione più avanzata del sistema operativo Macintosh, Amelio si mise in cerca di aziende che avessero già prodotto una versione di Unix funzionante su microprocessori simili a quelli utilizzati dai computer Apple. La Sun Microsystems e altre organizzazioni, tra cui IBM, Apollo (oggi parte della Digital Equipment Corporation), NeXT e una sconosciuta startup della Silicon Valley di nome Be Inc., avevano tutte sviluppato una versione proprietaria di BSD Unix – sistema creato dal cofondatore della Sun Microsystems, Bill Joy – riuscendo a «portarle» su macchine che montavano processori molto simili a quelli impiegati dalla Apple per il Lisa e il Macintosh. Fra tutte queste aziende, quelle che si dedicavano solo allo sviluppo software erano le più interessanti, perché avevano un prezzo sufficientemente contenuto per poter essere acquisite subito e le loro dimensioni erano abbastanza ridotte da permettere di assorbirle senza troppe difficoltà. La NeXT era una delle possibili opzioni, ma siccome era diretta da Steve Jobs – ritenuto persona non grata da molti membri del CDA della Apple – non sembrava una scelta plausibile. La Be Inc., dal canto suo, destava molto interesse, perché a guidarla era Jean-Louis Gassée, l'ex responsabile Apple dello sviluppo prodotto che aveva lasciato l'azienda nel 1990 a causa dei suoi dissidi con Sculley.

Gassée era il direttore marketing e vendite che nella primavera 1985 aveva avvertito John Sculley del piano architettato da Jobs per spodestarlo, convincendo il CEO ad annullare il suo viaggio in Cina e a imporre un riassetto dell'organigramma aziendale che aveva relegato ai margini il suo giovane fondatore. Da quel momento, il destino di Gassée fu segnato: agli occhi di Steve, il francese sarebbe rimasto per sempre un traditore.

Che tra i due non corresse buon sangue, del resto, era piuttosto comprensibile. Gassée condivideva alcuni dei tratti più intriganti del carattere di Steve. Era un affabulatore, aveva carisma ed era un maestro dell'iperbole, che riusciva a farsi passare per esperto di tecnologia quando in realtà in materia di hardware e software ne sapeva tanto quanto Jobs. Anche lui provocava reazioni viscerali in chi lo circondava. «Se c'è qualcuno a questo mondo capace di essere un irritante bastardo, se c'è un tipo che davvero può reclamare a buon diritto il titolo di bastardo più irritante al mondo», sostiene un veterano del settore che ha lavorato con entrambi, «è chi ha imparato direttamente dal maestro.»

Ma le analogie fra i due non finivano qui. Poco dopo avere lasciato la Apple, Gassée, offeso, aveva fondato una propria azienda, portando con sé parecchi dei migliori dipendenti della Mela. La sua strategia ricordava quella adottata da Steve per la NeXT. La Be Inc. avrebbe infatti dovuto sviluppare architetture software e hardware completamente nuove per un computer che Gassée aveva chiamato BeBox, sul quale sarebbe stato installato un nuovo sistema operativo – BeOS – dotato di alcune delle principali caratteristiche di Unix. Ciò che rendeva unica l'accoppiata BeOS-BeBox era il fatto che il computer fosse stato pensato per poter utilizzare anche il sistema operativo Macintosh e che pertanto funzionasse come un clone del Mac. Fondamentalmente, era come avere una macchina che offriva due sistemi al prezzo di uno.

Ciononostante, proprio come la NeXT, la Be Inc. non era stata in grado di conquistare una quota di mercato significativa. Aveva venduto solo duemila computer, prima di chiudere la divisione hardware nel 1996 e dedicarsi completamente al software, che proponeva come sistema operativo alternativo per i Mac della Apple e i cloni degli altri produttori. Gassée pensava che, concentrandosi esclusivamente sul software, la Be Inc. sarebbe diventata più interessante agli occhi dei produttori di hardware. C'erano infatti dei potenziali acquirenti tra le sette aziende che realizzavano cloni del Mac, tra cui Motorola e PowerHouse Systems, dove lavorava l'ex responsabile della divisione hardware della NeXT, Jon Rubinstein.

Quando Gassée seppe che Amelio era in cerca di un sistema operativo, non credette alle proprie orecchie. Gli parve quasi che una qualche congiuntura astrale favorevole volesse la cessione della sua azienda alla Apple, anche se nell'organizzazione avrebbe trovato alcuni volti nuovi con cui trattare. «Aspettavo un segno», ricorda, «quand'ecco che si presentò Amelio.»

Ciononostante, Gassée commise un grave errore tattico, tentando di sfruttare la situazione per trarne il massimo risultato economico. Per l'acquisto della Be Inc., Amelio fece un'offerta di circa 100 milioni di dollari, un prezzo tutto sommato ragionevole per un'azienda che ancora non aveva prodotto nulla di veramente significativo. Il francese, invece, forzò troppo la mano, rifiutando sia quella prima proposta sia una seconda da 120 milioni.

Incontrai per caso Gassée una sera, alla fine dell'ottobre 1996, in un posto dove mai avrei pensato di trovarlo, il *Buffalo Grill*, una steakhouse (oggi chiusa) all'interno di un centro commerciale di San Mateo, a una ventina di chilometri da Palo Alto, la città dove risiedeva. Era un locale fuori mano, non certo il luogo in cui ti sarebbe venuto in mente di andare a cercare un boss della Silicon Valley. E quello era esattamente il motivo per cui lui lo aveva scelto.

Ero con mia moglie, e le feci cenno di proseguire verso il nostro tavolo mentre mi trattenevo per salutare Jean-Louis, che conoscevo non soltanto per ragioni professionali: le nostre figlie erano compagne di classe. Era chiaramente impegnato in una conversazione importante. Siccome non si era accorto di me, gli diedi un buffetto sulle spalle e gli chiesi qualcosa tipo: «Che ci fai qui? Non ci sono buoni ristoranti a Palo Alto?»

Lui sobbalzò come se avesse visto un fantasma. Fu allora che, dando un'occhiata al suo tavolo, riconobbi le persone sedute con lui: Ellen Hancock, ex dipendente della IBM e ora vicepresidente del settore ricerca e sviluppo e responsabile tecnologica della Apple; Douglas Solomon, vicepresidente senior della programmazione strategica e dello sviluppo aziendale, sempre della Apple, e il venture capitalist David Marquardt, membro, fra l'altro, del consiglio di amministrazione della Microsoft. Sapevo che Marquardt era consulente finanziario della Be Inc. e che la sua agenzia era anche il principale investitore nell'azienda di Gassée. Capii che l'ultima cosa che volevano era essere beccati in quel frangente da un giornalista economico. Non mi era mai capitato di vedere il tanto loquace Gassée così a corto di parole.

Quando raggiunsi mia moglie al tavolo, le raccontai quanto avessi trovato strano quel conciliabolo. Sulle prime, pensai che fosse una sorta di riunione segreta allo scopo di far rientrare Gassée nel team dirigenziale della Apple. Ma se davvero fosse stato così, perché invece di Gil Amelio era presente Ellen Hancock, che era appena stata assunta in azienda? «Beh, secondo te che cosa ne penserebbe Steve?» mi domandò Lorna. Così, appena arrivammo a casa gli telefonai.

Fu una conversazione breve. Quando gli chiesi il suo parere, assunse un tono piuttosto stizzito. «Jean-Louis Gassée è un individuo cattivo», disse. «Non lo dico di molte persone, ma lui è davvero cattivo.» Poi aggiunse che, qualunque cosa avessero in mente alla Apple, per l'azienda sarebbe stato meglio non avere nulla a che fare con Gassée o con la sua tecnologia. «Sono dieci anni che alla NeXT lavoriamo a qualcosa di simile e posso dirti che BeOS fa schifo. Non può che essere così. Un sistema operativo migliora con il tempo e BeOS è troppo giovane e troppo poco testato per poter essere un buon software.»

Non era la risposta che cercavo, ma di sicuro dimostrava che ero riuscito a fargli perdere la pazienza. Lo pregai di avvertirmi, se fosse venuto a conoscenza di qualche sviluppo interessante. Com era prevedibile, non lo fece. Non ebbi altra occasione di parlare con lui fino al dicembre successivo, quando gli telefonai per chiedergli qualche commento per un articolo che avrei dovuto scrivere sull'inaspettata acquisizione della NeXT da parte della Apple per 429 milioni di dollari.

Steve si era attivato già molto prima della mia telefonata. Avie Tevanian lo aveva avvertito che la Apple stava cercando un nuovo sistema operativo e lui si era immediatamente consultato con le banche d'investimento per capire se una cessione della NeXT potesse avere senso. «Sentivamo di essere una generazione avanti a tutti e ora avevamo l'occasione di far conoscere il nostro lavoro a un mercato potenzialmente immenso», ricorda Tevanian. Per quanto si sapesse che esisteva una versione di NeXTSTEP funzionante su microprocessori Intel, non era ancora noto che Avie e il suo team erano riusciti a far girare il sistema operativo anche su macchine che montavano i processori PowerPC installati all'epoca sui Macintosh. Tevanian e la sua squadra sapevano tutto quello che c'era da sapere sulle architetture dei principali microprocessori non proprietari, il che era più di quanto si potesse dire dei programmatori che lavoravano alla Be Inc. Tuttavia, qualche mese prima Steve aveva detto ad Avie di interrompere il lavoro di porting sul PowerPC, così ora lui e il suo gruppo dovettero impegnarsi al massimo per riuscire ad avere una versione del sistema operativo da presentare alla Apple.

Quando prese contatto con la sua ex azienda, Jobs era impegnato in un triplo gioco. Innanzitutto, voleva assolutamente silurare Gassée. «Steve serbava rancore nei miei confronti perché mi ero schierato con Sculley», racconta l'interessato. «Diceva che l'avevo pugnalato alla schiena e cose simili.» Una sera, uscendo dal ristorante *Il Fornaio* di Palo Alto, Jobs passò accanto a un tavolo cui sedevano alcuni dirigenti software, tra i quali Gassée, che a quanto pare all'epoca cenava spesso fuori casa. «Allora, ho sentito che salverai la Apple, Jean-Louis», gli disse, dirigendosi verso la porta senza aspettare una risposta. Gassée non aveva la benché minima idea che la Apple stesse prendendo in considerazione anche la NeXT. Era convinto di avere l'accordo già in tasca. In secondo luogo, Steve voleva proteggere e ripagare i suoi investitori. Infine, desiderava dare una seconda possibilità a tutti quelli che erano con lui alla NeXT.

Susan Barnes spiega: «Se non eri bravo nel tuo lavoro, ti cacciava per riguardo verso il resto del team, ma se eri in gamba ti rimaneva fedele per sempre». Pertanto, non erano solo i soldi a contare, ma anche quello che l'azienda che l'avrebbe acquisita intendeva fare con la tecnologia della NeXT e il modo in cui avrebbe accolto i tecnici che l'avevano creata. Jobs sapeva di dover persuadere Amelio che la risorsa più preziosa che la Apple stava per acquisire erano le persone che lavoravano alla NeXT.

Convincerlo non sarebbe stato difficile, Steve ne era certo. Considerava Amelio un pallone gonfiato che amava la bella vita dell'amministratore delegato, senza avere la più pallida idea di come si vendessero i computer. Così, decise di adularlo senza ritegno. Nel corso di una brillante presentazione davanti al CEO e a Ellen Hancock, il 2 dicembre, Steve spiegò che era disposto a fare qualunque cosa perché l'accordo andasse in porto, dicendosi sicuro che la loro capacità di giudizio li avrebbe fatti propendere per la NeXT. Il 10 dicembre, al *Garden Court Hotel* di Palo Alto, lui e Tevanian tennero davanti ad Amelio quella che, almeno secondo quest'ultimo, fu una «strabiliante» dimostrazione del sistema operativo NeXT durante una presentazione congiunta con la Be Inc. che avrebbe deciso la scelta fra le due aziende.

Appena dieci giorni dopo, Jobs riuscì a concludere un accordo, che fu firmato nella cucina di casa sua e con cui ottenne per la NeXT molto più di quanto avesse ritenuto possibile. Innanzitutto, Tevanian avrebbe continuato a svolgere un ruolo fondamentale anche nello sviluppo della strategia software della Apple e avrebbe avuto un incarico da alto dirigente nello staff di Amelio. Inoltre, grazie soprattutto al recente successo di WebObjects, l'offerta fu molto alta, molto più di quella che Amelio aveva fatto a Gassée: Steve e i suoi investitori avrebbero ottenuto 429 milioni, fra contanti e azioni della Apple. «I soldi non erano un problema», sostiene il francese, che pure riconosce di avere chiesto una cifra folle per la Be Inc. «Quello che volevano era riavere Steve. Amelio poteva scegliere tra riportarlo in azienda o no e prese la decisione giusta. Loro facevano cose che noi non eravamo in grado di fare.»

La maggioranza delle azioni della Apple andò a Jobs, che accettò di fare da consulente particolare per Amelio. Di lì a qualche settimana si sarebbe tenuta l'annuale fiera tecnologica del MacWorld a San Francisco; Steve si offrì di esibirsi in una delle sue tipiche presentazioni dopo il keynote di Amelio, per annunciare pubblicamente il suo ritorno nell'azienda che aveva contribuito a creare.

Verso la fine di dicembre, un sabato mi telefonò e mi invitò ad andare da lui per discutere di alcune questioni. Si stava già preparando per il MacWorld, provando e riprovando il discorso in cerca delle parole e delle espressioni migliori per suscitare l'effetto desiderato. Ma voleva parlarmi anche di Amelio. «Non puoi nemmeno immaginare che razza di babbeo sia», sibilò. Ciò che più lo irritava era che, per come la vedeva lui, Amelio non aveva idea di come si dovesse vendere un prodotto a esseri umani senzienti e pensanti. «Conosce solo l'ambiente dei semiconduttori, dove i clienti si contano sulle dita di una mano», brontolò Steve. «Non sono persone in carne e ossa, sono aziende, e comprano decine di migliaia di chip alla volta.»

Gli ricordai che solo qualche mese prima mi aveva raccontato di come lui ed Ellison avessero preso in considerazione l'idea di impadronirsi della Apple con un colpo di mano. «Se è un tale babbeo, perché sei rimasto? Non potevi prendere i soldi che ti spettavano e andare per la tua strada?»

«Non posso abbandonare Avie e gli altri dicendo: 'Addio, è stato bello conoscerci'. E poi, sono convinto che alla Apple lavorino ancora moltissime persone davvero in gamba. Solo, non penso che Amelio sia il tipo giusto per guidarle.»

«E di te che mi dici?» replicai, ponendogli la domanda che tutti si stavano facendo in quel momento. Lui esitò, incerto. Non ricordavo di averlo mai visto così poco sicuro di sé.

Alcuni credono che Jobs avesse fatto tutto il possibile per orchestrare il suo trionfale ritorno alle redini della Apple e che tutto quello che accadde facesse parte di un grande piano. Gil Amelio è una di queste persone; un'altra è Bill Gates.

La verità è molto più complicata. Nei dieci anni precedenti, Steve aveva imparato ad agire in modo meno impulsivo. In passato, aveva sempre mirato troppo in alto. Ora voleva procedere con circospezione, passo dopo passo, e se il suo intuito gli avesse suggerito di prendere una direzione diversa da quella che stava seguendo, l'avrebbe sicuramente ascoltato. Nei mesi successivi alla cessione della NeXT, mentre studiava Amelio e cercava di farsi un'idea più chiara della situazione in cui versava la Apple, sfoggiò lo scrupolo e la serietà che lo portarono a riconquistarne il comando.

Le due persone di cui si fidava di più alla Apple in quel periodo concordano sul fatto che ricoprire il ruolo di amministratore delegato non rientrasse nei suoi programmi. Tevanian era diventato responsabile dell'ingegnerizzazione software, mentre Rubinstein era stato reclutato su suggerimento di Steve per dirigere la divisione hardware. «Non pensavamo che saremmo andati alla Apple per lavorare per Steve», sostiene Tevanian. «La cosa sembrava non interessarlo.» Jobs disse loro in più occasioni che era indeciso se accettare o no l'incarico, figurarsi se aveva intenzione di fare pressioni per ottenerlo.

Per Avie e Ruby, ritrovarsi alla Apple non era esattamente ciò che avevano sognato. Qualche settimana prima che l'accordo fosse siglato e i due assumessero i loro nuovi incarichi, l'azienda aveva infatti reso noto il bilancio dell'ultimo trimestre fiscale, annunciando una perdita di 120 milioni di dollari. «Chiesi a Steve: 'In che razza di pasticcio ci siamo ficcati?'» ricorda Tevanian. «Perché era chiaro che l'azienda sull'orlo del fallimento era la Apple, non la NeXT. Si potrebbe pensare che ci avessero reclutati perché Steve voleva piazzare i suoi uomini all'interno dell'azienda, ma in realtà lui l'aveva fatto perché era la cosa più giusta da fare. Conosceva gli altri dirigenti. Sapeva che erano loro la ragione per cui la Apple si trovava in quel casino.

«Non credo che esistesse un piano machiavellico», aggiunge Rubinstein, un newyorkese con il fisico asciutto e snello di un corridore. «Quando arrivai in azienda, mi guardai attorno e pensai: Oddio, dove mi sono venuto a cacciare?»

Nelle settimane successive alla chiacchierata che avevamo avuto a dicembre, Steve e io ci incontrammo ancora varie volte, seduti al tavolo della sua cucina per una serie di conversazioni «informali». In genere, mi raccontava quello che stava scoprendo alla Apple, nella speranza che io scrivessi un articolo sulla condizione penosa in cui versava. Parlava apertamente, anche se insisteva per non essere citato come fonte. Un giorno, mi fece una domanda retorica: «Perché mi sento come se fosse una mia responsabilità far scrivere un articolo critico nei riguardi della mia stessa azienda?»

La ragione principale era che, più conosceva Amelio, più capiva che «il dottor Gil» – come lo chiamava sarcasticamente – e il suo team non sarebbero mai riusciti a far riconquistare alla Apple una posizione di rilievo. Quello che stava accadendo lo costernava e ne riteneva responsabili tanto Amelio quanto i membri del CDA. Non riusciva a capire come il consiglio di amministrazione potesse avere visto nel grigio Michael Spindler, «il Diesel», un leader ispirato, così come era esterrefatto che avessero reclutato una persona poco qualificata come Amelio. Credeva che quest'ultimo, nominato CEO dopo essere stato consigliere per appena un anno, fosse riuscito a ottenere l'incarico convincendo tutti di essere un esperto di salvataggi aziendali. «Ma come può essere un esperto di salvataggi», mi chiese Steve, «se mangia da solo in ufficio e si fa portare il pranzo in un servizio di porcellana che sembra arrivato direttamente da Versailles?»

Dal canto suo, Amelio non fece nulla per cambiare questa percezione. Anzi, invece di adattarsi alla Apple, cercava di imporre la propria personalità sull'azienda e si era circondato di dirigenti reclutati soprattutto nel settore dei semiconduttori, a lui ben noto. Inoltre, i suoi interventi in pubblico erano privi di qualsiasi efficacia. Una volta, mentre durante una cena parlava a un gruppo di persone tra le quali era presente anche Larry Ellison, tentò di illustrare i problemi della sua organizzazione. «La Apple è come una nave», disse. «Nello scafo c'è una falla e la nave sta imbarcando acqua. Ma a bordo c'è anche un tesoro. Il problema è che tutti remano in direzioni diverse, perciò la barca rimane ferma. Il mio compito è fare in modo che tutti remino nella stessa direzione.» Quando Amelio se ne fu andato, Ellison si voltò verso la persona che gli stava seduta accanto e le chiese: «E la falla?» Jobs non si stancava mai di raccontare questo aneddoto.

Steve non era del tutto giusto nei riguardi di Amelio. Per quanto una volta gli avesse detto che chiedere un nuovo finanziamento di 661 milioni di dollari era una buona iniziativa, non gli avrebbe mai riconosciuto nessun altro merito, anche se era stato proprio «il dottor Gil» ad approvare l'indispensabile riassetto aziendale orchestrato da Anderson. E, per quanto Jobs ammettesse che c'era ancora qualcosa di buono all'interno dell'organizzazione, ne attribuiva il merito ai dipendenti animati dall'autentico «spirito Apple» – quello che lui e Wozniak avevano inculcato anni prima nell'azienda – e non certo ad Amelio.

Ciononostante, sotto certi aspetti Steve aveva ragione, come scoprii quando finalmente mi decisi a scrivere un articolo sulla Apple per *Fortune*. Nel momento in cui più avrebbe avuto bisogno di una leadership forte, l'azienda era in balia di un amministratore delegato completamente inetto. C'erano più di venti divisioni marketing indipendenti l'una dall'altra e che non comunicavano tra loro, l'offerta di prodotto era cresciuta in modo ipertrofico e l'autorizzazione concessa agli altri produttori per la realizzazione di cloni del Mac non aveva alcun senso. Amelio si stava lasciando sfuggire di mano la situazione.

La sua incapacità come leader fu evidente a tutti nel corso del MacWorld che si tenne il 7 gennaio 1987 a San Francisco. L'intervento di Amelio fu disastroso, a malapena comprensibile. All'epoca, la Apple organizzava quattro MacWorld l'anno (gli altri tre erano a Tokyo, Parigi e Boston) e i keynote erano l'occasione principale per presentare i nuovi dispositivi e suscitare l'interesse di sviluppatori di software e clienti.

Amelio, un omone timido e impacciato, fece del suo meglio per mostrarsi più disinvolto rinunciando alla solita divisa, che prevedeva scarpe a punta e completo gessato, e optando per una camicia marrone con collo alla coreana, giacca sportiva e mocassini. La parte principale del suo discorso avrebbe dovuto essere l'annuncio ufficiale dell'acquisizione della NeXT e il conseguente ritorno di Steve in azienda come consulente. Jobs, che per l'occasione si era messo più elegante del solito, con pantaloni neri dal taglio sportivo, giacca stile Eisenhower del medesimo colore e camicia bianca, aspettava dietro le quinte mentre Amelio non la smetteva più con la sua monotona tiritera. Appoggiato di sbieco sul leggio, il CEO andò avanti per più di un'ora con un discorso in cui accennava appena alle difficoltà finanziarie dell'azienda. Anche se leggeva da un gobbo, perse il filo più volte. A un certo punto, per mostrare di sentirsi a proprio agio, si tolse la giacca, e tutti videro le enormi macchie di sudore che aveva sotto le ascelle, più o meno come l'attore Albert Brooks in una celebre scena di *Dentro la notizia*.

Quando Amelio si decise finalmente a presentarlo, Steve fu accolto da un fragoroso applauso. Erano ormai sei anni che non teneva una presentazione di fronte a una platea così numerosa, e non si lasciò sfuggire l'occasione. Diversamente da quello di Amelio, il suo intervento fu breve, disinvolto e tranquillo. Promise che avrebbe dato a Gil tutta la collaborazione di cui avrebbe avuto bisogno e si impegnò a fare in modo che la Apple tornasse a realizzare prodotti entusiasmanti. Parlava a braccio, muovendosi lungo la parte anteriore del palco, così che il pubblico potesse vederlo bene. Si mostrò deciso ed energico, pur restando intenzionalmente vago. Non intendeva formulare promesse specifiche: dopotutto, non era ancora certo di voler avere qualcosa a che fare con la Apple.

«All'inizio», sostiene Anderson ricordando quei giorni, «Steve non sembrava per nulla interessato. Amelio organizzava incontri ufficiali con tutto il personale; Steve prese parte a uno di quei meeting poco dopo il MacWorld. Era una cosa piuttosto noiosa e lui non ne poteva più. Così, si alzò nel bel mezzo della riunione e se ne andò. Sapevo cosa stava pensando in quel momento: Quello è proprio un babbeo.»

Jobs stesso me lo avrebbe confermato un paio di settimane più tardi. «So che non è la prima volta che te lo dico, ma Amelio è proprio un babbeo. È la persona più sbagliata che esista per dirigere la Apple. Non so chi sia la persona più adatta a farlo, ma sono certo che non sia lui.»

Come Rubinstein e Tevanian lo erano per la NeXT, così anche Lasseter e Catmull erano «beni preziosi» per la Pixar. Pertanto, all'inizio del 1997, mentre studiava lo sciagurato Amelio, Steve decise che avrebbe dovuto assicurare anche il loro futuro rinegoziando l'accordo tra la Pixar e la Disney con l'amministratore delegato Michael Eisner, l'unico altro uomo oltre a Jean-Louis Gassée che Jobs mi abbia mai detto di ritenere una persona cattiva (anche se questo sarebbe accaduto soltanto anni dopo, nel periodo più critico del rapporto fra le due aziende).

Toy Story era diventato il maggior successo delle vacanze di Natale 1995-1996, registrando un incasso al botteghino di 361 milioni di dollari, di cui però solo 45 erano entrati nelle casse della Pixar. Anche se per un primo film si trattava di una cifra di tutto rispetto, era comunque una percentuale misera, se paragonata a quella intascata dalla Disney. Inoltre, la Pixar non partecipava ai diritti sulle vendite delle videocassette, che naturalmente erano cospicui per un film per famiglie che aveva avuto un tale trionfo.

Mentre si era già a buon punto nella realizzazione della pellicola successiva, *A Bug's Life - Megaminimondo*, Steve decise di intervenire. Con i 130 milioni di dollari in contanti ricavati dall'IPO, la Pixar non aveva più bisogno che la Disney finanziasse i suoi film. E se poteva coprire da sola le spese per le proprie produzioni, perché si sarebbe dovuta accontentare di un misero 12,5% degli incassi al botteghino? Jobs decise di rompere l'accordo che cinque anni prima aveva salvato l'azienda.

«Nessuno a Hollywood è disposto a correre rischi», mi disse un anno più tardi. Era davvero orgoglioso delle ricerche approfondite che lui e Levy avevano condotto nell'ambiente cinematografico, che lo avevano aiutato a capire come ottenere un contratto conveniente in un settore che continuava a prosperare approfittando del denaro di sprovveduti outsider appassionati di cinema. «Non troverai mai in biblioteca un manuale intitolato *Il modello di business nel settore dell'animazione*», mi spiegò Steve. «Questo perché finora è esistita soltanto un'azienda [la Disney] che ha sempre avuto successo e si è sempre guardata bene dal raccontare agli altri quanto questo campo potesse essere redditizio.»

Jobs telefonò a Eisner e volò a Hollywood per rinegoziare i termini dell'accordo. «Quello che volevamo ottenere andava al di là di quanto chiunque altro [fatta eccezione per la Disney] fosse mai riuscito a fare», si vantò. «Ed era molto più complesso, perché a Hollywood sono poche le aziende che collaborano tra loro. Esistono collaborazioni tra società e singoli individui, per esempio tra un'importante casa di produzione e Steven Spielberg, o tra una piccola azienda come la Amblin Entertainment e uno studio cinematografico. Ma le organizzazioni che collaborano tra loro alla pari sono molto, molto rare. E questo è esattamente ciò che volevamo: produrre lungometraggi animati avendo la Disney come socio paritario.»

Una tale pretesa poteva suonare arrogante, illusoria e irriconoscente. In fondo, era passato appena un anno dall'uscita di *Toy Story*, film reso possibile solo dal sostegno fornito dalla più grande azienda al mondo nel campo dell'animazione. Ma come spesso accadeva quando Steve era impegnato in una trattativa, la sfrontatezza di quella richiesta fu mitigata dalla sua logica stringente e dalla sua profonda conoscenza del settore. Sei anni prima, quando Katzenberg era direttore dell'animazione ed era la Disney ad avere il coltello dalla parte del manico, Jobs aveva accettato senza protestare le condizioni che gli erano state imposte. Ora, però, Eisner era in rotta con Katzenberg, il quale aveva fondato la DreamWorks Animation per battere la Disney al suo stesso gioco. La nascita di questa nuova casa di produzione aveva scatenato una guerra senza esclusione di colpi per accaparrarsi i migliori talenti in circolazione, tanto che Lasseter aveva ricevuto una serie di offerte e controfferte sempre più allettanti sia dalla Disney sia dalla DreamWorks.

Steve vide l'opportunità e seppe sfruttarla a proprio vantaggio. L'IPO e *Toy Story* avevano cambiato per sempre il rapporto tra le due aziende: ora la Pixar era decisamente più forte e non c'era nulla che Eisner potesse fare. La tacita minaccia che Jobs rivolse al CEO della Disney era molto semplice: se non avessero rinegoziato subito il loro accordo, la Pixar li avrebbe abbandonati non appena avesse assolto agli obblighi del vecchio contratto, che prevedeva la realizzazione di tre film.

Lasciare che Lasseter e la Pixar lavorassero per Katzenberg o per un'altra casa di produzione sarebbe stata una catastrofe per la Disney. In ultimo, dunque, le trattative furono meno tese di quanto si sarebbe potuto prevedere. «Non erano abituati a veder arrivare qualcuno disposto a coprire metà delle spese di produzione di un film», mi raccontò Steve. «Michael ha apprezzato la proposta e all'improvviso non eravamo più semplici produttori, ma cofinanziatori.»

Per quanto Eisner potesse sentirsi offeso dalla sfacciataggine di Jobs, i termini del nuovo accordo, secondo il quale le due parti avrebbero diviso a metà i proventi dei film, erano sicuramente equi. Il 24 febbraio 1997 fu così firmato un contratto che prevedeva la produzione di cinque pellicole. Uno dopo l'altro, Steve stava ricomponendo tutti i cocci dei suoi dieci anni trascorsi in esilio.

L'articolo che pubblicai su *Fortune* nel marzo 1997 fece infuriare praticamente tutti, alla Apple. Intitolato «Something's Rotten in Cupertino» («C'è del marcio a Cupertino»), dipingeva un'azienda in balia del caos più totale, riportava diversi aneddoti su Amelio e parecchie critiche nei riguardi dei suoi due predecessori, Sculley e Spindler, e del consiglio di amministrazione. Il pezzo indispettì Amelio al punto che nella sua autobiografia, *On the Firing Line: My 500 Days at Apple* («Sulla linea del fuoco. I miei 500 giorni alla Apple»), mi avrebbe definito «un assassino letterario».

Il mio servizio, con altri ugualmente pungenti usciti più o meno nello stesso periodo, si aggiungeva alla pubblica débâcle di Amelio durante il MacWorld. Di fronte a quelle accuse, i membri del consiglio di amministrazione dell'azienda cominciarono a sentire ulteriormente il peso delle loro responsabilità. Il consigliere dotato di maggior credibilità e autorità era Edgar S. Woolard Jr., presidente del CDA e CEO della DuPont, il colosso della chimica. Se c'era qualcuno che potesse convincere il consiglio a scaricare Amelio, quello era Woolard. E più Woolard veniva a sapere dei guai della Apple, più capiva che Amelio non aveva le doti necessarie per salvare l'azienda. «Ed cominciò a fare domande del tipo: 'Com'è il morale, Fred?'», ricorda Anderson. «E io rispondevo: 'A terra, Ed'.» Anderson non nascose nulla al presidente: la strategia era inadeguata, l'azienda non avrebbe raggiunto gli obiettivi previsti e lui se ne sarebbe andato, se Amelio fosse rimasto

Nel frattempo, Steve aveva deciso di minare l'autorità dell'amministratore delegato della Apple, come mostrò chiaramente il 26 giugno, quando – esattamente allo scadere dei sei mesi che Amelio gli aveva chiesto di attendere prima di vendere le azioni della Apple ricevute in cambio della cessione della NeXT – si liberò di tutto il pacchetto, tranne un'unica azione, senza preoccuparsi di informare nessuno in azienda. Ancora una volta, decise di conservare un'azione per poter partecipare al meeting annuale degli azionisti. Non lo fece per soldi;

durante quei sei mesi, infatti, il valore complessivo di quelle azioni, dalle quali Jobs ricavò 1,5 milioni di dollari, era crollato di ben 13 milioni. Si trattò piuttosto di una sorta di eclatante voto di sfiducia. Amelio si sentì tradito, e a ragione. Il 4 luglio, mentre si trovava in vacanza nella sua casa sul lago Tahoe, Woolard gli telefonò per comunicargli che era stato licenziato. Subito dopo, il presidente chiamò Steve e gli chiese se fosse disposto a rientrare in azienda con l'incarico di CEO.

Jobs aveva tagliato le gambe ad Amelio. Una volta deciso che «il dottor Gil» era un babbeo, non si era più fatto scrupoli. Ciò non significa che si sentisse pronto ad assumersi la responsabilità di guidare la Apple. Secondo sua moglie Laurene, non riusciva a decidere se accettare o no. I due ebbero interminabili discussioni sull'argomento. Lei voleva che tornasse: capiva che Steve era l'unico in grado di salvare l'azienda e che amava ancora la Apple, oltre a sapere che si sentiva realizzato solo quando era alle prese con qualcosa di avvincente e importante. Lui, però, era incerto. I salvataggi della NeXT e della Pixar, due esperienze sfibranti, gli avevano dato da pensare. Se pure la Pixar stava risalendo la china e le delusioni della NeXT erano soltanto un ricordo, non era certo di voler tentare il salvataggio di un'azienda che era ormai l'ombra di quella che aveva cercato di costruire. Aveva davvero le persone e le risorse necessarie per farla tornare competitiva? Ora che si era fatto una famiglia, era disposto a sobbarcarsi il duro lavoro che lo aspettava? Voleva rischiare e mettere a repentaglio quanto restava della sua reputazione per combattere contro i mulini a vento? Queste erano le domande che gli passavano per la testa. Prima di prendere in considerazione l'idea di accettare l'incarico, doveva essere sicuro che esistesse ancora qualcosa della «vera» Apple.

Jobs non lo sapeva ancora, ma anche quella sua indecisione rappresentava in un certo senso un progresso. Il suo modo di prendere le decisioni stava cambiando, facendosi più articolato e razionale. Aveva imparato ad aspettare – anche se non sempre con pazienza – per osservare i possibili sviluppi di una situazione, invece di buttarsi a capofitto in una nuova impresa con cui sbalordire il mondo. Naturalmente, quando ce n'era bisogno (com'era accaduto con la cessione della NeXT alla Apple) sapeva cogliere un'occasione al volo, ma da allora in poi agì sempre accompagnando rapidità e determinazione a un'accurata riflessione. Disse a Woolard che non accettava il posto, almeno per il momento, e si offrì di dargli una mano per trovare qualcun altro. Non riuscendo a dormire, quella notte alle due telefonò al suo amico e confidente Andy Grove, per raccontargli che non sapeva decidere se tornare a essere l'amministratore delegato della Apple ed esporgli tutte le sue tormentate valutazioni. Vedendo che la conversazione non accennava a concludersi, Grove, che voleva tornare a letto, lo interruppe e sbottò: «Senti, Steve, non me ne frega un accidente della Apple. Deciditi e falla finita».

Quando Jobs rifiutò l'offerta di Woolard, il consiglio di amministrazione annunciò che l'incarico sarebbe andato a Fred Anderson, nominato CEO ad interim. Per quanto non desiderasse quel posto, Anderson era certo, diversamente da Steve, che alla Apple ci fosse ancora molto degno di essere salvato. In primo luogo, era riuscito a far superare all'azienda la fase acuta della sua crisi finanziaria. Ma, soprattutto, nei quindici mesi che aveva trascorso lì aveva avuto modo di conoscere tutti i dipendenti più brillanti, e alcuni di loro si erano lamentati apertamente con lui di Amelio. Uno di questi era un giovane inglese a capo del design, Jony Ive, che sentiva di sprecare il proprio talento rimanendo alla Apple. Aveva invitato Anderson nel reparto di design industriale, che Amelio non si era mai degnato di visitare. «C'erano cose incredibili», ricorda Fred. «Dopo quella visita, cominciai a pensare ad Amelio e alla sua mancanza di leadership con rinnovata preoccupazione.»

Anderson sapeva di non avere la risposta a tutti i problemi. «Conoscevo molto bene i meccanismi aziendali e anche gli aspetti economici e operativi, ma non i processi di produzione. Non sono un ingegnere», ammette. Come Woolard, anche lui apprezzava Jobs, nonostante il loro rapporto fosse cominciato in modo alquanto burrascoso. «La prima volta che ebbi a che fare con lui fu durante l'acquisizione della NeXT», ricorda. «Nel corso delle trattative, una notte all'una mi telefonò a casa. Era furibondo: imprecava, sproloquiava, farneticava… Io ero a letto con mia moglie e pensai: Questo è completamente matto. Così, siccome non accennava a piantarla, gli dissi: 'Senti, Steve, mi dispiace ma è l'una di notte, perciò adesso metto giù il telefono', e riagganciai.»

Come accadeva sovente, Jobs rispettò il fatto che qualcuno gli avesse tenuto testa. Nei confronti di Anderson maturò presto un rispetto – ricambiato – così profondo che il direttore amministrativo sarebbe diventato uno dei membri più importanti del team cui si deve la risurrezione della Apple. «Steve non era un ingegnere», prosegue Anderson, «ma aveva un senso estetico fuori del comune. Era un visionario e, grazie al fascino esercitato dalla sua personalità, riusciva a spronare e motivare le truppe. Giunsi alla conclusione che l'unica persona che potesse riportare l'azienda a occupare una posizione di rilievo era lui. Capiva lo spirito della Apple. E noi avevamo bisogno di una guida spirituale che sapesse rinnovare l'organizzazione e metterla in grado di realizzare prodotti eccezionali, utilizzando uno stile di marketing straordinario. E nessun altro che avesse queste qualità era disposto ad accollarsi una tale responsabilità. Perciò, Steve era l'unica scelta che avevamo.»

Quando Woolard annunciò la nomina di Anderson, aggiunse che Jobs lo avrebbe affiancato come «consulente per dirigere la squadra». Una formula piuttosto strana, che si rivelò azzeccata. «Allora sì che si rimboccò le maniche», racconta Anderson.

Il nucleo fondamentale della nuova Apple (Anderson, Tevanian, Rubinstein, Jobs e Woolard, impegnato nella ricerca di un nuovo amministratore delegato) sentiva nel frattempo crescere il peso delle responsabilità, soprattutto perché mancava solo un mese al MacWorld di Boston del 6 agosto. Entro quella data, l'azienda avrebbe dovuto presentare una strategia chiara ai suoi sviluppatori; in caso contrario, l'idea che la Apple sarebbe rimasta per sempre nel caos avrebbe prevalso sull'entusiasmo generato dal ritorno di Steve. Inoltre, considerata la storia pregressa di Jobs, promesse generiche e visioni nebulose non sarebbero state sufficienti. Era proprio tutta l'aria fritta propinata negli anni della NeXT ad avergli fatto perdere molta della sua credibilità. Questa volta avrebbe dovuto dimostrare di saper prendere provvedimenti in modo rapido, brillante e mirato, se non voleva che il mercato, la stampa, i dipendenti e i clienti reagissero con sufficienza, come di fronte a un déjà-vu.

Steve lo sapeva. La sua prima mossa fu dunque chiedere al consiglio di amministrazione di riportare il valore di tutte le stock option dei dipendenti a 13,81 dollari, il prezzo di chiusura delle azioni il 7 luglio, giorno in cui era stato reso noto il licenziamento di Amelio. La nota emanata dalla dirigenza in cui si richiamava tutto l'equipaggio «ai posti di manovra» recava in calce la firma di Jobs, non quella di Anderson. Fu una misura radicale. Dal momento che il crollo del valore delle opzioni era stato verticale, non sembravano esistere speranze di un possibile recupero; ora, invece, dal giorno alla notte, molti degli ottocento dipendenti scampati alle due ondate di licenziamenti potevano tornare a sperare che un giorno sarebbero diventati ricchi. (Il provvedimento non interessava direttamente Steve, che non possedeva opzioni sulle azioni dell'azienda.)

La seconda mossa fu convincere Woolard ad autorizzarlo a sostituire praticamente tutti i membri del CDA, gli stessi che lo avevano appena chiamato a ricoprire un ruolo così importante dopo avere deposto Amelio. Jobs non provava alcun senso di gratitudine. Era convinto che il consiglio fosse responsabile dei guai della Apple tanto quanto lo era l'ex CEO. Aveva intenzione di fare piazza pulita e voleva un nuovo gruppo di consiglieri, che gli fornisse l'appoggio necessario per avviare i cambiamenti di cui l'azienda aveva bisogno.

Dapprima avrebbe voluto che si dimettessero tutti tranne Woolard, ma questi lo convinse a far rimanere almeno Gareth Chang, amministratore delegato della Hughes Electronics. Il posto degli altri consiglieri sarebbe stato preso dal fondatore della Oracle Larry Ellison, dall'ex dirigente della IBM e CEO della Chrysler Jerry York, dall'amministratore delegato della Intuit Bill Campbell e dallo stesso Jobs. Steve, tuttavia, scelse di non rendere pubblici subito questi provvedimenti, riservandosi di annunciarli durante il suo intervento di apertura al MacWorld di Boston, dove avrebbe potuto riferire la notizia con il suo caratteristico stile.

Mentre lavorava con la sua squadra a un nuovo piano di produzione e a un ulteriore intervento di riassetto aziendale, si occupò anche di seguire uno speciale progetto affidatogli da Anderson: persuadere Bill Gates a continuare a garantire il supporto al Macintosh anche con le nuove versioni di applicazioni come Excel e Word, che di lì a poco la Microsoft avrebbe raccolto in un pacchetto di programmi per la produttività, Office.

Poco prima, Gates aveva infatti dichiarato di non essere sicuro che avrebbe realizzato una versione di Office anche per Mac. La sua esitazione era comprensibile. Dato che, dopo l'introduzione di Windows 95, le vendite dei Macintosh erano precipitate, per lui era diventato difficile giustificare la necessità di continuare a garantire il supporto per il Mac. Per quanto i profitti legati al software che la Microsoft produceva per la Apple fossero cospicui, considerato il crollo subito dall'azienda di Cupertino, Gates aveva perso quasi ogni interesse nel supporto ai suoi dispositivi.

«Giungere a un accordo con la Microsoft era il punto di partenza fondamentale per il salvataggio della Apple», ricorda Anderson. «Ma Amelio non c'era riuscito.» Se Gates avesse detto di no anche a Jobs, si sarebbero trovati nella medesima posizione della NeXT nel 1988. Senza le applicazioni Microsoft, che nel frattempo erano diventate gli strumenti più diffusi nel mercato aziendale, la Apple, proprio come la NeXT, sarebbe diventata irrilevante.

Ma a Cupertino avevano un asso nella manica. Da anni erano infatti impegnati in un procedimento legale contro la Microsoft, intentato perché Windows, la cui interfaccia grafica ricalcava in buona sostanza quella del Mac, violava la proprietà intellettuale della Apple. Erano in molti a pensare che avessero ragione, e Gates non desiderava altro che trovare un modo per risolvere la faccenda. Eppure, Amelio non aveva mai raggiunto un compromesso con lui, insistendo su tutta una serie di condizioni accessorie.

Quando chiamò Gates, Jobs fu estremamente chiaro. Spiegò che avrebbe rinunciato alla causa, ma che questo avrebbe avuto un prezzo. Voleva non solo che la Microsoft annunciasse pubblicamente che per cinque anni avrebbe continuato a sviluppare una versione di Office per Mac, ma anche che il suo potente rivale si impegnasse apertamente ed economicamente a sostenere il nuovo corso della Apple, comprando azioni senza diritto di voto per 150 milioni di dollari. In altre parole, Steve non stava chiedendo un prestito, stava dicendo a Bill di mettere mano al portafogli e sganciargli dei soldi.

«Tipico di lui», commenta Gates. «Avevo cercato di concludere quell'accordo con Amelio ma lui aveva posto sei condizioni, perlopiù completamente irrilevanti. Gil non era un tipo facile: lo cercavo al telefono, gli faxavo materiale durante le vacanze... Poi arriva Steve, prende in mano la questione e mi dice: 'Queste sono le mie due condizioni, e questo è quello che voi chiaramente volete da noi'. Trovammo subito un'intesa.»

L'accordo fu raggiunto alle undici di sera del giorno precedente al keynote di Jobs al MacWorld nel Castle Theatre di Boston. Per gli standard di Steve, l'intervento che tenne in quell'occasione, che durò una trentina minuti, fu relativamente breve. Non aveva prodotti da presentare né demo da mostrare. Il suo fu piuttosto l'equivalente in salsa aziendale del Discorso sullo stato dell'Unione del presidente degli Stati Uniti. Era visibilmente nervoso e si muoveva sul palco come una tigre in gabbia. Indossava una maglietta bianca a maniche lunghe sotto un cardigan nero smanicato e male abbottonato (l'ultimo bottone in basso era rimasto senza asola, così un lato del cardigan sembrava più lungo dell'altro). Ebbe anche qualche problema con il telecomando per far scorrere le diapositive proiettate sul maxischermo alle sue spalle, ma quando finalmente riuscì a cominciare, si esibì in una delle sue performance più incisive, lanciando un chiaro segnale che le cose alla Apple sarebbero cambiate.

Più che una presentazione, fu una sorta di conferenza, nella quale spiegò che cosa sarebbe stato necessario fare per rimettere in sesto l'azienda. Replicò ad alcune delle principali critiche rivolte alla Apple, vale a dire che la sua tecnologia fosse completamente insignificante, che stesse seguendo una strategia sbagliata e fosse talmente disorganizzata da renderne impossibile a chiunque la gestione. «La Apple funziona a meraviglia, il problema è che lo fa per le cose sbagliate», scherzò. La ragione per cui l'azienda sembrava immersa nel caos era che per anni le era mancata una vera leadership. Il primo e più grande problema da affrontare, aggiunse, era il crollo delle vendite. Per risolverlo, si sarebbe dovuto ripensare al mercato cui ci si rivolgeva, riaffermare il brand e trovare dei partner. «E da dove cominciare, se non dai vertici?»

Fu allora che annunciò il nuovo consiglio di amministrazione, presentando i membri a uno a uno e aggiungendo solo alla fine che anche lui ne avrebbe fatto parte. Disse che non sarebbe stato nominato un presidente finché non fosse stato assunto un nuovo amministratore delegato. Dal video che proiettò, in cui ciascuno dei consiglieri rilasciava una dichiarazione, tutti capirono che sarebbe stato Steve a prendere le decisioni.

Dopo circa venti minuti, passò a parlare delle partnership con altre organizzazioni, in particolare con la Microsoft. Quando menzionò per la prima volta il nome dell'azienda di Bill Gates gli applausi furono tiepidi e si levò anche qualche fischio. Ciononostante, Jobs espose speditamente i termini dell'accordo in cinque punti, che avrebbero dovuto mostrare al mondo che «la Microsoft sarà della partita», aggiungendo: «Dobbiamo smettere di pensare che perché la Apple possa vincere sia necessario che la Microsoft perda». Quando tutto fu chiaro, il pubblico parve accogliere favorevolmente l'idea, lanciandosi in qualche grugnito di disapprovazione solo quando Steve annunciò che Internet Explorer sarebbe diventato il browser di sistema dei futuri Mac. Quando Gates comparve in collegamento video da Seattle, prima del suo breve intervento si dovette aspettare che la platea smettesse di applaudire.

Quello fu probabilmente il peggior errore mai commesso da Jobs nell'organizzazione di una presentazione. L'immagine di Gates era proiettata sul maxischermo posto alle sue spalle. Il volto di Bill, illuminato da quel caratteristico sorriso che pare sempre sul punto di tramutarsi in un ghigno beffardo, era alto quasi due metri e osservava dall'alto in basso il minuscolo Steve, che stava in piedi sul palco vuoto, come a dire: «Mi dispiace, nanetto, ma anche se trovo divertente onorarti della mia presenza, non avevo nessuna voglia di venire di persona al tuo misero spettacolino». L'analogia con il Grande Fratello del vecchio spot della Apple era inevitabile.

I media trascurarono l'annuncio di un nuovo slogan, presentato senza troppi clamori al termine dell'evento. Uno dei punti su cui Jobs era tornato più volte nel corso della presentazione era quanto fosse importante tentare di assumere sempre un'altra prospettiva, anche solo per verificare la correttezza delle nostre convinzioni. In altre parole, voleva che le persone imparassero a «pensare in modo diverso», *Think Different*. Quello slogan sarebbe stato utilizzato nelle campagne promozionali dell'azienda solo di lì a qualche mese, ma Steve pensava che avesse tutte le carte in regola per diventare il motto della nuova Apple. Anzi, a quel punto aveva ormai deciso anche di tornare in azienda a tempo pieno.

«Crescendo, vedevo che Bob Dylan non rimaneva mai fermo», mi raccontò un anno dopo, cercando di spiegarmi in modo forse un po' involuto perché avesse infine scelto di rientrare alla Apple. «Prendi gli artisti: quando diventano veramente bravi in qualcosa, può capitare che continuino a farlo per il resto della loro vita, ottenendo magari un grande successo di pubblico ma senza mai realizzarsi pienamente. C'è un momento in cui un artista decide chi vuole essere davvero. Se sceglie di continuare a rischiare, anche a costo di non avere più successo, significa che è un vero artista. Dylan e Picasso hanno sempre rischiato.

«Io sto facendo lo stesso con la Apple. Ovviamente, non ho nessuna intenzione di fallire. Quando ho cominciato a prendere in considerazione l'idea di tornare, non sapevo ancora quanto fosse disastrosa la situazione, ma avevo anche molto altro su cui riflettere. Sulle possibili conseguenze per la Pixar, per la mia famiglia e per la mia reputazione, e su tutta una serie di altre cose. Poi ho pensato: Chi se ne frega, è questo che voglio fare. E se dovessi impegnarmi al massimo e fallire, avrei comunque fatto del mio meglio.»

Jobs aspettò fino a settembre per annunciare pubblicamente che avrebbe assunto le redini dell'azienda. Anche allora, tuttavia, accettò solo di diventare amministratore delegato ad interim – o iCEO, come diceva lui –, perché non sapeva ancora dove quell'avventura lo avrebbe portato.

«Fu stupefacente», ricorda Gates. «Prima la NeXT chiude come azienda di hardware, poi sembra non andare da nessuna parte anche come produttore di software, ed ecco che il CDA della Apple consegna le chiavi della baracca a Steve, come se i consiglieri pensassero: Le normali strategie di salvataggio aziendale purtroppo non hanno funzionato. E ora, che diamine possiamo fare? Questa è la nostra unica possibilità, proviamoci!»

9

Forse erano pazzi

Il 6 ottobre 1997, esattamente tre settimane dopo l'annuncio di Jobs che avrebbe assunto l'incarico di iCEO, durante un evento del settore, qualcuno domandò a Michael Dell – il miliardario fondatore dell'omonima azienda di cloni PC costruiti su ordinazione – che cosa avrebbe fatto se fosse stato a capo della Apple Computer. «Che cosa farei?» ragliò l'amministratore delegato, di dieci anni più giovane di Steve. «La chiuderei e ridarei i soldi agli azionisti.» Jobs ribatté con un'e-mail: «Da un CEO ci si aspetterebbe una certa classe». Tuttavia, lui stesso mi aveva detto la stessa cosa appena un anno e mezzo prima: «La Apple non vale assolutamente il prezzo delle sue azioni».

L'impertinente dichiarazione di Dell non rifletteva solo un pensiero assai diffuso, ma sembrava anche un'idea molto meno rischiosa rispetto a quella di affidare l'azienda a Jobs. Era difficile pensare che una persona con il suo curriculum avesse i numeri per ripianare una situazione sconfortante come quella in cui versava la Apple. Steve si era dimostrato incostante, indisciplinato, arrogante. I suoi unici successi li aveva conseguiti dirigendo piccoli gruppi di persone, mentre la Apple aveva migliaia di dipendenti, sparsi tra Cupertino, l'Irlanda e Singapore. Aveva sempre avuto un atteggiamento da primadonna ed era sempre stato uno spendaccione; questo, invece, era un lavoro su misura per qualcuno dotato di sangue freddo, che capisse il valore della pazienza e della disciplina e fosse in grado di tagliare le spese. Forse Jobs era un genio, come il successo della Pixar sembrava confermare. Forse era un opportunista, come suggeriva la vendita della NeXT alla Apple. Ma avrebbe saputo essere anche un grande amministratore delegato, un vero leader? Era comprensibile che al riguardo regnasse un certo scetticismo.

Eppure, in quell'autunno 1997, di fronte a un caos che avrebbe messo in difficoltà anche i migliori manager al mondo, Steve dimostrò di avere imparato molto negli ultimi undici anni. Quando si era impegnato per salvare la NeXT e negoziare un accordo e un'offerta pubblica iniziale per la Pixar, aveva sviluppato una certa disciplina. Aveva capito il valore della pazienza e appreso, da Ed Catmull, alcuni collaudati principi necessari per dirigere un'azienda basata sulla creatività. Aveva assistito al lento e tortuoso processo di elaborazione di un grande prodotto, mentre John Lasseter e la sua squadra seguivano il loro intuito, nel bene e nel male, un passo dopo l'altro, finché la loro idea di realizzare un film sui giocattoli si era tramutata in quel capolavoro che è *Toy Story*. E, in modo del tutto imprevedibile, era riuscito a far tesoro di tutto questo. Ora, un'attenta decisione dopo l'altra, avrebbe cominciato a coniugare questa nuova attitudine con i suoi antichi talenti, preparando il lento e studiato ritorno della Mela.

«Chiamai Steve un paio di volte, dopo che aveva venduto la NeXT alla Apple», ricorda Lee Clow, «e mi disse che non era sicuro di ritornarci, che quel posto era un casino, che Amelio era un fesso. Poi, un giorno d'estate, mi arriva un'altra sua telefonata. 'Ehi, Lee', mi dice, come se fosse stata una sorpresa anche per lui, 'Amelio ha dato le dimissioni! Potresti venire qui? C'è del lavoro da fare.'»

Quel che si dice minimizzare…

La litania di sofferenze della Apple sembrava non avere mai fine. Quasi tutto andava per il verso sbagliato. Nell'anno fiscale terminato il 26 settembre 1997, l'azienda aveva perso la spaventosa cifra di 816 milioni di dollari. Il fatturato annuale si era ridotto a 7,1 miliardi, dopo avere raggiunto un picco di 11 miliardi nel 1995. Questa costante erosione del volume d'affari complessivo minava la fiducia degli investitori, tanto che dal 1995 il valore delle azioni era calato di quasi due terzi: un pacchetto azionario acquistato alla fine di quell'anno per 3.000 dollari ne valeva ora appena un migliaio.

E queste non erano nemmeno le cifre più preoccupanti. Erano gli anni ruggenti dell'industria dei PC: nel 1997 furono acquistati 80 milioni di computer, con un incremento del 14% rispetto all'anno precedente. Le vendite dei Mac calarono invece del 27%, arrivando a soli 2,9 milioni di macchine, che concedevano alla Apple una minuscola fetta del mercato pari al 3,6%. Gran parte di questa pena era tuttavia stata autoinflitta: i pochi utenti che non acquistavano un PC sceglievano infatti il computer tra i sempre più numerosi cloni dei Macintosh.

Ma la ragione più profonda della flessione della domanda era che i prodotti dell'azienda di Cupertino erano datati, costosi e sempre più irrilevanti. Privi com'erano del vantaggio tecnologico offerto da un sistema operativo aggiornato, Spindler e Amelio avevano lasciato che i team di marketing mettessero in produzione tutta una gamma di modelli diversi, nella speranza che dispositivi con caratteristiche specifiche suscitassero l'interesse di nicchie particolari di consumatori. Quell'iniziativa si era rivelata un fiasco, inondando il mercato con un numero infinito di Macintosh che a malapena si distinguevano l'uno dall'altro; tutti richiedevano però componenti e metodi di assemblaggio dedicati e campagne promozionali completamente diverse, spesso in conflitto con quelle degli altri modelli.

E c'erano molti altri punti deboli. La Apple aveva speso quasi mezzo miliardo di dollari per sviluppare e promuovere il Newton di Sculley, che dal suo debutto nel 1993 aveva venduto solo duecentomila esemplari. Ciò non aveva impedito ad Amelio di concepire un fratello del Newton, questa volta munito di tastiera, per gli alunni delle elementari. Il modello, chiamato eMate, era un bizzarro marchingegno simile a un laptop di piccole dimensioni, realizzato in un color acquamarina traslucido, con il case a conchiglia e una lunga apertura su un lato che fungeva da maniglia. Anche in questo caso, le vendite furono tutt'altro che strepitose. Poi, c'erano le stampanti. Nella convinzione di dover offrire una soluzione completa di servizi per ufficio, la Apple continuava a produrre le proprie stampanti. In questo caso, l'unico contributo di rilievo al prodotto era il guscio di plastica che l'azienda aveva disegnato per contenere i meccanismi di stampa, che acquistava dalla Canon. Di solito la Apple vendeva quei dispositivi in perdita. A completare la sconfortante gamma di prodotti mal definiti e giustificati solo da considerazioni di marketing concorrevano un ibrido Mac/TV per studenti universitari e una console multimediale economica per videogiochi chiamata Pippin. Nel complesso, questo guazzabuglio dava l'immagine di un'azienda che aveva perso l'anima e ogni spunto di originalità. Nell'inverno 1997, le macchine invendute che si ricoprivano di polvere nei magazzini erano centinaia di migliaia.

Quella telefonata a Clow segnò l'inizio della prima grande mossa di Jobs in qualità di iCEO. Steve aveva deciso che alla Apple serviva una campagna pubblicitaria che riaffermasse i valori che l'avevano ispirata: la creatività e il potere dell'individuo. Doveva essere qualcosa di radicalmente diverso dallo stile pubblicitario timido e confuso che da anni caratterizzava l'azienda. La nuova campagna avrebbe dovuto celebrare la Apple: non quella che era nell'estate 1997, ma quella che Jobs immaginava sarebbe diventata. A prima vista, sembrava un obiettivo improponibile e forse anche troppo dispendioso, considerate le perdite e i licenziamenti in corso. Ma questo era ciò che Steve voleva. E fu per questo che Clow, dagli uffici della TBWA\Chiat\Day nella zona di Venice a Los Angeles, lo raggiunse al quartier generale della Apple a Cupertino.

Tecnicamente, Jobs fece concorrere Clow e altre due agenzie per ottenere l'incarico. «Ma mi disse che praticamente era già nostro, se solo fossi riuscito a dargli quello che voleva», ricorda Clow. Rispetto ai concorrenti, Lee aveva diversi elementi a proprio favore. Innanzitutto, era l'autore dello spot più memorabile nella storia della Apple (e probabilmente nella storia della pubblicità): il famoso *1984* per il primo Mac. Inoltre, aveva un buon rapporto con Steve. Entrambi provenivano dalla classe media, non avevano completato gli studi e aborrivano i modelli convenzionali di comportamento aziendale.

Jobs indossava immancabilmente jeans e maglietta, mentre Clow si presentava al lavoro in camicia hawaiana e sfrecciava da un ufficio all'altro in skateboard. Infine, Lee ammirava la genialità di Steve e non temeva il suo caratteraccio. «Ero cresciuto lavorando per Jay Chiat», ricorda, «e anche lui si lasciava andare a scatti d'ira. Sapeva essere spietato tanto quanto Steve. Ma avevano entrambi lo stesso obiettivo: ottenere risultati straordinari, a ogni costo. E come Steve, anche Jay non ti ostacolava mentre cercavi di conseguirli. Tutti e due capivano che lungo il cammino avresti sicuramente commesso molti errori.»

Quando per Clow venne il momento di presentare una proposta, lui e il suo team avevano pronta la campagna *Think Different*. Vedendo le prime tavole, in cui lo slogan era accompagnato dalle immagini di famosi creativi anticonformisti, Steve ebbe un attimo di esitazione, preoccupato che una campagna che celebrava il genio individuale potesse essere danneggiata dall'idea che la sua vera intenzione fosse celebrare la propria geniale creatività. Alla fine, accettò comunque la proposta della Chiat\Day. «Era molto più determinato della cricca che lo aveva preceduto», ricorda Clow. «Nessun dirigente di marketing da chiamare d'urgenza per averne l'approvazione, nessun veto da parte di un qualche comitato. Nel vecchio regime, non sapevi mai chi prendeva le decisioni. Con Steve era completamente diverso. C'eravamo lui e io. Non c'era nessun'altra azienda in cui le cose stessero così, non c'era un altro amministratore delegato che fosse coinvolto quanto lo era lui.»

Nel giro di poche, frenetiche settimane la campagna subì diverse modifiche e aggiustamenti, mentre Jobs curava i particolari fino all'ultima notte. Clow insistette moltissimo perché la Apple mandasse una registrazione di Steve che leggeva l'emozionante componimento in versi liberi che accompagnava lo slogan della campagna. All'emittente che avrebbe trasmesso lo spot durante la prima televisiva di *Toy Story*, Clow mandò sia la versione letta da Jobs sia un'altra recitata dall'attore Richard Dreyfuss. La mattina, Steve chiamò Lee per dirgli che dovevano usare la versione di Dreyfuss. «Se scegliessimo la mia», disse, «diventerebbe una cosa su di me. E non può essere su di me. Deve essere qualcosa sulla nostra azienda.» Non era certo la decisione di un egocentrico, di qualcuno che avesse in mente solo se stesso. «Ed è per questo», ricorda Clow, «che lui è il vero genio, mentre io sono solo quello della pubblicità.»

Così, il giorno in cui lo spot andò in onda, ad accompagnare la serie di immagini di Albert Einstein, John Lennon, Pablo Picasso, Martha Graham, Miles Davis, Frank Lloyd Wright, Amelia Earhart, Charlie Chaplin, Thomas Edison e altri ancora fu la voce di Richard Dreyfuss:

> Questo film lo dedichiamo ai folli,
> agli anticonformisti,
> ai ribelli,
> ai piantagrane,
> a tutti coloro che vedono le cose in modo diverso.
> Costoro non amano le regole,
> specie i regolamenti,
> e non hanno alcun rispetto per lo status quo.
> Potete citarli,
> essere in disaccordo con loro;
> potete glorificarli o denigrarli
> ma l'unica cosa che non potrete mai fare è ignorarli,
> perché riescono a cambiare le cose,
> perché fanno progredire l'umanità.
> E mentre qualcuno potrebbe definirli folli
> noi ne vediamo il genio;
> perché solo coloro che sono abbastanza folli
> da pensare di poter cambiare il mondo
> lo cambiano davvero.

La campagna, lanciata tramite manifesti, cartelloni, spot televisivi, giornali e riviste, ricevette gli elogi unanimi dalla critica. La genialità di *Think Different* stava nel fatto che celebrava l'anticonformismo in modo da permettere praticamente a chiunque di sentirsi parte di quella celebrazione. Era l'equivalente pubblicitario di quello che avrebbe dovuto essere il tipico prodotto Apple: audace, ambizioso e allo stesso tempo accessibile. Era un messaggio sincero. Il testo, al quale Jobs aveva lavorato con Clow e altri della Chiat\Day, non era per nulla autoreferenziale: definiva le qualità di un utente Apple, piuttosto che le caratteristiche di un prodotto informatico. In effetti, non menzionava mai un computer, ma soltanto «strumenti» pensati per i creativi. Gli annunci si distinguevano da tutti gli altri per chiarezza e semplicità e ricordavano al pubblico lo spirito originale della Apple, che tanti avevano amato. Costata 100 milioni di dollari, la campagna avviò il rinnovamento dell'immagine dell'azienda, un compito necessario, che avrebbe richiesto anni.

Nell'immediato, *Think Different* si rivelò vincente per altre due ragioni. In primo luogo, riportò l'orgoglio fra chi lavorava alla Apple. Il campus di Cupertino si riempì di manifesti e cartelloni. La versione letta da Steve fu diffusa in un video che circolò all'interno dell'azienda e in seguito, dopo avere conquistato l'Emmy Award per la migliore campagna pubblicitaria televisiva del 1998, la Apple consegnò a tutto il personale un volume commemorativo di cinquanta pagine. «Il nostro pubblico erano i dipendenti tanto quanto chiunque altro», sostiene Clow. Riuscire a motivarli non era un compito facile, proprio nel momento in cui Jobs stava chiudendo interi reparti e licenziando migliaia di persone. Ma grazie a *Think Different* i superstiti intravidero, per la prima volta dopo anni, un futuro migliore.

In secondo luogo, la campagna permise alla Apple di guadagnare tempo prezioso in un frangente in cui aveva ben poco di concreto da offrire. Naturalmente, Steve sapeva che alla fine avrebbe dovuto presentare dei prodotti che fossero all'altezza delle aspettative create. Ma nell'autunno 1997 non li aveva ancora a disposizione. La pubblicità servì dunque da copertura mentre lui e la sua squadra si accingevano al duro lavoro che li attendeva.

Anche senza la voce di Steve, sulla stampa qualcuno lo giudicò un altro delirio di onnipotenza da parte sua e in quanto tale motivo più di preoccupazione che di plauso. Con il senno di poi, però, appare chiaro che era l'esatto contrario di un delirio di onnipotenza era la prima mossa di un leader che da allora in poi avrebbe fatto solo un passo alla volta. «Era molto determinato», ricorda Anderson. «Era appassionato, paziente e impaziente al tempo stesso.»

A quanto pare, Steve aveva cominciato a muoversi con costanza e regolarità.

Mentre la campagna *Think Different* conquistava l'attenzione del pubblico, Jobs era impegnato a liberarsi di tutto ciò che non andava della vecchia Apple. La ristrutturazione interessò ogni aspetto dell'azienda. Le linee Newton e eMate uscirono di produzione, così come furono chiusi i negozi, i reparti di ingegnerizzazione e i gruppi di marketing loro collegati. (Per un curioso scherzo del destino, l'ex CEO Amelio tornò a fare visita a Steve a Cupertino verso la fine del 1998, con un'offerta d'acquisto per la proprietà patrimoniale e intellettuale dell'operazione Newton, ormai abbandonata. Pochi giorni dopo l'incontro, Jobs mi disse che l'interesse di Amelio per un altro tentativo con il Newton lo aveva lasciato di stucco. Però, aggiunse, venderglielo sarebbe stato «uno scherzo crudele. Sarò anche cattivo, ma non fino a questo punto. Non potrei mai permettergli di umiliare ancora se stesso, o la Apple». Così, il Newton rimase morto e sepolto. La maggior parte degli ingegneri che avevano lavorato al progetto non fu comunque licenziata.)

Anche le licenze concesse per l'utilizzo di Mac OS furono ritirate. Steve detestava l'idea che il suo sistema operativo finisse in mani altrui e non aveva accettato l'incarico di iCEO finché non gli era stato garantito che si sarebbe potuto sbarazzare dei cloni. Fra le molte decisioni che dovette prendere per risanare l'azienda, questa fu la più dispendiosa: per evitare tutte le cause che sarebbero inevitabilmente piovute sulla Apple in seguito all'annullamento dei contratti, dovette pagare i produttori di cloni perché si ritirassero senza troppo clamore. La Power Computing, il fabbricante di cloni di maggior successo, aveva nel frattempo conquistato una fetta pari al 10% del mercato dei computer compatibili con Mac OS; per acquisirla e assumere alcuni dei suoi ingegneri, la Apple fu costretta a sborsare 110 milioni di dollari.

Poi toccò alle scorte di magazzino. Tim Cook entrò a far parte della squadra nel marzo 1998, quando fu strappato alla Compaq (dove lo avevano soprannominato «Attila, l'unno delle scorte di magazzino») per diventare direttore operativo della Apple. Cook era un tipo tosto del Sud, magro e con l'aspetto di un topo di biblioteca, nonostante la sua indole atletica (andava in bici e correva su lunghe distanze con regolarità). A dispetto del suo tono di voce pacato, con una tenue pronuncia strascicata tipica dell'Alabama, è forse stato il più duro dei dirigenti della Apple. Il suo lavoro non attirava l'attenzione del pubblico, ma ebbe una funzione essenziale nel ridimensionamento dell'azienda. Entro nove mesi dal suo arrivo, la Apple ridusse il valore delle scorte di Mac che giacevano invenduti e non richiesti da 400 milioni di dollari a 78. A Cook si deve l'esempio forse più eclatante della fretta con cui Steve voleva liberarsi del fardello del recente passato, quando, all'inizio del 1998, fece gettare in una discarica con un bulldozer decine di migliaia di computer.

Infine, furono licenziati altri millenovecento impiegati. Fu l'ultima delle tre tranche della ristrutturazione diretta da Anderson, che portò il numero complessivo di dipendenti a tempo indeterminato da 10.896 a soli 6.658. Jobs mi confessò che essere padre gli rendeva molto più difficile di prima licenziare le persone. «Continuo a farlo», mi disse, «perché è il mio lavoro. Ma quando le guardo mentre lo faccio, penso a loro anche come se avessero cinque anni, un po' come se stessi guardando i miei figli. E penso che potrei essere io a dover tornare a casa e dire a mia moglie e ai miei bambini che mi hanno appena licenziato. O che potrebbe essere uno dei miei figli tra vent'anni. Prima d'ora non l'avevo mai presa così personalmente.»

Steve non era solo diventato più sensibile, ma anche più concentrato. Mentre Jobs si occupava del ridimensionamento, Anderson si rese conto di una profonda differenza fra lui e i suoi predecessori: Steve metteva sempre e comunque al primo posto l'interesse generale dell'azienda, a qualsiasi costo. A volte nel farlo poteva apparire perfino crudele, come quando, nel 1998, decise che tremilaseicento licenziamenti non bastavano e ordinò di lasciare a casa altre quattrocento persone. Ma era determinato a guidare un'azienda dove lavorassero i migliori e voleva con tutte le sue forze che lo staff della Apple trasudasse la stessa eccezionalità che aveva visto alla Pixar. «Quando tornai in azienda, rimasi impressionato dal fatto che un terzo del personale era veramente di livello alto o altissimo, quel genere di dipendenti che faresti di tutto per assumere», mi spiegò. «Malgrado i problemi, quelle persone erano rimaste, il che aveva del miracoloso. Era il karma positivo della Apple, e a trasmetterlo erano quelli che avevano deciso di restare, nonostante tutto. Un altro terzo era molto in gamba, tipi davvero tosti che ogni azienda vorrebbe. Infine, c'erano i meno capaci. Non so se fossero mai stati all'altezza o no, ma per loro era tempo di andarsene. Sfortunatamente, gran parte di quelle persone era nella dirigenza. Non solo non stavano facendo quello che si doveva fare, ma stavano anche dando a tutti gli altri istruzioni per fare le cose sbagliate.» L'implacabile determinazione di Steve fu decisiva: il suo team dirigenziale si strinse attorno a lui, sapendo che avrebbe fatto assolutamente qualsiasi cosa per rivoltare l'azienda da cima a fondo. Ce la metteva tutta e lavorava sodo come gli altri. «In quei primi sei mesi la situazione era piuttosto sconfortante», mi confessò più avanti. «Ero stressatissimo.»

Tuttavia, per quanto disciplinato Jobs fosse stato nel ridurre le dimensioni dell'azienda, nessuno poteva essere certo che sarebbe stato lui a mandarla avanti. Anche se continuava ostentatamente a rifiutare uno stipendio, Steve era una scommessa incerta e costosa. Degli 816 milioni di dollari di passivo della Apple nel 1997, 450 erano attribuibili all'acquisizione della NeXT e all'acquisto e alla liquidazione della Power Computing. Si potrebbe dire che la Apple aveva pagato più di mezzo miliardo di dollari per due acquisizioni il cui valore patrimoniale, appena pochi mesi dopo la conclusione delle trattative, si era ridotto a un quinto di quella cifra. Eppure, è molto più intrigante pensare che la Apple avesse sborsato più di mezzo miliardo di dollari per riassumere Jobs.

Pochi mesi prima che Steve tornasse in sella, gli domandai quale avrebbe dovuto essere secondo lui la priorità principale dell'azienda.

Forse un nuovo sistema operativo, ora che per crearlo era arrivato Avie Tevanian? «Assolutamente no», rispose con una convinzione che non mi aspettavo. «Ciò di cui la Apple ha più bisogno è mettere a punto un nuovo prodotto, non necessariamente una nuova tecnologia. Il problema è che non credo che sappiano nemmeno più come realizzare un grande prodotto.» Fece una breve pausa, forse rendendosi conto di quanto suonasse perentoria quell'affermazione. Quindi aggiunse precipitosamente: «Il che non significa che non possano farlo».

Questa volta non tentò di risolvere tutto producendo una macchina rivoluzionaria. Fu un grosso cambiamento, rispetto a quanto aveva cercato di fare alla NeXT e alla sua prima esperienza alla Apple. Tracciò invece un piano generale per tutta la linea di prodotti. Prima di chiedere agli ingegneri di inventare un nuovo dispositivo, voleva essere certo che capissero come questo si sarebbe inserito nel piano aziendale complessivo. Tutti avrebbero dovuto lavorare seguendo la medesima strategia, che sarebbe stata molto chiara. Era impensabile ricadere nel caos che aveva intralciato lo sviluppo del computer NeXT.

La chiave consisteva nel ridimensionare le ambizioni, in modo che la Apple potesse concentrare il suo formidabile talento ingegneristico e il capitale rappresentato dal suo brand su pochi prodotti, da distribuire su ampia scala. Per capire perché nel 1997 Steve sia riuscito a snellire così drasticamente l'offerta dell'azienda può essere utile pensare ai computer come ad apparecchi proteiformi, programmabili in modo da diventare una vasta gamma di strumenti: un word processor, un supercalcolatore, una lavagna digitale, una biblioteca scientifica con funzione di ricerca, un sistema di controllo inventariale, un istruttore e chi più ne ha più ne metta. Non c'è bisogno di tanti dispositivi diversi per svolgere questi compiti: ciò che serve è un software potente e duttile. E, intorno alla metà degli anni Novanta, le potenzialità dei software andavano aumentando più velocemente che mai, grazie all'avvento delle reti locali LAN e all'esplosione di Internet. Quando un programma può connettervi con altre persone e con database ospitati in altri computer lontanissimi dal vostro, diventa molto più potente di un'applicazione che può ricorrere solo alle informazioni immagazzinate nel vostro computer.

Steve decise di dimostrare che la Apple poteva trasformarsi in un'azienda con un fatturato importante pur senza offrire più di quattro prodotti fondamentali: due modelli di desktop, uno per gli utenti comuni e uno per i professionisti, e due versioni di laptop, rivolte alle medesime categorie di consumatori. Tutto qui: quattro quadranti, quattro linee di prodotto. Niente più sforzi ingegneristici inconcludenti, processi di produzione non necessari o presentazioni per indurre le persone ad acquistare dispositivi che offrivano funzioni inutili. Con soli quattro dispositivi da progettare, gli ingegneri e i designer industriali della Apple potevano ora investire tempo e impegno nel rendere inconfondibile il loro hardware e il loro software.

Questa importantissima decisione fu controversa, come tutto ciò che Jobs fece in quel periodo. Parecchi dipendenti non sopportavano che i loro prodotti prediletti, fra cui alcune tecnologie di grande valore che la Apple aveva sviluppato per anni, fossero accantonati. In certi casi, si trattava in effetti di tecnologie che offrivano all'utente vantaggi concreti. Se però non si inserivano nella struttura a quadranti tracciata da Steve, dovevano essere eliminate: l'azienda – così aveva deciso – poteva concentrarsi solo su quei quattro dispositivi.

Il team degli alti dirigenti comprese fin da subito la necessità della struttura a quadranti, anche se questo significava porre fine a progetti molto cari ai membri più stimati dello staff. Alla fine, comunque, anche gli altri si adeguarono, quando capirono che quel piano avrebbe messo la Apple sulla direzione esattamente opposta ai produttori di PC Windows, indaffarati a produrre in serie scatoloni di ogni sorta, sempre più veloci e potenti ma senza nulla di caratteristico. Quei quadranti avrebbero restituito alla Apple la sua missione storica: servire i consumatori di fascia alta e il mercato dei professionisti con prodotti all'avanguardia.

Ugualmente importante è ciò che la strategia dei quadranti *non* era. Non si trattava del tentativo di risolvere tutti i problemi con un unico prodotto follemente eccezionale. Già due volte Jobs era rimasto bruciato da una simile scelta. Ora, aveva maturato una cautela e una saggezza sufficienti per vedere che, in quel particolare frangente, la soluzione non era proporre qualcosa di rivoluzionario. Agli utenti

Apple – passati, presenti e potenziali – bisognava innanzitutto dimostrare che l'azienda sarebbe sopravvissuta, che sapeva come produrre e distribuire con continuità prodotti originali, che era affidabile e in grado di realizzare profitti. Solo una volta che tutto ciò fosse stato assodato – e Steve era il primo ad ammettere che ci sarebbero voluti diversi anni – si sarebbe potuto pensare a un modo per sfruttare le tecnologie emergenti per ricominciare a fare passi avanti.

«La parola d'ordine era salvare la Apple», ricorda Jon Rubinstein. «Quando arrivammo, l'azienda era praticamente finita. Perciò non c'era altro da fare: salvare la Apple. Ne valeva la pena.»

Steve volle al suo fianco un gruppo estremamente solido e motivato, composto da Anderson, Cook, Rubinstein, Tevanian, dal responsabile delle vendite Mitch Mandich (proveniente dalla NeXT), dal responsabile del marketing Phil Schiller, già uomo della Apple che Jobs aveva fatto rientrare da Adobe, e da Sina Tamaddon, un esperto di software della NeXT che aveva anche pianificato diversi accordi fondamentali. Questo team – a eccezione di Mandich, che se ne andò nel 2000, e con l'aggiunta finale del responsabile del design Jony Ive – avrebbe guidato le operazioni dell'azienda fino a metà degli anni Duemila. Considerata la reputazione di Steve e i suoi precedenti come manager, è interessante notare come siano riusciti a rimanere insieme per così tanti anni.

Jobs non faceva quel genere di cose cui spesso ricorrono i leader per cementare un gruppo. Per esempio, non portava i ragazzi fuori a cena. «Con i dirigenti senior avevamo un buon rapporto» ricorda Tevanian, «ma ce lo eravamo costruito da soli, non tramite Steve. Le volte che siamo andati a cena insieme negli otto anni che sono stato lì, in genere in un ristorante indiano lì vicino, si possono contare sulle dita di una mano.»

Steve non dava molto feedback formale ai membri della sua squadra. «Durante la causa antitrust Stati Uniti contro Microsoft», racconta Tevanian, «la Microsoft chiese di mettere agli atti tutta la documentazione di servizio del mio personale alla Apple. Ero lì seduto con il nostro legale, George Riley, e lui mi disse: 'Ho avuto il tuo file dalle risorse umane'. Lo tirò fuori e dentro c'era soltanto un foglio, nulla di importante. Mi chiese: 'Avie, dov'è il tuo faldone? Dove sono i tuoi rapporti annuali e tutto il resto?' Io gli risposi che di rapporti annuali non ne avevano mai fatto nemmeno uno!»

«Steve non credeva nei rapporti annuali», spiega Rubinstein. «Tutte quelle formalità lo seccavano. Lui la pensava così: ti do il mio feedback di continuo, che bisogno hai di una valutazione? A un certo punto, assunsi un executive coach, in modo da poter fare valutazioni a trecentosessanta gradi per la mia squadra. Quel tizio era davvero in gamba, e cercai di farlo parlare con Steve, ma lui rifiutò. Anzi, mi rispose: 'Che bisogno ne hai? È una perdita di tempo!'»

Jobs non elogiava nessuno e non voleva che qualcuno parlasse con i giornalisti, ansiosi di conoscere i retroscena di quella che sarebbe diventata una grande rentrée. E questo non perché ambisse ancora a una copertura mediatica personale. A vent'anni, durante la sua prima ondata di celebrità, aveva desiderato le luci della ribalta; le «amicizie» con Yoko Ono e Mick Jagger, l'inebriante sensazione di possedere un superattico nel San Remo Building a Manhattan e le attenzioni di *Time*, *Rolling Stone* e *Playboy* confermavano che si era lasciato alle spalle le sue umili origini piccoloborghesi nei sobborghi della California settentrionale. Quando aveva fondato la NeXT, aveva brevemente corteggiato la stampa perché aiutasse la sua nuova impresa a partire. Ma a metà degli anni Novanta non gli interessava più esibire la sua celebrità. Pur desiderando ardentemente che la qualità del suo lavoro fosse riconosciuta, non ambiva alla fama in sé e per sé. A Katie Cotton, responsabile delle pubbliche relazioni della Apple, aveva detto chiaramente che lui si sarebbe reso disponibile solo per un gruppo ristretto di testate, tra cui *Fortune*, il *Wall Street Journal*, *Time*, *Newsweek*, *BusinessWeek* e il *New York Times*. Ogni volta che aveva un prodotto da piazzare, lui e Cotton decidevano quale di questi periodici di fiducia avrebbe avuto la storia. E a riferirla sarebbe stato soltanto Jobs.

Steve e io parlammo spesso della sua riluttanza a condividere la ribalta con gli altri membri del team, dato che mi capitò a più riprese di chiedere di parlare con loro, con scarsissimo successo. Qualche volta ammetteva di non volere che si sapesse chi svolgeva tutto quel lavoro eccezionale alla Apple, perché temeva che altre aziende gli strappassero i migliori. Era un atteggiamento piuttosto ipocrita, considerato che la Silicon Valley è palcoscenico di ogni tipo di incesto e infedeltà aziendale, un luogo in cui la reputazione tecnica di un professionista viene seguita con un'attenzione pari a quella riservata all'andamento della Borsa. Fra gli insider, tutti sanno benissimo chi ricopre i ruoli fondamentali nelle aziende più importanti. La verità è che Jobs riteneva che nessun altro fosse in grado di raccontare la storia del suo prodotto, o della sua azienda, come sapeva fare lui. Era un grande performer in ogni contesto, e per lui le interviste erano una performance come tutte le altre. Era un improvvisatore nato, convinto di poter sfruttare al massimo qualsiasi occasione per promuovere la propria azienda. Era sempre molto interessato agli articoli che lo riguardavano, perché pensava che le fotografie, un'impaginazione elegante e l'accuratezza di stampa contribuissero a trasmettere l'importanza del messaggio che voleva far passare.

Sotto la sua guida, quello della Apple sarebbe diventato uno dei marchi più inconfondibili al mondo. Così, se pure è vero che certi suoi atteggiamenti infastidivano alcuni membri del suo team, era difficile controbattere di fronte al suo successo. Lavorare per lui significava accettare una vasta gamma di comportamenti idiosincratici. Scelte apparentemente egoistiche si rivelavano spesso ottime soluzioni per l'azienda. Strategie che a tutta prima sembravano utopistiche potevano benissimo dimostrarsi lungimiranti. Quelli che erano a più stretto contatto con Steve impararono ad accettarne l'imprevedibilità. Sapevano di avere a che fare con una persona speciale.

A modo suo, anche lui si assicurò che loro sapessero quanto, a sua volta, li ritenesse eccezionali. Spesso chiedeva a qualcuno di unirsi a lui per una lunga passeggiata nel campus Apple o nei dintorni di casa sua, a Palo Alto. «Per noi quelle passeggiate erano importanti», ricorda Rubinstein. «Eravamo tutti convinti che Steve fosse una specie di rockstar, quindi stare un po' con lui a tu per tu era in un certo senso considerato un onore.» Jobs ricompensava generosamente i suoi dipendenti, garantendo remunerativi contratti a tempo indeterminato con opzioni sulle azioni aziendali a tutti quelli che facevano parte della sua cerchia più ristretta. «Era bravissimo a circondarsi di individui davvero capaci e a motivarli, sia filosoficamente sia economicamente. Ci vuole la miscela giusta. Bisogna saper fornire l'incentivo economico adeguato perché le persone non dicano: 'Vaffanculo, questo non lo accetto più'.»

Steve capiva anche che la soddisfazione personale di conseguire un risultato follemente eccezionale era la motivazione migliore, per un gruppo pieno di talenti come il suo. «Bisognava credere che sì, ci sarebbe voluto del tempo, non ti saresti svegliato l'indomani mattina e tutto sarebbe andato a posto, ma entro due o tre anni ti saresti voltato indietro e avresti detto: 'Accidenti, ce l'abbiamo fatta!' Se non ci credevi, andavi a fondo», mi disse una volta Tevanian. «Perché lungo il cammino c'erano molte difficoltà, c'erano tanti che dicevano che sarebbe finita male, che non avrebbe funzionato, che questo o quest'altro non andava e avevano un milione di critiche da fare. Dovevi solo convincerti che se avessi tenuto la testa bassa e continuato a lavorare, senza mai smettere di sforzarti di fare del tuo meglio, alla fine avrebbe funzionato.»

«Steve era profondamente coinvolto», racconta Rubinstein, «ed era questo a fare di lui un grande manager quando le cose non andavano bene. Il suo arrivo alla Apple fu un autentico piacere per tutti, perché lavoravamo tutti insieme.»

«Nei momenti più difficili», aggiunge Tevanian, «soppesava accuratamente tutte le decisioni e valutava con estrema attenzione le conseguenze di ogni mossa.»

Jobs non esitava mai ad affermare con forza la propria opinione, ma qualche volta la sua concitazione faceva ammattire gli altri. Capitava infatti che importanti progetti subissero ritardi per via delle interminabili discussioni su questioni del tutto marginali, per esempio, se si dovessero cambiare gli spinotti di connessione per i mouse e le tastiere. Mike Slade, che per breve tempo era stato direttore marketing della NeXT, tornò alla Apple nel 1998 come consulente a contratto. «A tutti piace dipingerlo come se fosse stato Michelangelo», sostiene, «mentre in realtà era pieno di fisime e isterismi, tipo uno di quegli ometti d'affari vecchio stile che dicono: 'E se riuscissi a tagliare un altro nichelino dalle spese?' Era come un rigattiere.»

Seguiva con estrema attenzione ogni lavoro che aveva per le mani e organizzava la propria agenda in modo da assicurarsi che i suoi principali collaboratori facessero altrettanto. Ogni lunedì mattina alle nove, convocava il gruppo dei dirigenti (l'Executive Team, o «ET») in una sala riunioni situata nell'Edificio 1 del campus Apple. La presenza era richiesta. In base a un ordine del giorno da lui stesso compilato e distribuito, faceva il giro della tavola ponendo domande specifiche sui progetti in corso e chiedendo aggiornamenti. Tutti dovevano essere pienamente preparati a rispondere a qualsiasi interrogativo sulla propria area di responsabilità. Per alcuni, come Fred Anderson e Nancy Heinen, la consulente legale, questo poteva essere il più importante dei loro incontri con Steve per tutta la settimana; altri, invece, sapevano che avrebbero dovuto vederlo più volte per dargli ulteriori informazioni. La tensione era palpabile. Avevano ottenuto un posto in quella stanza grazie ai loro trascorsi successi, ma a Jobs non importava del passato. Con lui, secondo Catmull, «il passato poteva essere una lezione, ma era passato. La sua domanda era sempre la stessa: 'Che cosa dobbiamo fare per andare avanti?'»

È per questo che da lui ci si poteva ugualmente aspettare un'obiezione mirata, una discussione ponderata, oppure un insulto come: «Sono tutte cazzate!» Indipendentemente da quanto critiche fossero le sue repliche, quello che voleva erano risposte brillanti, non perdere tempo in salamelecchi quando era molto più semplice essere chiari. «Il motivo per cui si indora la pillola è che si ha paura di passare per stronzi. Quindi è un problema di vanità», spiega Jony Ive, un inglese dalla parlantina sciolta che sembra più basso di quanto in realtà sia, a causa della corporatura compatta e muscolosa e della tendenza a piegarsi in avanti verso l'interlocutore. In qualità di responsabile del design, era come tutti destinatario dei bruschi rimbrotti di Steve. Quando si sentiva maltrattato o deluso, si imponeva di ricordare che «chi indora la pillola potrebbe addirittura non essere affatto preoccupato per i sentimenti dell'altro, ma semplicemente non voler sembrare uno stronzo. Se invece avesse davvero a cuore il lavoro, sarebbe meno vago e parlerebbe in maniera diretta. Steve era così. Per questo diceva: 'Sono tutte cazzate!' Poi, però, dopo un giorno o due, poteva anche venire da me e dirmi: 'Jony, ho ripensato bene a quello che mi hai fatto vedere, e credo che alla fine sia molto interessante. Parliamone'».

Per come la vedeva Jobs, doveva andare così: «Tu assumi persone più brave di te a fare certe cose, poi ti assicuri che sappiano che, quando hai torto, devono dirtelo. Alla Apple e alla Pixar, fra i dirigenti ci sono discussioni continue. Alla Pixar tutti portano quel che pensano scritto in fronte. Tutti sono assolutamente espliciti e diretti nell'esprimere le proprie opinioni, e comincia a essere così anche alla Apple». La cerchia dei suoi collaboratori più stretti capiva che nelle aspre critiche di Steve non c'era niente di personale. Tutti, come dice Susan Barnes, avevano imparato «a ignorare i suoi strepiti cercando di individuarne la ragione». Questo era ciò che lui si aspettava da loro, così come si aspettava che controbattessero quando non aveva ragione.

«Io e lui abbiamo litigato per sedici anni», racconta Rubinstein. «Sembrava quasi comico. Ricordo che una mattina di Natale eravamo al telefono a strillarci contro, ognuno con la propria compagna in sottofondo che diceva: 'Dai, dobbiamo andare, metti giù quel cavolo di telefono'. Lui sbraitava sempre contro qualcosa o qualcuno. Una volta bisticciammo furiosamente. Io ero, mi pare, in un supermercato di Cupertino che spingevo il carrello per comprare la carta igienica o chissà che altro, e intanto urlavo al telefono con Steve. Quello era il nostro modo di essere operativi. Io sono cresciuto a New York e la mia famiglia sembrava uscita da un film di Woody Allen... Hai presente quella scena di *Io e Annie* dove i due sono sotto l'ottovolante Thunderbolt? Ecco, quella è la mia famiglia. Quindi non mi dava fastidio discutere in continuazione. Probabilmente è stata una delle ragioni per cui insieme abbiamo avuto successo.»

Quasi millequattrocento chilometri più a nord lungo la costa del Pacifico, Bill Gates osservava con grande interesse, mentre l'azienda in difficoltà che aveva aiutato con un investimento di 150 milioni di dollari e con l'impegno di produrre software per il Macintosh lottava per la sopravvivenza. «Era un gruppo molto più maturo», osserva. «Con la squadra del Mac, o anche alla NeXT, quando Steve dava di matto tutti si limitavano a scappare e a nascondersi in un angolo. Quelli del team dirigenziale della Apple, invece, controbattevano e si coalizzavano. Quando Steve isolava un singolo dal branco e gli diceva: 'Il tuo lavoro fa schifo e tu sei un coglione', il branco doveva decidere: 'Okay, questo lo diamo per perso oppure ci piace veramente?' E magari più tardi andavano da Steve e gli dicevano: 'Su, dai, non c'è mica tanta gente così in gamba in giro da assumere, torna da lui e chiedigli scusa'. E lui lo faceva, anche se era ancora arrabbiatissimo.

«Quella è davvero una squadra di fuoriclasse, che sono passati attraverso di tutto e di più e hanno sviluppato un legame fortissimo», aggiunge Gates, passando al tempo presente. «Di ogni persona di quel gruppo si può dire che i soldi che prende se li sia guadagnati. È un team privo di punti deboli, e non esistono piani alternativi o formazioni di riserva per il presente né per il futuro. Ci sono solo loro.»

Jobs aveva messo insieme un gruppo forte a sufficienza per confrontarsi con lui e abbastanza autonomo da compensare le sue debolezze. I suoi collaboratori svilupparono anche delle tattiche per gestire lui. «Era come avere un nemico comune», sostiene Rubinstein. I componenti della squadra si riunivano regolarmente per discutere come convincere Steve ad autorizzare le scelte che ritenevano migliori, per capire come aggirare o superare le sue decisioni e i suoi preconcetti più autoritari e meno meditati, e per cercare di prevedere la prossima direzione che avrebbe imboccato. E avevano la sensazione che lui sapesse di queste riunioni. «Era certo di poter contare su di noi per far funzionare le cose anche quando c'erano attriti o difficoltà», racconta Tevanian. «Ci toccò affrontare problemi veramente ardui, e lui era sempre fiducioso che avremmo agito per il meglio.»

Osservai da vicino, mentre Jobs componeva con costanza e pazienza la sua strategia e l'impressionante e solidissimo team incaricato di metterla in atto. I suoi fallimenti pregressi come manager mi rendevano scettico, ma ero comunque affascinato. Un giorno gli domandai se gli piacesse davvero creare aziende, visto che era ormai la terza volta che ci provava. «Oh, no», cominciò, guardandomi come se fossi stupido. Ma se anche non gli piaceva, di sicuro aveva un modo meditato e convincente di spiegare perché continuasse a farlo: «Fondo aziende soltanto perché possano realizzare prodotti. La prima cosa è solo un mezzo per arrivare all'altra. In un certo lasso di tempo ci si rende conto che costruire un'organizzazione molto forte e una base ugualmente solida di talento e cultura aziendale è essenziale per continuare a creare grandi prodotti. L'azienda è una delle invenzioni più straordinarie del genere umano, un costrutto astratto di una potenza incredibile. Ma anche così, per me, quello che conta sono i prodotti. Il punto è lavorare con persone veramente divertenti, brillanti, creative, e fare cose meravigliose. Non è una questione di soldi. Un'azienda è un gruppo di individui che possono fare molto di più che il prossimo straordinario prodotto. È un talento, una capacità, una filosofia, un punto di vista e un modo di lavorare insieme per raggiungere un obiettivo, e poi il prossimo, e poi il prossimo ancora». Un talento, una capacità, una filosofia, un punto di vista: la Apple che Steve stava creando ex novo avrebbe avuto tutte queste caratteristiche, e così pure i prodotti che avrebbe realizzato.

Jobs sapeva di dover avere pronto il primo nuovo dispositivo nel 1998. Non poteva certo aspettarsi che i milioni di investitori dell'azienda aspettassero con le mani in mano per anni e anni, come Ross Perot e la Canon erano stati costretti a fare con la NeXT. Ma la Apple non aveva nessuna straordinaria applicazione software pronta da svelare, né Steve aveva alcuna intenzione di presentare qualsiasi hardware prodotto nell'era Amelio. Gli serviva qualcosa di nuovo, che portasse abbastanza del suo DNA da segnalare che erano in corso seri cambiamenti. Il mercato dei computer era privo di creatività ed entusiasmo da così tanto tempo che ormai veniva chiamato «il settore delle scatole». Per Jobs, ci voleva ben più di una semplice nuova scatola.

Trovò la risposta che cercava nella squadra che aveva base in un edificio a diversi isolati dagli uffici della dirigenza. Era là che lavorava Jony Ive, che tanto aveva impressionato Fred Anderson.

Ive, il capo designer della Apple, non faceva ancora parte della cerchia degli intimi di Steve. Questo inglese dalla voce suadente, che aveva compiuto trent'anni nel 1997, più o meno nel periodo in cui era arrivato Steve, aveva cominciato alla Apple come collaboratore esterno nel 1992, quando ancora viveva a Londra e lavorava per l'agenzia di design Tangerine. Figlio di un argentiere che insegnava nel college del sobborgo londinese di Chingford, Jony aveva presto sviluppato un interesse per il design industriale e aveva studiato in quella che oggi si chiama Northumbria University, a Newcastle. Qui era diventato un ammiratore di Dieter Rams, già leggendario capo del design alla Braun, la casa tedesca produttrice di piccoli elettrodomestici. Negli anni Settanta, Rams era stato un pioniere di quello che oggi viene chiamato «design sostenibile», scagliandosi contro la prassi industriale dell'obsolescenza programmata. Rams, che ancora oggi disegna arredi per un'azienda di nome Vitsœ, era noto per i suoi «Dieci principi del buon design». A suo parere, il buon design:

- è innovativo;
- rende utile il prodotto;
- è esteticamente attraente;
- aiuta a comprendere il prodotto;
- non è invasivo;
- è onesto;
- dura nel tempo;
- è attento ai minimi dettagli;
- non è nocivo per l'ambiente;
- deve essere «invisibile».

Durante il breve mandato di Amelio, avevo fatto visita a Ive nel suo spazio di lavoro, il Design Lab. Dopo il ritorno di Jobs, il laboratorio fu trasferito nel complesso principale del quartier generale, su Infinite Loop, e divenne inaccessibile come Los Alamos ai tempi del Progetto Manhattan. All'epoca di Amelio, a ogni modo, il venerdì pomeriggio tardi in cui lo visitai era facilmente accessibile. Lo spazio era stipato di modelli in plastica grigia o in polistirolo di tutti i Mac, per la verità piuttosto ordinari, che Ive aveva realizzato con la sua squadra. In quel periodo il suo obiettivo, più che ideare un design radicalmente nuovo, era riconfezionare i computer in modo artisticamente sobrio. Con due sole eccezioni, ciascuna a suo modo eclatante.

La prima che mi fece vedere fu l'eMate, la sua versione alquanto complicata del Newton Message Pad pensata per gli scolari delle elementari. L'apparecchio, dal guscio a conchiglia, ricordava una vongola. Le linee leggermente curve gli conferivano un aspetto ludico, ma ciò che veramente catturava la vista era il case traslucido di plastica color acquamarina, che sembrava rilucere come acceso dall'interno.

L'altro brillante esempio di design che mi mostrò era il prototipo di una macchina a produzione limitata che la Apple avrebbe lanciato per commemorare, in ritardo, il ventesimo anniversario dell'azienda. Il Twentieth Anniversary Macintosh era nel contempo l'orgoglio e la gioia di Ive. Era uno stupefacente e originalissimo pezzo di design industriale. Lui e il suo team avevano collocato i componenti interni di un laptop della fascia più alta dentro una sottile piastra verticale leggermente incurvata, che nella parte alta del lato frontale presentava un monitor LCD a colori e in quella bassa un lettore CD-ROM posto in verticale, il tutto affiancato da altoparlanti stereo Bose disegnati ad hoc. Comprendeva le tecnologie più avanzate, inclusi televisione via cavo, sintonizzatore FM e i circuiti necessari a trasformare il computer in un televisore o una radio. Infine, Jony e il suo team avevano approntato un modulo, anche questo curvo, contenente l'alimentatore, un subwoofer e un potente amplificatore hi-fi, che permettevano al Mac di riprodurre la pienezza di suono di un potente sistema stereo senza surriscaldarsi e pur conservando dimensioni ridotte. Tutto l'insieme sembrava provenire dalla collezione di scultura del MoMA di New York (dove in effetti ne sarebbe approdato un esemplare, nella sezione di design industriale). Quella macchina era l'oggetto del desiderio di ogni patito della tecnologia.

La prima volta che Jobs aveva fatto la lunga camminata fino al Design Lab, Ive era preoccupato e nervoso. «Steve aveva già cominciato a parlare di reclutare nuovamente Hartmut Esslinger [il fondatore della Frog Design, che aveva disegnato il primo Mac]», racconta. «Credo che fosse venuto fino allo studio sostanzialmente per licenziarmi. E avrebbe anche dovuto farlo, in base ai prodotti che stavamo realizzando all'epoca, che decisamente non erano un granché.» Jobs non rimase entusiasta né dei dispositivi né dei prototipi. Jony, invece, lo impressionò molto. Ive è un tipo schietto e tranquillo che quando descrive l'essenza del suo design è di una precisione ammaliante. Anche lui ha il dono di saper spiegare con chiarezza idee complesse. Steve rimase colpito. «Sai, Jony è un angelo», mi disse verso la fine del 1997. «Mi è piaciuto subito. E già dopo il nostro primo incontro potevo dire che Amelio aveva sprecato il suo talento.»

Fatto non meno importante, anche Ive rimase colpito da Jobs. Migliaia di dipendenti della Apple avevano disseminato il loro curriculum per tutta la Silicon Valley, nel tentativo di abbandonare la pericolante nave di Amelio, e anche Jony aveva deciso di guardarsi attorno. Ma capì immediatamente che Steve e il suo predecessore non potevano essere più diversi. «Amelio si descriveva come il re delle inversioni di rotta», ricorda Ive, «perciò era proprio su quelle che si concentrava. Ma per invertire la rotta in un'azienda bisogna smettere di perdere soldi. E la maniera per non perdere soldi è non spenderli. L'obiettivo su cui Steve si concentrava era invece completamente diverso, e rimase sempre lo stesso. Non cambiò mai, dalla prima volta che lo incontrai fino alla fine: il prodotto. Siamo sicuri che se facciamo un buon lavoro e il prodotto è buono, piacerà alle persone. E siamo sicuri che se gli piacerà, lo compreranno. E se siamo efficienti sul piano operativo, faremo quattrini.» Era semplice, in fondo. Così, Ive decise di non lasciare la Apple, una scelta che avrebbe condotto alla collaborazione creativa più stretta e fruttuosa dell'intera carriera di Jobs, perfino più simbiotica della sua prima partnership con Wozniak.

Ciononostante, Steve sospese entrambi i progetti prediletti di Jony. L'eMate scomparve, insieme con ogni altra traccia del Newton (eccezion fatta per alcuni importanti brevetti) e il Twentieth Anniversary Macintosh uscì di produzione dopo avere venduto appena dodicimila esemplari. I due prodotti non rientravano nella sua struttura a quadranti. Inoltre, un giorno, mentre si lamentava del computer pensato per l'anniversario, mi disse: «Non mi piace la televisione, tutto qui. La Apple non produrrà mai più un televisore». Così, Ive fece conoscenza con la spietatezza decisionale del suo nuovo capo. Proprio come Tevanian, Rubinstein, Anderson e Cook, anche lui comprese che la migliore opportunità di progredire per la Apple era con Steve, e che se stavi con lui ci stavi per tutta la strada, dossi e buche compresi.

Al Design Lab, due particolari intrigarono Jobs più di ogni altro: la sensazione dell'eMate al tocco e la sua traslucidità. Da quei dettagli germogliò l'idea dell'iMac, il primo prodotto della nuova era di Steve alla Apple.

Dal punto di vista tecnologico, l'iMac non costituiva un cambiamento radicale rispetto al passato. Ma, lavorando gomito a gomito con Jobs, Ive ideò un'estetica che, per la prima volta dopo anni, dotava un computer di una certa individualità. L'iMac aveva un involucro spettacolarmente arrotondato, fatto di un materiale simile a quello dell'eMate. Attraverso il suo guscio in plastica semitrasparente «blu Bondi» (nome che allude alle acque tropicali di Bondi Beach, vicino a Sydney), l'utente poteva vedere i componenti interni, i cavi meticolosamente ordinati e le schede dei circuiti piene di chip, che sembravano mappe di città in 3D. Il computer e il monitor erano alloggiati in un unico modulo di forma globulare, con un portello circolare sul retro che permetteva l'accesso all'interno per riparazioni o modifiche e fungeva anche da maniglia. Steve amava la maniglia nonostante la sua scarsa praticità, perché era un ritorno al primo Mac. La macchina pesava più di diciassette chili, quindi era inverosimile che la si trattasse davvero come un laptop da portarsi dietro spostandosi da uno spazio di lavoro a un altro. Ma la combinazione di maniglia, forma e traslucidità faceva sembrare l'iMac una divertente bottiglia blu. Era esattamente quel genere di nuovo, straordinario prodotto che gli serviva per differenziare i dispositivi della Apple dalla truppa di scatole sfornate da Dell, Compaq, HP e IBM.

Altre due decisioni – di natura tecnologica e di marketing – permisero all'iMac di distinguersi dalla moltitudine di parallelepipedi color Pongo. Jobs e Rubinstein optarono per un lettore CD-ROM al posto di un normale floppy disk, nonostante la maggior parte degli utenti archiviasse ancora i dati su dischetto. Era possibile acquistare a parte un drive esterno da collegare all'iMac, ma Steve ragionò che ben presto la distribuzione del software sarebbe avvenuta principalmente su CD-ROM ottici, una tecnologia che stava già rapidamente scalzando il vinile e le cassette a nastro come supporti per le registrazioni musicali. Si sentiva anche sicuro che entro un anno o due i masterizzatori CD-ROM avrebbero reso superflui i drive per floppy disk. Come già in passato, scommise di nuovo che le persone avrebbero accettato un passo un po' scomodo, che le avrebbe obbligate a convertire i loro dati in un formato nuovo. E questa volta vinse la scommessa.

L'altra decisione notevole fu quella di inserire la lettera «i» davanti a «Mac». L'iMac era pensato per accedere a Internet tramite ingressi che potevano accogliere un cavo telefonico oppure, per i fortunati che vi avessero accesso, un collegamento a una vera e propria rete Ethernet. Tutti i modelli avevano un modem telefonico integrato, mentre la maggior parte degli altri produttori li vendeva solo come accessori opzionali. Jobs aveva previsto che i consumatori avrebbero visto questo Mac «per Internet» (da cui la «i») come un computer rivolto al futuro, che chiaramente sarebbe stato incentrato sulla connettività. Ma quella «i» significava anche qualcos'altro. Era personale, nel senso di «questo è il *mio* computer», e forse anche un'espressione di chi «io» (*I*) fossi. E che espressione decisa, fresca, trasparente, nuova! Sembrava il genere di computer che avrebbe usato chi era capace di «pensare in modo diverso».

Nella sempre più diffusa stampa di argomento informatico, parecchi critici schernirono l'iMac perché non era né più veloce né più potente delle macchine cui faceva concorrenza. Dopotutto, da dieci anni i computer si distinguevano gli uni dagli altri solo per velocità e potenza. Gli stessi critici erano infastiditi dal fatto che quell'oggetto blu e tondeggiante sembrasse più un giocattolo che un computer. Ma avevano completamente mancato il bersaglio. Il design radicale dell'iMac veicolava proprio quel senso di rassicurazione, accessibilità e originalità che Steve voleva trasmettere. Con un solo prodotto, la Apple aveva rafforzato la sua posizione nel settore. L'iMac era un richiamo esplicito al fatto che i computer fossero strumenti per le persone e dovessero sia rispecchiare sia amplificare la personalità dell'individuo. Per questo ebbe un trionfo immediato: vendette quasi due milioni di pezzi nei primi dodici mesi di produzione e divenne il primo autentico successo dell'azienda dopo anni.

Questo risultato fu cruciale per i piani di rilancio di Jobs. Era tornato alla Apple fortemente convinto che il design potesse essere parte significativa della sua rinascita; l'iMac confermava quell'idea. «Quando lavorammo al primo iMac», mi disse più avanti, «gli ingegneri hardware fecero grandi resistenze. Tanti credevano che quello non fosse un Mac, che sarebbe stato un fiasco. Ma appena lo videro affermarsi sul mercato, tornarono sui propri passi e cominciarono a dire: 'D'accordo, mi sa che questa faccenda del design è importante'. Sentivano di nuovo il brivido della vittoria.» L'iMac di Steve e Jony permise all'azienda di compiere un primo, deciso passo verso la ripresa, dandole un momento di tregua proprio quando la maggior parte degli osservatori credeva che fosse avviata alla tomba.

Uno dei grandi insuccessi di Jobs durante il suo primo mandato alla Apple era stata l'incapacità di creare un degno successore per il Mac e per l'Apple II. Con l'iMac non fu così. Appena un anno dopo il suo lancio sul mercato, fu messa in commercio una nuova versione in cinque colori «caramella». Erano prodotti perfino più straordinari della versione blu Bondi, perché includevano un semplice lettore a fessura per CD, che sostituiva l'ingombrante cassetto dei primi modelli. E con i loro colori allegri e squillanti resero un ottimo servizio al marketing della Apple, che continuava a ridefinire l'immagine del suo marchio come avveniristica, vivace e creativa.

Ma Steve non si concentrò solo sullo sgargiante iMac, altro errore nel quale il vecchio Jobs sarebbe potuto cadere. Si assicurò infatti che la sua squadra facesse un lavoro altrettanto eccellente nel riempire gli altri tre quadranti del piano strategico generale. I cosiddetti «tower», come venivano chiamati i desktop per professionisti, erano le macchine che permettevano di pagare i conti. Imbottiti di processori più veloci, memorie più capienti, schede grafiche migliori e slot per aggiungere dischi fissi, masterizzatori e accessori vari, i tower erano progettati per gli utenti che necessitavano di potenza, da cui il loro nome, Power Mac. Queste macchine di grandi dimensioni stavano sotto la scrivania, collegate al monitor sopra, ed erano così veloci che la Apple le pubblicizzava come i primi «personal supercomputer». Erano massicci, ma Ive riuscì a farli sembrare leggeri e maneggevoli; avevano perfino due maniglie, che imitavano quella dell'iMac, e un'intera fiancata era apribile perché fosse più facile smanettare con la componentistica interna. Il modello base costava un migliaio di dollari più dell'iMac, ma recava anche margini di profitto assai maggiori.

Ancora una volta, Steve evitò un errore che la Apple aveva già commesso: non pretese che il Power Mac fosse il computer per ogni tipo di azienda, cercando in tal modo di spingere fuori dal mercato i PC a base Wintel. Anzi, con i Power Mac puntò alla nuova e più intraprendente classe di piccole imprese che stava emergendo con l'ascesa dell'economia basata su Internet: ingegneri, architetti, editori, agenzie pubblicitarie, progettisti di siti web e così via. Quello era un mondo che poteva comprendere e addirittura esaltare l'idea di «pensare in modo diverso», quando al contrario la classe dominante rappresentata dalle grandi aziende guardava con timore i cambiamenti radicali che Internet sembrava promettere e che minacciavano di scalzarle dal loro predominio.

La genialità ingegneristica e di design applicata agli iMac e ai tower fu adottata anche nei laptop. I modelli per gli utenti consumer, gli iBook, riprendevano la forma estrosa dell'iMac, con un design a conchiglia – di un arancione brillante e accattivante – che riecheggiava la forma del vecchio eMate. Anche i PowerBook di fascia alta per i professionisti avevano linee curve, ma erano rivestiti da un involucro nero gommoso al tatto e alimentati da un microprocessore PowerPC che per breve tempo permise alla Apple di fregiarli del titolo, per la verità dubbio, di «portatili più veloci al mondo».

L'effetto di questi interventi fu semplice ma intenso: a soli tre anni da quando era stata vicinissima alla morte, l'azienda si riaffermò come la più creativa del settore. «Quando siamo tornati alla Apple», mi disse Steve in quel periodo, «il nostro ambiente era in coma. Non c'era molta innovazione. Abbiamo lavorato sodo per far ripartire quell'innovazione. Il resto del mercato dei PC ricordava Detroit negli anni Settanta. C'erano automobili che erano barche su ruote, poi la Chrysler ha innovato, inventando il minivan e rendendo popolare la Jeep, e anche la Ford è entrata nei giochi con la Taunus. A volte rischiare di morire può aiutare ad avere una visione più chiara.»

La svolta, tuttavia, non fu priva di dispendiosi fallimenti. La Apple aveva fatto un buon lavoro adottando Internet e rendendo la procedura di accesso al Web semplice quanto qualsiasi altra funzione di un iMac. Ma l'eWorld di Apple, un servizio online proprietario in abbonamento venduto insieme con i nuovi iMac, fu un flop, nonostante un'interfaccia accogliente che suggeriva che navigare fosse semplice come spostarsi camminando da un quartiere all'altro. Tutto ciò che offriva era però un servizio di posta elettronica e una modalità di download di software fondamentalmente non più facili da usare rispetto a servizi più grandi quali EarthLink e AOL, venduti con i PC Wintel.

Un fiasco ancora più costoso fu quello di un progetto su cui Rubinstein e Jobs lavorarono insieme e litigarono incessantemente, il Power Mac Cube, presentato nel 2000. Il G4 Cube della Apple era una citazione del computer NeXT, per quanto le sue dimensioni fossero un ottavo di quelle del suo predecessore, ed era caratterizzato da una nitidezza di design così strabiliante che fu a sua volta accolto al MoMA, ma sfortunatamente non anche in molte case e uffici.

Steve amava il Cube. La macchina era dotata di una potenza notevole – sebbene non sufficiente per qualificarlo come vero computer per utenti professionali –, inserita in un case di 19,5×19,5×25,4 centimetri. Era accompagnata dal primo monitor ultrapiatto di grandi dimensioni per desktop prodotto dalla Apple. Il mio era da venticinque pollici ed era collocato sulla scrivania dell'ufficio accanto al Cube come un'installazione minimalista. Ma, ripetendo errori simili a quelli che aveva già commesso alla NeXT, Jobs non diede importanza ad alcune complicazioni nell'ingegnerizzazione dovute a quel design estremo che gli piaceva così tanto. Peggio ancora, il Cube era attanagliato da una serie di problemi di produzione. La copertura in plastica trasparente si crepava su molte macchine, difetto che rovinava quello che sembrava un capolavoro di design. Al mio computer questo non successe, ma lo schermo ebbe un altro bizzarro incidente: chissà perché, formiche e altri insetti si infilavano tra le giunture della cornice di plastica chiara, e una volta entrati non uscivano più. Con il tempo, i due «piedini» trasparenti del monitor si riempirono di insetti morti, ma l'effetto non era gradevole come quello di una mosca preistorica intrappolata nell'ambra. Un paio di volte presi in giro Steve riguardo a quel monitor *bug friendly*, ma lui non sembrava trovare divertenti le mie battute. Presto staccò la spina del Cube, che non riuscì mai neppure ad avvicinarsi alle vendite da lui previste.

Jobs si era circondato di una squadra matura, esperta e disciplinata, costituita da persone che, se necessario, sapevano rispondergli prontamente. E, una volta tanto, conferì loro una vera autorità, dato che la Apple era troppo grande perché lui potesse prendere tutte le decisioni da solo. Poco alla volta, organizzò le cose in modo da poter seguire ciò che più gli stava a cuore senza dover tenere sotto controllo le aree in cui il suo valore aggiunto era irrilevante. La gestione avveniva in primo luogo attraverso la sua cerchia più ristretta (anche se di quando in quando convocava riunioni per i primi cento che occupavano i vertici dell'azienda) e l'incontro del team dirigenziale il lunedì mattina divenne il cardine su cui ruotava la settimana. Nella maggior parte dei casi, il tentativo di delegare funzionò bene. Per esempio, nelle questioni finanziarie «lo coinvolgevo solo quando avevo bisogno di lui», ricorda Anderson. Steve cercava di tenere le dita sul polso della sua azienda in crescita senza stringere troppo.

Gli piaceva anche avere un confidente, qualcuno con cui scambiare quattro chiacchiere al di fuori delle responsabilità ufficiali quotidiane. Nei primi anni dopo il suo ritorno, questa funzione fu svolta da Mike Slade. Assunto come consulente personale di Jobs, Slade, per sua stessa ammissione, non è in alcun modo un genio creativo del genere di Clow o Wozniak. Tuttavia, aveva grande esperienza del mondo, diceva quello che pensava ed era accomodante ma al contempo abbastanza indipendente da non farsi problemi a ingaggiare accesi botta e risposta con Steve. Chiarì subito di non volere un posto da dirigente alla Apple, il che, ironicamente, gli rese ancor più facile instaurare un buon rapporto con Jobs. A volte i due facevano jogging insieme al mattino presto, e Mike andava perfino a pattinare con i rollerblade con Steve e Laurene.

Slade si faceva vedere a Cupertino il lunedì e il martedì, arrivando in aereo da Seattle. Nessuno doveva fare riferimento a lui, e Jobs aveva detto al gruppo che Slade non aveva una particolare autorità. Ma quando si trovava alla Apple, Mike era quasi sempre al fianco di Steve. I loro lunedì cominciavano con la riunione mattutina del team dei dirigenti esecutivi. Jobs, ricorda Slade, «era molto tranquillo. Era tutto completamente diverso dalla NeXT». Dopo, i due andavano a mangiare alla caffetteria e più tardi si avventuravano nel Design Lab. Mike riferisce ridendo che «Jony diceva cose tipo: 'Steve, non sono sicuro che lo stile di design e il modo in cui si sposa con questo oggetto siano omogenei. Tu che ne pensi, Mike?' E io: 'Ma certo, è bellissimo! Adesso potrei avere una Coca-Cola?' Mi domandavano: 'Credi che abbiamo raggiunto il grado giusto di opacità?' e io pensavo: Che ci faccio io qui?» Ovviamente, Slade aveva molte più competenze di quanto sia disposto ad ammettere. Ma il suo senso dell'umorismo e il suo realismo avevano un ascendente su Jobs. Con nessuno dei suoi collaboratori più stretti Steve si concedeva di rilassarsi come con lui. «Slade era il buffone di corte», sostiene Rubinstein, il quale con gli anni divenne suo buon amico.

Quasi ogni lunedì, dopo avere parlato con Ive, facevano visita anche a Tevanian e al gruppo che stava sviluppando il nuovo sistema operativo, che alla fine sarebbe stato chiamato OS X. Questo sistema radicalmente nuovo sarebbe stato il volano di tutto lo straordinario sviluppo che sarebbe seguito nel decennio successivo, dalla suite di applicazioni iLife fino a iOS – lo snello sistema operativo che avrebbe dato vita all'iPhone e all'iPad –, e del settore che sarebbe emerso per produrre i milioni di app scritte per i nuovi dispositivi.

Per quanto gli utenti fossero attratti soprattutto dall'hardware della Apple, il software che li faceva funzionare era altrettanto importante. Steve diceva sempre che il vantaggio principale della sua azienda rispetto alla concorrenza stava nel fatto che forniva il pacchetto completo: era la simbiosi e la perfetta sintonia tra hardware e software a garantire un'esperienza d'uso superiore. Nel mondo dei PC, le tecnologie hardware e software, standardizzate ed elementari, non erano sempre compatibili, provenendo da aziende differenti come la IBM e i produttori di cloni, la Microsoft e la Intel.

Il revival del Macintosh non si sarebbe mai potuto compiere senza un nuovo sistema operativo che riuscisse a eclissare Windows. Quello esistente era basato su una tecnologia sviluppata quindici anni prima per il Mac originale, e il suo aspetto sul monitor e le modalità di interazione sembravano ormai antiquati.

Alla NeXT, Tevanian aveva sviluppato una versione di Unix che presentava un'interfaccia più amichevole per gli utenti poco tecnologizzati, senza perdere le caratteristiche di ambiente informatico serio e di altissimo livello. Anche in questo caso, l'intento era adattarsi perfettamente all'hardware del Cube, ma quando la NeXT era stata costretta a dedicarsi unicamente al software, Tevanian e il suo team si erano resi conto che l'unico modo per vendere il sistema operativo sarebbe stato quello di renderlo attraente per gli utenti di workstation prodotte da altre aziende, e forse perfino di comuni PC. Perciò, ne avevano creato versioni sperimentali da utilizzare su workstation della Sun Microsystems che montavano microprocessori SPARC e su altri computer e workstation che impiegavano i migliori microprocessori Pentium PC Intel, nonché su macchine con i chip PowerPC che ora erano il cuore degli ultimi modelli dei Macintosh.

Questa esperienza nel porting del sistema operativo NeXT su altre macchine ebbe un duplice vantaggio per la Apple. Innanzitutto, Tevanian e la sua squadra erano arrivati a Cupertino con il codice sorgente e il know-how per sostenere l'azienda in difficoltà, qualunque fosse stato il microprocessore su cui si fossero basati i futuri Mac. Già una volta, in precedenza, la Apple aveva cambiato i microprocessori che alimentavano il Macintosh, e Jobs voleva flessibilità per poterlo fare di nuovo, se fosse stato necessario. I suoi programmatori alla NeXT, che avevano studiato le architetture di numerose piattaforme, sarebbero stati in grado di aiutarlo a prendere una decisione strategica più obiettiva sul modo di procedere. Tecnologicamente agnostici com'erano, avrebbero fatto pressione perché si scegliesse l'architettura che avrebbe ricavato il meglio dal loro sistema: in altri termini, quella che li avrebbe aiutati a costruire il miglior pacchetto completo possibile. Per Steve questo era un asso nella manica, che giocò con ottimi risultati diversi anni dopo.

Inoltre, e molto più importante nell'immediato, i travagli della NeXT avevano reso Tevanian e colleghi un team di primissimo ordine. Il compito principale che si trovavano di fronte era trasformare il sistema operativo NeXT in qualcosa che rimanesse altrettanto solido ma fosse aggiornato nell'aspetto e il più simile possibile al sistema Apple, in modo che gli utenti Mac riuscissero ad adottarlo senza troppo disagio. Un'altra priorità era mantenere, almeno inizialmente, la compatibilità con i software che giravano sul vecchio Mac OS 9. Infine, dovevano ideare strumenti che aiutassero gli sviluppatori ad adattare le loro vecchie applicazioni a OS X, o perfino a riscriverle da capo, per trarre pienamente vantaggio dalle capacità del nuovo sistema.

Quando si sviluppa un sistema operativo, le sfide sono molte e diverse, e anche se OS X era in sostanza una versione modificata di un software già esistente e collaudato, la sua «Apple-izzazione» rimaneva un lavoro enorme. Jobs lo capì e non impose al team scadenze irragionevoli. Anzi, sovrintese ai programmatori con un misto di pazienza e impazienza che gli permise di essere energico ma allo stesso tempo rispettoso. Il risultato fu un sistema operativo che univa il meglio dell'intuito di Steve per i bisogni elementari degli utenti comuni a un codice profondo, robusto e flessibile, scritto da alcuni dei migliori programmatori al mondo. Inoltre, conservava premurosamente l'accattivante aspetto sullo schermo che aveva reso i clienti Apple così fedeli, nella buona e nella cattiva sorte.

Jobs era particolarmente ossessionato dal lato estetico e dalle modalità di interazione di OS X. Nelle riunioni pomeridiane cui Slade era presente con Steve, ognuna delle persone che facevano capo direttamente a Tevanian veniva chiamata in una sala riunioni, poi chiusa a chiave, per illustrare gli ultimi sviluppi dell'aspetto del sistema operativo di cui si stava occupando. «Rivedemmo da cima a fondo OS X un'infinità di volte», ricorda Slade, «pixel per pixel, funzione per funzione, schermata per schermata. Dovrebbe essere questo l'aspetto dell'effetto genio? Di quanto si devono ingrandire le icone del dock? Quale dev'essere il font di sistema? Perché il cursore ha questo aspetto? Una settimana dopo l'altra, l'ordine del giorno era fare in modo che Jobs approvasse l'aspetto e l'usabilità di ogni elemento.

«Nel sistema operativo non c'è nulla che non abbia avuto la sua approvazione. Era il contrario di come si procedeva alla Microsoft, dove si dipendeva da specifiche [documenti che espongono nei dettagli ogni funzione che gli sviluppatori di software devono creare] di cinquecento pagine l'una. Anche noi avevamo le specifiche, ma Steve non le guardava mai. Guardava solo il prodotto.»

Quando vedeva qualcosa che non gli andava a genio, Jobs chiedeva a Bas Ording, un designer di interfacce utente, di preparare una bozza come la voleva lui. «Bas era un mago», sostiene Slade. «Si metteva alla tastiera per un minuto e mezzo, poi un ultimo click, ed eccola lì: l'immagine di qualsiasi cosa Steve gli avesse chiesto. Era un dio, Bas. Steve si limitava a farsi una risata: 'Semplificazione in corso!'»

Ciò che rese ancora più arduo lo sviluppo di OS X fu la necessità di assicurarsi che il nuovo sistema operativo non rendesse immediatamente inutili le vecchie applicazioni. La retrocompatibilità è una delle sfide più difficili che un'azienda informatica possa affrontare. Il problema si era già presentato alla Apple all'inizio degli anni Ottanta, quando chi possedeva un Apple II si era accorto che il suo software non funzionava troppo bene su un Apple III.

Jobs credeva che gli utenti Mac si sarebbero adattati con più facilità di quanto si ritenesse, perché erano molto più entusiasti del loro computer di quanto i clienti Microsoft fossero del loro PC. Era convinto che sarebbero stati disposti a fare il grande salto verso un nuovo sistema operativo, anche se ciò avesse in ultimo comportato l'acquisto di un hardware e un software interamente nuovi. E aveva ragione. Nei dieci anni successivi, nello sforzo di mantenere il sistema operativo snello e moderno, la Apple avrebbe progressivamente terminato il supporto e l'assistenza per una varietà di funzioni superstiti di generazioni di hardware e software precedenti, tratti assai cari a una minoranza talvolta per nulla silenziosa. I più si sarebbero comunque resi conto che valeva la pena accettare i compromessi implicati da una piattaforma in continuo miglioramento.

In ogni caso, Jobs e Tevanian fecero di tutto per rendere il passaggio a OS X più facile agli utenti. Si misero così a pensare a una nuova modalità di aggiornamento software. Dato che il numero dei computer costantemente connessi alla rete continuava a crescere, la Apple avrebbe potuto aggiornare il software direttamente online, distribuendo migliorie, modifiche e correzioni di bug tramite Internet. Questo valeva non soltanto per il software del sistema operativo, ma per ogni genere di applicazioni, ed era conveniente sia per i clienti sia per gli sviluppatori, che amano continuare a mettere a punto il loro lavoro anche una volta «finito». Tevanian e il suo team furono tra i primi sviluppatori di sistemi operativi mainstream a sfruttare questa possibilità, e il loro approccio avrebbe cambiato le aspettative di milioni di persone, dai dirigenti del settore informatico fino al semplice utente di smartphone che vuole l'ultima versione del suo videogioco preferito.

In effetti, quando la Apple lanciò OS X nel settembre 2000, lo definì come «versione beta pubblica», implicando che si trattava di un lavoro in corso. In quanto tale, fu messo in vendita a 29,95 dollari, circa un quinto del prezzo di un importante upgrade di sistema. Fu una mossa di marketing piuttosto scaltra, perché significava che chi lo avrebbe adottato per primo lo avrebbe effettivamente utilizzato in prova e che quindi ci sarebbe stato da aspettarsi qualche bug e intoppo tecnico. Inoltre, garantiva alla Apple un po' di tempo per lavorare più a fondo sulla gestione degli aggiornamenti del software effettuati direttamente online. In quel periodo la squadra di Tevanian fornì numerosi upgrade, che resero il software sempre migliore. Questa modalità di manutenzione e aggiornamento sarebbe rapidamente diventata la norma in tutto il settore, trasformando anche le attese dei consumatori, che non sarebbero più stati disposti ad aspettare mesi perché i loro fornitori di software risolvessero un problema.

Grazie al tempo guadagnato con il successo dell'iMac, al cuore Unix su cui avevano costruito il sistema operativo e alla loro esperienza come programmatori, Tevanian e i suoi erano riusciti a puntare davvero in alto. Così, quando OS X fu finalmente pronto per il lancio, rese possibili al Mac cose di cui nessun PC era mai stato capace. Gli utenti andarono matti per alcuni evidenti miglioramenti come la possibilità di proseguire l'esecuzione dei video anche mentre si usava il mouse per spostare una finestra sul monitor. Inoltre, OS X era davvero bello a vedersi, capace com'era di creare una schermata con effetti tridimensionali, in cui sembrava che le finestre gettassero ombre sugli strati di oggetti che avevano «dietro». Su OS X continuava a girare la maggior parte dei programmi per i vecchi Mac, specie nei casi in cui i produttori apportavano modifiche contenute, che si potevano scaricare e installare con facilità. Ma sotto tutto c'era Unix, il sistema operativo con cui i fanatici dei computer adorano smanettare.

Così, con OS X la Apple aveva infine una struttura informatica di solidità veramente industriale. I Mac crashavano molto meno dei PC Wintel. Non bastava che un programma si bloccasse per far collassare l'intero sistema. Le macchine sembravano pressoché immuni ai virus informatici. E l'organizzazione di base dei file era molto facile da seguire, pur garantendo agli utenti la scelta fra tre modi diversi di visualizzare i file e la possibilità di navigare tra loro in un elenco. Al di là dell'aspetto, OS X era il fondamento software all'avanguardia per tutto ciò che Steve avrebbe creato negli anni a venire.

Come racconta Rubinstein, l'obiettivo della missione era salvare la Apple. E all'inizio del 2000 sembrava che Jobs e la sua squadra avessero raggiunto lo scopo, sotto tutti i punti di vista. Avevano ripensato e rivitalizzato la gamma di computer; presto avrebbero cominciato a fornire agli utenti un software più stabile e moderno. Il morale era alto e c'era di nuovo il senso di uno scopo. Ma, soprattutto, Steve era visibilmente migliorato come leader e come manager. Nei tre anni e mezzo dal suo ritorno, era arrivato a riconoscere che nello sviluppo dei computer un approccio di crescita graduale garantisce un equilibrio che rende possibile plasmare un'azienda destinata a durare a lungo.

O almeno, così sembrava. Nel settembre 2000 la Apple rese noto un pessimo rapporto finanziario che mostrava come, nonostante i nuovi prodotti e l'innovazione tecnologica, il volume d'affari avesse continuato a contrarsi. In Borsa il titolo precipitò: alla fine dell'anno, il prezzo di un'azione era sceso a 15 dollari, dai 63 dell'inizio di settembre. Il flop del Cube era solo la delusione più lampante, ma le vendite stagnavano su ogni fronte. Cominciava a sembrare che Jobs avesse portato la tecnologia informatica a un punto oltre il quale non era possibile spingersi. Aveva raddrizzato la nave, tappato le falle lasciate da Amelio, fatto remare tutti nella stessa direzione. E, in effetti, la Apple era di nuovo remunerativa. Ma per completare il cambio di rotta, Steve doveva tornare a creare nuovi tipi di prodotto, capaci di dare una scossa all'intero settore e aprire nuove possibilità di mercato. In quel momento, però, alla fine dell'anno fiscale 2000, le vendite trimestrali dell'azienda erano inferiori a quelle che si registravano quando lui aveva ripreso il timone. E i profitti di cui gli azionisti avevano goduto subito dopo il suo ritorno si erano in gran parte volatilizzati. Come scrissi su *Fortune*, Jobs era il principe dai capelli ormai grigi di un regno che si andava rimpicciolendo. E adesso?

10

Seguire il fiuto

Il primo a indicare quale sarebbe stato il futuro della Apple fu Bill Gates, il 5 gennaio 2000, durante il Consumer Electronics Show (CES) a Las Vegas. Naturalmente, il suo intento era illustrare i piani della Microsoft, ma le cose non andarono come previsto.

Il CES era allora una fiera in rapida ascesa. Per anni era stata l'occasione di ritrovo per i produttori di ogni genere di apparecchi, dalle casse per gli impianti stereo delle automobili ai sistemi audio dei televisori, dai giochi tipo calcio elettronico in cui si illuminavano delle lucine e si sentiva un *beep* quando si premevano i pulsanti alle telecamere, ai sistemi d'allarme domestici. L'arrivo delle aziende informatiche trasformò completamente l'evento che, nel giro di breve tempo, diventò la rassegna tecnologica digitale più importante al mondo, richiamando oltre centocinquantamila visitatori e paralizzando Sin City per una settimana, ogni mese di gennaio. La Apple, però, non partecipava: Jobs preferiva annunciare i suoi prodotti in un ambiente che poteva controllare.

La Microsoft non controllava il CES, ma senza dubbio oscurava tutti gli altri con la sua presenza. Il presidente Gates, che nel 2000 aveva ceduto l'incarico di amministratore delegato a Steve Ballmer, tenne il discorso di apertura per otto anni filati. Gates era la scelta più ovvia, quando si trattava di decidere a quale personalità del settore affidare il keynote, e sfruttava quel palcoscenico per affermare la sua posizione di autorità.

Nel 2000, la Microsoft *era* il settore informatico. Il 90% dei personal computer montava il suo sistema operativo, installato non solo su desktop e laptop, ma anche sui server dove erano archiviati e organizzati i dati delle più grandi aziende al mondo, nonché su quelli della maggior parte degli enti governativi. Negli apparecchi bancomat, ai banchi del check-in negli aeroporti e nelle cabine di pilotaggio dei principali vettori, era il software Microsoft a far funzionare le tecnologie più sofisticate. Se stava per compiersi una rivoluzione nel settore, chi meglio del leader dell'azienda che lo guidava avrebbe potuto illustrarla?

Quella sera, Gates parlò davanti a più di tremila persone all'Hilton Theater di Las Vegas, per l'occasione gremito in ogni ordine di posti, spiegando come la Microsoft avrebbe «inaugurato l'era dell'elettronica di consumo plus». I PC che montavano il sistema operativo Windows sarebbero diventati la componente principale dei «media center domestici», che avrebbero sfruttato Internet e interagito con altri dispositivi digitali e perfino con gli elettrodomestici, tutti dotati di software Microsoft. Era una novità straordinaria per gli utenti, aggiunse, perché avrebbero avuto «un accesso comodo e personalizzato alla loro musica preferita, alle notizie, all'intrattenimento, alle foto di famiglia e alle e-mail attraverso tutta una serie di dispositivi elettronici, tra cui televisori, telefoni, stereo, autoradio e palmari».

Il suo discorso fu al contempo una previsione, un monito e un programma d'intenti. Gates aveva previsto come sarebbero potute diventare le case grazie alla messa a punto e all'interazione di nuove tecnologie. La connettività tra dispositivi sarebbe aumentata, così come la possibilità di accesso via Internet a una nuova serie di contenuti digitali, e si sarebbero diffusi nuovi videogiochi interattivi utilizzabili direttamente da casa, oltre a gadget con touch screen e software intelligenti che avrebbero sostituito i vecchi dispositivi elettronici a pulsanti. In sostanza, era come se dicesse ai produttori di beni di elettronica di consumo: «Questi sono i nostri programmi per il vostro settore. E andranno avanti, che vi piaccia o no, perché è così che l'informatica sta cambiando il mondo. Perciò, unitevi a noi e smettetela di giocare con i vostri anacronistici forni a microonde, autoradio, televisori e cuffie per ascoltare la musica! Ecco come potrete sentirvi a casa vostra nel futuro, che appartiene a tutti noi!»

La Microsoft era estremamente potente e regnava incontrastata nell'impero informatico. Era presente in ogni singolo aspetto della tecnologia digitale che si apprestava a cambiare la nostra realtà, e la controllava con una tale autorità che tutti i partecipanti al CES davano per scontato che, se questo era quello che la Microsoft voleva allora il futuro sarebbe stato esattamente così. La naturale conseguenza, sottaciuta da Gates, era che tutto ciò si sarebbe tramutato in una vera e propria miniera d'oro per la sua azienda: dettando le specifiche che tutti i produttori di hardware avrebbero dovuto rispettare, questa si sarebbe infatti assicurata il dominio anche su quello splendido mondo nuovo.

Controllare il mercato dei nuovi dispositivi di elettronica di consumo avrebbe risolto il principale problema di Gates, ossia il fatto che la Microsoft non stesse più crescendo ai ritmi vertiginosi che agli investitori piace osservare in un'azienda tecnologica. Va ricordato ancora una volta che, quando Bill e Steve cominciarono, il settore era controllato dalle varie IBM e DEC, con i loro enormi e costosi sistemi venduti a un mercato che consisteva di poche centinaia di organizzazioni, enti governativi e università. Quando, seguendo la legge di Moore, i prezzi avevano cominciato a calare, i produttori di PC avevano iniziato a vendere i loro computer a tutta una galassia di altre piccole e grandi imprese, che ora potevano permettersi la potenza di calcolo necessaria per lavorare in modo più efficiente.

Tuttavia, ragionando sui numeri, rimaneva ancora poco sfruttata la fetta di mercato potenzialmente più cospicua. Solo cominciando a vendere computer direttamente ai consumatori e inserendo le tecnologie informatiche in prodotti di uso quotidiano il volume d'affari sarebbe radicalmente cambiato. Basti pensare che, secondo gli analisti del Gartner Group, nel 2011 sono stati venduti 355 milioni di computer, tra sistemi server e PC fissi e portatili, contro 1,8 miliardi di telefoni cellulari. E la cifra non comprende tutta una serie di altri dispositivi digitali in grado di lavorare in rete che ognuno di noi si trova a utilizzare durante la giornata, una lista che include i prodotti più diversi, dalle console per videogiochi ai lettori musicali, passando per sistemi audio, termostati, navigatori satellitari e qualunque oggetto possa essere reso più «smart» con la forza dell'informatica e la connettività.

Gates, forse il più abile stratega del mondo dell'imprenditoria, aveva previsto tutto, e si aspettava che la Microsoft riuscisse a imporre il proprio dominio in quel campo così come era riuscita a fare fino ad allora. In fondo, chi meglio di lui poteva definire gli standard che avrebbero regolato l'interazione digitale tra dispositivi? Questo era il suo gioco: illustrare e presentare un futuro cui lui stesso avrebbe provveduto. Era animato da ambizioni e interessi così grandiosi che al confronto quelli di Jobs sembravano lillipuziani. Voleva che il software Microsoft fosse installato su miliardi di dispositivi, mentre a Steve sarebbe bastato vendere qualche migliaio di Mac in più al mese. Gates era l'unico a poter ragionevolmente pensare di controllare «l'era dell'elettronica di consumo plus» che, malgrado quel nome poco felice, stava inevitabilmente per arrivare. Bill era potente e molto, molto intelligente: nonostante non sempre riuscisse a esprimersi in modo chiarissimo, aveva intuito con grande lungimiranza il futuro dell'informatica, il mondo in cui oggi, quindici anni dopo, tutti noi ci muoviamo. Lui e Steve Ballmer avrebbero solo dovuto studiare la strategia adeguata: se l'operazione fosse riuscita, avrebbero traghettato la loro azienda verso quel futuro, tornando ai tassi di crescita che gli investitori desideravano tanto vedere.

Nessuno in quel momento poteva ancora prevederlo, ma il discorso che Gates pronunciò quella sera di gennaio a Las Vegas segnò anche lo zenit dell'egemonia della Microsoft. Il 31 dicembre 1999, il suo capitale azionario era stato valutato 619,3 miliardi di dollari, con un prezzo per azione di 58,38 dollari. Un valore che non avrebbe mai più superato.

Invece, toccò a un'altra azienda che in quei giorni lottava per rimanere a galla dare vita alla visione di Gates. E lo fece un passo alla volta, cercando di capire in che direzione si stesse muovendo la tecnologia e cogliendo al volo le occasioni che le si presentarono. Nel corso degli anni successivi, Steve Jobs portò la Apple a un modello di business completamente nuovo. Nessuno allora lo avrebbe sospettato, ma il futuro apparteneva alla Apple, non alla Microsoft.

* * *

Quando a Cupertino si diffuse la notizia dell'ambiziosa presentazione che Gates aveva tenuto al CES, Tevanian e Rubinstein convinsero Jobs a convocare d'urgenza una riunione del team dirigenziale al *Garden Court Hotel* di Palo Alto, per ripensare la strategia della Apple. «Bill Gates stava già parlando di quello che poi noi avremmo chiamato 'hub digitale'», ricorda Mike Slade. «Perciò, durante quell'incontro mi limitai a riportare il suo intervento a Steve parola per parola. Gli dissi: 'Non dovremmo essere noi a farlo? Non possiamo lasciare che la Microsoft lo faccia per prima! Farà di sicuro una schifezza!'»

I dipendenti della Apple non avevano mai nutrito molta fiducia nella capacità della Microsoft di mettere a punto tecnologie che non fossero approssimative, confuse e piene di magagne. Anche se Word, Excel e PowerPoint erano diventate applicazioni indispensabili per il successo dei Mac, nell'ottica di Cupertino l'imperdonabile colpa della Microsoft era stata la creazione, se non il plagio, di Windows. Come abbiamo visto, era stato solo per motivi di opportunità se, al momento del suo ritorno in azienda nel 1997, Steve aveva rinunciato a proseguire la lunga causa legale contro la Microsoft. Ma alla Apple continuavano a considerare Windows una pura e semplice scopiazzatura delle loro idee. Peggio ancora, lo ritenevano un volgare furto, che era però riuscito a imporsi al mondo con una prepotenza che disprezzavano e invidiavano al tempo stesso.

Il team di Jobs era sinceramente convinto che il mondo dell'«elettronica di consumo plus» di Gates sarebbe stato tanto brutto quanto la tremenda espressione cui era ricorso per descriverlo. Nel 2000, per avere una prova della goffaggine che caratterizzava i tentativi della Microsoft di avvicinarsi alle persone in carne e ossa, invece di rivolgersi ai clienti aziendali che erano sempre stati al centro dei suoi interessi, bastava aprire Word, Excel o PowerPoint su un PC, dove ad accogliervi avreste trovato un «aiutante» di nome Clippit. Si trattava di una graffetta parlante, il cui ruolo era idealmente quello di un centro di assistenza per gli utenti della suite Office ma che secondo molti era uno strumento inutile, petulante e quasi impossibile da eliminare dal monitor. La rivista *Time* la inserì fra le cinquanta peggiori invenzioni di sempre, accanto all'agente arancio, ai mutui subprime e alla Ford Pinto. Alla Apple non tolleravano l'idea che l'azienda responsabile di avere infilato Clippit nei computer determinasse l'aspetto e le modalità di interazione del nuovo mondo dell'informatica, delle comunicazioni e dei media digitali. Desideravano che queste nuove tecnologie rispettassero i più rigorosi canoni di eleganza, bellezza e semplicità. La Apple aveva sempre dimostrato un senso dello stile e del design che nessuno dei suoi concorrenti era stato in grado di eguagliare. Per accorgersene, bastava mettere a confronto un iMac con un qualsiasi PC in circolazione.

Gates sapeva benissimo di non poter sperare anche solo di avvicinarsi alla sensibilità estetica di Jobs. «Esigeva sempre l'eccellenza dal suo lavoro e dai suoi prodotti», racconta. «Era portato per il design. Quando entro in una stanza d'albergo, io non penso mai: Che brutto, questo comodino! Guarda qua, questo dettaglio avrebbe potuto essere più curato! Quando vedo un'automobile, non mi dico mai: Se fossi stato io a occuparmi del suo design avrei fatto così e così. Persone come Jony Ive e Steve Jobs, invece, osservano sempre tutto con quel tipo di atteggiamento. È vero, anche a me davanti a una stringa di codice capita di dire: 'Sì, è programmato correttamente', ma il loro è proprio un modo del tutto diverso di guardare il mondo. Il suo innato senso estetico dava a Steve un istinto infallibile nel determinare se un oggetto rispettasse o meno determinati canoni. Aveva standard altissimi, quando doveva decidere se qualcosa faceva o non faceva schifo.» Pertanto, in questo senso il team dirigenziale di Jobs aveva ragione: se, come affermava Gates, quei dispositivi e quelle applicazioni erano destinati a diventare onnipresenti, si presentava l'occasione unica di fissare i criteri funzionali ed estetici che avrebbero regolato il rapporto degli utenti con la tecnologia digitale.

La Apple aveva appena mosso il suo primo passo in questo nuovo settore con un'applicazione ben fatta ma realizzata nel momento sbagliato, iMovie. Era stata lanciata mentre sul mercato cominciavano a comparire le prime videocamere digitali relativamente economiche, prodotte da aziende giapponesi come Sony, JVC e Panasonic. Steve aveva pensato che un software di editing video semplice ed elegante fosse precisamente ciò di cui i proprietari di quelle videocamere avevano bisogno. Si trattava di un'applicazione sofisticata, che facilitava radicalmente il laborioso processo richiesto per montare filmati partendo da spezzoni di video, il tutto con una qualità quasi professionale. Ma se iMovie rappresentava la conferma che la Apple era ancora capace di creare software eccezionali, costituiva anche la prova che il mercato consumer era dannatamente difficile da leggere. In sostanza, iMovie offriva una raffinata soluzione a un problema che ancora le persone non sapevano di avere.

Nell'ottobre 1999, il software era stato presentato con la nuova generazione dell'iMac, ma gli utenti tardavano ad adottarlo. Steve si rimproverava di non avere saputo spiegare abbastanza bene le sue funzioni. Pertanto, nel corso di una riunione ai vertici nel dicembre 1999, aveva consegnato a cinque dirigenti i primi prototipi di un nuovo camcorder della Sony, chiedendo a ciascuno di loro di girare e montare un filmato di quattro minuti e di fargli avere la versione definitiva di lì a una settimana. Avrebbe proiettato il migliore durante la sua presentazione al MacWorld del gennaio seguente, per dimostrare come iMovie fosse uno strumento che chiunque avrebbe potuto imparare a utilizzare nel giro di qualche giorno.

«Fred [Anderson], Ruby [Jon Rubinstein], Avie [Tevanian], Tim [Cook], Sina [Tamaddon], Steve e io preparammo tutti un filmato di quattro minuti. Devo ammettere che fu un lavoraccio incredibile, anche per smanettoni come noi», ricorda Slade. «Dovevi girare il filmato, riversare la traccia video sull'iMac, montarla, aggiungere la colonna sonora e i crediti e poi passarla nuovamente sul camcorder, perché il disco rigido non era abbastanza capiente per archiviare sia il video originale sia il filmato finito e l'iMac non aveva ancora un masterizzatore DVD. Molti di noi pensavano che l'idea non avrebbe funzionato.

«Ma i risultati erano davvero divertenti», ammette. «I miei figli erano ancora piccoli, e li filmai mentre giocavano tra le foglie in un giorno d'autunno, con *Tupelo Honey* di Van Morrison in sottofondo. Anche Steve riprese i suoi bambini. E Fred… Beh, a quanto pare la sua vita era talmente noiosa che non trovò niente di meglio che filmare il suo gatto. Tim Cook fece un video su quanto fosse complicato comprare una casa a Palo Alto e sugli alti prezzi degli immobili nella zona. Secondo me il migliore era quello di Ruby. Quella settimana aveva compiuto gli anni e, mentre si trovava a Dallas per lavoro, si era filmato nella sua camera d'albergo, nelle sale conferenze e in tutti gli altri noiosissimi posti dove era stato mentre, mantenendo sempre un'espressione imperturbabile, diceva rivolto alla videocamera: 'Buon compleanno, Jon. *Woooow!*' Anche quello di Sina era molto bello: aveva ripreso i suoi due bambini mentre giocavano con i peluche e saltavano sul letto, con una canzone dei Green Day in sottofondo.» (Fu questo il filmato che Jobs scelse per il MacWorld.)

Per quanto divertenti potessero essere quei filmati, nella maggior parte dei casi la loro preparazione aveva richiesto ore e ore di lavoro. Quello del montaggio, seppur notevolmente semplificato da iMovie, era un processo che richiedeva tempo, impegno e capacità. Era il tipo di cosa che un genitore può decidere di fare una volta ogni tanto, solo in quelle rare occasioni in cui ha molto tempo libero. Fu soltanto dopo la riunione convocata presso il *Garden Court Hotel* da Tevanian e Rubinstein che Steve riconobbe che la Apple avrebbe dovuto creare un'applicazione molto più semplice di iMovie, qualcosa che gli utenti potessero usare quotidianamente. Si decise che un software per la gestione della musica poteva rappresentare una buona soluzione in questo senso. Jobs ammise che forse iMovie era stato un errore e così, invece di puntare i piedi, scelse di seguire l'intuizione del suo team e di avventurarsi nel mondo della musica digitale. A questo punto, la domanda fondamentale era se la Apple, considerato il ritardo con cui si era unita alla festa, sarebbe stata capace di muoversi abbastanza rapidamente da recuperare il terreno perduto.

Non deve sorprendere che a Steve piacesse così tanto iMovie. In fondo, si trattava di un software pensato principalmente per i genitori, e lui e Laurene, dopo la nascita di Eve nel 1998, avevano tre figli, e con il volgere del secolo la loro vita aveva cominciato a seguire una routine relativamente normale e prevedibile.

La capacità di Jobs di separare i problemi e concentrarsi su uno alla volta – dote che gli fu di grande aiuto per l'inversione di rotta della Apple – gli permetteva anche di tenere in equilibrio la famiglia e il lavoro. Guidando il team addetto allo sviluppo del Mac o dirigendo la NeXT, gli era capitato sovente di rimanere in ufficio fino a tardi, a discutere con il suo piccolo gruppo di talenti. Ora, però, aveva un ruolo diverso. Posto a capo di un'azienda con migliaia di dipendenti, Steve aveva affidato tutta la gestione alla cerchia ristretta dei suoi alti dirigenti. Invece di ronzare continuamente attorno agli ingegneri e ai programmatori, adesso svolgeva il lavoro quasi esclusivamente via e-mail. In questo modo riusciva a essere a casa per cena quasi tutte le sere e a passare un po' di tempo con Laurene e i figli, prima di rimettersi al computer. Lui e io eravamo amici su iChat, e anche a tarda notte vedevo sempre la lucina verde accanto al suo nome, segno che era ancora davanti al suo Mac. (iChat era la pionieristica applicazione della Apple per le chat video e a volte la usavamo per parlare di lavoro, anche se ogni tanto suo figlio Reed, che aveva dieci anni, senza che lui se ne accorgesse, si metteva alle sue spalle per farmi le boccacce mentre eravamo impegnati nella conversazione.)

Se immaginiamo una linea alle cui estremità ci siano rispettivamente il tempo passato da un genitore con i figli e quello dedicato al lavoro, Jobs si posizionava molto vicino al secondo estremo. Laurene sapeva che lui si sarebbe sempre dato un gran da fare. Era uno dei presupposti fondamentali del loro matrimonio. «Non facevamo molta vita sociale», ricorda. «Non che ce ne importasse, comunque.» Spesso la sera Laurene lavorava accanto a Steve, inizialmente per Terravera, una piccola impresa operante nel settore del biologico alimentare che in seguito avrebbe ceduto, e poi per College Track, la sua prima iniziativa nel mondo della beneficienza. I loro studi erano comunicanti: lei gli sottoponeva le sue idee e capitava spesso che lui le parlasse per un'ora o due degli affari della Apple. In genere, prima di andare a dormire guardavano un po' di televisione, in particolare, dopo che Jon Stewart cominciò a presentarlo nel 1999, il *Daily Show*. La cura dei figli pesava quasi tutta sulle spalle di Laurene, ma avevano programmato le loro giornate perché anche Steve potesse essere coinvolto e facevano di tutto per passare insieme le vacanze. A volte, a Natale o nei fine settimana, andavano alle Hawaii, in genere in un bungalow al *Kona Village Resort* di Big Island.

Oltre a regolare la giornata in modo che Steve riuscisse a gestire il suo enorme carico di lavoro, la coppia cercava di garantire ai figli una vita «normale», come amava definirla lo stesso Jobs. Lui e Laurene avevano creato un ambiente che si riconosceva in quelli che potremmo definire valori altoborghesi. Nel corso degli anni, anche quando il loro quartiere cominciò a popolarsi di personaggi ricchi e famosi (fra i loro vicini c'erano Larry Page di Google e Steve Young, il celebre quarterback dei San Francisco 49ers), i due fecero in modo che la loro casa restasse esattamente come tutte le altre: non installarono un sofisticato sistema d'allarme, non la circondarono con un muro di cinta, lasciavano sempre aperta la porta d'ingresso che dava sulla strada, i loro figli giocavano in giro per il quartiere e tutta la famiglia usciva spesso per fare un giro in bicicletta nella zona.

Cominciarono anche ad arredare la loro dimora, seppur con estrema lentezza. «Le storie che si raccontano sono tutte vere», sospira Laurene, trattenendo a stento un sorriso. «Poteva metterci secoli prima di decidersi, ma io non ero da meno.» Anche se le prove della presenza di bambini erano evidenti, la loro casa era molto più in ordine della mia (avere delle persone che se ne occupano è in genere d'aiuto). Per quanto l'interno dell'abitazione fosse accogliente, ho sempre pensato che il suo cuore pulsante fossero il rigoglioso orto e il lussureggiante giardino, ai quali si accedeva uscendo dalla cucina. Era quello l'elemento che risaltava di più, l'unico a non avere uguali in nessun'altra casa del quartiere. Quando andavo da loro, a volte trovavo Steve che aveva appena finito di lavorare in giardino o Laurene che rientrava con uno dei figli portando una cesta di ortaggi e fiori appena colti.

Quello era il suo rifugio. Anche se di tanto in tanto capitava che i colleghi andassero a trovarlo a casa, cercava in ogni modo di tenere la sua vita privata lontana dai riflettori. Con i giornalisti con cui aveva un rapporto più stretto, era dato per scontato che qualunque cosa avesse detto sulla sua famiglia non avrebbe dovuto essere resa pubblica. Quando scrissi su *Fortune* che le mie bambine avevano visto *Toy Story* con suo figlio Reed, gli chiesi prima l'autorizzazione.

Né lui né Laurene, tuttavia, evitavano la comunità; anzi, frequentavano regolarmente il centro di Palo Alto, dove li si vedeva regolarmente per tutta una serie di faccende molto normali, come fare la spesa da Whole Foods. La redazione di *Fortune* nella Silicon Valley era in Emerson Street, poco lontano da un edificio che Jobs aveva acquistato per avere un ufficio più vicino a casa. Non che ci andasse molto di frequente, ma quando lo usava capitava spesso di vederlo uscire per una passeggiata con un collega, oppure da solo per sbrigare qualche commissione. (Quando *Fortune*, a seguito di alcuni tagli, decise di chiudere quella redazione, lo dissi a Laurene, che affittò lo spazio per farne la sede della Emerson Collective, un'organizzazione no profit che aveva appena fondato.) Una volta mi imbattei in Steve e finì che lo accompagnai a comprare una bicicletta da regalare a sua moglie per il compleanno. Lui aveva già fatto le sue ricerche, perciò non ci mettemmo molto; in dieci minuti entrammo e uscimmo dal negozio. Mi disse: «Non affiderei mai un incarico del genere ad Andrea [suo storico segretario]. Mi piace comprare personalmente i regali per la mia famiglia».

Questi incontri del tutto normali con qualcuno che, ricorrendo alla bella espressione di Catmull, «si distingueva così tanto dalla media», erano talmente straordinari che decine di persone, dopo la morte di Jobs, hanno descritto queste esperienze su Quora, un sito di informazione molto frequentato da chi vive e lavora nella Silicon Valley. Il designer Tim Smith, per esempio, racconta di quando la sua vecchia, bizzarra auto sportiva Sunbeam Alpine andò in panne proprio di fronte al vialetto d'accesso della casa dei Jobs. Laurene uscì per portargli una birra mentre lui cercava di capire che cosa fare, poi si offrì di chiamare un amico che conosceva molto bene quel tipo di macchine. Quando questi arrivò – indossando uno smoking, pronto per andare a una serata di gala –, Steve uscì di casa accompagnato da Reed e salì in macchina, cercando di metterla in moto mentre il suo amico trafficava sotto il cofano, tentando invano di trovare una soluzione. Come scrive Smith online: «Fu un momento indimenticabile. Qualcosa degno di essere ricordato. È uno splendido pomeriggio d'autunno a Palo Alto. Hai la macchina in panne. Un amico di Steve Jobs vestito per una serata elegante sta armeggiando con il motore, mentre tu chiacchieri con l'adorabile e affabile moglie di Steve. Lui è nella tua auto con suo figlio e cerca di metterla in moto. Non capita spesso di imbattersi in individui del calibro di Jobs, soprattutto in una situazione assurda come questa, che però ti fa capire che sono assolutamente delle brave persone. Sono tipi normali, divertenti, altruisti. Sono come tutti gli altri, non come li descrivono i media. Steve non era il despota con il pallino del design dipinto dai mezzi di comunicazione. O meglio, lo era, ma non sempre».

Questo aspetto della vita di Jobs è sempre stato in ombra, e lui stesso non fece mai nulla per metterlo in luce. Il mito di Steve come stronzo geniale e risoluto, disposto ad abbandonare e sacrificare qualsiasi cosa o persona per la carriera, prevede lo spiacevole corollario che fosse anche un cattivo padre e un individuo incapace di attenzione e affetto. Uno stereotipo che non corrisponde nemmeno lontanamente all'uomo che ho conosciuto.

Al contrario della caricatura che ne è stata tracciata, e diversamente dalla maggior parte degli altri top manager che ho intervistato, Steve era sempre umano, spontaneo e incredibilmente onesto. Certo, a volte questo si rivelava un problema. Sapeva essere caustico, quando era in disaccordo su qualcosa che *Fortune* aveva pubblicato, e a volte ironizzava con una certa arroganza su qualche mio collega. Ma era anche un tipo bizzarro. Un giorno, mentre mi raccontava di una nuova interfaccia utente «così bella che viene voglia di leccarla», si chinò e leccò il monitor da ventisette pollici di fronte a una squadra di ingegneri. E poteva essere molto divertente, in modo disarmante. Una volta che lo intervistai, indossavo una vistosa camicia di seta a larghe strisce blu marino verticali fra cui spiccavano grandi figure rosso sangue, che sembravano chiazze. Quando entrai nella stanza, Steve mi squadrò dalla testa ai piedi e sbottò: «Avevi una riunione dai pompieri, prima di venire qui?» Fece una pausa a effetto, quindi scoppiò a ridere.

Si faceva grasse risate, a volte, secondo Laurene soprattutto quando giocava con i bambini, a casa.

Non che lo considerassi un esempio di padre modello. Sapevo quanto tempo gli rubava il lavoro e che la sua irriducibile determinazione aveva un prezzo molto alto, ma la sua vita privata, che ho avuto modo di osservare nel corso degli anni, mi è sempre parsa autentica quanto quella di molti miei amici e colleghi. Non c'è dubbio che gli aneddoti raccolti su Quora e i momenti che io stesso ho trascorso con lui passeggiando per Palo Alto o a casa sua siano del tutto ordinari. Tuttavia, con il passare del tempo ho capito che il punto era proprio questo: aveva un disperato bisogno di normalità, e il luogo in cui poteva trovarla era la sua casa, con la sua famiglia, un ambiente che rappresentava la necessaria antitesi a quello della Apple, dove si preparava a buttarsi a capofitto verso un futuro incerto.

Se iMovie era stata solo una sorta di missione di avanscoperta nel mondo delle applicazioni digitali per il mercato consumer, iTunes fu una vera e propria spedizione. Sostenuto da un team in cui riponeva ogni giorno di più la propria fiducia, da un innato senso estetico, dalla convinzione che l'incontro fra arti liberali e tecnologia potesse dare risultati straordinari e dalla sempre più salda persuasione che le grandi idee non abbiano uno sviluppo lineare, Jobs era pronto a vedere ciò che la Apple avrebbe saputo portare nel mondo della musica. Era la direzione più ovvia da seguire, naturalmente ma come accade in tutte le avventure più stimolanti e appaganti, sulle prime non fu facile capire dove tutto questo li avrebbe portati. Steve poteva usare solo il suo fiuto.

Aveva sempre amato la musica, anche se nel 2000, come succede a molti quarantenni, la sua playlist poteva ormai dirsi chiusa. Come ho raccontato, con me e con altri parlava spesso di Dylan e dei Beatles, e a volte capitava che uno di noi due avesse da ridire su una qualche novità musicale che non ci piaceva per nulla. Quando si tratta di gusti musicali, il rischio è quello di diventare vecchi parrucconi molto in fretta, e in questo lui non era diverso da tutti gli altri.

Ciò potrebbe contribuire a spiegare perché non avesse saputo reagire con maggiore tempestività ai nuovi formati digitali esplosi negli anni Novanta, che consentivano di archiviare e riprodurre musica su un computer. Durante quel periodo, numerose startup avevano cominciato a sviluppare applicazioni in stile juke-box per la gestione degli MP3, acronimo che sta a indicare un file digitale contenente musica registrata in formato compresso «estratta» (in altre parole, copiata) da un CD audio e riversata sul disco rigido di un computer in un file più compatto. Altri avevano sviluppato algoritmi di compressione proprietari, nella speranza di convincere il settore discografico ad adottare la loro tecnologia per ideare nuovi formati digitali e un modello di business più al passo con i tempi, vendendo musica agli utenti via Internet. Tra queste aziende, due erano state fondate o finanziate da ex dipendenti della Microsoft: la RealNetworks e la Liquid Audio.

Poi c'era Napster, geniale trovata di Shawn Fanning, un ragazzo del Massachusetts. Fu quella l'applicazione che segnò l'inizio della rivoluzione. Nell'estate 1999, Fanning ideò un servizio di condivisione di file basato sul cosiddetto «peer-to-peer», che consentiva a utenti sparsi in tutto il mondo – praticamente a tutti quelli che possedevano un computer connesso a Internet – di caricare e scaricare file MP3, dando così la possibilità di condividere con gli altri la propria collezione musicale. Poiché i file erano in formato digitale, le copie così ottenute erano essenzialmente identiche agli originali. Fu una delle prime applicazioni Internet davvero virali e nel giro di pochi mesi conquistò decine di milioni di utenti. Quel che si dice una vera *killer app*. Ma era anche illegale. Napster favorì infatti la già diffusa pirateria musicale, provocando un radicale mutamento nelle abitudini degli appassionati di musica che determinò il crollo del modello di business seguito fino ad allora dal settore discografico. I tribunali decretarono la chiusura di Napster soltanto nel 2001, quando ormai il programma aveva ottenuto uno strepitoso successo e Fanning era assurto a una celebrità tale da meritarsi la copertina di *Time*.

Mentre accadeva tutto questo, Jobs era occupato a rimettere in sesto la Apple. Doveva risolvere i problemi più gravi: razionalizzare la gestione delle scorte di magazzino, stabilizzare il flusso di cassa, ridurre il personale, formare un nuovo team dirigenziale, ripensare lo stile pubblicitario e di marketing e, naturalmente, soprintendere al design di nuovi prodotti. Aveva dunque concentrato tutta l'attenzione sulle necessità dell'azienda, e la musica aveva rappresentato solo un interesse periferico nel suo necessariamente limitato campo visivo. Ora, però, aveva capito che la Apple doveva entrare in quel settore e doveva farlo il più in fretta possibile.

La storia di come ci riuscì racconta di un uomo, e di una squadra, che impararono ad adattarsi e adeguarsi più e più volte e con impressionante rapidità a una situazione in costante evoluzione. Jobs aveva consolidato la Apple riducendone l'offerta di prodotti perché potesse tornare a creare computer diversi da tutti gli altri. Grazie a un marketing brillante e ai risultati finanziari di tutto rispetto, era anche riuscito a riaffermare i valori e il marchio dell'organizzazione agli occhi sia dei dipendenti sia dei consumatori. Ciononostante, l'azienda produceva ancora soltanto computer. Ora che Steve cominciava a capire che il matrimonio tra informatica ed elettronica di consumo aveva creato un mercato importante e in forte ascesa, la natura stessa della Apple – e con questa molte delle vecchie abitudini di Jobs – sarebbe dovuta cambiare. A partire dalla creazione di iTunes, l'azienda avrebbe dovuto dimostrare di essere molto più agile e duttile di quanto fosse stata in passato. Steve stesso aveva fatto sfoggio di una nuova flessibilità, acconsentendo ad accantonare iMovie per passare rapidamente al mondo della musica digitale. Adesso avrebbe dovuto mantenere questa elasticità e seguire il suo fiuto, ovunque lo avesse guidato.

Da sempre Jobs aveva preferito che la Apple sviluppasse da zero il suo software, dato che si fidava solo delle persone che lavoravano con lui. Tuttavia, considerato l'ingresso tardivo nel settore della musica digitale, si rese conto che non avrebbero avuto il tempo per mettere a punto un programma per la gestione di file musicali. Così, decise di acquistare un'applicazione juke-box già esistente da poter poi modificare e adattare.

Tre sviluppatori indipendenti avevano già creato juke-box digitali per il Macintosh. Il migliore tra questi era SoundJam, un'applicazione venduta al prezzo di 40 dollari e sviluppata da due ex ingegneri software della Apple. Jobs era particolarmente interessato a SoundJam, perché il programma conteneva anche un sofisticato database che avrebbe consentito di catalogare i file musicali sfruttando più di una dozzina di marcatori. Il software era uno dei preferiti dai cosiddetti «utenti avanzati», che dovevano gestire collezioni musicali composte da migliaia di pezzi. Garantiva grande semplicità d'uso e consentiva di importare tracce audio direttamente dai CD, per poi comprimerle in file di dimensioni più ridotte in tutta una serie di diversi formati digitali.

Nel marzo 2000, la Apple acquistò SoundJam, siglando con i suoi produttori un accordo dai termini piuttosto singolari: i creatori del programma avrebbero lavorato per l'azienda di Cupertino, ma i loro distributori avrebbero continuato a vendere la versione esistente dell'applicazione finché la Apple non avesse terminato il lavoro di ingegnerizzazione richiesto per includerla in iTunes. Un altro accorgimento preso da Jobs fu mantenere riservato l'accordo per i successivi due anni. In questo modo, non ci sarebbe stato alcun indizio evidente che in SoundJam sarebbe cambiato qualcosa: i distributori e gli sviluppatori dell'azienda avrebbero continuato a guadagnare e la Apple avrebbe tenuto segreti i suoi piani per la creazione di un juke-box digitale. La riservatezza era essenziale, essendo ormai tanti (etichette discografiche, produttori di beni di elettronica di consumo, aziende tecnologiche, emittenti radiofoniche e televisive) quelli che tentavano di capire come muoversi nel settore della musica digitale. Ai suoi inizi e negli anni che avevano visto succedersi al comando Sculley, Spindler e Amelio, la Apple era sempre stata un vero e proprio colabrodo; Steve risolse il problema mettendo bene in chiaro che chiunque fosse stato beccato a passare informazioni riservate o a divulgare i piani dell'azienda sarebbe stato licenziato in tronco. Così l'accordo rimase segreto, esattamente come lui aveva deciso.

La divisione software di Sina Tamaddon, che aveva fatto tesoro dell'esperienza accumulata con lo sviluppo di iMovie, si mise all'opera rapidamente e con discrezione. Quelli di SoundJam si integrarono perfettamente, e i suoi sviluppatori lavorarono con Tamaddon e Tevanian per migliorare alcune caratteristiche del programma, inclusa la preferita di Jobs, un «visualizzatore» che generava variopinte e surreali immagini astratte, che si muovevano a tutto schermo con effetti quasi psichedelici a partire dal tipo di musica che si stava ascoltando. In particolare, si dedicarono alla semplificazione del software, rimuovendo le opzioni superflue e cercando di eliminare ogni possibile complicazione. Anche questa divenne una caratteristica della nuova Apple che Steve stava creando: dire di no a funzioni software, a nuovi progetti e nuove assunzioni, a conferenze inutili, a tutta una serie di domande della stampa, perfino agli inviti di Wall Street a porsi obiettivi di profitto più ambiziosi e a qualunque altra cosa potesse costituire una distrazione o gli sembrasse poco pertinente. Soprattutto, dire di no garantì che tutti, lui compreso, non perdessero mai di vista ciò che contava di più. L'assoluta semplicità della sua strategia a quadranti aveva gettato le basi di un'organizzazione che avrebbe continuato a dire di no finché fosse finalmente venuto il momento di dire di sì e affrontare un nuovo progetto con ferrea determinazione.

Il team di iTunes lavorò davvero molto velocemente. Dopo soli nove mesi dall'acquisizione di SoundJam, e a un anno appena da quando Bill Gates aveva illustrato al pubblico l'idea di un mondo di computer, dispositivi elettronici e applicazioni interconnessi, Steve poté annunciare il lancio di iTunes al MacWorld di San Francisco, il 9 gennaio 2001. In quell'occasione presentò anche molti altri prodotti, tra cui il PowerBook Titanium – il primo dei famosissimi portatili Apple con il case in metallo invece che in plastica – e il sistema operativo OS X.

Ma iTunes si rivelò la vera star dell'evento, perché era qualcosa che tutti i presenti capirono subito di volere assolutamente. Steve mostrò come il programma consentisse di «rippare» un'intera collezione di CD audio in un archivio digitale sul disco rigido del Mac e, grazie al suo database, semplificasse la ricerca e la riproduzione delle tracce musicali. Queste potevano poi essere mixate in playlist personalizzate, che potevano essere salvate direttamente all'interno dell'applicazione oppure masterizzate su un CD. E, diversamente da OS X, che non sarebbe stato rilasciato fino a marzo, fu disponibile da subito per il download, gratuitamente. Jobs proiettò poi uno spot televisivo in cui si vedeva un palcoscenico affollatissimo di stelle della musica pop, che si concludeva con lo stesso slogan che di lì a poco sarebbe comparso anche sui tabelloni pubblicitari di tutti gli Stati Uniti: *Rip. Mix. Burn.* («Rippa. Mixa. Masterizza.») Una campagna promozionale decisamente cool. Non male, per uno che aveva già passato i quaranta.

Quella fu anche la prima volta che Steve dichiarò apertamente di volersi lanciare alla conquista del futuro promesso da Gates. In pieno stile Apple, cominciò riformulando il linguaggio con cui Bill aveva illustrato la sua visione, sostituendo «elettronica di consumo plus» con un più felice «hub digitale». Camminando avanti e indietro lungo il palco, proiettò su un maxischermo un'immagine in cui si vedeva un Mac circondato da sei dispositivi (una macchina fotografica digitale, un palmare, un lettore DVD, un lettore CD portatile, un camcorder e un apparecchio chiamato «lettore musicale digitale»), una sorta di mozzo con sei raggi, che rappresentava in forma aggiornata il vecchio concetto del computer come «bicicletta per la mente». Il Macintosh, spiegò Jobs, era lo strumento ideale per gestire, montare e organizzare i contenuti di tutti quei dispositivi, una specie di «deposito centrale» per aggiornamenti software, contatti, file audio e video e qualunque altra cosa gli utenti avessero voluto sui loro gadget portatili. E, da buon P.T. Barnum del settore informatico, riuscì a dare un'immagine molto più rassicurante rispetto all'inquietante futuro dipinto da Gates. Fece sembrare il tutto molto più umano e accessibile. La Apple prometteva di offrire software e hardware che ogni persona avrebbe potuto impiegare e adattare alle proprie necessità, creando da sé i suoi contenuti digitali. La «i» di iTunes stava a significare proprio questo: i veri padroni di quel futuro erano gli utenti stessi, non la Microsoft, e nemmeno la Apple. L'eloquenza di Steve fu incredibilmente efficace.

Due giorni prima, in effetti, Gates aveva ancora una volta parlato al CES di quello che ora chiamava «salotto digitale». La Microsoft aveva addirittura organizzato gli stand in modo che riproducessero le stanze di una casa. Ma nulla di tutto ciò suonava realistico. Quando si trattava del futuro, Bill era quello che dipingeva una lontana prospettiva di un rivoluzionario domani, mentre Steve avanzava passo dopo passo proponendo prodotti concreti. Era quasi come se i due si fossero invertiti i ruoli, da quell'intervista di dieci anni prima a casa di Jobs.

Nel giro di una settimana dalla sua presentazione e dal momento in cui fu reso disponibile online, furono scaricate 275.000 copie di iTunes. Anche se si trattava di una cifra minima rispetto ai venti milioni di Mac diffusi in tutto il mondo, superava già quella degli utenti di iMovie, programma che era disponibile per il download ormai da quindici mesi. Rimaneva solo un problema: fatta eccezione per l'iMac posizionato al centro del tentacolare hub digitale mostrato da Steve al MacWorld, nessuno dei dispositivi connessi era prodotto dalla Apple. E questo doveva cambiare.

All'inizio del 2001, durante un meeting con Jobs, Eddy Cue, un giovane ingegnere software dotato di un buon intuito e destinato ad avere un ruolo di primo piano nel team dirigenziale della Apple, si lamentò: «Non potremmo fare meglio, eppure la situazione è ancora quella del 1997». Infatti, anche se nel 2000 le vendite avevano toccato i 7,9 miliardi di dollari, le proiezioni per il 2001 prospettavano che sarebbero scese sotto i 6 miliardi. «Resisti», gli disse Steve. «Presto la gente capirà.» La sua pazienza era ammirevole ma, per l'ennesima volta, come continuava a fare dagli anni Ottanta, Jobs credeva che prima o poi il mondo avrebbe inevitabilmente riconosciuto la superiorità dei prodotti Apple. E anche ora, nel nuovo millennio, aspettava fiducioso che accadesse. Le condizioni della sua azienda erano stabili, ma certo non poteva ancora dirsi veramente forte. Aveva bisogno di qualcosa che le permettesse di continuare a crescere. Le serviva un nuovo tipo di prodotto.

La decisione di realizzare un lettore di musica digitale fu una diretta conseguenza dello sviluppo di iTunes. Quando i dirigenti e gli ingegneri della Apple cominciarono ad ascoltare file MP3 sui loro computer, ben presto desiderarono di portare con sé la musica in una versione digitale del vecchio Walkman Sony. I pochi lettori

MP3 tascabili presenti sul mercato erano progettati male e difficili da usare. Non che la qualità del suono non fosse buona, ma le operazioni necessarie per caricare la musica e trovare le tracce che si volevano ascoltare erano sconsolatamente arzigogolate. Steve era orgoglioso di iTunes, soprattutto per come rendeva semplice l'organizzazione e la gestione di grandi collezioni musicali. Nessuno dei dispositivi esistenti era in grado di sfruttare al massimo le possibilità offerte da quel brillante software.

Fu così che la Apple decise di creare un prodotto migliore. Una mossa che l'avrebbe costretta ad andare ben oltre il suo ambito di competenza: l'unico dispositivo di elettronica di consumo che l'azienda avesse mai realizzato era una videocamera digitale, risalente agli anni di Sculley e ormai da tempo dimenticata. Lo stesso Jobs non si era più occupato di questo genere di oggetti da quando, negli anni Settanta, aveva costruito e venduto le blue box con Wozniak. I computer erano senza dubbio il prodotto principale e la *raison d'être* della Apple. Ciononostante, il team dirigenziale, che stava cominciando decisamente a ingranare, accettò con entusiasmo la sfida insita nell'ideazione di un nuovo tipo di dispositivo.

Inoltre, nessuno di loro credeva che un semplice lettore musicale potesse essere davvero rivoluzionario, perciò quella scommessa sembrava relativamente poco rischiosa. Che non nutrissero ambizioni smodate per quel genere di prodotto è chiaro anche dalle parole con cui lo descrivevano: molti pensavano che un lettore di musica digitale fosse sostanzialmente una periferica del computer, come una stampante o un router Wi-Fi.

In qualità di responsabile dell'ingegnerizzazione hardware, Jon Rubinstein era sempre alla ricerca di nuovi componenti elettronici – processori, supporti di archiviazione, chip di memoria, tecnologie grafiche – che potessero suscitare l'interesse di Steve o fornire un vantaggio competitivo alla Apple. Alla fine del 2000, durante un viaggio in Giappone, Rubinstein visitò la Toshiba, il colosso dell'elettronica giapponese che, fra l'altro, produceva anche dischi rigidi per PC. Là gli ingegneri gli mostrarono l'ultima «grande» novità per quanto concerneva i supporti di archiviazione per laptop: il prototipo di un hard disk in miniatura da cinque gigabyte, con un diametro inferiore ai cinque centimetri. Stava comodamente in un pacchetto di sigarette ed era abbastanza capiente da consentire l'archiviazione di migliaia di file, che si trattasse di immagini, documenti o, perché no, tracce musicali. Rubinstein non riusciva a credere ai propri occhi. Era la prima volta che vedeva un disco rigido in grado di garantire un simile supporto di archiviazione conservando dimensioni sufficientemente ridotte per poter diventare il cuore di un lettore musicale. Diversamente dalle musicassette e dai CD dei Walkman e dei Discman Sony, questo hard disk avrebbe potuto contenere fino a mille canzoni, non solo una decina. E a distinguerlo ulteriormente erano le possibilità offerte dalla sua tecnologia di «accesso casuale», che avrebbe consentito agli utenti di recuperare quasi all'istante qualsiasi traccia in mezzo a tutto quel ben di Dio.

Nel gennaio 2001, Rubinstein chiese ad alcuni ingegneri che avevano partecipato al progetto Newton di cominciare a lavorare seriamente alla creazione di un dispositivo audio portatile partendo dal microdrive della Toshiba. A marzo, incaricò della direzione del gruppo un ingegnere che aveva reclutato dalla Philips, Tony Fadell. Quest'ultimo, un energico imprenditore con il fisico di un lottatore e la grinta di un allenatore di football, all'inizio degli anni Novanta aveva lavorato alla General Magic con Bill Atkinson, Andy Hertzfeld e Susan Kare (tutti membri della squadra che aveva partecipato alla creazione del primo Macintosh), i quali gli avevano raccontato storie tremende su come fosse Jobs in quel periodo. «Mi aspettavo una specie di orco, uno che urlava in continuazione, invece non era affatto così», racconta. «Non assomigliava per niente al protagonista di quelle storie. Quando qualcosa gli interessava davvero si accalorava molto, ma in genere era molto più conciliante, più comprensivo. Non era un micromanager ossessionato dal controllo, aveva fiducia nei suoi collaboratori.»

Nessuno aveva idea dell'aspetto che avrebbe avuto il prodotto finito, di come gli utenti lo avrebbero utilizzato, se avrebbe dovuto funzionare come un minuscolo computer, di come avrebbe gestito le librerie musicali di iTunes, né di quando sarebbe stato possibile metterlo in commercio. Sapevano solo quali sarebbero state le sue caratteristiche principali: avrebbe contenuto il minuscolo disco rigido della Toshiba, un amplificatore audio abbastanza potente da trasmettere il suono agli auricolari, un piccolo display per scorrere attraverso le tracce musicali, un microprocessore o un microcontroller per conferirgli sufficiente reattività, un software per renderlo programmabile e garantirgli di interagire con iTunes e una porta FireWire ad alta velocità per collegarlo via cavo con un Macintosh, il tutto da stipare in un dispositivo che si sarebbe dovuto infilare comodamente in una tasca dei jeans. E, naturalmente, sarebbe stato veramente cool. E, manco a dirlo, Steve voleva che fosse pronto il più presto possibile.

In questo senso, non era cambiato per niente: continuava a pretendere risultati straordinari, che sembravano quasi irrealizzabili. Nel frattempo, però, erano intervenuti due fattori ad aumentare le probabilità che la sua squadra centrasse i suoi ambiziosissimi obiettivi: da una parte, lui stesso era più disposto a ricalibrare le proprie aspettative, se lungo il processo di sviluppo sorgevano delle difficoltà o si presentavano nuove opportunità. D'altra parte, il gruppo che aveva formato poteva vantare le persone più talentuose con cui avesse mai avuto occasione di lavorare, un team naturalmente ambizioso, in cui tutti erano consapevoli del fatto che Jobs incoraggiava il loro spirito di ricerca e la loro volontà di spostare l'asticella sempre più in alto. «Lavorare con Steve mi piaceva», racconta Cue, «perché capivi che avresti potuto fare l'impossibile. E non una volta sola.»

Un'altra ragione per cui Jobs era sicuro che la Apple sarebbe riuscita a creare un dispositivo eccezionale era che, per ottenere successo, un lettore di musica digitale avrebbe dovuto essere il risultato di una perfetta combinazione di hardware e software straordinari. Con l'iPod, la sfida fu proprio quella di realizzare un «pacchetto completo», per usare le parole di Steve. Fadell guidò il gruppo responsabile dello sviluppo del dispositivo imponendo una tabella di marcia serratissima, ma tutti i membri del team dirigenziale diedero il proprio contributo, così come anche altri ingegneri che lavoravano in reparti diversi dell'azienda.

Trasformare il microdrive della Toshiba nel cuore pulsante di un congegno hardware tascabile *funzionante* non fu nemmeno l'impresa più ardua. Più difficile ancora fu riuscire a creare un apparecchio *funzionale*, che rendesse accessibili mille tracce musicali con uno o due click e si sincronizzasse in modo semplice e rapido con un Mac, consentendo così agli utenti di trasferirvi le copie dei file che avevano su iTunes e le loro playlist. Sarebbe stato bello anche poter visualizzare qualche informazione sulle canzoni, per sfruttare appieno la capacità di iTunes di organizzare le tracce per artista, titolo dell'album e perfino per genere musicale. Per poterlo fare, il lettore doveva essere abbastanza sofisticato da integrare anche un elementare programma di database. In altre parole, l'iPod doveva essere un minuscolo computer specializzato in un unico compito.

Ma questo era solo l'inizio. Fra tutti gli aspetti legati al mondo dell'informatica, Jobs era sempre stato affascinato in particolare da quello che rappresentava il punto di contatto fra una persona e il suo computer. Era stata infatti proprio l'interfaccia utente che, anni prima, aveva fatto del Macintosh il personal computer per eccellenza. Era naturale che fosse soprattutto questo elemento a interessarlo. Se le modalità di interazione con un apparecchio erano troppo complicate, era impossibile scoprirne tutti i segreti. La maggior parte delle persone non era interessata ai componenti interni dei computer; badava invece a quello che compariva sullo schermo e a ciò che attraverso quello schermo avrebbe potuto ottenere. Steve aveva capito l'estrema importanza di questo aspetto fin dagli esordi della sua carriera. Era uno dei tratti che da sempre lo distingueva dai molti altri creatori di computer, in gran parte tecnici convinti che a un consumatore razionale dovesse necessariamente stare a cuore ciò che si trovava dentro un computer, un atteggiamento che resisteva ancora, a vent'anni dalla presentazione del Mac. Se dunque la Apple fosse riuscita a rendere il suo lettore portatile veramente semplice da utilizzare, tutti avrebbero potuto usufruire della propria musica in un modo fino ad allora ritenuto impossibile. Se non ce l'avesse fatta, il suo dispositivo sarebbe stato un inutile aggeggio alla stregua degli altri in commercio.

Per risolvere il problema dell'interfaccia bisognava unire il software giusto all'hardware giusto. Parte del software era già stato sviluppato, naturalmente: iTunes era lo strumento perfetto per la creazione di database musicali e delle informazioni che avrebbero dovuto essere caricate sull'iPod. Ciononostante, il dispositivo portatile doveva avere un sistema operativo miniaturizzato che fornisse la base dell'interfaccia utente che sarebbe comparsa sul display, più o meno come faceva Mac OS con l'interfaccia grafica con cui si interagiva servendosi di mouse e tastiera. Il team responsabile del software ideò dunque un sistema operativo che combinava parte del codice proveniente dal vecchio Newton, un rudimentale sistema di file management di cui la Apple aveva acquistato la licenza d'uso senza troppi clamori dalla PortalPlayer e alcuni elementi di Mac OS X.

Con l'hardware fu più complicato, ma Jony Ive e la sua squadra di designer mostrarono tutto il loro valore, creando una versione speciale di un meccanismo noto come «ghiera di scorrimento», un congegno che sotto molti aspetti aveva un funzionamento simile alla rotellina montata sui mouse. Si trattava fondamentalmente di un disco piatto che si poteva ruotare con un dito in senso orario o antiorario, per scorrere velocemente lunghi elenchi che comparivano sul display. Ive e gli altri adottarono alcuni accorgimenti che resero la ghiera dell'iPod decisamente intuitiva. La rapidità di scorrimento delle liste di tracce musicali era direttamente proporzionale a quella con cui l'utente faceva ruotare la ghiera in un senso o nell'altro. Al centro del disco si trovava un pulsante, da premere per effettuare una selezione, esattamente come accadeva con il pulsante del mouse di un Mac. Lungo la circonferenza della ghiera erano posizionati altri pulsanti, con i quali si poteva passare alla traccia successiva, riavviare da capo una canzone o tornare a quella riprodotta in precedenza senza doverla cercare sul display.

Il progresso rappresentato dalla sua interfaccia utente fu ciò che più contribuì a rendere l'iPod così speciale e magico. Sebbene questa fosse solo una delle innumerevoli innovazioni software che presentava (fra queste, l'estrema facilità di sincronizzazione tra il dispositivo e la libreria musicale di iTunes), se il team che seguiva il progetto non fosse riuscito a trovare una soluzione per navigare attraverso una collezione musicale di migliaia di tracce, l'iPod non avrebbe mai avuto successo. Il modo in cui risolsero il problema portò anche alcuni benefici accessori. L'interfaccia era così ben concepita da migliorare e farsi molto più funzionale a mano a mano che le altre tecnologie utilizzate dal dispositivo venivano perfezionate e diventavano più economiche. Inoltre, dato che la tecnologia della ghiera di scorrimento combinava hardware e software, fu più facile per la Apple proteggere il proprio design con brevetti e copyright perché nessun concorrente si azzardasse nemmeno a tentare di riprodurlo. Se si fosse trattato principalmente di una funzione software, sarebbe stato molto più semplice copiarla. Ancora una volta, l'azienda aveva trovato un metodo intuitivo per controllare un dispositivo sofisticato e complesso, celandolo sotto un design brillante e minimalista. Quella fu la prima occasione in cui Ive dimostrò non solo di poter concepire l'aspetto esteriore dei prodotti, ma di essere anche in grado di occuparsi dell'esperienza utente. Per Steve, nulla era più importante di questo.

Considerate le moderate aspettative che la Apple nutriva per il nuovo dispositivo, l'iPod fu presentato un po' in sordina il 23 ottobre 2001, durante un evento organizzato nel minuscolo auditorium Town Hall nella sede centrale dell'azienda. Le reazioni dei giornalisti presenti, invece, furono tutto fuorché contenute. Seguendo la direzione indicata dal progresso della tecnologia, Jobs aveva creato un prodotto che svolgeva tutta una serie di funzioni in modo così immediato e accattivante da lasciar facilmente prevedere che avrebbe cambiato le abitudini dei consumatori. L'iPod fu una novità spettacolare e del tutto inattesa.

Usarlo significava innamorarsene all'istante. La Apple ne consegnò uno a ciascun giornalista presente, cosa che non aveva mai fatto prima. Quei reporter tecnologici, autori di recensioni ed esperti di settore descrissero rapiti funzioni e caratteristiche che l'azienda non aveva nemmeno menzionato. Per molti, l'aspetto più sensazionale era la riproduzione casuale, un particolare cui inizialmente Jobs non aveva attribuito molta importanza. La cosiddetta «modalità shuffle» trasformava il dispositivo nell'equivalente di una stazione radio personalizzata, che permetteva di ascoltare tutta la propria musica in una sequenza imprevedibile. Se si possedeva una collezione molto vasta, la modalità shuffle era uno splendido modo per riascoltare casualmente pezzi che ci si era ormai dimenticati di avere. In questo senso, il dispositivo faceva riscoprire il vero piacere della musica.

L'iPod rese la Apple veramente cool e diffuse l'irresistibile fascino dei suoi prodotti in un universo ancora più ampio di consumatori, soprattutto fra i più giovani. Con il tempo si sarebbe dimostrato il Walkman – e forse qualcosa di più – dei primi anni del Ventunesimo secolo. Fu anche il primo anello hardware in quella che presto si delineò come una lunga catena di innovativi prodotti software, hardware e network completamente autosufficienti che la Apple cominciò a sfornare quando decise di trasformare il Macintosh in un autentico hub digitale. Poco alla volta, l'iPod si rivelò il prodotto in grado di riportare in crescita l'azienda. «Abbiamo seguito i nostri desideri», spiegò Steve, ricordando quanto il suo team detestasse i lettori musicali esistenti sul mercato, «e ci siamo ritrovati in testa al gruppo.»

Eppure, anche l'iPod fu un banco di prova per la fiducia che Jobs nutriva nei riguardi degli utenti. Ci volle un po', infatti, perché questi adottassero con entusiasmo il dispositivo. Il prezzo di 399 dollari rappresentava senza dubbio un ostacolo, considerando che il lettore CD Sony Discman costava meno di 100 dollari. Inizialmente, le vendite andarono a rilento: nel primo trimestre dopo il lancio, ne furono acquistati solo centocinquantamila esemplari. Un anno più tardi, Steve tagliò di 100 dollari il prezzo del modello originale e ne presentò una seconda versione, con uno spazio di archiviazione doppio e una nuova «ghiera sensibile al tocco» che di una rotellina aveva soltanto la forma, mentre in realtà era un touchpad circolare con cui gestire la musica in modo ancora più semplice rispetto alla ghiera di scorrimento meccanica. Inoltre, era molto meno soggetto a guasti. Questa seconda presentazione fu il primo segnale evidente che l'iPod non solo aveva rivoluzionato il modo di ascoltare la musica, ma aveva anche contribuito a rivitalizzare le capacità della Apple come produttore di hardware. Il dispositivo accelerò il metabolismo creativo dell'azienda, favorendo una nuova disciplina organizzativa che trasformò la promessa di aggiornamenti frequenti, costanti e in grado di scuotere il mercato (la stessa di cui Bill Gates aveva parlato a Steve in quella famosa intervista di dieci anni prima a Palo Alto) in un nuovo, sensazionale tipo di fulminea innovazione tecnologica.

Grazie all'iPod, la Apple si scoprì capace di continuare regolarmente a superare se stessa. Per riuscirci, fu però necessario concepire una programmazione e un'esecuzione perfetta delle operazioni. Il prezzo relativamente contenuto dell'iPod (almeno in confronto ai computer dell'azienda) costrinse la Apple a imparare come ottenere processi produttivi di alta qualità con volumi molto più grandi di quanto avesse mai sperimentato. Queste nuove esigenze di produzione furono complicate dalle dinamiche competitive del mercato dei beni elettronici di consumo, che richiedevano di aggiornare l'offerta degli iPod molto più di frequente di quanto si facesse con quella dei computer. Per essere in grado di sfornare iPod a quei ritmi, l'azienda fu costretta a dotarsi di procedure che l'avrebbero trasformata in una corporation molto più strutturata. Tim Cook dovette predisporre una catena di produzione su scala internazionale e, insieme con Rubinstein, stipulò contratti con una serie di fabbriche asiatiche in grado di assicurare la consegna di grandi quantità di dispositivi di qualità in tempi strettissimi. L'iPod accelerò il battito della Apple, gettando le basi per le sue future fortune economiche.

Tuttavia, per continuare a superarsi, gli alti dirigenti dell'azienda – e lo stesso Jobs – dovettero imparare a guardare al futuro in modo diverso, non solo con fiducia ma anche con la disponibilità a seguire la tecnologia, qualunque direzione avesse imboccato. «Conoscere nuove tecnologie e nuovi mercati, è questo che diverte di più me e tutti gli altri alla Apple», mi spiegò Steve qualche anno dopo il lancio dell'iPod. «È esattamente questo che facciamo, e lo facciamo in campi diversi. Cinque o sei anni fa non sapevamo nulla di editing video, così abbiamo acquisito un'azienda per imparare come farlo. Poi non sapevamo nulla di lettori MP3. Ma le persone che lavorano per noi sono molto brillanti: hanno dato un'occhiata a quanto già esisteva, l'hanno valutato e poi l'hanno combinato con quello che sapevamo di design, interfaccia, materiali ed elettronica digitale. A essere sinceri, se non facessimo così ci annoieremmo.» In un'altra occasione disse: «Che importa da dove provengono le buone idee? Bisogna solo fare attenzione a notarle». Quando era totalmente concentrato sui problemi della Apple, aveva quasi perso il treno della rivoluzione della musica digitale. Ora che l'azienda poggiava di nuovo su solide basi, era tornato a dirigere lo sguardo su quanto accadeva fuori di lì, osservando con estrema attenzione. «Al momento del mio ritorno alla Apple ero come un malato: non potevo uscire né imparare nulla di nuovo», chiarì lui stesso. «Ma siamo riusciti a rimetterla in salute e l'abbiamo resa più forte. Adesso, quello che ci spinge è immaginare qualcosa di nuovo da fare.»

11

Mettercela tutta

Il mondo stava scoprendo la Apple poco per volta, e viceversa. L'iPod era stato il primo prodotto di massa dell'azienda ed era stato reso possibile dal fatto che Jobs e il suo team avessero proceduto secondo logica, un passo dopo l'altro: prima iMovie, poi una correzione di rotta che aveva portato a iTunes e infine all'iPod. La pazienza, la disciplina e la visione di Steve immisero la Apple in un percorso completamente nuovo, più arduo di quello che aveva battuto fino ad allora, che prevedeva soltanto un regolare aggiornamento dei propri computer. Da quel momento in poi, l'azienda seguì la nuova strada fino in fondo, anche quando ciò significò entrare in altri settori. Se la Apple aveva avuto successo nel mondo della musica, sotto la guida di Jobs ne avrebbe avuto anche in altri ambiti. Il grandioso progetto di offrire alle persone strumenti che rendessero migliore la loro vita privata e professionale rimaneva immutato, ma ora l'orizzonte cui si guardava era più ampio.

In quanto dispositivo elettronico pensato per il mercato di massa, l'iPod era stato commercializzato attraverso i soliti canali: Best Buy, Circuit City, grandi magazzini e rivenditori di computer come CompUSA. Steve detestava quei negozi. L'ossessione che nutriva nei riguardi dei suoi prodotti andava ben oltre il momento in cui uscivano dalla fabbrica. Lo stile pacchiano tipico di quelle catene, con i loro risicatissimi margini di profitto, era l'antitesi dell'estetica minimalista dei prodotti Apple e del suo marketing inconfondibile e spumeggiante. C'era solo un posto in cui Jobs avrebbe veramente voluto che i suoi prodotti fossero venduti al pubblico: gli Apple Store, inaugurati quattro mesi prima del lancio dell'iPod.

Fin dal debutto del Mac, Steve aveva sempre trovato da ridire sulla vendita dei computer Apple da parte delle grandi catene. Il modo in cui erano esposte e proposte le sue macchine era l'esempio perfetto di quanto le cose potessero andare storte quando non si faceva a modo suo. I commessi, interessati esclusivamente a svuotare al più presto gli scaffali, non facevano il benché minimo sforzo per capire che cosa avesse di speciale il Mac ed erano ancor meno incentivati a farlo da quando la IBM e i suoi cloni avevano preso il sopravvento. Già alla NeXT Jobs aveva discusso con Susan Barnes la possibilità di aprire un nuovo genere di negozi, dove i clienti più esigenti avessero l'occasione di conoscere al meglio i suoi prodotti di lusso.

All'inizio del 1998, pochi mesi dopo il suo ritorno alla Apple, aveva invitato Niall O'Connor, il direttore informatico, a pensare a una proposta per un negozio online in cui vendere i computer direttamente agli utenti, più o meno quello che stava già facendo con grande successo la Dell. O'Connor aveva chiesto a Eddy Cue, che si era laureato alla Duke University e allora aveva trent'anni e lavorava come tecnico informatico nel reparto risorse umane, di preparare una prima bozza di come il negozio si sarebbe potuto presentare dal punto di vista di un programmatore. «Non penso che Niall mi ritenesse il suo uomo migliore», afferma a tal proposito Cue, «ma per qualche ragione pensava che sarei riuscito ad avere a che fare con Steve.» Eddy, che non aveva mai incontrato Jobs di persona, non avendo grandi competenze nell'ambito dell'e-commerce e della vendita al dettaglio, chiese consiglio a diversi colleghi, tra cui il responsabile delle vendite Mitch Mandich. «Sottoponigli le tue idee migliori», fu il suo suggerimento, «anche se comunque non servirà a molto, visto che è una cosa che non si farà mai. Farebbe incavolare tutti gli altri canali», vale a dire i negozi e i distributori che fino a quel momento avevano venduto i computer Apple.

Una settimana più tardi Cue, O'Connor, Mandich, Jobs e altri si incontrarono per esaminare la prima proposta. Cue fece la sua presentazione, che aveva preparato sia per immagini, perché tutti gli avevano detto che Steve preferiva quel genere di esposizione, sia su carta, perché tutti gli avevano detto che Jobs odiava stare seduto a veder scorrere le slide, soprattutto se si trattava di meeting ristretti. Ma tutto il suo lavoro sembrò inutile. Steve prese quelle pagine e, dopo averle guardate, gliele restituì commentando: «Fanno schifo».

Nonostante questa prima, brusca reazione, Jobs chiese anche il parere degli altri sia sulla proposta di Cue sia, più in generale, sull'idea di aprire un negozio online. I dirigenti sollevarono subito tutti i problemi cui l'azienda sarebbe andata incontro se avesse seguito quella strategia: la sovrapposizione di uno stile di vendita personalizzato a un sistema di produzione che ruotava invece intorno a configurazioni standardizzate; l'assenza di studi di settore che indicassero il desiderio degli utenti di acquistare computer in questo modo e, soprattutto, il rischio di inimicarsi partner commerciali come BestBuy e CompUSA. Mandich, che aveva abbastanza esperienza da capire che stava nascendo un dibattito interessante, rimase in silenzio. Alla fine, un dirigente contrario all'idea prese la parola: «Steve», domandò, «che senso ha tutto questo? Non farai mai una cosa del genere, i nostri rivenditori non la prenderebbero bene». Cue, che di quell'argomento non sapeva nulla, sbottò: «I rivenditori? Ma se l'anno passato abbiamo perso 2 miliardi di dollari! Chi se ne frega dei rivenditori!» Jobs si rianimò. «Tu hai torto», disse puntando il dito contro il dirigente. «E tu hai ragione», proseguì indicando Eddy. La riunione si concluse con la richiesta di Steve a Cue e O'Connor di creare uno store online dove i clienti potessero personalizzare i loro acquisti, e di averlo pronto nel giro di due mesi.

Il negozio online aprì il 28 aprile 1998. Quella sera, prima di rincasare, Cue passò dall'ufficio di Jobs per comunicargli che avevano venduto più di un milione di dollari di computer in appena sei ore. «Favoloso», commentò lui. «Pensa a cosa potremmo fare se avessimo dei negozi veri e propri.» Eddy capì che Steve non si sarebbe mai accontentato. Ma quel genere di sfide gli piaceva.

* * *

Jobs aveva un debole per i bei negozi. Quando era in vacanza in Italia o in Francia, insisteva perché Laurene lo accompagnasse a vedere le boutique di Valentino, Gucci, Yves Saint Laurent, Hermès, Prada e altri. Con indosso i suoi consunti jeans tagliati e un paio di Birkenstock, in perfetto stile da turista hippy americano in giro da tutto il giorno, scortava Laurene nei negozi più esclusivi, a volte con i bimbi piccoli al seguito. Quando entravano in una di quelle roccaforti dell'alta moda, lui e la sua biondissima moglie si separavano: mentre Laurene gironzolava distratta, Steve attaccava bottone con i commessi e li tempestava di domande. Perché avevano deciso di lasciare così poco spazio ai prodotti? Com'era il flusso dei clienti? Esaminava l'architettura interna del negozio domandandosi come l'incontro di legno, archi, scale, luce naturale e artificiale contribuisse a creare un'atmosfera che favoriva l'esborso di scandalose somme di denaro. Quelle boutique riuscivano in qualcosa che a lui non era mai riuscito: vendere un prodotto di culto con margini di profitto assurdamente alti presentandolo in maniera esteticamente gradevole e al contempo esplicativa. Il modo stesso in cui quegli oggetti erano esposti contribuiva a giustificare i prezzi elevati che i clienti erano chiamati a pagare. Le tetre corsie e gli apatici commessi di Circuit City e CompUSA non rendevano certo un simile servizio alla Apple.

Nel 1998, Jobs convinse Mickey Drexler, CEO di Gap, a entrare nel consiglio di amministrazione. Poi, nel 2000, reclutò Ron Johnson, vicedirettore del merchandising di Target, chiedendogli di entrare nel team dirigenziale con l'unico, audace compito di creare il negozio ideale. «Il Mac è unico», mi disse Steve molti anni dopo. «Il trucco stava tutto nell'esporlo in un luogo in cui le persone potessero comprendere in che cosa è diverso e migliore e nell'avere commessi che sapessero dire qualcosa sul prodotto. Eravamo certi che se non avessimo fatto così saremmo andati in bancarotta.»

Johnson si era formato nel settore delle vendite al dettaglio tradizionale ma era l'uomo giusto per quello che Jobs aveva in mente. Dopo avere conseguito un master in direzione aziendale a Stanford, aveva scelto di cominciare la carriera come scaricatore di camion per i grandi magazzini Mervyn's. In seguito, aveva scalato la gerarchia da

Target, per poi farsi definitivamente notare affidando all'architetto Michael Graves il design di una teiera in esclusiva per la catena. Nel 1984, Graves aveva ideato una teiera per la Alessi che dieci anni dopo figurava ancora tra i prodotti più venduti dell'azienda. Johnson si era domandato per quale ragione gli oggetti belli fossero riservati ai ricchi e fossero inaccessibili ai clienti comuni, un'obiezione che avrebbe potuto essere formulata allo stesso modo anche da Steve.

Quando si trattò di lanciare la teiera di Graves, Johnson organizzò un evento degno di Jobs: affittò il Whitney Museum di New York per «mostrare alla stampa quello che il design può essere per tutte le persone». La teiera, unitamente a una linea di prodotti pensati da Graves in esclusiva per Target, indirizzò la catena sulla via che l'avrebbe portata a diventare l'alternativa esclusiva e raffinata a Walmart. Quando Steve si fece avanti, conquistò Ron (che non avrebbe mai potuto sperare di diventare CEO di Target) con quella promessa di infinite occasioni e opportunità alla quale era già ricorso in passato per convincere Sculley: «Non ci saranno limiti a quello che potrai fare», gli disse.

«Credevo che fosse un'occasione per lavorare con uno dei più grandi creativi di tutti i tempi», raccontò Johnson a un gruppo di studenti del master in direzione aziendale di Stanford nel 2014, «ma i miei amici nella Valley pensarono che fossi un idiota. 'Lasci *Tarjé* [pronuncia alla francese che si prendeva gioco ma al contempo ribadiva l'immagine sofisticata che la catena si era conquistata] per quell'azienda così sfigata?'» Era il 2000, e la Apple era ancora considerata un semplice comprimario nel mercato informatico.

Durante i colloqui per l'assunzione e nei primi tempi che Johnson passò a Cupertino, Jobs parlò con lui più di questioni personali che di vendite. «La prima volta che ci incontrammo, chiacchierammo per due o tre ore di tanti argomenti. Steve era una persona estremamente riservata. Era cresciuto in fretta e aveva pochi amici veri. Mi disse: 'Voglio che siamo buoni amici, perché quando avrai capito come la penso poi potremo parlarci anche solo una o due volte la settimana. Così quando vorrai fare qualcosa lo farai e basta, senza sentire il bisogno di chiedere l'autorizzazione a qualcuno'.»

Per qualche tempo, Johnson fu l'unico responsabile delle vendite al dettaglio della Apple. Per settimane partecipò alle riunioni del team dirigenziale e rimuginò sull'aspetto che avrebbe dovuto avere il negozio ideale. La questione fondamentale era l'esperienza del cliente; una volta stabilito questo, tutto il resto venne di conseguenza. Di solito i negozi poco frequentati erano fuori mano, mentre il punto vendita ideale, tanto per gli acquirenti quanto per un brand che voleva imporsi, doveva sorgere dove accadevano le cose, in centro. L'assistenza telefonica era forse adeguata a una clientela occasionale, ma un rapporto diretto era quello che le persone desideravano veramente, soprattutto quando si trattava di un computer, che è di gran lunga più complicato da capire di un impermeabile. Gli addetti alle vendite sono motivati dalle commissioni, ma ai clienti non piace sentirsi spinti ad acquistare qualcosa che non desiderano... Johnson formulò almeno una decina di idee del genere, e tutte ribaltavano il tradizionale approccio alla vendita al dettaglio. Jobs lo ascoltò e replicò soltanto: «Splendido, ora mettiamolo in pratica». Stando a Ron, Steve appoggiò tutti i suoi piani più ambiziosi. Gli diceva: «Se rifletti su qualcosa abbastanza a lungo, arriverai per forza all'unica risposta possibile».

Dietro suggerimento di Drexler, Jobs chiese a Johnson di presentargli un prototipo del negozio Apple. Individuato un magazzino a qualche chilometro di distanza dal campus dell'azienda, là Ron realizzò il suo modello in tutta segretezza. Come se si trattasse di un computer in fase di sviluppo, anche in quel caso il processo avanzò per tentativi. Era un progetto di design esattamente come qualsiasi altro, e Steve insistette per un aspetto lineare e minimalista, che consentisse di passare comodamente intorno ai tavoli sui quali sarebbero stati esposti i computer portatili e fissi.

Alla fine del 2000, Jobs e Johnson ottennero finalmente un prototipo soddisfacente. Poi, un martedì mattina di ottobre, Ron si svegliò con una sorta di rivelazione: la disposizione dei prodotti, pensata per zone organizzate per specifiche linee di dispostivi, era completamente sbagliata. Nelle riunioni del lunedì, Steve e il suo team dirigenziale avevano discusso per ore di un unico argomento, l'hub digitale, e Johnson comprese che anche i punti vendita dovevano essere strutturati secondo quel concetto, con una sezione dedicata alla musica, uno spazio riservato ai film e così via. Si trattava ancora una volta di un'idea che andava contro ogni logica tradizionale, e ancora una volta era una considerazione che mirava a offrire un servizio migliore alla clientela. Quella mattina, Johnson raggiunse Jobs per una visita al prototipo di negozio precedentemente programmata. Lungo il breve tragitto verso il magazzino, gli disse che credeva avessero sbagliato completamente approccio. «Ti rendi conto della portata del cambiamento che proponi?» tuonò Steve. «Non ho tempo per una cosa del genere. Voglio che non ne parli con nessuno. Non so ancora cosa pensarne.» Rimasero in silenzio per il resto della strada

Arrivati al magazzino, Jobs annunciò ai presenti: «Dunque, Ron pensa che abbiamo costruito i nostri negozi tutti sbagliati». Johnson aspettò di vedere dove sarebbe andato a parare. «E ha ragione», proseguì Steve. «Ecco perché adesso io me ne vado e voi farete tutto quello che lui vi dirà.» E in effetti si voltò e uscì.

Più tardi quello stesso giorno, Johnson andò da lui. «Sai», gli disse Jobs, «mi hai fatto venire in mente una cosa che ho imparato alla Pixar. Per ogni film, salta fuori qualche problema. E loro mostrano sempre una straordinaria disponibilità a ricominciare da capo e rifare quello che va rifatto, finché sistemano le cose. Non si lasciano mai condizionare dalla data prevista per la distribuzione. Quel che conta davvero non è fare in fretta, ma fare del nostro meglio.»

I primi punti vendita, che aprirono nel maggio 2001 a Tysons Corner, in Virginia, e a Glendale, in California, esponevano iMac, Power Mac, iBook e PowerBook, oltre a un assortimento di software, una piccola selezione di manuali, cavi e accessori di vario tipo e alcune periferiche di altri produttori, come stampanti e hard disk. La reazione fu piuttosto unanime: Steve aveva commesso un errore madornale. *BusinessWeek* stroncò l'iniziativa, bollandola come un ulteriore esempio della sua eccentricità. Gli analisti sottolinearono che Gateway, probabilmente il produttore di computer Wintel più esperto in materia di marketing, aveva di recente chiuso la sua catena, che contava più di un centinaio di punti vendita, a causa degli scarsi profitti. Tuttavia, dal momento che quando si trattava di impostare la strategia per un prodotto Jobs non ricorreva alle classiche ricerche di mercato, considerava irrilevante la disavventura di Gateway. «Quando abbiamo cominciato ad aprire i punti vendita tutti credevano che fossimo impazziti», mi raccontò. «Il problema era che i negozi avevano perso la loro capacità di interagire con il cliente. Gli altri vendevano computer tutti uguali: a parte la confezione e la marca, si trattava sempre dello stesso scatolotto Made in Taiwan. Con così poche differenze, non c'era molto che i commessi avessero da spiegare, fatta eccezione per il prezzo, perciò il personale non era qualificato e veniva sostituito spesso.»

Anche se gli Apple Store funzionarono piuttosto bene fin da subito, inizialmente erano soprattutto piccoli paradisi riservati a quelli che già amavano l'azienda e i suoi costosi prodotti. I primi dati di vendita rivelarono quanto fosse essenziale creare un nuovo, rivoluzionario dispositivo. Di fatto, la Apple aveva un problema demografico: adolescenti e giovani non ritenevano i suoi prodotti eccezionali quanto invece sembravano reputarli i loro genitori. La ragione era in parte che gli iMac e gli iBook erano troppo costosi per i ragazzini: per quanto belli e irresistibili fossero, soltanto i loro genitori baby boomer potevano permettersi di staccare un assegno o tirare fuori la carta di credito per portarsene a casa uno. Nei suoi negozi, la Apple non proponeva nulla di sua produzione che sapesse attrarre le generazioni X e Y.

Finché non arrivarono iTunes e l'iPod, e gli Apple Store divennero rapidamente il luogo ideale per presentare il nuovo concetto di hub digitale formulato dall'azienda. Commessi altamente specializzati, motivati dalla passione per la tecnologia e non dalle commissioni – proprio come voleva Johnson –, mostravano ai clienti come usare l'iMac e iTunes per «rippare, mixare e masterizzare» i CD audio personalizzati; altri insegnavano agli utenti a utilizzare iMovie per montare i filmati. Gli Apple Store proponevano anche lezioni collettive, in cui si spiegava come trasferire playlist e album sull'iPod, anche se si trattava di un procedimento molto semplice. «Le persone che lavorano nei nostri punti vendita sono la nostra risorsa più importante», dichiarò Steve. «Il ricambio di personale nei nostri negozi è molto basso per questo tipo di settore, quindi la nostra forza sta nella nostra gente.»

Mentre gli Apple Store richiamavano un numero crescente di visitatori, l'azienda cominciò a vendere sempre più macchine fotografiche digitali, videocamere, casse, amplificatori, cuffie, stampanti, hard disk, masterizzatori e prodotti simili realizzati da altri. Nel corso degli anni, a un ritmo lento ma costante, gli Apple Store diventarono i negozi al dettaglio di maggior successo al mondo in termini di vendite al metro quadro. Jobs spinse Johnson a ideare architetture sempre più audaci, alcune delle quali inconfondibili, come il cubo di vetro posto di fronte alla sede della General Motors nel centro di Manhattan. «Non ho mai incontrato nessuno capace di delegare tanto quanto Steve», raccontò Johnson agli studenti di Stanford. «Aveva le idee talmente chiare che era sempre pronto a concederti la massima libertà.»

La musica infuse nuova linfa all'azienda: fra iTunes, la campagna *Rip. Mix. Burn.* e l'iPod, la Apple riuscì a conquistare gli utenti più giovani. Ma questa ondata di entusiasmo e il messaggio spensierato e impertinente del suo marketing indispettirono qualche parruccone del settore discografico e cinematografico. Nel 2002, quando ormai la campagna incriminata era stata da tempo cambiata, Michael Eisner, l'amministratore delegato della Disney, nel corso di un'udienza davanti al Comitato per il commercio del Senato degli Stati Uniti accusò la Apple di avere incoraggiato comportamenti illegali. «Vendono computer appoggiandosi a una campagna pubblicitaria in cui si invita a rippare, mixare e masterizzare», affermò. «In altre parole, le persone possono commettere un furto e condividere il bottino con tutti i loro amici, se anche loro acquisteranno quel particolare computer.»

Appena lesse le trascrizioni dell'udienza, Jobs andò su tutte le furie, anche se si sentì in qualche modo vendicato quando Eisner fu pubblicamente sbeffeggiato per l'ingenuità delle sue osservazioni. La campagna della Apple si muoveva su un confine sottile, e in fondo Steve capiva Eisner e le etichette discografiche. Nel suo duplice ruolo di presidente di un'azienda informatica e azionista di maggioranza di una casa di produzione cinematografica, comprendeva perfettamente i rischi legati alla pirateria. Aveva fatto causa alla Microsoft per quello che riteneva un plagio dell'interfaccia grafica utente del Mac e, come chiunque altro nella Silicon Valley, era paranoico quando si trattava di proprietà intellettuale.

Jobs conosceva tanto bene i problemi legati alla pirateria da sapere che avrebbe potuto sfruttare l'argomento per convincere gli altri della sua nuova, grandiosa idea nel settore musicale: l'iTunes Music Store. Non a torto, era convinto che iTunes offrisse un modo di gestire i contenuti musicali digitali assai più elegante di qualsiasi altra soluzione disponibile sul mercato. Sapeva inoltre che un negozio online, se congegnato a dovere, avrebbe messo a disposizione dei consumatori un sistema così snello e semplice per l'acquisto della musica che avrebbero smesso di rubarla tramite Napster e altri siti analoghi, che erano in realtà applicazioni inutilmente complesse e scomode che esponevano i computer a ogni sorta di problemi di sicurezza.

L'iTunes Music Store fu un punto di svolta nella storia dell'evoluzione di Steve: rappresentò il momento in cui le sue aspirazioni per la Apple travalicarono i confini di Cupertino. Fino a quel momento, infatti, tutto ciò che aveva fatto era rimasto entro il recinto dell'azienda: l'aveva consolidata, aveva individuato con precisione i suoi obiettivi, riorganizzato il personale, formato un eccellente team dirigenziale, realizzato il sensazionale iMac e un nuovo e moderno sistema operativo. Ogni mossa che aveva intrapreso era stata la diretta conseguenza di quella precedente. Si era assicurato che la Apple poggiasse su basi solide per quanto riguardava il suo ambito di affari principale, senza però rinunciare a farsi guidare dal proprio fiuto quando si trattava di decidere come affrontare le incertezze del futuro. Adesso era pronto a scommettere che l'azienda fosse talmente salda da potersi permettere di abbandonare la sua roccaforte per aprirsi a nuove opportunità, che avrebbero rivoluzionato anche altri settori.

Per realizzare un simile progetto, doveva lavorare sia sul fronte interno sia su quello esterno. Internamente, doveva fare in modo che i suoi ingegneri riuscissero ad adattare il sistema di compressione dei contenuti digitali della Apple e la tecnologia necessaria alla loro distribuzione, risolvendo quei problemi che il settore discografico non poteva affrontare da solo. Soluzioni più comode come acquistare un negozio online di musica già esistente e «Apple-izzarlo» per partire subito a tutta birra non esistevano ancora. Considerato poi il livello di incompetenza tecnologica dimostrato reiteratamente dalle etichette discografiche con i loro sconclusionati tentativi di commercializzare i prodotti online, non avrebbe nemmeno avuto senso concedere loro la licenza di promuovere e vendere musica direttamente agli utenti iTunes. La Sony, per esempio aveva combinato un gran pasticcio, quando aveva provato a vendere musica in un formato digitale che funzionava solo sui lettori prodotti dalla sua società madre, la Sony Electronics. Non solo il suo negozio offriva pochissima musica dal catalogo delle altre principali etichette discografiche, ma le tracce non erano neppure riproducibili sul computer, che allora costituiva il dispositivo principale utilizzato dagli utenti per ascoltare la musica digitale.

Se la Apple voleva provare a commercializzare autonomamente la musica, Steve doveva innanzitutto convincere i dirigenti delle cinque maggiori case discografiche che un negozio online indipendente gestito dalla Apple costituiva non solo la migliore opzione che avessero, ma probabilmente anche l'unica, alla luce del livello di sofisticazione tecnologica della rivoluzione digitale che si parava davanti a loro. In ogni caso, considerata la loro presuntuosa arroganza, se anche fosse riuscito a raggiungere questo primo obiettivo, si sarebbe poi dovuto dare parecchio da fare per offrire ai discografici un modo per sperimentare in tutta tranquillità questo nuovo sistema.

Decidendo di vendere musica online, la Apple dovette affrontare tutta una serie di sfide: gli ingegneri furono costretti a modificare iTunes per semplificare l'acquisto e la gestione dei contenuti musicali, garantire un'adeguata registrazione delle vendite e della fatturazione e assicurarsi che le tracce acquistate fossero crittografate, per evitare che i clienti le copiassero e le condividessero indiscriminatamente con altri. Quest'ultimo aspetto, vale a dire l'adozione di misure che mettessero al riparo le case discografiche dalla pirateria, fu il meno complicato. Erano infatti più di dieci anni che le aziende informatiche cercavano di risolvere questo genere di problemi di sicurezza, sviluppando ogni tipo di blocchi ed espedienti di verifica online in grado di proteggere il loro software. A seconda di quello che i vertici delle case discografiche avrebbero richiesto, Jobs avrebbe potuto facilmente adattare la crittografia o la filigrana digitale delle tracce MP3 prescelta. Risolvere la questione con un impenetrabile blocco di sicurezza era molto più semplice per la Apple che per le etichette.

Il più grande ostacolo per gli sviluppatori del negozio online fu il sistema di pagamento. Quello che a prima vista sembrava un problema di facile soluzione era invece un punto fondamentale, se si considerava il fatto che i sistemi di pagamento allora disponibili avevano per i distributori di musica costi che arrivavano a superare i ricavi. Ciò dipendeva dalla tendenza dei clienti online ad acquistare principalmente singoli brani, invece dei più costosi album, questione che per il settore discografico si stava rivelando seccante quanto quella della pirateria.

Il traffico generato da Napster aveva chiaramente messo in luce questa nuova tendenza: quando gli utenti avevano la possibilità di scaricare tutta la musica che volevano, propendevano per i loro pezzi preferiti, invece che per un intero album. Si trattava di un cambiamento radicale rispetto a quanto era accaduto nel settore tra la fine degli anni Sessanta e l'inizio degli anni Settanta, quando le case discografiche avevano fatto di tutto per eliminare i singoli e concentrarsi sugli album, venduti a un prezzo di gran lunga maggiore. Molti artisti avevano accolto il cambiamento registrando concept album, per esempio i Beatles con «Sgt. Pepper's Lonely Hearts Club Band», gli Who con «Tommy» e i Pink Floyd con «The Wall». Tuttavia, le etichette ne avevano approfittato pubblicando regolarmente opere contenenti solo uno o due pezzi forti, sapendo che i fan avrebbero comunque sborsato i soldi dell'intero album, pur di avere quelle due canzoni.

Steve aveva capito che «l'effetto Napster» era irreversibile e pensava che i singoli brani dovessero essere venduti a 99 centesimi, all'incirca l'equivalente del valore di una traccia all'interno di un album, visto che negli anni Novanta un CD aveva in media dodici pezzi ed era venduto a 15 dollari. Quella cifra aveva inoltre per Jobs un valore sentimentale, essendo esattamente lo stesso prezzo che lui e quelli della sua generazione pagavano per i 45 giri negli anni Sessanta.

La sua idea si scontrava però con un problema. Da sempre, Visa e MasterCard applicavano una commissione fissa del 15%, più l'1,5% del valore della singola transazione, mentre American Express arrivava al 20%, più il 3,5% della transazione. Questo non costituiva un problema, quando il prezzo di vendita era nell'ordine delle decine o delle centinaia di dollari, ma se una canzone fosse costata 99 centesimi, una commissione di 16 o 23 centesimi sarebbe stata rovinosa. Se la Apple voleva diventare un importante rivenditore di musica digitale, doveva trovare un modo di organizzare gli acquisti che limitasse il peso di queste commissioni. (L'azienda di Cupertino non fu la prima né l'unica a scontrarsi con il problema di gestire microtransazioni inferiori a un dollaro. La questione disorientava tutti tranne le compagnie telefoniche, che l'avevano risolta tenendo i conti ed emettendo fattura solo una volta al mese.)

Eddy Cue escogitò due soluzioni per aggirare il problema. In primo luogo, suggerì che l'iTunes Music Store raggruppasse periodicamente gli acquisti di un singolo utente, in modo da inviare un numero inferiore di transazioni alle società che gestivano le carte di credito. Non si sarebbe sempre potuto ricorrere a un simile stratagemma, però, a mano a mano che gli acquisti sul sito fossero aumentati, si sarebbero ammortizzati i costi. Inoltre, Cue ideò la funzione «Allowance», un modo semplice perché i genitori depositassero automaticamente del credito sull'account dei figli perché questi potessero effettuare i loro acquisti, il che avrebbe significato avere pagamenti anticipati di importo sufficiente per coprire le spese per le successive transazioni rese possibili da quei versamenti.

Questo genere di risposte complicate piaceva un sacco a Steve. Quando la Apple si dedicava a un progetto importante, lui non si preoccupava solo del design e del marketing, ma voleva conoscere tutti i particolari e pretendeva che ciascun dipendente affrontasse in modo creativo ogni possibile problema, da quelli di design e ingegnerizzazione fino alle questioni apparentemente più ordinarie come il packaging e i pagamenti. Anzi, mi rivelò di essere orgoglioso della soluzione trovata per le microtransazioni tanto quanto lo era dei nuovi modelli di iPod che avrebbe presentato in occasione dell'apertura dell'iTunes Music Store.

Il team di Cue prese anche un'altra decisione cruciale: la Apple avrebbe integrato la «vetrina» digitale dello Store direttamente in iTunes, invece di creare un sito Internet che funzionasse da negozio online. Se andate su www.itunes.com, infatti, finirete su una pagina promozionale apple.com che descrive le molte meraviglie del programma ma non vi consente di fare acquisti online. L'unico modo per raggiungere lo Store è attraverso iTunes, all'epoca disponibile solo per i computer Macintosh. Jobs trovava l'idea affascinante per parecchie ragioni: la Apple manteneva il controllo di tutta la tecnologia alla base dello Store, creando inoltre un rapporto commerciale diretto con gli utenti. La semplicità con cui divenne possibile acquistare una canzone dopo avere comunicato alla Apple il proprio numero di carta di credito faceva parte di quella che Steve chiamava «l'esperienza Apple». Da ottimo marketer qual era, capì che il rapporto esistente fra un consumatore e la sua azienda avrebbe contribuito a determinare nel bene e nel male il giudizio che questi aveva nei suoi confronti. Per come la vedeva lui, una corporation doveva accumulare una specie di credito di reputazione da cui, quando necessario, avrebbe potuto anche effettuare un prelievo. Per questo motivo, voleva assicurarsi che ogni possibile interazione tra la Apple e la sua clientela fosse eccellente, dall'interfaccia del Mac al servizio di assistenza telefonica, passando per l'acquisto di una canzone sull'iTunes Music Store e il suo sistema di pagamento.

Anche se nel 1998 mi aveva detto che l'unica ragione di vita di un'azienda era creare prodotti, ora si stava impegnando perché la sua garantisse ai consumatori un'esperienza a tutto tondo. Ogni mossa, dallo sviluppo di nuove tecnologie al design dei punti vendita e dello Store online, doveva mirare in questa direzione. L'estrema attenzione dedicata a ogni dettaglio di questo aspetto ha portato la Apple anni luce avanti alla concorrenza. Inoltre, anche i risvolti culturali sono stati significativi: dopo avere conosciuto e sperimentato la coerenza e la superiorità dei suoi prodotti e servizi, infatti, i consumatori hanno cominciato a esigere un trattamento simile anche dalle altre aziende. L'eccellenza raggiunta dalla Apple nel Ventunesimo secolo ha dato un nuovo significato alla parola «qualità», costringendo anche altre organizzazioni a confrontarsi con una clientela dalle aspettative sempre più alte.

Ma l'integrazione dello Store all'interno di iTunes si rivelò molto vantaggiosa anche sul breve periodo: il fatto che fosse accessibile ancora a un numero relativamente contenuto di utenti servì a rassicurare i preoccupati dirigenti dell'industria musicale che Jobs dovette corteggiare. Era stato venduto mezzo milione di iPod: un numero sufficiente per creare una nicchia di mercato significativa, ma non abbastanza da incidere sui volumi molto più ampi dell'intero settore discografico. Dopotutto, gli utenti Mac erano solo il 4% dei possessori di computer. In questo caso, però, una quota così ridotta rappresentava un vantaggio competitivo. Dato che le etichette discografiche consideravano la possibilità di acquistare musica digitale online un cambiamento radicale e preoccupante, Steve li convinse con un ragionamento semplice e apparentemente rassicurante: perché non provare a vendere musica online e sfruttare il minuscolo e riparato «giardino recintato» che la Apple metteva a loro disposizione per valutare la portata della domanda e analizzare le dinamiche dei consumatori e del mercato?

Jobs aveva preparato nei minimi dettagli la strategia da seguire durante le trattative. Doveva fare in modo che le cinque maggiori etichette – Universal, EMI, Sony, BMG e Warner – firmassero l'accordo. Probabilmente aveva ragione a credere che un negozio online che non garantisse una nutrita selezione della produzione di tutte le principali case discografiche fosse destinato a fallire. E in cambio di questa soluzione, che assicurava un rapporto diretto con i clienti, chiedeva un compenso sostanzioso: il 30% di ogni transazione effettuata sull'iTunes Music Store.

Per sua fortuna, trovò ben presto un alleato: Roger Ames, a capo della Warner Music, che gli era stato presentato da Barry Schuler, un dirigente di AOL. Ames, un tipo alla buona ed estremamente concreto per essere uno che lavorava in un settore seduto sugli allori dei passati guadagni e successi, vide chiaramente quello che la Warner avrebbe potuto fare se fosse ricorsa solo alle proprie forze: «Assolutamente nulla», spiega. «Non avevamo nessuno che conoscesse davvero quelle tecnologie. Siamo una casa discografica, non un'azienda hi-tech!» Convinto che quella fosse l'unica soluzione ragionevole per il futuro del settore, Ames presentò Steve ai capi delle altre quattro etichette, partendo da quelle che pensava si sarebbero dimostrate più disponibili. Fu un percorso lento e accidentato. Le resistenze dei dirigenti erano palesi e del tutto comprensibili. Alcuni si ostinavano a negare l'inevitabilità del futuro digitale della musica, mentre i più pragmatici temevano che, affidando la distribuzione dei loro prodotti a un settore estraneo che non riuscivano ancora pienamente a capire e di cui non si fidavano completamente, avrebbero perso il potere di stabilire il prezzo della loro musica. Jobs ascoltò queste perplessità e modificò di conseguenza la struttura dello Store e i sistemi di protezione dei suoi contenuti digitali. Ne aveva fatta di strada, da quel giorno nel Giardino di Allah: sapeva che non sarebbe riuscito a imporre le proprie idee alle etichette discografiche.

Ciononostante, sapeva anche come ottenere quello che voleva, perciò condusse le trattative ricorrendo alla classica tecnica del bastone e della carota. Discusse pazientemente con i capi delle case discografiche e li convinse di avere una soluzione sicura e affidabile, pensata espressamente per loro dai suoi tecnici migliori. Allo stesso tempo, disse a chiare lettere e con estrema franchezza che l'assalto digitale che stavano tentando di ignorare era inevitabile e incontrastabile. Se erano preoccupati di perdere il controllo sui loro prodotti, dovevano solo aspettare e vedere che cosa sarebbero stati in grado di fare i prossimi brillanti e insidiosi successori di Napster!

Fra tutti i dirigenti, Andrew Lack della Sony era il più sospettoso. La sua azienda aveva una divisione che si occupava di elettronica di consumo e vendeva lettori di musica digitale portatili, che supportavano formati di compressione e algoritmi di criptazione completamente diversi. Inoltre, l'esperienza decennale come dirigente esecutivo alla NBC e in altre organizzazioni suggeriva a Lack che se la Apple avesse cominciato a offrire un servizio completo di musica online, si sarebbero impennate non solo le vendite dell'iPod, ma molto probabilmente anche quelle dei Mac. Se le cose stavano così, perché non erano le etichette a cercare di impadronirsi di una fetta del mercato di Steve, ma stava invece accadendo l'esatto contrario? Anche i dirigenti di altre case discografiche si erano posti la stessa domanda, tanto che in alcuni casi – loro stessi o gli amministratori delegati della loro azienda madre – si erano offerti di partecipare con investimenti più cospicui, che avrebbero creato partnership più profonde di quella data dalla semplice spartizione dei profitti della vendita online di tracce musicali. Tuttavia, nessuna di queste offerte sembrava posta con reale convinzione, e Jobs credeva che se fosse riuscito a tenere loro testa abbastanza a lungo, alla fine si sarebbero convinti che la sua soluzione era quella di cui avevano bisogno.

Alla fine Lack cedette e il 23 aprile 2003 l'iTunes Music Store aprì i battenti, con un catalogo di duecentomila canzoni. Nella prima settimana, gli utenti scaricarono un milione di tracce musicali ed entro la fine di quell'anno la Apple vendette più di venticinque milioni di canzoni.

Proprio come Lack aveva previsto, le vendite dell'iPod crebbero vertiginosamente, al punto che molti nella squadra di Steve pensarono che il mercato rappresentato dagli utenti Macintosh fosse ormai saturo. Secondo loro, la successiva, logica mossa per diffondere ulteriormente l'iPod doveva essere la creazione di una versione di iTunes compatibile con Windows. Ciò avrebbe significato aprire l'iTunes Music Store a tutti i computer del mondo, il che era esattamente ciò che Jobs aveva promesso alle etichette discografiche di non fare.

Inizialmente, Steve si disse contrario all'idea, per ragioni sia di tipo strategico sia sentimentale. Aveva sempre voluto che l'iMac fosse dotato di funzioni che le persone non avrebbero trovato su un computer Windows; inoltre, voleva vedere se l'iPod sarebbe riuscito ad aumentare le vendite dei Mac (la seconda parte della previsione di Lack, che ancora non si era avverata). Ciononostante, Tevanian, Tamaddon, Rubinstein, Fadell e altri sostenevano che una versione di iTunes per Windows combinata con l'iPod avrebbe dato a centinaia di milioni di utenti PC un assaggio del più affascinante approccio che la Apple aveva al mondo del personal computing. Ma fu soprattutto l'idea che l'iPod potesse funzionare da cavallo di Troia perché la Apple riuscisse finalmente a riconquistare terreno con i suoi Macintosh a stuzzicare particolarmente Jobs. Dopotutto, gli ricordarono i membri del suo team, non era forse lui ad avere sempre detto che se l'azienda avesse sottratto anche solo qualche punto percentuale al mercato dei PC, il suo fatturato sarebbe lievitato oltre ogni più rosea previsione? Inoltre, anche se fosse stato possibile utilizzare iTunes su Windows, la Apple avrebbe continuato a controllare l'intera esperienza d'acquisto e di ascolto della musica digitale attraverso il suo software, lo Store online e l'iPod. Come già era accaduto con iMovie, il suo gruppo riuscì a persuadere Steve, questa volta molto rapidamente. E anche in questo caso i risultati furono straordinari.

Erano trascorsi pochi mesi da quando Jobs aveva indotto le etichette discografiche ad approvare il «piccolo» test rappresentato dall'iTunes Music Store nella sua versione soltanto per Mac. Ora tornava da loro, spiegando che aveva intenzione di estendere l'esperimento a tutti i personal computer del mondo. Aveva bisogno della loro autorizzazione, perché i termini dell'accordo che avevano concluso erano validi solo per il limitato universo degli utenti Mac. In quei mesi, avevano potuto constatare che le previsioni di Steve corrispondevano al vero: avendo a disposizione un modo semplice per acquistare musica digitale a un prezzo che ritenevano onesto, le persone rinunciavano alla pirateria. Questa volta le resistenze furono minime: volenti o nolenti, il loro settore era diretto là dove Jobs aveva predetto e l'opportunità offerta dall'iTunes Music Store era preferibile alle alternative.

Ancora una volta, Andrew Lack della Sony capì di non avere altra scelta se non quella di uniformarsi agli altri. Si sentiva però truffato dalla velocità con cui Steve era riuscito ad ampliare il mercato dell'iTunes Music Store. D'altra parte, la sua azienda, nonostante le dimensioni e la sua storia di grandi prodotti di elettronica di consumo, si era frammentata in divisioni incapaci del livello di collaborazione necessario per offrire una valida alternativa. Anni dopo, Lack avrebbe continuato a lamentarsi della debolezza mostrata dalle case discografiche nel corso delle trattative con Jobs. «Senza musica, l'iPod era una scatola vuota», dice. «Ero fermamente convinto che, in mancanza di un flusso di introiti bidirezionale [per cui anche la Apple fosse stata tenuta a restituire qualcosa alle etichette], il settore musicale sarebbe andato incontro a gravi difficoltà. Se fossero rimasti uniti, avrebbero avuto la possibilità di ottenere qualcosa. È il mio più grande rimpianto.»

Il 16 ottobre 2003, Steve annunciò che la Apple aveva reso disponibile per il download gratuito una versione di iTunes per Windows. Per alcuni degli utenti Mac più devoti, la notizia fu scioccante tanto quanto quella dell'investimento della Microsoft nella Apple nel 1997. La maggior parte, tuttavia, la considerò una conferma della convinzione che il software della Apple e tutto il suo approccio al personal computing fossero di gran lunga superiori a quanto avrebbe mai saputo offrire quel colosso malefico della Windows. Jobs lo sapeva, e diede l'annuncio proiettando una diapositiva con la scritta: «Si è congelato l'inferno!»

Nel giro di tre giorni, un milione di utenti Windows aveva già scaricato iTunes e acquistato un milione di canzoni sullo Store online. Entro la fine dell'anno, il numero dei computer Windows che scaricavano musica dallo Store della Apple superò quello dei Mac. Quella che tutto il team cominciava a chiamare «l'esperienza Apple» aveva iniziato a contagiare anche il mondo Windows.

Considerata la serie di successi, l'enorme diffusione dei suoi prodotti più recenti e il ruolo determinante che ha assunto nella nostra cultura, è facile dimenticare che questa improvvisa ascesa fu del tutto inaspettata e colse di sorpresa anche i suoi diretti responsabili. Gli eventi si susseguirono a ritmo serrato: un successo, una sfida particolare, servivano da ispirazione per un altro prodotto, per una versione aggiornata di un dispositivo già esistente o per una fonte di profitti completamente nuova. Come Steve diceva spesso: «Solo osservando le cose in retrospettiva è possibile unire i puntini e capire come sono accadute».

Eddy Cue ricorda un giorno, verso la fine del 2003, in cui aspettava di imbarcarsi su un volo all'aeroporto e diede un'occhiata agli altri passeggeri in attesa con lui. Almeno una decina di persone ascoltavano musica con l'iPod indossando gli auricolari, cinque o sei lavoravano sul PowerBook dall'inconfondibile logo luminoso bianco che risplendeva sul retro del monitor, e soltanto una era impegnata a digitare sulla tastiera di un PC. «Accidenti! pensai. Ci abbiamo visto giusto!» racconta Cue. «Non avevamo nemmeno avuto il tempo di alzare la testa e guardare che cosa stesse succedendo attorno a noi. E ora eccolo lì. Ed era uno sballo!»

Come Jobs amava ripetere alla fine dei suoi curatissimi keynote, nel 2003 accadde «anche un'altra cosa». Verso la fine dell'estate, aveva espulso un calcolo ed era andato dal medico per un'ecografia, per assicurarsi che non ce ne fossero altri. Aveva quarantanove anni e non aveva mai avuto particolari problemi di salute; quando l'ecografia evidenziò un'ombra sospetta e l'urologa lo invitò a sottoporsi a un ulteriore controllo, ignorò il consiglio. La dottoressa insistette finché lui finalmente si convinse a tornare, a ottobre, per quella che credeva sarebbe stata una visita di routine. Il responso, invece, fu sconvolgente: sembrava che avesse un tumore maligno al pancreas, una diagnosi tremenda, che nella maggior parte dei casi lascia al paziente solo pochi mesi di vita. Poco dopo, Steve scoprì di essere affetto da una neoplasia meno aggressiva e più curabile, il carcinoma neuroendocrino delle cellule insulari del pancreas. Ma l'altalena emotiva di quelle ore era stata estenuante. Fu l'inizio di un lento processo che si sarebbe dimostrato inarrestabile. E capitava proprio quando i suoi sforzi per portare al successo la Apple stavano finalmente cominciando a dare risultati al di là di ogni possibile previsione.

12

Due decisioni

> Anzi, si impegnava il doppio. Faceva quello che gli piaceva fare.
>
> LAURENE JOBS

STEVE era alla guida di un settore in pieno sviluppo, che giorno dopo giorno diventava sempre più esigente. Nel 2003 e nel 2004, per esempio, la Apple aggiornò completamente l'offerta dei suoi prodotti. Per i computer dell'azienda, valeva ancora la strategia a quadranti: i consumatori alla ricerca di un sistema desktop assistettero al passaggio dallo stravagante iMac G4 «a girasole», con un monitor dalle dimensioni relativamente contenute collegato tramite un braccio semovente al case a forma di cupola, che racchiudeva i componenti interni, al più ingombrante iMac G5, in cui tutto l'hardware era alloggiato dietro uno schermo piatto circondato da una sottilissima cornice in policarbonato bianco. Il Power Mac G5 rappresentò un aggiornamento strepitoso della linea di computer tower dell'azienda rivolti agli utenti aziendali e ai professionisti, ricevendo gli elogi unanimi della critica. Per chi invece desiderava un portatile, la scelta era tra gli iBook G4 in policarbonato bianco o nero e i PowerBook G4 in alluminio, disponibili in tre diversi modelli a seconda delle dimensioni del monitor.

Ma fra servizi Internet, prodotti per il networking casalingo, musica e applicazioni software, la Apple sfornava ormai molto più dei soli computer. Furono rilasciate nuove versioni di iMovie e Final Cut Pro, nonché una strabiliante applicazione chiamata GarageBand, che consentiva di registrare, comporre e mixare musica. Venne inoltre presentata una nuova versione del sistema operativo OS X, battezzata Panther, in cui era integrato un browser proprietario di nome Safari.

Furono prodotte anche due nuove tastiere, una delle quali wireless. I Cinema Display, gli splendidi schermi piatti della Apple, si fecero più grandi e vennero dotati di una maggiore risoluzione. L'azienda che più di ogni altra aveva sostenuto la diffusione del Wi-Fi come protocollo standard per le connessioni di rete lanciò poi sul mercato l'AirPort Extreme, un sofisticato server Wi-Fi pensato per l'utenza domestica, e l'AirPort Express, un dispositivo che consentiva di estendere un segnale Wi-Fi attraverso tutte le stanze di un'ipotetica «casa Mac». Per chi voleva trasformare le sue chat in videochiamate, la Apple inserì la webcam iSight nella cornice superiore dei monitor dei suoi computer. Anche la linea di server web Xserve, pensati per il mercato aziendale, ricevette un aggiornamento. L'ultima novità, ma non certo la meno importante, furono le due sorprese riservate nel 2004 agli amanti dell'iPod: l'elegante e più sottile modello Mini e un iPod Classic con il display in grado di visualizzare foto a colori.

Gli affari andavano a gonfie vele. L'iPod, le cui diverse versioni erano tutte mirate, eccellenti ed estremamente popolari, sembrava garantire alla Apple ancora molti anni di crescita. Naturalmente, Steve non la considerava una scusa per festeggiare, ma solo un punto di partenza per quello che avrebbe dovuto essere il suo prossimo «segno nell'universo».

Jim Collins, autore dei classici del management *O meglio o niente. Come si vince la mediocrità e si raggiunge l'eccellenza* e *Built to Last: Successful Habits of Visionary Companies* («Costruite per durare. Le regole vincenti delle aziende visionarie»), per descrivere una delle caratteristiche essenziali di ogni grande leader ricorre a una bella espressione, «profonda irrequietezza». E sostiene che Jobs, uno dei due leader che l'hanno ispirato di più (il secondo è Winston Churchill), ne fosse dotato. È inoltre convinto che questa irrequietezza sia molto più importante e possente della semplice ambizione o dell'intelligenza pura e che costituisca il prerequisito della determinazione e della capacità di adattamento. È un'inquietudine alimentata dalla curiosità, dall'ansia di realizzare qualcosa di significativo, dalla volontà di ottenere il massimo dalla propria vita.

Dal 1988 al 1995, quando era un giovane professore di management alla Graduate School of Business della Stanford University, Collins ebbe occasione di conoscere piuttosto bene Steve. Nel suo primo anno di insegnamento, gli chiese di tenere una conferenza agli studenti, e fu allora che si incontrarono per la prima volta. Anche se la NeXT non era quel che si dice un successo travolgente e la Pixar stava ancora cercando la propria strada, Jobs era carismatico, affabile e spiritoso. Collins, che in seguito mantenne sempre i contatti con lui, è convinto che quelli fossero gli anni migliori per incontrarlo. «Churchill sarebbe stato da conoscere nel 1935, quando non godeva delle simpatie di nessuno e nessuno gli prestava attenzione», sostiene. «Naturalmente Churchill aveva i suoi detrattori, com'è piuttosto comune per un personaggio del suo calibro. Ma alla fine il giudizio su individui simili deve essere sempre complessivo e comprendere tutto l'arco di tempo in cui si dipana il loro percorso.» Churchill, come Jobs, sperimentò una serie di umilianti sconfitte all'inizio della carriera. Ed entrambi dovettero affrontare una lunga e impervia scalata per riconquistare la vetta e raggiungere una posizione ancora più eminente di quella occupata in passato.

Per Steve, quell'irrequietezza non si rivelò mai un vantaggio. Quando era più giovane, non riusciva a fissare l'attenzione su un solo obiettivo ma continuava a spostarla da un progetto all'altro, come quando lo sviluppo dell'Apple III gli era parso all'improvviso un'impresa di poco conto, dopo che allo Xerox PARC aveva scoperto le possibilità offerte dalla computer grafica. La decisione di fondare la NeXT subito dopo avere lasciato la Apple era stata presa d'istinto, così come quella di acquisire il gruppo di grafica digitale dal quale sarebbe nata la Pixar. Questa sua inquietudine si manifestava prevalentemente come una forma di impulsività. Non si dava mai per vinto, e la sua determinazione rendeva più intensa la sua irrequietezza. «Cercava sempre di fare cose difficili», sostiene Collins, «e più di una volta finì al tappeto. Ma riuscire a reagire alle difficoltà fa maturare moltissimo.»

Ora, nel 2003 e nel 2004, l'inquietudine stava ancora una volta spingendo in avanti Jobs, verso un futuro incerto, in cui avrebbe dovuto dimostrare quanto fosse cresciuto. La domanda che si poneva in quegli anni era sempre la stessa: Che cosa farò adesso? Ma questa volta trovare la risposta si rivelò particolarmente difficile. La Apple avrebbe potuto creare un prodotto che nascesse dalla sua esperienza nel settore dei computer, magari qualcosa che ancora una volta rivoluzionasse l'esperienza utente. Forse avrebbe dovuto realizzare un PC dotandolo di una nuova forma, magari qualcosa di simile a un tablet. O avrebbe potuto sfruttare il successo dell'iPod e dedicarsi allo sviluppo di un nuovo dispositivo di elettronica di consumo, forse addirittura un telefono cellulare.

L'iPod aveva cambiato tutto per la Apple. L'iTunes Music Store, soprattutto ora che tra i suoi clienti figuravano anche milioni di utenti PC, si stava rivelando un metodo di distribuzione completamente nuovo, con pochissima concorrenza e costi complessivi molto più contenuti rispetto al vecchio sistema, che prevedeva di produrre i CD in una fabbrica per poi consegnarli ai punti vendita. Alla fine dell'anno fiscale 2004, il volume d'affari legato a iTunes e all'iPod rappresentava il 19% delle vendite complessive dell'azienda (e questo a soli tre anni dal debutto di iTunes). Quell'anno, la Apple vendette 4,4 milioni di iPod, mentre gli acquisti dei Macintosh calarono del 28%, passando dai 4,6 milioni del 2000 ai 3,3 milioni del 2004. La prova definitiva dell'importanza di iTunes e dell'iPod fu data dal bilancio: sempre nel 2004, l'azienda registrò un utile netto di 276 milioni di dollari, contro i 69 del 2003.

L'iPod non aveva solo creato una seconda, redditizia fonte di entrate, ma aveva anche consolidato la situazione della Apple e aumentato il suo potenziale. Tim Cook gestiva ora un'immensa catena produttiva a livello mondiale, che sfornava decine di milioni di iPod al mese. Jony Ive aveva reagito al nuovo e accelerato metabolismo dell'azienda e ai suoi più consistenti volumi di produzione sperimentando nuovi metalli, leghe, plastiche e vetri ultraresistenti da utilizzare nella creazione di dispositivi minuscoli come un iPod Mini, oppure enormi come un monitor da trentadue pollici. Il team dirigenziale cominciava a capire che la Apple avrebbe potuto avere successo con qualunque tipo di prodotto avesse deciso di realizzare. «Una delle mie convinzioni», mi disse Steve, «è sempre stata che essere creativi è come fare un salto:

devi essere maledettamente sicuro che quando riatterrerai troverai di nuovo il terreno sotto i tuoi piedi.» E il terreno sotto i suoi piedi non era mai stato così solido: era il momento più opportuno per lanciarsi in un'idea radicalmente nuova, che cambiasse completamente i giochi. L'unica cosa che ancora non sapeva era in quale direzione saltare. Trovare la soluzione a questo dilemma si sarebbe rivelata la decisione più importante di tutta la sua vita professionale.

La Apple non aveva una vera e propria divisione ricerca e sviluppo. A Steve non andava a genio l'idea di relegare un'attività così fondamentale per il futuro dell'azienda in un reparto nascosto agli occhi di quelli che guidavano i progetti dei prodotti più importanti. Così, sbocciavano qua e là piccoli gruppi di ricerca, in molti casi senza che Jobs li avesse autorizzati o ne fosse addirittura a conoscenza. I loro risultati venivano portati alla sua attenzione solo quando il responsabile decideva che un'idea o una tecnologia aveva del potenziale. In quel caso, Steve dava un'occhiata alla proposta e archiviava le informazioni in quella straordinaria macchina di apprendimento che era il suo cervello. A volte tutto si fermava lì e non accadeva nulla; altre, invece, trovava il modo di combinare quei dati con qualcosa che aveva visto da qualche altra parte, o di sfruttarli a vantaggio di progetti completamente diversi. La capacità di servirsi delle tecnologie e degli sviluppi più vari per creare qualcosa fino ad allora inimmaginabile era uno dei suoi più grandi talenti, un talento cui avrebbe fatto ricorso per decidere la sua prossima mossa.

La Apple aveva avviato due progetti, con l'intenzione di creare un nuovo telefono cellulare. Era stato Jobs in persona a chiedere ai responsabili della linea AirPort Wi-Fi di condurre qualche ricerca preliminare nel mondo della telefonia mobile. Nel team dirigenziale, tuttavia, alcuni non avevano accolto l'idea con particolare entusiasmo: la tecnologia Wi-Fi aveva ben poco a che vedere con quella alla base delle reti cellulari. Poi, c'era un altro lavoro in corso: a partire dall'autunno 2003, molti membri della squadra di Steve, compreso Eddy Cue (la mente dietro la creazione dell'iTunes Music Store), avevano ricevuto l'incarico di trovare il modo di integrare un lettore di musica digitale compatibile con iTunes in un telefonino che potesse anche accedere all'iTunes Music Store.

«Giravamo tutti con due dispositivi: un cellulare e un iPod», ricorda Cue, battendo le mani sulle tasche dei jeans. «Sapevamo che era possibile integrare iTunes in un telefono e che il risultato sarebbe stato abbastanza simile un iPod. Non era un problema di software. Ci siamo guardati attorno e all'inizio del 2004 abbiamo deciso di lavorare con la Motorola, che era il dominatore incontrastato del mercato dei cellulari con il suo RAZR, un telefonino con lo sportellino sollevabile. Tutti ne avevano uno.» La Motorola era uno dei più importanti fornitori della Apple da decenni. I suoi microprocessori erano montati sui tutti i computer dell'azienda di Cupertino dalla metà degli anni Novanta e, insieme con la IBM, era parte di un consorzio di produttori che aveva creato i processori PowerPC, che fino al 2006 sarebbero state le CPU dei Mac. La Motorola aveva promesso alla Apple che avrebbe ideato una nuova linea di telefoni cellulari chiamata ROKR e pensata espressamente per iTunes.

Quello del ROKR fu un progetto controverso fin dall'inizio, per una ragione molto semplice: alla Apple, la maggior parte delle persone detestava l'idea di una collaborazione con altre aziende. In particolare, il team hardware dell'iPod, guidato da Tony Fadell, non sopportava di dover cedere lo sviluppo di quello che lui e la sua squadra avevano cominciato a chiamare «musicofonino» al settore tradizionale dei cellulari. E più la Motorola mostrava loro i suoi piani per il ROKR, più si convincevano che concedere a terzi la licenza d'uso di iTunes e del prezioso software dell'iPod sarebbe stato un errore. Anche se in passato aveva realizzato telefoni belli ed eleganti, la Motorola non sarebbe mai stata in grado di sviluppare un software che replicasse la semplicità dell'iPod. Agli occhi dei talenti della Apple, l'approccio della Motorola sembrava del tutto inadeguato. L'azienda dell'Illinois aveva infatti incaricato vari team di programmatori indipendenti l'uno dall'altro della messa a punto di differenti strumenti software, tra i quali una directory di contatti, un'applicazione per l'invio di SMS e un rudimentale browser Internet, in grado di visualizzare solo un'elementare versione «mobile» dei siti web. Nessuna di queste funzioni era intuitiva come l'interfaccia dell'iPod e il tentativo di combinare il lavoro di gruppi che non comunicavano tra loro ebbe come unico risultato un caos irrecuperabile. Fadell era esasperato, tanto che cominciò a sviluppare personalmente due prototipi per un cellulare Apple, il primo con un lettore musicale integrato, il secondo con funzioni fotografiche e video.

Ironicamente, furono altri due progetti, che nulla avevano a che fare con la telefonia mobile, a influenzare maggiormente la scelta di Jobs sul nuovo prodotto. Uno di questi era il Project Purple, cui lavorava una squadra incaricata direttamente da Steve di ideare un prodotto che concretizzasse quello che fino ad allora era sembrato un nuovo «fattore di forma» piuttosto difficile da definire: un dispositivo portatile ultraleggero delle dimensioni di un quaderno o di un blocnotes con un touch screen interattivo. I migliori ricercatori e ingegneri della Microsoft si affannavano intorno a questa idea da anni, ma Jobs era convinto che il suo team potesse riuscire là dove gli altri avevano fallito. Doveva necessariamente esistere un modo più diretto e intuitivo per interagire con un computer di quello offerto da mouse e tastiera. Preferibilmente, doveva poter essere utilizzato ovunque, anche seduti sul water.

Il secondo progetto aveva avuto sviluppi molto più ampi rispetto alle intenzioni iniziali di Steve. Nel 2002, i ricercatori della Apple Greg Christie e Bas Ording avevano cominciato a lavorare sulla tecnologia delle interfacce utente, da anni ormai al palo. I due avevano deciso di riprendere in considerazione le possibilità offerte dai touch screen, che permettevano di attivare con la punta delle dita icone e pulsanti che comparivano a monitor. Sviluppati dalla IBM negli anni Sessanta, i touch screen avevano avuto una storia tutt'altro che rivoluzionaria. Nel 1972, la Control Data aveva immesso sul mercato il Plato IV, un terminale mainframe dotato di questa tecnologia; nel 1977, il CERN, l'organizzazione europea per la ricerca nucleare, ne aveva realizzato un altro per controllare un acceleratore di particelle. Negli anni Ottanta, la Hewlett-Packard era stata la prima grande azienda a offrire come accessorio su alcuni suoi computer desktop uno schermo sensibile al tocco, per quanto la maggior parte del software disponibile all'epoca non fosse ancora in grado di sfruttarne le possibilità. Touch screen rudimentali erano nel frattempo diventati l'interfaccia più comune negli sportelli bancomat, ai banchi del check-in delle compagnie aeree e nei registratori di cassa, ma non sembravano esistere molte speranze di vederli presto diffusi anche sui computer.

All'inizio degli anni Novanta, alcuni imprenditori di startup, con la collaborazione dei tecnici dei laboratori di ricerca e sviluppo di vari produttori di computer, ebbero l'intuizione di riconfigurare la tecnologia touch screen in quello che chiamarono *pen computing*. L'idea era di replicare le azioni di un mouse lavorando direttamente sul monitor di un portatile con uno speciale pennino. Erano convinti che disegnare o scrivere direttamente sullo schermo fosse un'operazione così semplice e naturale da risultare il modo migliore per interagire con un computer. Su questa nuova tecnologia aveva puntato Sculley nel 1993, quando aveva presentato il Newton MessagePad come l'ultima grande novità nel mondo dell'informatica. Il Newton, tuttavia, non aveva avuto successo, in parte perché il suo sistema di riconoscimento della scrittura era indecorosamente inadeguato. La Microsoft avrebbe provato inutilmente per vent'anni ad applicare la tecnologia del pen computing a PC in versione tablet, ma l'unico tentativo che aveva ottenuto una discreta fortuna era il Pilot, l'assistente digitale personale (PDA) prodotto dalla Palm. Ciononostante, quel minuscolo dispositivo non era stato concepito per essere un computer a tutti gli effetti e il suo successo si era presto affievolito.

I ricercatori nell'ambiente accademico e alcuni artisti digitali con un occhio puntato al futuro avevano nel frattempo esplorato le possibilità offerte dal touch screen in altre direzioni. Nei primi anni Ottanta, avevano cominciato a sperimentare tecnologie che consentivano di modificare le immagini proiettate su uno schermo manipolandole con più di un dito. Queste interfacce, dette «multitouch», erano una novità assoluta. Ricorrendo a combinazioni differenti di tocchi delle dita o delle mani, era possibile controllare le azioni con molta più precisione di quanto si riuscisse a fare con un mouse. Si potevano spostare file e icone, ingrandire o rimpicciolire immagini e si aveva l'illusione tattile di interagire fisicamente con ciò che appariva sul monitor. Intuendo il potenziale di questa tecnologia, anche i ricercatori di IBM, Microsoft, Bell Labs e altre aziende avevano avviato i loro «progetti multitouch».

Alla Apple, Greg Christie era stato uno dei principali designer e ingegneri software che avevano lavorato allo sfortunato Newton. Pur avendo ormai superato l'infatuazione nei riguardi del pen computing, aveva continuato a seguire tutte le ricerche condotte sul multitouch in ambito sia accademico sia industriale. Sperava che dalla sua collaborazione con Ording – il quale, dopo il suo arrivo alla Apple nel 1998, aveva lavorato non solo sull'interfaccia utente dell'iPod e sulla sua interazione con la ghiera di scorrimento ma anche su OS X – nascessero idee che avrebbero reso il multitouch la tecnologia alla base di un nuovo, sofisticato computer. I due erano convinti che potesse costituire il fondamento di un genere di interfaccia utente completamente inedito.

Lo sviluppo di nuove interfacce è una delle sfide tecnologiche più complesse nel settore informatico. Non si tratta solo di pensare a qualche nuovo ed elegante modo di proiettare le informazioni sullo schermo di un computer attraverso una rappresentazione grafica; occorre anche prendere in considerazione le vecchie abitudini degli utenti, senza limitarsi a rottamarle. Per esempio, il QWERTY (nome che deriva dalla sequenza dei primi sei tasti a sinistra della terza fila di una tastiera) era da anni lo schema più utilizzato dalle tastiere informatiche per l'immissione di dati in un computer. Era un relitto del passato, una disposizione risalente all'epoca delle macchine per scrivere e pensata per evitare che i martelletti si incastrassero durante la battitura.

Christie e Ording decisero di non modificare questo antiquato ma diffusissimo schema, sperimentando una tastiera QWERTY virtuale che comparisse sullo schermo quando l'utente voleva scrivere qualcosa. Lavorando sul multitouch, scoprirono che era possibile eseguire molte operazioni sia utili sia divertenti. Il nuovo approccio rivelava tutta la sua efficacia nell'editing e nel ritocco delle immagini, nel disegno e perfino nella compilazione di fogli di calcolo e documenti di testo.

Più lo sperimentavano, più si rendevano conto di avere qualcosa di grosso tra le mani.

Che intorno a tecnologie molto simili fossero sorti cinque progetti diversi non era un fatto insolito alla Apple. Non accadde mai che Steve dicesse, per esempio: «Facciamo l'iPad!» e subito tutta l'azienda si dedicasse unicamente a soddisfare il desiderio del capo. Era un luogo traboccante di idee e possibilità, e il compito principale di Jobs era quello di selezionarle e immaginare come potessero aprire la strada a qualcosa di completamente nuovo.

In quel periodo Steve fu costretto a prendere un'altra decisione critica: come curare il tumore al pancreas che gli era stato diagnosticato. Il fatto che la forma che lo aveva colpito avesse un decorso piuttosto lento e fosse potenzialmente trattabile aveva riempito Laurene di speranza. *Potenzialmente* trattabile, però. Jobs si era sempre preso cura del proprio corpo in un modo che a molti poteva apparire bizzarro ma che per lui era assolutamente sensato. Quando era più giovane, per un certo periodo era stato fruttariano. Negli anni successivi, seguito da Laurene, era passato a una dieta vegetariana – sostanzialmente vegana – senza mai mostrare problemi di salute significativi. Ma ora che ne aveva uno molto grave, voleva essere sicuro di ricevere le cure migliori. Com'era nel suo stile, ciò significò vagliare tutte le possibilità.

Cominciò a discuterne con amici e consiglieri fidati quali Larry Brilliant, Andy Grove, Arthur Levinson (il CEO della Genentech che sedeva nel consiglio di amministrazione della Apple) e il medico e scrittore Dean Ornish. Gli specialisti di Stanford gli consigliarono di sottoporsi immediatamente a un intervento chirurgico per l'asportazione del tumore. In effetti, nell'équipe dei suoi medici c'era anche un chirurgo che aveva ideato un nuovo tipo di procedura – che sembrava molto promettente – per quel tipo di cancro. Ma Steve non si lasciò convincere subito che quello fosse l'approccio migliore, così disse ai dottori che prima voleva tentare qualcosa di meno invasivo, cercando di curare la malattia con una dieta particolare.

La decisione di procrastinare l'intervento aveva sicuramente delle ragioni psicologiche. Tempo dopo, nella sua biografia autorizzata, Jobs confessò a Walter Isaacson che non aveva alcuna intenzione di farsi aprire la pancia e aveva voluto capire se ci fossero altre possibilità. È naturale avere paura di un'operazione così invasiva, ma per uno come Steve, che non poteva accettare di non avere il controllo della propria vita, quell'idea doveva essere davvero dura da digerire.

Tuttavia, aveva anche motivi squisitamente intellettuali per effettuare ricerche sulla propria malattia e cercare di capirla. La sua era una forma molto rara di tumore, con un'incidenza di soli mille casi l'anno negli Stati Uniti, stando al National Cancer Institute (NCI). Di conseguenza, la ricerca sul carcinoma neuroendocrino delle cellule insulari del pancreas non poteva contare sull'enorme mole di dati a disposizione dei medici che si occupavano per esempio di neoplasie al seno o ai polmoni, per citare due dei tumori più diffusi, ma anche di altre forme di cancro al pancreas. (Il suo oncologo e chirurgo mi ha spiegato che allora non esistevano ancora dati sufficienti per determinare statisticamente quale fosse la migliore cura possibile: asportazione chirurgica, chemioterapia, radioterapia, altri tipi di intervento o una terapia combinata.) Pertanto, l'indecisione di Steve non era del tutto immotivata. «Non capisco», sostiene Brilliant, «come alcuni possano da una parte dipingerlo come uno spietato uomo d'affari, un materialista assoluto, privo di qualsiasi spiritualità, mentre dall'altra, quando parlano della sua malattia, sostengono che avesse la folle, irrazionale e messianica convinzione che sarebbe riuscito a guarirsi da solo.»

Jobs condusse la propria ricerca con la medesima curiosità che lo spingeva a individuare le caratteristiche di un nuovo, eccezionale prodotto. Girò il mondo alla ricerca di altre soluzioni e, all'insaputa di tutti, consultò specialisti di Seattle, Baltimora e Amsterdam. Per quanto fosse interessato soprattutto a diete e cure alternative più compatibili con il suo stile di vita sano e naturale, chiese anche il parere di molti specialisti di cure convenzionali. A un certo punto, organizzò perfino una videoconferenza per discutere il suo caso con cinque o sei tra i migliori oncologi degli Stati Uniti.

Ciononostante, nessun trattamento sembrava garantire maggiori probabilità di riuscita della chirurgia. Questa ricerca si protrasse per mesi, durante i quali i pochi che sapevano della sua malattia si fecero sempre più preoccupati. I medici cominciarono a temere che potesse essere troppo tardi per riuscire ad asportare completamente la massa tumorale con un'operazione. Finalmente, nell'estate 2004, Steve si fece ricoverare presso la clinica della Stanford University, dove sabato 31 luglio trascorse la maggior parte della giornata in sala operatoria. Fu un intervento estremamente invasivo. Mesi dopo, mi mostrò la cicatrice, un taglio a forma di «U» piuttosto squadrato e lungo quasi sessanta centimetri che partiva su un fianco, sotto l'ultima costola, e scendeva fino a toccare l'ombelico prima di risalire lungo l'altro fianco. «Il pancreas è collocato dietro lo stomaco e l'intestino, perciò i chirurghi si sono dovuti creare lo spazio necessario per sollevarli un po' e riuscire a passare», mi spiegò, gesticolando con entrambe le mani per illustrarmi come avevano fatto. «Mi hanno asportato solo una minima parte del pancreas», proseguì. «La cosa più difficile è stata arrivarci.»

Il 1° agosto, il giorno dopo quell'interminabile operazione, era domenica. Nonostante fosse ancora ricoverato in rianimazione e un po' intontito per i postumi dell'anestesia e l'effetto degli antidolorifici, chiese il suo computer per terminare una lettera ai dipendenti della Apple, in cui li informava della sua malattia e dell'operazione che aveva subito. Fu una delle sfide di marketing più difficili che avesse mai dovuto affrontare: come si poteva sfruttare positivamente il fatto di essere stato operato di tumore al pancreas, una malattia che nella maggior parte dei casi è l'equivalente di una condanna a morte? Ecco che cosa scrisse:

> Team,
>
> intendo mettervi a parte di alcune informazioni che mi riguardano personalmente e vorrei che ne veniste a conoscenza direttamente da me. Questo fine settimana sono stato sottoposto a un intervento chirurgico perfettamente riuscito, nel corso del quale mi è stato asportato un tumore maligno dal pancreas. Avevo una forma estremamente rara di cancro al pancreas, il

carcinoma neuroendocrino delle cellule insulari, che si presenta con un'incidenza dell'1% sul totale dei casi di tumore al pancreas diagnosticati ogni anno e che, se individuata in tempo (come la mia), può essere asportata chirurgicamente. Non dovrò sottopormi a chemioterapia o radioterapia.

La forma più diffusa di tumore al pancreas si chiama adenocarcinoma, è incurabile e in genere concede un'aspettativa di vita di circa un anno a partire dalla diagnosi. Ve lo dico perché quando qualcuno sente parlare di «tumore al pancreas» (o lo cerca su Google) la prima forma che incontra è proprio questa, quella più comune e letale, che grazie a Dio non ha nulla a che fare con quella che avevo io.

Sarò in convalescenza per tutto il mese di agosto e conto di poter tornare al lavoro a settembre. Durante la mia assenza, sarà Tim Cook a occuparsi della gestione quotidiana della Apple, così non perderemo il ritmo. Sono sicuro che in questo mese di agosto telefonerò un po' troppo spesso a qualcuno di voi e spero di rivedervi tutti a settembre.

PS. Vi scrivo dal mio letto d'ospedale con il mio PowerBook da 17 pollici e un'AirPort Express.

STEVE

Sapendo che quella lettera sarebbe sicuramente stata resa pubblica, aveva voluto infilarci una menzione di alcuni prodotti Apple. Quello che però non diceva – e che forse nemmeno lui sapeva – era che quando i chirurghi lo avevano aperto, avevano individuato delle metastasi al fegato.

Naturalmente, non possiamo immaginare che cosa sarebbe potuto accadere se non avesse ritardato l'operazione di dieci mesi. Secondo il National Cancer Institute, i pazienti colpiti dal suo stesso tipo di tumore che si sottopongono a intervento immediatamente dopo una diagnosi precoce hanno il 55% di probabilità di essere ancora vivi cinque anni dopo. Lui visse altri sette anni, i più formidabili e produttivi di tutta la sua carriera.

* * *

La convalescenza dopo un intervento chirurgico all'addome di quell'entità è un vero e proprio inferno. Il recupero prevede un decorso lungo e difficile, perché i muscoli e i tessuti molli devono rimarginarsi senza subire troppe sollecitazioni o stiramenti, in una parte del corpo che tende naturalmente a flettersi ogni volta che ci alziamo o ci sediamo. Come mi disse Steve in modo molto efficace: «La convalescenza è stata un vero schifo». All'inizio non poteva fare il benché minimo movimento senza scatenare un'ondata di dolore che si diffondeva dall'addome fino alla punta delle dita delle mani e dei piedi. Quando finalmente tornò a casa, dopo una degenza di due settimane in ospedale, il massimo che riusciva a fare era stare seduto su una sedia a dondolo. Gli antidolorifici non gli piacevano, perché gli annebbiavano la mente. Ed era determinato a tornare in ufficio prima della fine di settembre.

Molti reagirebbero a una malattia di questo genere diradando le responsabilità professionali o dedicandosi a tutta quella lista di cose hanno sempre desiderato fare prima di morire. Lui, invece, si concentrò ancora di più sul lavoro. «Anzi, si impegnava il doppio», ricorda Laurene. «Faceva quello che gli piaceva fare.» Così, trascorse buona parte delle sette settimane di convalescenza riflettendo intensamente sulla Apple, sul settore informatico e sulle possibili future direzioni della tecnologia digitale, stilando un ambizioso elenco di quello che avrebbe fatto una volta tornato in ufficio. «Quando rientrò dopo l'intervento aveva tutto un altro ritmo», racconta Tim Cook. «Anche se la nostra azienda è come un mulino che continua a girare velocemente senza fermarsi mai, quando tornò, Steve era animato da una sorta di urgenza. Lo capii subito.»

Innanzitutto, incontrò personalmente ogni membro del team dirigenziale, per essere aggiornato sulla situazione e spiegare come intendeva impostare il lavoro a partire da quel momento. Annunciò che si sarebbe dedicato maggiormente allo sviluppo dei prodotti, al marketing e ai punti vendita, prestando meno attenzione ai processi di produzione, alle operazioni e alle questioni finanziarie e di risorse umane. Sapeva di avere meno energie, anche se non lo dava a vedere. Inoltre, disse che i medici lo tenevano d'occhio, insistendo perché effettuasse regolari visite di controllo per verificare che tutto procedesse senza problemi e non ci fossero altri indizi della presenza del tumore. Non rivelò ai dirigenti senior che il cancro si era diffuso né che doveva sottoporsi a diversi cicli di chemioterapia. Tuttavia, era riuscito ad accettare l'idea che la sua vita professionale non sarebbe mai più stata quella di prima e voleva che la sua squadra sapesse come questo avrebbe potuto influire sulla Apple. Dopo essersi fatto un'idea chiara di come stessero andando le cose, si dedicò alla decisione più importante, che ora gli appariva quanto mai urgente. Che cosa bisognava fare adesso?

Nell'autunno 2004, dei cinque progetti su cellulari e tablet in fase di sviluppo, solo uno si era definitivamente arenato: com'era prevedibile, il team responsabile del Wi-Fi non era riuscito a trovare una soluzione degna di nota.

La Motorola, dal canto suo, aveva continuato a lavorare al ROKR compatibile con iTunes ma il telefono, come spesso accade con i prodotti realizzati su commissione, sembrava in tutto e per tutto una patacca. Tanto per cominciare, era un dispositivo ingombrante, di quelli detti «a tavoletta», che non assomigliava neanche un po' ai suoi più eleganti ispiratori, ossia il RAZR e l'iPod. Inoltre, per l'archiviazione delle tracce MP3 erano state scelte schede di memoria SD meno capienti e più delicate di quelle che si iniziavano a trovare sulla maggior parte delle macchine fotografiche digitali tascabili. Inspiegabilmente, la Motorola aveva deciso che quelle schede dovevano contenere non più di cento tracce audio, anche se avrebbero potuto archiviarne una quantità molto maggiore. Poi, nonostante il cellulare fosse dotato di connessione a Internet, non la si poteva sfruttare per fare acquisti e scaricare musica dall'iTunes Music Store, cosicché gli sfortunati utenti del ROKR sarebbero stati costretti a usare il computer per comprare musica su iTunes, per poi trasferire le tracce sul telefono via cavo. Nulla di nuovo, dunque, rispetto agli iPod in circolazione (che però, diversamente dal ROKR, non vantavano alcun tipo di accesso a Internet). Più ci pensavano, più a Fadell e agli altri geniali ingegneri della Apple venivano i brividi. La Motorola aveva impiegato diciotto mesi a lanciarlo sul mercato (in quello stesso lasso di tempo, la Apple aveva rinnovato l'intera linea dell'iPod per ben due volte). È dunque facile capire perché quando Steve poté finalmente presentare il cellulare al MacWorld, nel settembre 2005, la vera star dell'evento non fu il ROKR ma un nuovo modello di iPod più compatto, il Nano.

I due prototipi di musicofonino cui Fadell aveva lavorato per tutto il 2004 erano molto più interessanti. Il primo era dotato della caratteristica ghiera di scorrimento dell'iPod, che in quel caso veniva usata come una sorta di disco combinatore. Per quanto Jobs apprezzasse l'originalità di Fadell, c'era un problema imbarazzante e innegabile: la ghiera, che si integrava alla perfezione con il software dell'iPod, non era adatta a un telefonino. Se pure era utile per scorrere le liste di canzoni o di contatti, usarla come disco compositore era incredibilmente scomodo. Questo primo prototipo non sfruttava appieno la tecnologia a disposizione, oltre a non puntare abbastanza in alto con il design dell'interfaccia utente. Il secondo modello di Fadell, privo della ghiera di scorrimento, si concentrava sulla capacità di riproduzione video e denotava molta più creatività. Era la piena manifestazione dell'irriducibile ambizione del suo ideatore. Ma non riusciva a superare un problema esterno: in quel momento le reti cellulari non erano ancora abbastanza veloci e affidabili da consentire uno streaming video di qualità. Pertanto, anche se trovando il partner adatto nel mondo delle comunicazioni il videofonino di Fadell avrebbe potuto facilmente entrare in produzione in meno di un anno, Steve decise di lasciar perdere. In questo caso Fadell aveva puntato troppo in alto, scegliendo di affidarsi a un'infrastruttura – la rete cellulare – non ancora del tutto matura.

La squadra che lavorava al Project Purple aveva incontrato una lunga serie di problemi. Nel tentativo di individuare nuove possibilità d'uso per il tradizionale hardware e software Macintosh conservando però la retrocompatibilità con le versioni precedenti, gli ingegneri si erano imbattuti nelle medesime difficoltà che toglievano il sonno alla Microsoft e agli altri produttori di tablet, legate a dimensioni, peso, durata della batteria e costi. Anche uno schermo di soli dieci pollici avrebbe richiesto troppa energia, esaurendo rapidamente le batterie ricaricabili del tablet quando questo fosse stato usato senza il cavo di alimentazione. Anche la tecnologia Wi-Fi, il metodo migliore per collegare un dispositivo mobile a Internet o a un'altra rete locale, era avida di risorse, proprio come i tradizionali microprocessori per PC, a loro volta progettati espressamente per i laptop. Quello delle richieste energetiche di un tablet sembrava un ostacolo insormontabile, considerato che le batterie allora disponibili erano ingombranti e pesanti.

Pertanto, nonostante le tecnologie che permettessero di realizzare qualcosa di simile a un iPad con il software di un Mac esistessero già, si sarebbe ottenuto un dispositivo poco maneggevole, che avrebbe avuto lo stesso prezzo di un MacBook. Jobs sapeva che non sarebbe stato facile vendere un prodotto del genere. Eppure, non accantonò l'idea: finché non gli fosse stato presentato un piano B, non avrebbe staccato la spina al Project Purple.

Nel frattempo, nel 2004, Greg Christie e Bas Ording avevano dedicato lunghi mesi ad assemblare e sperimentare un prototipo di schermo multitouch piuttosto elementare ma funzionante. I due proiettavano l'immagine di un monitor di un computer su una superficie sensibile al tocco che aveva le dimensioni di un tavolo da conferenze. Usando due mani, si potevano spostare cartelle, attivare icone, rimpicciolire e ingrandire immagini e far scorrere lo schermo orizzontalmente e verticalmente in modo piuttosto intuitivo, seppur ancora alquanto goffo. I gesti multitouch che avevano escogitato per eseguire tutte queste operazioni erano ancora rudimentali, ma il Jumbotron, come lo soprannominò Jony Ive, era abbastanza interessante da suggerire quanto sarebbe stato affascinante controllare con la punta delle dita un computer dotato di touch screen disposto orizzontalmente su una scrivania, o appoggiato sulle ginocchia. Ive, che nel frattempo aveva deciso di propria iniziativa di condurre una ricerca nei laboratori della Apple per scoprire se nascondessero qualche rivoluzionaria tecnologia di interfaccia utente, aveva seguito fin dal principio il lavoro di Christie e Ording ed era rimasto incantato dalla demo del Jumbotron. Decise che anche Steve doveva vederla: era convinto di poter sfruttare il multitouch in un nuovo tipo di dispositivo, che lui credeva dovesse essere un tablet.

Anche Jobs pensava che il prossimo prodotto Apple dovesse proporsi come una sorta di aggiornamento radicale del tradizionale concetto di personal computer. L'idea di realizzare un tablet lo aveva sempre trovato disponibile. In fondo, era quello il motivo per cui aveva dato il via libera al Project Purple. Ciononostante, dopo essersi ripreso dall'intervento, durante una delle loro abituali passeggiate per il campus Apple che sfruttavano come occasione per fare un po' di brainstorming, Steve disse a Ive che ci stava ripensando. «Voleva sospendere il progetto», ricorda il designer. «Rimasi sorpreso, perché io ne ero davvero entusiasta. Ma una delle osservazioni che mi fece, geniale come solo da lui potevi aspettarti, fu: 'Non so se riuscirei a convincere la gente che il tablet è una categoria di prodotto veramente utile, ma so di poterla convincere che ha bisogno di un telefono migliore'.» Jobs era pienamente consapevole del processo di ingegnerizzazione che sarebbe stato necessario e sapeva benissimo che la creazione di un simile dispositivo sarebbe stata molto, molto più complessa di quella di un tablet, perché avrebbe dovuto avere dimensioni ridotte ed essere *sia* un buon telefono *sia* un buon computer *sia* un buon lettore di musica digitale. Ciò che voleva davvero era tentare di vendere una categoria di prodotto completamente nuova, non confrontabile con nulla di quanto già esistesse sul mercato. Per come la vedeva lui, per un obiettivo simile valeva la pena rischiare.

Quando finalmente Jony riuscì a trascinarlo a una dimostrazione del multitouch del Jumbotron di Christie e Ording, Steve rimase «assolutamente deluso», racconta Ive. «Secondo lui l'idea non poteva avere qualche applicazione concreta. Io mi sentivo un idiota per avere creduto che potesse invece essere qualcosa di straordinario. Perciò gli dissi: 'Pensa al retro di una macchina fotografica digitale. Perché deve esserci per forza un display minuscolo circondato da tutti quei pulsanti? Non si potrebbe fare in modo che diventi tutto schermo?' Fu la prima applicazione pratica che mi venne in mente al momento, il che può spiegare quanto ancora fossimo indietro. Ma lui continuò a mostrarsi molto poco interessato, un altro esempio di quando ciò che diceva e il modo in cui lo diceva non avevano nulla di personale. Uno poteva anche pensare che fosse così, ma non lo era».

Dopo avere rimuginato qualche giorno, tuttavia, Jobs cambiò idea. Forse era davvero quello il progresso nell'interfaccia utente di cui era in cerca. Cominciò allora a «stuzzicare» i cervelli delle persone che più stimava: chiamò Ive per approfondire la questione e conferì con Steve Sakoman, un ingegnere che aveva lavorato al Newton e al Pilot che, in qualità di vicepresidente della tecnologia software nella divisione di Tevanian, insisteva da tempo perché la Apple entrasse nel mercato dei telefoni cellulari. Volle sentire cosa ne pensassero del multitouch anche quelli che lavoravano all'iPod, dal momento che avevano già realizzato due prototipi. Inoltre, chiese a Tony Fadell di accompagnarlo a una dimostrazione del Jumbotron, perché lui aveva le competenze hardware necessarie per capire quanto tempo ci sarebbe voluto a integrare una simile tecnologia in un dispositivo molto più piccolo, che potesse essere prodotto in massa. Fadell concordò che si trattava di una tecnologia molto interessante, ma ammise che non sarebbe stato facile trasformare quella demo dalle dimensioni di un tavolo da ping-pong in qualcosa di funzionale che potesse entrare in un dispositivo tascabile. E questa fu esattamente la sfida che Steve gli lanciò: «Sei già riuscito a combinare un telefono e un lettore musicale», gli disse. «Ora devi capire come portare questa interfaccia multitouch sullo schermo di un telefono. Un telefono molto piccolo, molto sottile e molto cool.»

Con il senno di poi, è chiaro che assistere alla dimostrazione del prototipo di Christie e Ording fu per Jobs una sorta di epifania, non molto diversa da quella che aveva avuto nel corso della sua prima visita allo Xerox PARC, venticinque anni prima. Era convinto che offrire alle persone la possibilità di interagire in modo più immediato e intuitivo con i loro dispositivi digitali fosse il fattore indispensabile per creare un nuovo genere di gadget mobili «intelligenti». Il Mac aveva incarnato un'idea radicalmente nuova di interfaccia utente per i computer, così come la ghiera di scorrimento dell'iPod aveva rappresentato un enorme progresso in questo senso. Il multitouch aveva le stesse potenzialità della GUI del Mac. Ma non c'era un istante da perdere.

Forte dell'esperienza dell'iPod, Steve sapeva che il suo team era capace di muoversi rapidamente; per lo stesso motivo, sapeva anche che la sua azienda era in grado di realizzare qualsiasi prodotto avessero ideato, in quantità inimmaginabili. Perciò, decise che la Apple avrebbe creato un telefono cellulare, portando nelle mani degli utenti un gadget sottile e compatto quanto un iPod, capace di scaricare e riprodurre tracce audio e perfino video in streaming grazie a una connessione wireless. Sarebbe stato non solo un telefono eccezionale, con funzioni di posta vocale e rubrica, ma anche un computer potente tanto quanto le workstation un tempo prodotte dalla NeXT. Quasi tutti odiavano il proprio cellulare, ripeteva sempre Jobs. Loro ne avrebbero inventato uno che tutti avrebbero amato.

La decisione fu presa verso la fine del gennaio 2005. Per quanto non fosse l'unico progetto importante in corso (dopotutto, Steve aveva appena presentato al MacWorld il Mac Mini, l'iPod Shuffle e una nuova suite di applicazioni per la produttività personale, iWork, che sperava riuscisse a competere direttamente con Microsoft Office), quello del telefono cellulare divenne l'argomento principale delle conversazioni, ormai quotidiane, fra lui e Ive. Pranzavano insieme tre o quattro volte la settimana, poi facevano una lunga passeggiata scambiandosi idee per risolvere problemi banali, come impedire a un display touch di reagire al contatto con l'orecchio quando si parlava al telefono, o che tipo di materiale utilizzare perché lo schermo non si riempisse di graffi se in tasca sbatteva contro chiavi o monetine. A volte Steve andava a trovare Jony nel Design Lab e rimaneva lì per ore, a osservare i designer che armeggiavano con i loro prototipi, quando non si metteva alla lavagna con lui e i due cominciavano a tracciare idee per il design del dispositivo e a modificare le proposte dell'altro. Erano due spiriti affini, e ora Jobs collaborava con Ive molto più di quanto avesse mai fatto con Wozniak, Tevanian, Rubinstein e perfino Catmull e Lasseter.

Mentre lui e Jony facevano brainstorming e il team di Fadell cominciava a lavorare sui primi prototipi, Steve diventava sempre più fiducioso. Creare un cellulare completamente nuovo non sarebbe stato facile. Anzi, si sarebbe rivelata un'impresa ben più ardua – ma anche più epocale – del progetto del primo Macintosh. Lui però era certo che, dopo l'esperienza con il ROKR, avrebbe saputo negoziare un accordo vantaggioso con una compagnia telefonica, e credeva che il suo team sarebbe riuscito a risolvere tutti i problemi di hardware e di software. Cominciò a intuire che, se tutto fosse andato per il verso giusto, quel nuovo dispositivo sarebbe potuto diventare il prodotto elettronico di maggior successo della storia. Non sarebbe stato solo un telefono, e nemmeno soltanto un telefono capace di riprodurre contenuti multimediali: sarebbe stato anche un computer a tutti gli effetti. Pertanto, avrebbe dovuto essere anche un dispositivo «smart», in grado di rimanere costantemente connesso a Internet. La cosa più facile fu trovare il nome: iPhone, naturalmente.

13
Stanford

Il 16 giugno 2005, Steve si svegliò con i crampi allo stomaco per l'agitazione. «Non l'avevo quasi mai visto così teso», racconta sua moglie.

Jobs era un performer nato, capace di trasformare una semplice presentazione aziendale in qualcosa di molto simile a un'opera d'arte. Quel giorno, però, a renderlo particolarmente nervoso era l'idea di dover parlare davanti ai neolaureati della Stanford University. Il preside John Hennessy glielo aveva proposto molti mesi prima e lui aveva dato quasi subito la sua disponibilità, anche se in precedenza si era sempre negato quando gli avevano chiesto di parlare a eventi di quel genere. In effetti, gli era capitato così tante volte di essere invitato a tenere una prolusione nel corso di una cerimonia di consegna delle lauree che, scherzando con Laurene e altri loro amici laureati, diceva che prima o poi avrebbe accettato, così che sarebbe riuscito a superarli e a prendersi un dottorato in un giorno solo, contro gli anni che ci avevano messo loro. Alla fine, declinare quegli inviti era semplicemente una questione di «ritorno d'investimento»: discorsi e conferenze pubbliche erano molto meno gratificanti rispetto ad altre attività, come una straordinaria presentazione al MacWorld, lavorare a un nuovo prodotto o godersi la famiglia. «Se pensi a come trascorreva il suo tempo», nota Tim Cook, «vedrai che non viaggiava quasi mai e non partecipava alle conferenze e agli eventi cui di solito sono presenti molti amministratori delegati. Voleva essere a casa per l'ora di cena.»

Ma con la Stanford University fu diverso, anche se pronunciare quel discorso non avrebbe trasformato Steve nel dottor Jobs (l'università non gli aveva offerto lauree o dottorati ad honorem). In primo luogo, non doveva sobbarcarsi un lungo viaggio e ce l'avrebbe fatta a tornare per cena, visto che il tragitto in auto da casa sua all'università richiedeva sette minuti. Ma, soprattutto, Steve apprezzava il fatto che l'ateneo avesse saputo sviluppare nel tempo rapporti molto stretti con la comunità tecnologica della Silicon Valley. L'istruzione che forniva era di ottimo livello e i professori che aveva conosciuto nel corso degli anni, come Jim Collins, erano tutti formidabili. Anche se aveva abbandonato gli studi, gli era sempre piaciuto passare il tempo in compagnia di brillanti studenti universitari. «Ha tenuto un discorso di quel tipo solo una volta», dice Laurene, «e non poteva essere che a Stanford.»

Scrivere il testo non fu per nulla semplice. Jobs aveva chiesto a qualche amico che cosa avrebbe potuto dire e si era rivolto perfino allo sceneggiatore Aaron Sorkin per qualche consiglio. Quando vide che nessuno riusciva a dargli una mano, decise di fare da solo. Buttò giù una prima versione in una notte e poi chiese a sua moglie, a Tim Cook e ad altre due persone che cosa ne pensassero. «Voleva che fosse perfetto», ricorda Laurene. «Voleva dire qualcosa in cui credesse davvero.» Nonostante qualche piccolo intervento stilistico e formale, la struttura del discorso, che riassumeva i valori fondamentali della sua vita in tre aneddoti, rimase sempre la stessa. Nei giorni precedenti all'evento lo provò gironzolando per casa, dalla camera da letto al piano superiore fin giù in cucina, mentre i bambini guardavano il papà che quasi non si accorgeva di loro, come in preda a quella sorta di trance in cui a volte cadeva prima di un MacWorld o di una Apple's Worldwide Developers Conference. Lo lesse e rilesse a tutta la famiglia, durante più di una cena.

Quella domenica mattina, mentre sua moglie e i suoi figli si preparavano per andare allo Stanford Stadium, lui era alla ricerca delle chiavi della macchina, che non riusciva a trovare da nessuna parte. Dopo averle recuperate, decise che non avrebbe guidato: avrebbe approfittato del breve tragitto per riprovare il discorso per l'ennesima volta. Quando finalmente partirono, era già tardi. Laurene si mise al volante e Steve cominciò ad apportare gli ultimi ritocchi al testo. Lui era seduto davanti, mentre Erin, Eve e Reed stavano sui sedili posteriori. Sulla strada per il campus, Steve e Laurene frugarono nelle tasche e nella borsa, alla ricerca del permesso di parcheggio VIP che avevano ricevuto. Era sparito.

Quando arrivarono a destinazione, capirono che probabilmente sarebbe stato meglio partire un po' prima: quella mattina, oltre a loro si stavano riversando verso lo stadio altre ventitremila persone. Normalmente, raggiungere lo Stanford Stadium, appena fuori da El Camino Real, è piuttosto semplice, ma quel giorno molte strade erano state chiuse per consentire agli studenti e alle loro famiglie di raggiungere a piedi il luogo dell'evento. Quando infine riuscirono a entrare nel verde campus universitario, a causa di tutte quelle strade bloccate Laurene dovette cambiare percorso più volte. Steve si stava innervosendo: rischiava di arrivare in ritardo all'unica cerimonia di consegna delle lauree alla quale avesse mai accettato di partecipare.

Finalmente, la famiglia giunse davanti a quello che sembrava l'ultimo blocco prima dello stadio. Una poliziotta appoggiata a una transenna fece cenno a Laurene di fermarsi, per poi avvicinarsi lentamente alla macchina dal lato del conducente.

«Non può passare di qui, signora», disse. «Non si può parcheggiare. Deve tornare alla Paly [la Palo Alto High School], oltre El Camino. È lì che si trova il parcheggio.»

«No, no, no...» rispose Laurene. «Abbiamo un permesso. Solo che l'abbiamo perso.»

La donna la guardò.

«Non capisce», spiego Laurene, «l'oratore che dovrà pronunciare il discorso alla cerimonia è qui con me! Davvero!»

La poliziotta chinò la testa e guardò attraverso il finestrino di Laurene. Vide i tre bambini sui sedili posteriori, l'elegante donna bionda al volante e un uomo seduto accanto a lei che indossava dei jeans sbrindellati, un paio di Birkenstock e una vecchia maglietta nera. Armeggiava con dei fogli sulle ginocchia e la guardava attraverso gli occhiali privi di montatura. La poliziotta fece un passo indietro e incrociò le braccia.

«Davvero?» domandò, inarcando le sopracciglia. «E chi sarebbe?» Tutti in macchina scoppiarono a ridere. «Davvero», disse Steve, alzando la mano. «Sono io.»

Quando finalmente giunsero allo stadio, Jobs, che nel frattempo aveva indossato toga e tocco accademico, si diresse verso il palco con Hennessy, mentre Laurene e i bambini, accompagnati dalle figlie del rettore, si diressero verso la tribuna d'onore che dominava il campo da football. In quell'atmosfera in bilico fra solennità e goliardia così tipica di Stanford, parecchi studenti giravano in parrucca e costume da bagno, in quella che è nota come *wacky walk*, una sorta di strampalata parata, mentre altri indossavano le classiche toghe da cerimonia; ce n'erano alcuni addirittura vestiti da iPod. Hennessy si prese qualche minuto per presentare Steve. Disse che, per quanto avesse abbandonato gli studi, poteva servire da modello per quel tipo di capacità di pensiero a tutto tondo necessaria per cambiare in meglio il mondo. I ragazzi erano entusiasti dell'oratore scelto dal rettore: Jobs sembrava molto più alla mano dei tromboni che normalmente venivano invitati a parlare davanti ai neolaureati. Dopo avere riposto la bottiglietta d'acqua sotto il podio, Jobs si lanciò in un intervento di un quarto d'ora che sarebbe diventato il più citato tra tutti i discorsi mai pronunciati nel corso di una cerimonia simile:

> Sono onorato di essere con voi oggi per la vostra laurea in una delle migliori università del mondo. A dire il vero, io non mi sono mai laureato, e questa è la cosa più vicina a una laurea per me. Oggi voglio raccontarvi tre storie che mi appartengono. Tutto qui, niente di particolare. Solo tre storie.
>
> La prima storia parla di «unire i puntini».
>
> Ho lasciato il Reed College dopo i primi sei mesi. Però, prima di lasciarlo definitivamente, ho continuato a frequentare in maniera ufficiosa per altri diciotto mesi. Perché ho mollato?
>
> Tutto cominciò prima che nascessi. La mia madre biologica era una giovane studentessa universitaria, nubile, e decise di darmi

in adozione. Sentiva nel suo cuore che dovevo essere adottato da un laureato, così organizzò tutto perché alla mia nascita fossi adottato da un avvocato e da sua moglie. Solo quando venni alla luce, loro decisero all'ultimo minuto di desiderare una bambina. Quelli che sarebbero diventati i miei veri genitori e che erano in lista d'attesa ricevettero una telefonata nel bel mezzo della notte da una voce che chiedeva: «Abbiamo un bimbo, un maschietto, non previsto. Lo volete?» «Naturalmente», risposero. Ma in seguito la mia madre biologica venne a sapere che la mia mamma adottiva non si era mai laureata e che mio padre non era neppure diplomato, così rifiutò di firmare le ultime carte per autorizzare l'adozione. Tornò sulla propria decisione solo quando, dopo qualche mese, i miei genitori le promisero che un giorno sarei andato all'università.

E infatti, diciassette anni dopo andai all'università. Ma, ingenuamente, scelsi un'università costosa tanto quanto Stanford e tutti i risparmi dei miei genitori se ne andarono per le tasse d'iscrizione. Già sei mesi dopo, non riuscivo a vederne l'utilità. Non avevo idea di che cosa fare nella vita e non avevo idea di come l'università avrebbe potuto aiutarmi a scoprirlo. E me ne stavo lì a spendere tutti i risparmi che i miei genitori avevano messo da parte in un'intera vita di lavoro. Così decisi di mollare, fiducioso che tutto si sarebbe risolto per il meglio. All'epoca ero davvero terrorizzato da questo passo, ma guardandomi indietro credo sia stata una delle migliori decisioni che abbia mai preso. Nell'attimo stesso in cui abbandonai l'università, smisi di seguire i corsi obbligatori che non mi interessavano e cominciai a frequentare quelli che trovavo davvero appassionanti.

Non fu tutto rose e fiori: non avevo una stanza mia al college, perciò dormivo sul pavimento delle camere degli amici e raccoglievo i vuoti delle bottiglie di Coca-Cola per incassare i cinque centesimi di deposito e comprarmi qualcosa da mangiare. La domenica facevo più di dieci chilometri a piedi per andare al tempio Hare Krishna, dove consumavo l'unico pasto decente della settimana. Ma tutto questo mi piaceva. E gran parte di quello in cui mi imbattevo per caso seguendo la mia curiosità e il mio intuito in seguito si rivelò estremamente prezioso. Vi faccio subito un esempio.

In quegli anni, il Reed College offriva forse i migliori corsi di calligrafia del Paese. All'interno del campus tutti i poster, tutte le etichette su tutti i cassetti erano meravigliosamente scritti a mano. Non essendo più iscritto e non dovendo più seguire le lezioni secondo il piano di studi, decisi di frequentare un corso di calligrafia per imparare anch'io a scrivere così. Fu lì che imparai la differenza tra i caratteri graziati e non graziati, l'importanza delle spaziature fra le diverse combinazioni di caratteri e tutto quello che serve per rendere eccezionale una stampa tipografica. Fu splendido e istruttivo, artistico e ricco di sfumature in un modo che la scienza non è in grado di catturare. Lo trovai affascinante.

Nulla di tutto ciò sembrava avere la benché minima speranza di trovare una qualche applicazione pratica nella mia vita. Ma, dieci anni dopo, quando stavamo progettando il primo computer Macintosh, tutto quello che avevo imparato mi tornò utile. E lo mettemmo interamente nel Mac. Il Mac è stato il primo computer dotato di caratteri tipografici così belli. Se non avessi abbandonato gli studi e non avessi deciso di frequentare quel corso, il Mac non avrebbe mai avuto caratteri diversi o font spaziati in maniera proporzionale. E se Windows non avesse copiato il Mac, probabilmente oggi non li avrebbe nessun altro personal computer. Se non avessi mollato l'università, non mi sarei mai imbattuto in quel corso di calligrafia e i computer non avrebbero le splendide possibilità tipografiche che hanno oggi. Naturalmente, mentre ero al college non riuscivo a trovare un senso alla cosa per il mio futuro, a «unire i puntini», ma tutto divenne chiaro quando dieci anni dopo mi guardai indietro.

Ve lo ripeto: non si possono unire i puntini guardando avanti, si può farlo solo voltandosi indietro. Dovete avere fiducia che, in qualche modo, nel futuro i puntini si uniranno. Dovete credere in qualcosa: nell'istinto, nel destino, nella vita, nel karma...

chiamatelo come volete. È un tipo di atteggiamento che non mi ha mai deluso e mi ha decisamente cambiato la vita.

La seconda storia parla di amore e di perdita.

Sono stato fortunato, perché ho scoperto molto presto quello che mi piaceva fare. Woz e io fondammo la Apple nel garage dei miei genitori, quando avevo vent'anni. Lavorammo sodo, e in dieci anni la Apple crebbe da due persone in un garage a un'azienda da 2 miliardi di dollari, con oltre quattromila dipendenti. Avevo appena compiuto trent'anni, e un anno prima avevamo presentato la nostra migliore creazione, il Macintosh, quando fui licenziato. Com'è possibile che uno sia licenziato dall'azienda che lui stesso ha fondato? Beh, quando la Apple cominciò a espandersi, reclutammo una persona che io reputavo di grande talento perché dirigesse l'azienda con me. Per il primo anno le cose andarono bene. Poi, però, le nostre visioni del futuro cominciarono a divergere e alla fine arrivammo allo scontro. Quando accadde, il consiglio di amministrazione si schierò dalla sua parte. Così io, a trent'anni, ero fuori… e in maniera plateale. Quello che era stato il principale scopo della mia vita adulta non c'era più. Fu un'esperienza devastante.

Per qualche mese non seppi che cosa fare. Sentivo di avere tradito la generazione degli imprenditori che mi avevano preceduto, dai quali avevo ricevuto il testimone. Incontrai David Packard e Bob Noyce, provando a scusarmi per avere rovinato tutto così malamente. E poiché tutti avevano assistito al mio fallimento, pensai addirittura di andarmene dalla Silicon Valley. Ma lentamente qualcosa si fece strada dentro di me: amavo ancora il mio lavoro e quello che era successo con la Apple non aveva cambiato di una virgola questo mio sentimento. Ero stato respinto, ma ero ancora innamorato. Così decisi di ricominciare.

Allora non l'avevo ancora capito, ma essere licenziato dalla Apple era la cosa migliore che potesse capitarmi. Il peso dell'insuccesso cedette il posto alla serenità di essere di nuovo un debuttante, privo di certezze. Mi rese più libero, consentendomi di entrare in uno dei periodi più creativi della mia vita.

Nei cinque anni successivi fondai un'azienda di nome NeXT e un'altra di nome Pixar, e mi innamorai di una splendida donna che sarebbe diventata mia moglie. Alla fine la Pixar realizzò il primo lungometraggio animato interamente creato al computer, *Toy Story*, e oggi è lo studio di animazione più famoso al mondo. In una straordinaria sequenza di eventi, la Apple acquisì la NeXT, io ritornai alla Apple e la tecnologia che avevamo sviluppato alla NeXT è oggi il cuore della rinascita della Apple. E Laurene e io abbiamo formato una famiglia meravigliosa.

Sono sicuro che niente di tutto questo sarebbe accaduto se non fossi stato licenziato dalla Apple. Fu una medicina molto amara, ma credo che il paziente ne avesse bisogno. Ogni tanto la vita ti colpisce con una tegola in testa. Non scoraggiatevi. Sono convinto che l'unica cosa che mi ha aiutato a tirare avanti sia stato l'amore per quello che facevo. Dovete scoprire quello che amate: nel lavoro come negli affetti. Il lavoro occuperà una parte importante della vostra vita e l'unico modo per essere davvero soddisfatti è fare quello che ritenete un lavoro eccezionale. E l'unico modo per fare un lavoro eccezionale è amare ciò che fate. Se non avete ancora trovato quello che fa per voi, continuate a cercare. Non accontentatevi. Come capita anche con gli affetti, saprete di averlo trovato appena lo avrete davanti. E, come tutte le grandi storie d'amore, anche questa diventerà sempre più bella con il passare degli anni. Quindi, continuate a cercare finché non lo trovate. Non accontentatevi.

La terza storia parla di morte.

A diciassette anni lessi una frase che diceva più o meno così: «Vivi ogni giorno della tua vita come se fosse l'ultimo». Ne rimasi molto colpito e da quel momento, per i successivi trentatré anni, tutti i giorni mi sono guardato allo specchio domandandomi: Se oggi fosse l'ultimo giorno della mia vita, vorrei veramente fare quello che sto per fare? Quando per troppi giorni di seguito mi rispondevo di no, capivo che dovevo cambiare qualcosa.

La consapevolezza che prima o poi mi sarebbe toccato morire è stata fondamentale per prendere tutte le decisioni più importanti della mia vita. Perché di fronte alla morte quasi tutto – le aspettative altrui, l'orgoglio, il timore e l'imbarazzo di fallire – svanisce, lasciando solo ciò che conta davvero. Ricordarsi che dobbiamo morire è il modo migliore che io conosca per non cadere nella trappola di pensare di avere qualcosa da perdere. Siamo già nudi: non c'è ragione per non seguire il nostro cuore.

Un anno fa mi fu diagnosticato un cancro. Alle sette e mezzo del mattino, mi sottoposi a una TAC che rivelò un tumore al pancreas. Fino a quel momento non sapevo nemmeno che cosa fosse il pancreas! I dottori mi dissero che con ogni probabilità si trattava di una forma di cancro incurabile e che la mia aspettativa di vita andava dai tre ai sei mesi.

Il mio medico mi consigliò di tornare a casa e sistemare le cose, ossia il modo che hanno loro per dire a qualcuno di prepararsi a morire. Significa dover cercare di raccontare ai figli in pochi mesi tutto quello che si aveva in programma di dire nei dieci anni a venire; significa dover controllare che tutto sia a posto per evitare ogni possibile difficoltà alla famiglia; significa dover prender congedo dai propri cari.

Quella diagnosi mi tormentò per tutto il giorno. Poi, quella sera stessa, feci una biopsia. Mi misero una sonda giù per la gola, passarono per lo stomaco, dentro l'intestino, mi infilarono un ago nel pancreas e prelevarono alcune cellule del tumore. Io ero sotto anestesia, ma mia moglie, che era presente, mi raccontò che i medici, dopo avere esaminato le cellule al microscopio, cominciarono a gridare di gioia perché si trattava di una forma molto rara di tumore al pancreas, curabile tramite asportazione chirurgica. Così mi sono operato e ora sto bene.

È stata la volta in cui mi sono trovato più vicino alla morte, e spero lo rimanga ancora per qualche decennio. Essendoci passato, oggi posso dirvi qualcosa sulla morte con più cognizione di causa di quando per me era solo un concetto astratto.

Nessuno vuole morire. Anche quelli che vogliono andare in paradiso, vorrebbero arrivarci senza dover morire. Eppure, la morte rappresenta la nostra meta comune: nessuno le è mai sfuggito.

Ed è così che deve essere, perché la morte è probabilmente la più grande invenzione della vita. È l'agente di cambiamento della vita: spazza via il vecchio per fare posto al nuovo. Oggi il nuovo siete voi, ma un giorno non troppo lontano diventerete a poco a poco il vecchio e sarete spazzati via. Mi dispiace essere così drastico, ma è la pura verità.

Il vostro tempo è limitato, perciò non sprecatelo vivendo la vita di qualcun altro. Non fatevi intrappolare dai dogmi, vivendo secondo il pensiero di qualcun altro. Non permettete che il brusio delle opinioni altrui offuschi la vostra voce interiore. Ma soprattutto, abbiate il coraggio di seguire il vostro cuore e il vostro intuito, che in qualche modo sanno già quello che davvero volete diventare. Tutto il resto è secondario.

Quando ero giovane, c'era una splendida rivista che si chiamava *Whole Earth Catalog*, che è stata una delle bibbie della mia generazione. L'aveva fondata, non molto distante da qui, a Menlo Park, un signore di nome Stewart Brand, che ci aveva messo tutta la sua visione poetica della vita. Era la fine degli anni Sessanta, prima dei computer e dell'editoria elettronica, perciò ogni numero era preparato soltanto con macchine per scrivere, forbici e Polaroid. Era una specie di Google in formato cartaceo, trentacinque anni prima che Google nascesse. Era una rivista idealista, traboccante di idee eccezionali e concetti straordinari.

Stewart e la sua redazione pubblicarono diversi numeri di *Whole Earth Catalog* e, quando decisero che era venuto il momento di smettere, fecero uscire un numero finale. Era la metà degli anni Settanta e io avevo la vostra età. Sulla quarta di copertina c'era la fotografia di una stradina di campagna all'alba, quel tipo di strada in cui potreste trovarvi a fare l'autostop se siete dei tipi avventurosi. Sotto la foto c'erano queste parole: «Siate affamati. Siate folli». Era il loro modo per congedarsi, ed è quello che mi sono sempre augurato per me stesso. Ora che vi siete laureati e state per cominciare una nuova vita, auguro lo stesso anche a voi.

Siate affamati, siate folli.

Grazie mille a tutti.

Steve era sempre stato bravo a raccontare le storie. Ma niente di tutto ciò che disse nella sua vita ebbe un effetto paragonabile a quello ottenuto con questo discorso. (Il video della sua prolusione a Stanford è stato visto almeno trentacinque milioni di volte su YouTube.) Non fu un fenomeno virale, come accade oggi per i successi del Web – dieci anni fa, i social network non erano ancora così radicati e diffusi – ma, poco alla volta, si impose come qualcosa di eccezionale e molto significativo per un enorme numero di persone, oltre ovviamente a quelle presenti quel giorno allo Stanford Stadium. Il fatto che fosse diventato così popolare sorprendeva Jobs. «Nessuno di noi si aspettava un simile successo», ricorda Katie Cotton, allora responsabile delle pubbliche relazioni della Apple.

Anche solo qualche anno prima, un discorso del genere non avrebbe suscitato lo stesso interesse né si sarebbe guadagnato un uguale livello di attenzione. Ma nell'estate 2005 la Apple era definitivamente tornata in pista, e con lei anche la reputazione di Steve. Il fatturato e gli utili viaggiavano a gonfie vele e anche il titolo in Borsa cominciava a muoversi nella direzione giusta. Tutte le memorie dei giorni bui, i ricordi di Spindler, Sculley e Amelio, erano stati banditi, almeno agli occhi del pubblico. Jobs non dimenticò mai quegli anni, tenendoli a perenne monito di ciò che sarebbe potuto accadere se la Apple non fosse stata sempre all'erta. Buona parte dell'opinione pubblica trovava straordinario quello che era riuscito a fare. Steve non era più né un bambino prodigio né una vecchia gloria dimenticata: era rientrato in scena indossando i panni dell'eroe, in spregio all'aforisma di F. Scott Fitzgerald secondo cui «non esistono secondi atti nella vita degli americani». La domanda non era più se la Apple sarebbe sopravvissuta, ma quale sarebbe stata la sua prossima impresa. In effetti, l'articolo di copertina che avevo scritto per *Fortune* qualche settimana prima di quel discorso era intitolato «Quando potrà diventare grande la Apple?»

Per Jim Collins, il rilancio dell'azienda di Cupertino costituisce un ottimo punto di partenza per un'analisi delle straordinarie doti imprenditoriali di Jobs. «A tutti capita di subire brucianti sconfitte, di essere messi al tappeto. Succede davvero a tutti», sostiene Collins, che oltre a essere autore di numerosi bestseller, negli ultimi dieci anni è diventato anche un eccezionale scalatore. «Quando sono stanco, quando devo decidere se lanciarmi o no in un progetto creativo, penso sempre agli anni bui di Steve. Farlo mi aiuta ogni volta. La sua determinazione a non arrendersi mai è per me un modello.»

Collins si è specializzato nello studio dei meccanismi che portano le aziende al successo e delle qualità delle persone che le guidano. Nella formazione poco ortodossa di Jobs scorge qualcosa di unico. «Lo chiamavo 'il Beethoven del mondo aziendale'», ricorda, «anche se questo è più vero per il periodo della sua gioventù. Quando aveva ventidue anni, era un genio sostenuto dal lavoro di mille aiutanti. Ma in seguito diventò molto di più. La sua non è soltanto la storia di un successo, ma anche di un percorso di maturazione. Non è da tutti passare da grande artista a grande capitano d'industria.»

Dopo gli anni frenetici – emotivamente e professionalmente – del primo periodo alla Apple, e dopo non avere saputo mantenere ciò che aveva promesso di fare con la NeXT, era difficile immaginare che Steve potesse un giorno essere considerato un manager straordinario. Eppure, nell'estate 2005, era esattamente questa l'immagine che dava di sé. Certo, la fortuna aveva giocato un ruolo fondamentale nel suo ritorno in sella ma, come afferma Collins facendo eco alle parole di Catmull, «a fare la differenza è quello che uno riesce a ricavare dalla fortuna, come sa sfruttarla quando la incontra. Ciò che conta davvero è come uno decide di giocare le carte che gli sono capitate». Collins prosegue: «Non bisogna abbandonare la partita finché non siamo noi a decidere di farlo. Steve Jobs ha avuto la fortuna di essere presente nel momento in cui il suo settore stava nascendo. Poi ha avuto sfortuna perché ne è stato estromesso in malo modo. Ma ha sempre giocato le sue carte al meglio. Uno può anche crearsi le proprie carte, cercando sfide che lo renderanno più forte, anche quando non sa che cosa lo aspetta dietro l'angolo. È per questo che la sua storia è così avvincente. Steve è più o meno come il personaggio interpretato da Tom Hanks in *Castaway*, che sceglie di continuare a vivere solo per vedere quello che la marea potrebbe portargli il giorno dopo.

«L'immagine di lui che si è affermata è quella che traspare dalle storie che hanno per protagonista lo 'Steve prima versione'», aggiunge

Collins. «In parte, questo dipende dal fatto che la vicenda di un uomo che ha seguito un lento percorso di maturazione fino a diventare un grande imprenditore è molto meno avvincente. Vedere come ha imparato a gestire i flussi di cassa, a scegliere le persone giuste di cui circondarsi, a crescere, a smussare i lati più spigolosi del carattere non è interessante quanto puntare l'attenzione sui suoi comportamenti originali e bizzarri. Ma tutto quello che si racconta sull'importanza della personalità sono soltanto fattori di contorno, una specie di vetrina. Che cosa alimenta davvero la nostra ambizione? Siamo abbastanza umili da voler continuare a crescere, da imparare dai nostri errori e ricominciare da capo? Ci dedichiamo alla missione che abbiamo scelto con la determinazione e la grinta necessarie? Sappiamo usare la nostra intelligenza, le nostre energie, i nostri talenti, le nostre qualità e le nostre idee per creare qualcosa di più grande e incisivo di noi stessi? Questa è la vera leadership.»

Uno degli elementi che rende così incisivo il discorso di Stanford è che espone una serie di valori conquistati da Jobs a caro prezzo, che lo ispirarono quando riprese le redini della Apple. Ciascuna delle tre storie contiene degli insegnamenti che Steve era riuscito a comprendere solo dopo avere raggiunto la piena maturità. Essendo sempre stato bravo con le parole, forse avrebbe potuto dire le stesse cose anche quando era più giovane, ma probabilmente allora non avrebbe saputo coglierne appieno il significato.

«Dovete avere fiducia che, in qualche modo, nel futuro i puntini si uniranno.» Il giovane Steve della prima storia del discorso, quello che aveva deciso di abbandonare il Reed College, non era in grado di farlo. Dopo avere fondato la Apple, aveva continuato per più di dieci anni a cercare con tutte le forze di piegare il futuro alla propria visione. Credeva di poter unire i puntini mentre avanzava. Più volte, i tecnici si erano ritrovati a impazzire nel tentativo di adeguare il loro lavoro alle sue richieste, a volte geniali, a volte fuorvianti. Durante il suo primo periodo alla Apple e in seguito alla NeXT, Jobs era convinto di saper fare tutto meglio di chiunque altro. Quando tornò, anni dopo, aveva invece imparato ad avere fiducia che in qualche modo i puntini si sarebbero uniti. Nel corso del suo secondo atto, le caratteristiche dei nuovi prodotti Apple avevano tratto ispirazione da fonti insospettabili: l'iMac era stato ideato a partire dal design dell'eMate, un dispositivo che Steve aveva messo fuori produzione; l'iPod e iTunes erano stati la conseguenza diretta del suo malriposto interesse nel software per il montaggio video. Ora, la Apple stava sviluppando un telefono cellulare, perché cinque team indipendenti si erano sentiti liberi di sperimentare e condurre ricerche ad ampio raggio, con l'appoggio di Jobs, e il loro lavoro lo aveva convinto a rinunciare al prodotto che inizialmente avrebbe voluto realizzare, un tablet. Steve aveva imparato ad aspettare di vedere che i puntini si unissero dopo che i fatti erano accaduti. A rendere possibile questa trasformazione erano stati la sua nuova maturità e le doti straordinarie della squadra che aveva formato.

«Ogni tanto la vita ti colpisce con una tegola in testa. [...] Se non avete ancora trovato quello che fa per voi, continuate a cercare. [...] Come capita anche con gli affetti, saprete di averlo trovato appena lo avrete davanti. E, come tutte le grandi storie d'amore, anche questa diventerà sempre più bella con il passare degli anni.» Steve aveva scoperto che cosa amava fare molto presto nella vita. Ma ciò che nel 2005 rendeva tanto persuasive queste parole, tratte dalla seconda storia del suo discorso, era il fatto che l'amore che nutriva nei riguardi del suo lavoro continuasse a essere viscerale e avesse dato risultati straordinari. C'era voluto moltissimo tempo perché le cose diventassero «sempre più belle». Ora poteva parlare con la sicurezza di qualcuno che aveva lavorato su tutte le proprie relazioni – con Laurene, con il team dirigenziale della Apple e anche con la sua prima figlia Lisa – e aveva visto gli immensi benefici che ne aveva tratto. Tutte le difficoltà che si era trovato ad affrontare e tutte le lezioni che aveva imparato da quelle esperienze erano state essenziali per il successo della Apple. Nessun'altra grande azienda, fatta forse eccezione per la Disney, era in grado di offrire prodotti che suscitassero reazioni emotive così profonde, perfino in giornalisti altrimenti piuttosto scettici. Dopo l'annuncio di un nuovo lancio, il *New York Times* confezionò un articolo dal titolo «La magia dei dispositivi Apple? Il cuore», e questo tre anni dopo la morte di Steve. L'azienda, come il suo capo, era piena di difetti, ma operava con una consapevolezza della propria missione completamente diversa da quella di tutti gli altri nel suo settore.

«[...] abbiate il coraggio di seguire il vostro cuore e il vostro intuito, che in qualche modo sanno già quello che davvero volete diventare.» Senza la prova inconfutabile dei trionfi della Apple, queste parole tratte dall'ultima parte del discorso potrebbero sembrare l'esortazione traboccante di ingenuità ed entusiasmo rivolta da un neodiplomato ai compagni di classe. Ciò che però le rende convincenti ed efficaci è che provengono da qualcuno che ha saputo dimostrarne la validità in un contesto aziendale. Proprio come Jobs si distingueva così tanto dalla media, così anche la Apple si elevava al di sopra della media non solo del suo campo ma, sotto molti aspetti, anche dell'intera imprenditoria statunitense. Steve aveva imparato a gestire i rischi dell'atteggiamento eccessivamente individualista di chi segue il cuore. Agli inizi della sua carriera, «intuito» era stato per lui sinonimo di assoluta certezza della validità delle proprie idee. Rifiutava ostinatamente di ascoltare le considerazioni altrui. Nel 2005, l'intuito era invece diventato uno strumento per scegliere tra le innumerevoli possibilità che aveva a disposizione. Ora era abbastanza sicuro di sé da seguire non soltanto le proprie idee ma anche quelle del suo team, e conoscere e apprezzare il mondo che gli stava attorno (come aveva imparato a conoscere il settore cinematografico con la Pixar o era stato capace di valutare tutte le opportunità per la Apple al momento del suo ritorno) mentre procedeva verso i suoi obiettivi. L'azienda non decise di produrre l'iPhone basandosi su ricerche di mercato o gruppi di discussione; si lanciò nel progetto grazie all'intuito di Jobs, ora molto più ricco e profondo rispetto agli interessi solipsistici del ragazzo che l'aveva fondata.

Quando lessi online il discorso di Stanford, mi venne in mente un'intervista che avevo fatto a Steve nel 1998. Mentre parlavamo della sua carriera, imboccando una digressione idealmente simile a quella stradina di campagna sull'ultimo numero di *Whole Earth Catalog*, mi aveva raccontato di quanto quella rivista fosse stata importante per lui. «Ci penso sempre quando cerco di capire che cosa fare o quale sia la decisione giusta da prendere.» Qualche settimana dopo che il mio pezzo era stato pubblicato su *Fortune* come parte di un servizio sul rilancio della Apple, mi era stata recapitata una busta, che aveva come mittente Stewart Brand e conteneva un rara copia dell'ultimo numero della rivista. «Per favore, la dia a Steve la prossima volta che lo vede», scriveva Brand. Quando lo feci, una o due settimane più tardi, lui ne fu entusiasta. Non aveva mai dimenticato quel numero ma non aveva mai avuto il tempo di recuperarne una copia.

La conclusione del discorso di Stanford riprende proprio l'invito pubblicato sulla quarta di copertina di *Whole Earth Catalog* – «Siate affamati, siate folli» – ma la mia parte preferita è quando Jobs descrive la rivista come «idealista, traboccante di idee eccezionali e concetti straordinari». Una descrizione che calzava a pennello anche per lui. Steve si identificava in quei neolaureati, sperava che avessero obiettivi folli e ambiziosi e voleva offrire a quei ragazzi «idee eccezionali e concetti straordinari» prima che cominciassero il loro lungo e tortuoso viaggio. Come Jim Collins, ho avuto il privilegio di essere abbastanza vicino a Jobs da riuscire a vedere, oltre i suoi modi bruschi – quando non palesemente sgarbati –, l'idealista che albergava in lui. A volte, considerato il suo carattere difficile e la sua aggressività, questo aspetto faticava a trasparire. Quel discorso lasciò intravedere al mondo un barlume del suo autentico idealismo.

14
Una casa per la Pixar

SABATO 12 marzo 2005, Bob Iger, allora presidente della Walt Disney Company, prese il telefono nella sua casa di Bel Air, in California, e fece alcune chiamate. Telefonò ai genitori, alle due figlie avute dalla prima moglie e a Dan Burke e Tom Murphy, due dei suoi mentori nella vita professionale. Infine, chiamò anche una persona che fino ad allora aveva incontrato solo in un paio di occasioni: Steve Jobs.

Iger aveva una notizia importantissima: il giorno seguente, la Disney avrebbe annunciato la sua nomina ad amministratore delegato dell'azienda. Sarebbe subentrato a Michael Eisner, CEO dal 1984, durante il cui mandato si erano susseguiti un primo decennio di strepitosi successi e un secondo decisamente mediocre e tormentato. Alla fine, aveva deluso gli azionisti e si era alienato quasi tutti gli stakeholder dell'azienda, tra i quali anche l'amministratore delegato della Pixar, che nei riguardi di Eisner nutriva un'antipatia tanto viscerale da avere già annunciato pubblicamente che, al termine dell'accordo con la Disney (i cui termini sarebbero scaduti nel 2006), la sua casa di produzione si sarebbe trovata un altro distributore.

«Steve», disse Iger, «ti ho chiamato per dirti, prima che tu venga a saperlo domani dai giornali, che diventerò l'amministratore delegato dell'azienda. Non so ancora in che modo questo potrà influire sulle relazioni tra la Disney e la Pixar, ma ho deciso di telefonarti per farti sapere che sarei davvero contento se riuscissimo a trovare il modo di non interrompere questo rapporto.»

Dall'altra parte ci fu un prolungato silenzio. Erano giorni che Iger pensava a quella telefonata. Sapeva che il lavoro più arduo che lo aspettava era sistemare il caos in cui Eisner avrebbe lasciato la Disney Animation andandosene; aveva anche già deciso che trattenere la Pixar era il prerequisito fondamentale per uscire da quel ginepraio. Qualcuno gli aveva detto che Jobs lo considerava soltanto un'estensione di Eisner, e in effetti Iger, che era sempre stato un dipendente ligio alle direttive emanate dal suo superiore, non aveva mai dato motivi sufficienti per pensare il contrario. Durante le complicate trattative con la Pixar, i media avevano riportato alcune sue dichiarazioni in difesa della Disney, e non aveva mai avuto occasione di passare un po' di tempo con Steve. Ora, tuttavia, quella lunga pausa gli faceva sperare che forse Jobs gli avrebbe dato una possibilità. «Bene», si sentì finalmente rispondere, «penso che tu abbia il diritto di provarmi che non sei come lui. Se vuoi fare un salto da me e discutere della faccenda, sono qui che ti aspetto.»

Una delle esperienze più belle in tutti gli anni in cui mi sono occupato di Steve come giornalista risale all'inizio dell'estate 1999, quando mi invitò a visitare la nuova sede della Pixar a Emeryville, vicino a Oakland. Dopo i suoi due primi lungometraggi, *Toy Story* e *A Bug's Life - Megaminimondo*, l'azienda era cresciuta molto rapidamente, e si era deciso di acquistare un'enorme proprietà in centro, che nei suoi giorni migliori aveva ospitato diverse fabbriche. La Pixar stava edificando il suo nuovo quartier generale dove un tempo sorgeva un conservificio Dole.

Jobs mi venne incontro nel parcheggio. I muratori se n'erano andati da qualche ora ed erano presenti solo due addetti alla sicurezza. Mi invitò a passare da una porta laterale invece che dall'ingresso principale, che si apre nell'enorme parete di vetro da dove oggi entrano i dipendenti e i visitatori. «Guarda lassù», mi disse, prima che aprissi la porta. «Guarda quei mattoni. Hai mai visto un muro di mattoni colorato così? Guarda che mattoni!» Era vero. I mattoni erano – e sono ancora – davvero belli, in ventiquattro diverse tonalità che spaziavano dal grigio-bruno al ruggine, al cioccolato, con moltissime gradazioni intermedie. Da lontano, l'effetto è quello di un variopinto mosaico con chiazze di colore disposte in modo apparentemente casuale. Ma non c'è nulla di casuale. I mattoni provengono da una fornace nello Stato di Washington, che il fornitore aveva rimesso appositamente in funzione per creare le tonalità richieste da Steve. Per ben due volte Jobs si era presentato al cantiere e, non trovando di suo gusto il motivo formato dai mattoni, aveva chiesto ai muratori di abbattere il muro e ricominciare da capo. Alla fine, l'impresa edile aveva trovato una specie di algoritmo per assicurarsi che i mattoni fossero disposti in modo «perfettamente casuale».

Mentre visitavamo il cantiere, Steve si deliziava di indicarmi ogni dettaglio e descrivermi tutto il lavoro che era servito per riuscire ad averlo esattamente in quel modo. All'interno dell'edificio, vidi enormi travi di acciaio di colore verdognolo; provenivano da una fabbrica nell'Arkansas e avevano quell'aspetto così naturale grazie a una particolare vernice. Agli operai che le avevano prodotte era stata richiesta una particolare cura: se la maggior parte delle loro travi finiva infatti nascosta dietro le pareti di centri commerciali e grattacieli, queste non sarebbero mai state coperte da un muro. I bulloni che le fissavano avevano un colore leggermente diverso ma complementare, e Jobs volle che salissi su una lunga scala a pioli per avvicinarmi abbastanza da rendermene conto. Nell'atrio, troneggiava la cupola perfettamente sferica del forno a legna della caffetteria, costruita con gli stessi mattoni utilizzati per le pareti esterne. Un vero e proprio capolavoro. Fuori, il vialetto d'accesso era costeggiato dallo stesso tipo di platani piantati lungo gli Champs-Élysées a Parigi, città molto amata da Steve e sua moglie.

Mi mostrava tutto questo con l'entusiasmo di un bambino, se pure di un bambino che sperava di convincere un giornalista a fare in modo che *Fortune* dedicasse un lungo servizio fotografico alla sua creazione. I miei editori, però, decisero di non pubblicare nulla, in parte anche perché quel fabbricato non era un monumento di interesse storico: la sua qualità migliore era di essere perfetto per la funzione che avrebbe dovuto svolgere. «Non voleva creare soltanto uno splendido edificio», dice Ed Catmull. «Stava facendo qualcosa di più: stava dedicando tutte le sue cure alla costruzione di un posto in cui lavorare. C'è una bella differenza.»

Il primo progetto di Jobs era minimalista, basato sostanzialmente sul suo caratteristico senso estetico e sulla convinzione che una sede adeguata fosse in grado di creare una straordinaria cultura aziendale. «La sua teoria era molto semplice», sostiene John Lasseter. «Credeva nelle riunioni non programmate, negli incontri casuali tra le persone. Sapeva come funzionavano le cose alla Pixar, dove tutti stavano davanti al proprio computer. Per questo era convinto che quell'immenso atrio dovesse poter accogliere tutto il personale in occasione di una riunione plenaria e dovesse saper richiamare i dipendenti fuori dagli uffici, attirandoli verso quel centro nevralgico. Doveva essere pensato in modo che fossimo costretti ad andarci o a passarci più volte al giorno.» Steve era talmente convinto di questa idea che inizialmente aveva proposto di non collocare le toilette nelle due ali dell'edificio; ci sarebbero stati un unico bagno per gli uomini e uno per le donne, nel grande atrio centrale. Catmull, il più abile fra tutti quelli che hanno dovuto imparare a gestire gli originali eccessi di Jobs, riuscì con pazienza a convincerlo ad abbandonare quella posizione, esempio particolarmente bizzarro di come a volte Steve proponesse mezzi inaccettabili per perseguire scopi lodevoli. Alla fine, diede l'autorizzazione a costruire i bagni anche ai piani superiori, oltre che nell'atrio.

A Lasseter e Catmull non piaceva nemmeno l'idea di una sede così minimalista, tutta vetro e acciaio. Non c'entrava nulla né con lo stile industriale del quartiere né con il ricco, vivace e fantasioso lavoro dell'azienda. «La Pixar era più 'calda' della Apple e della NeXT», spiega Lasseter. «Noi non ci occupiamo di tecnologia, ma di storie, di personaggi, di calore umano.» Espressero le loro riserve a Tom Carlisle e Craig Paine, gli architetti reclutati da Jobs, i quali si dissero d'accordo. Chiamarono così un fotografo perché scattasse delle foto alle pareti di mattoni di alcuni magazzini a due piani nei dintorni e in altre zone di San Francisco. Poi, al termine di una giornata in cui anche Steve si trovava negli uffici della Pixar a Point Richmond, disposero decine di foto su una scrivania in una sala conferenze. «Lui entrò e ricordo che si mise subito a guardare tutte quelle bellissime immagini, esaminandole accuratamente, poi cominciò a camminare avanti e indietro per la stanza», ricorda Lasseter. «Alla fine mi guardò e disse: 'Capisco, capisco... Avete ragione voi. John, hai ragione'. Aveva capito, e dal quel momento divenne uno dei più accesi sostenitori di quel nuovo stile.»

Il risultato fu un edificio disposto in modo intelligente e intuitivo. Nell'atrio centrale ci sono un'ottima caffetteria, un ufficio per lo smistamento della posta – dove ciascun dipendente possiede un armadietto di legno dove raccogliere promemoria, appunti, volantini e quant'altro –, spazio in abbondanza per favorire le conversazioni informali e otto sale destinate a conferenze e riunioni, chiamate semplicemente «Ovest» ed «Est» e numerate rispettivamente dall'uno al quattro. «Come le strade di Manhattan», spiega Lasseter. «Odio quando le sale conferenze hanno nomi carini e simpatici, perché non riesco mai a trovarle...» Quando alla Pixar si lavora a un film – e in genere ci sono sempre quattro o cinque lungometraggi e diversi corti in preparazione –, i gruppi addetti alla produzione della pellicola vengono spostati attraverso l'edificio a mano a mano che la data della distribuzione si appressa, avvicinandosi sempre più all'ingresso centrale. Gli animatori, invece, non si muovono mai. Hanno tutti arredato le loro postazioni secondo i gusti e le inclinazioni personali: un ufficio sembra l'avamposto di un esploratore nel deserto; un altro ha l'aspetto di una stanza di un accanito giocatore di poker; un'animatrice ci ha messo una casetta da parco giochi e ha appeso delle piante di plastica alle pareti; un altro ancora ha montato una casa di legno a due piani in stile giapponese, completa di servizio da tè al primo piano. Se vi abbassate carponi in un altro ufficio e premete un piccolo pulsante rosso, potrete strisciare dentro la «Love Lounge», in origine un condotto dell'aria condizionata largo poco più di un metro e mezzo oggi arredato con carta da parati leopardata e una *lava lamp* rossa, con le canzoni di Barry White in sottofondo. Sulla tappezzeria c'è un messaggio autografo di Jobs: «Questo è il motivo per cui abbiamo costruito questo edificio. Steve Jobs».

«Chiamiamo questa sede 'il film di Steve'», racconta Catmull. «L'ha fatta con amore.» Lasseter aggiunge: «Ha richiesto lo stesso budget e la stessa quantità di tempo di uno dei nostri film, e lui ne è stato il regista. La adoriamo».

Jobs cercava di passare alla Pixar almeno una volta la settimana. Incontrava Catmull e Lasseter, guardava i primi spezzoni dei film in lavorazione e confabulava con Lawrence Levy, il direttore amministrativo e finanziario, o Jim Morris, il general manager. Steve non era un regista, né aveva intenzione di diventarlo. Catmull si era assicurato della cosa anni prima, quando era riuscito a strappargli la promessa che non avrebbe mai tentato di entrare nel Brain Trust della Pixar, il gruppo che interviene nello sviluppo di tutte le pellicole prodotte dallo studio. Ciononostante, Catmull e Lasseter sfruttavano la capacità critica di Steve.

«Dopo la sua morte è come se avessimo perso una sorta di sprone esterno», afferma Catmull. «Capita immancabilmente, per ogni film, che a un certo punto i registi non sappiano più che pesci pigliare. Così, una o due volte durante la lavorazione chiamavo Steve e gli dicevo: 'Senti, penso che abbiamo un problema'. Solo questo. Non gli anticipavo mai di che cosa si trattava. Non lo preparavo.» Jobs allora andava a Emeryville, si accomodava in una delle piccole sale di proiezione e visionava tutto il materiale già disponibile per la pellicola in questione. Poi dava il suo parere, discutendone in genere sia con il regista sia con il Brain Trust. «Non diceva mai nulla che non fosse già stato detto da qualche altro membro del Brain Trust, dato che loro sono tutti esperti in materia di storytelling», prosegue Catmull. «Ma era così lucido e preciso da riuscire sempre a prendere qualcosa che era già stato detto da qualcun altro e arrivare subito al nocciolo della questione. Bastava la sua sola presenza. Era molto rispettoso. Esordiva sempre così: 'Non sono un regista, quindi potete anche ignorare tutto quello che sto per dirvi'. Lo ripeteva davvero ogni volta. Poi esponeva quello che secondo lui era il problema. E solo il fatto di sentirlo formulare da un'altra persona era per noi come un pugno nello stomaco. Non diceva mai che cosa i registi avrebbero dovuto fare, spiegava solo le sue considerazioni.

«A volte», ricorda ancora Catmull, «quando si trattava di un pugno nello stomaco particolarmente violento, invitava il regista a fare una passeggiata con lui. Steve era una persona incredibilmente intelligente e determinata a realizzare ciò che aveva in testa, ma allo stesso tempo sapeva come far sentire gli altri pienamente liberi di prendere l'iniziativa. Pensava che quelle passeggiate fossero importanti. Così usciva con il regista, per avere modo di parlare con più tranquillità, di riflettere insieme sul problema... o anche solo di chiacchierare, di avere una conversazione amichevole. Il suo obiettivo era aiutarlo a superare l'ostacolo e realizzare un film migliore. Non diceva mai: 'Hai combinato un bel casino!' ma piuttosto: 'E ora come procediamo?' Il passato può servire da lezione, ma resta passato. Di questo era profondamente convinto.»

Anche se, come abbiamo visto, aveva raggiunto quella capacità di confrontarsi con gli altri solo dopo molti anni. «Ti prendeva da parte per parlarti in privato», dice Catmull, «e trasformava una situazione potenzialmente imbarazzante in qualcosa di produttivo e in un'occasione per legare. Aveva imparato. Aveva interiorizzato e analizzato gli errori che aveva commesso e aveva fatto qualche cambiamento.»

Jobs era molto più rilassato alla Pixar di quanto lo fosse alla Apple. «Non provò mai a farci diventare come la Apple», prosegue Catmull, «o a dirigerci allo stesso modo.» Andy Dreyfus, un designer che aveva lasciato la Apple per andare a lavorare da CKS Partners a San Francisco, racconta che quando lui e il suo capo Tom Suiter dovevano presentare qualcosa a Steve, cercavano sempre di incontrarlo nella sede della Pixar. «Eravamo molto contenti quando le riunioni con lui capitavano di venerdì», spiega, «perché quello era il giorno in cui andava alla Pixar, e quando si trovava lì era sempre di buonumore.»

Anno dopo anno, la Pixar cominciò a regalare a Jobs un'infinita serie di successi. Assisteva regolarmente alla cerimonia di assegnazione degli Oscar e osservava l'azienda accumulare riconoscimenti. Gli piaceva mostrare agli amici le primissime versioni dei film in lavorazione. «Steve era il nostro più grande ammiratore. Quando preparavamo una versione preliminare di una pellicola da far circolare tra noi in azienda, ne chiedeva sempre una copia», racconta Lasseter.

«E alcuni mi avevano detto che organizzava delle proiezioni a casa sua e invitava i vicini. 'Ehi, venite tutti a vedere!' A lui piaceva un sacco. Era come un bambino.»

Per Jobs, la Pixar aveva un unico problema, e il suo nome era Michael Eisner. Dal 1997, anno in cui le loro aziende avevano firmato un contratto per spartirsi in egual misura costi e profitti, i rapporti fra i due potentissimi amministratori delegati si erano molto deteriorati. Fra le due case di produzione erano sorti alcuni problemi (Steve non era mai soddisfatto dell'attenzione che gli addetti marketing della Disney riservavano ai film della Pixar, né era mai particolarmente entusiasta dei loro programmi), anche se in realtà le cose erano andate piuttosto bene per entrambe. *A Bug's Life - Megaminimondo*, *Toy Story 2* e *Monsters & Co.*, i tre film previsti dall'accordo, avevano tutti ottenuto un grande successo di critica. Nemmeno il loro trionfo al botteghino era in discussione: tutti avevano debuttato piazzandosi subito al primo posto nella classifica degli incassi, guadagnando ciascuno più di 500 milioni di dollari.

Dopo l'uscita di *Monsters & Co.*, nel 2002, la Pixar era libera di cercare un altro studio con cui stipulare un contratto di distribuzione. Catmull e Lasseter avrebbero preferito rimanere con la Disney, perché questa deteneva i diritti di immagine di tutti i personaggi che avevano creato e perché i loro film avevano avuto un grande successo anche grazie al servizio di distribuzione garantito dalla Disney. Jobs sperava che Eisner lo chiamasse per avviare le trattative, ma questi scelse di attendere che fosse Steve a fare la prima mossa. Credeva che se avesse aspettato fino a dopo l'uscita di *Alla ricerca di Nemo*, sarebbe riuscito a siglare un accordo più vantaggioso. Aveva infatti visto due versioni preliminari della pellicola e, come aveva scritto al consiglio di amministrazione in una nota riservata che poi in qualche modo era finita sul *Los Angeles Times*, lo riteneva «carino, ma niente a che vedere con i loro film precedenti». Eisner, però, si sbagliava alla grande: *Alla ricerca di Nemo* diventò una delle opere più amate della Pixar e incassò 868 milioni di dollari.

A quel punto, Jobs pose delle condizioni particolarmente dure: per la distribuzione dei film della Pixar, la Disney avrebbe ricevuto il 7,5% degli incassi al botteghino e nulla più. Non avrebbe detenuto i diritti né dei nuovi personaggi, né delle pellicole, né dei DVD. Nel frattempo, Steve aveva dichiarato pubblicamente il proprio scontento, insistendo sull'eccellenza creativa della Pixar contro i fiaschi da dimenticare che la Disney aveva prodotto in quegli anni: *Il pianeta del tesoro*, *Koda fratello orso* e *Mucche alla riscossa*.

Catmull e Lasseter seguivano le trattative con preoccupazione. «Aveva deciso di negoziare con la Disney soprattutto per me», ricorda Lasseter, «perché tenevo molto ai personaggi che avevamo creato.» Con il passare dei mesi, la situazione sembrava peggiorare. Jobs credeva che Eisner avesse lasciato trapelare sulla stampa le condizioni da lui poste alla Disney, con l'intento di farle apparire eccessive. All'inizio del gennaio 2004, qualche mese dopo che a Steve era stato diagnosticato il tumore, parve che si fosse raggiunto un punto di non ritorno: Jobs annunciò a Lasseter e Catmull che la Pixar avrebbe interrotto le trattative con la Disney. Non voleva più avere nulla a che fare con Eisner. Né ora né mai. «Fu il giorno peggiore della mia vita», racconta Lasseter, il quale, oltre a essere affranto dall'idea di perdere tutti i suoi personaggi, pensava al fatto che anche i diritti di *Cars*, ormai quasi terminato, sarebbero appartenuti alla Disney, con quell'amministratore delegato che aveva visitato il loro studio solo un paio di volte da quando avevano siglato l'accordo. Il giorno che, con Catmull e Jobs, comunicò la sospensione delle trattative al personale della Pixar, Lasseter era in lacrime, e giurò ai dipendenti che l'azienda non avrebbe mai più realizzato un film senza possedere i diritti dei suoi personaggi.

Appena la notizia fu resa nota, cominciarono a farsi vive altre case di produzione. Steve se la prese comoda. La Disney avrebbe comunque distribuito *Cars*, a prescindere dal nuovo accordo, e dopo tutti i suoi successi la Pixar aveva a disposizione una liquidità tale che non c'era ragione di avere fretta. E mentre lui contrattava con gli altri studi, Eisner cominciò a perdere l'appoggio della sua azienda. Nell'autunno 2003, dopo che lo stesso Eisner aveva tentato di estrometterlo dal consiglio di amministrazione, Roy Disney, nipote di Walt, diede le dimissioni, non prima di avere scritto e diffuso una lettera in cui esprimeva sferzanti critiche nei riguardi del CEO. Gli investitori, che ormai da anni vedevano al palo il titolo azionario della Disney, erano stanchi dell'arroganza di Eisner. Quando, nel 2004, durante l'assemblea degli azionisti, il 43% dei presenti votò contro la sua rielezione, il CDA lo rimosse dalla presidenza. Lui disse che sarebbe rimasto in carica fino alla scadenza naturale del suo contratto, nel 2006, anche se una soluzione del genere sembrava poco praticabile.

Jobs seguì esultante questi sviluppi, soprattutto perché la sua minaccia di portare la Pixar altrove aveva avuto una parte importante nella cacciata di Eisner. In fondo, non aveva mai avuto nulla contro la Disney in sé; solo, non poteva sopportare il suo amministratore delegato. Quando, nell'autunno 2004, terminata la convalescenza dopo l'intervento, tornò al lavoro, disse a Catmull e Lasseter che voleva trovare un modo perché alla Pixar tutto continuasse ad andare a gonfie vele anche se lui non ci fosse stato più. Non che temesse di morire di lì a poco, ma pensando a un futuro in cui avrebbe forse dovuto rinunciare a parte delle proprie responsabilità, sapeva che la Pixar sarebbe sopravvissuta senza di lui molto più facilmente della Apple. Ma non sarebbe stato indolore. Aveva sempre pensato che lui, Catmull e Lasseter fossero come i Beatles, che si completassero a vicenda, sopperendo l'uno alle mancanze dell'altro. L'idea di rimanere senza Jobs preoccupava Catmull: «Non era un regista né niente del genere. Il nostro lavoro creativo non ne avrebbe sofferto. Ma io non sono un CEO cui piaccia mostrarsi in pubblico. Non sono quel genere di persona. Perciò, se lui se ne fosse andato, avremmo perso un elemento fondamentale della squadra».

La Pixar sembrava avere tre possibilità: trovare un nuovo distributore e avviare una partnership con un'azienda che difficilmente sarebbe riuscita a collaborare alla pari con lei; occuparsi autonomamente della distribuzione, il che avrebbe comportato un enorme investimento in termini economici e di personale, per creare un servizio dai meccanismi che né Catmull né Lasseter conoscevano o trovavano interessanti; oppure restare con la Disney. Ma finché Eisner fosse rimasto alla guida dell'azienda, questa non era una via percorribile. La scelta era ulteriormente complicata dal fatto che nei primi due casi, secondo i termini del vecchio contratto, sarebbe stata la Disney, e non la Pixar, a detenere i diritti dei personaggi dei film realizzati fino ad allora.

La Disney rimaneva la soluzione migliore: nei suoi parchi tematici i personaggi della Pixar vivevano di nuova vita; la sua rete di distribuzione si era dimostrata impeccabile; inoltre, il suo nome esercitava ancora un certo fascino su Catmull e Lasseter, cresciuti sognando di lavorare accanto agli storici animatori della Disney. «Ho sempre saputo che Steve puntava a venderci alla Disney», sostiene Catmull, anche se Jobs non glielo disse mai apertamente. «Non ho mai avuto dubbi. Tutto quello che stava facendo, tutte le sue manovre erano parte di un piano a lungo termine.»

Per tre anni, Steve aspettò pazientemente che Eisner se ne andasse. Ma, dietro le quinte, si assicurò che le sue pubbliche sfuriate non danneggiassero in alcun modo le relazioni tra le due aziende. «Facevamo di tutto per mantenerci in buoni rapporti con la Disney», ricorda Catmull. «Quando Eisner si scontrò con Roy Disney, cominciarono a scrivere un libro [*Disney War: The Battle for the Magic Kingdom* – «La guerra Disney. La battaglia per il regno magico» – di James B. Stewart, poi pubblicato nel gennaio 2006]. Steve ci disse: 'Qualunque cosa ci chiedano, non dobbiamo dire nulla. Non sappiamo quello che sta succedendo. Non daremo loro nessuna informazione per questo libro'. Così, niente di quello che è stato scritto in quelle pagine proviene da noi, perché Steve non voleva che alla Disney potessero nutrire rancore nei nostri riguardi.

«Considerando la situazione», prosegue Catmull, «basta unire i puntini e tutto diventa chiaro... Si capisce subito dove voleva andare a parare. Poi finalmente la guerra si concluse, e alla guida della Disney fu chiamato Bob Iger.»

Anche se la sua nomina fu annunciata a marzo, Iger assunse ufficialmente l'incarico di amministratore delegato solo il 1° settembre. Dopo avere informato Eisner che avrebbe cercato di ricucire i rapporti con Jobs, si mise subito all'opera. Un mese dopo la prima telefonata, richiamò Steve per sottoporgli un'idea: che ne pensava di offrire ai consumatori la possibilità di avere accesso agli episodi di diverse trasmissioni e serie televisive – presenti e passate – sui loro Mac o PC e su ogni genere di dispositivo portatile? La Apple non si sarebbe potuta inventare per il settore dell'intrattenimento televisivo qualcosa di simile a quello che aveva già fatto per quello discografico e diventare una sorta di distributore di contenuti? Iger disse che sapeva molto bene che non sarebbe stato semplice, ma gli sarebbe comunque piaciuto discutere la questione con lui.

«Non stai dicendo sul serio», rispose Steve. Iger gli assicurò che non stava scherzando. «Sai mantenere un segreto?» gli domandò Jobs, sospettoso com'era nei riguardi di tutti i dirigenti della Disney. Quando Iger rispose di sì, Steve gli disse che era molto interessato a quella proposta e che anche lui gli avrebbe mostrato qualcosa, fra un mese o due.

La telefonata di Iger era stata strategica: credeva di avere più chance se Jobs avesse pensato che, a differenza del suo predecessore, lui fosse intenzionato a rendere la Disney più tecnologica. Steve in effetti era incuriosito e, mentre Iger aspettava di scoprire quale sorpresa avesse in serbo per lui, i due cominciarono a discutere a grandi linee un nuovo accordo di distribuzione. Non riuscivano a trovare un'intesa sulle percentuali. A un certo punto, fu proposto che la Disney rinunciasse ai diritti dei sequel dei film della Pixar in cambio di una partecipazione azionaria del 10% nell'azienda. Iger rifiutò. «Sarebbe diventato un accordo unilaterale», ricorda. «Formalmente la partnership sarebbe continuata, ma il nostro fatturato non ne avrebbe tratto alcun vantaggio. Non avremmo detenuto la proprietà intellettuale, la nostra sarebbe stata una semplice partecipazione, e non avremmo fatto nulla per risolvere i problemi che affliggevano la Disney Animation.»

Qualche settimana dopo, Jobs andò a trovare Iger nel quartier generale della Disney a Burbank. «Devo farti vedere una cosa», gli disse, estraendo dalla tasca uno dei primi iPod video. «Sei pronto a portare i tuoi contenuti televisivi su questo dispositivo?» gli chiese.

«Prontissimo», rispose Iger, e chiuse le trattative in un tempo molto più breve rispetto a quello che Jobs aveva impiegato a convincere Bill Gates a investire nella Apple, nel 1997. Solo cinque giorni dopo che Iger aveva assunto l'incarico di amministratore delegato, la Apple aveva un contratto per la distribuzione di episodi di *Desperate Housewives*, *Lost* e *Grey's Anatomy* da scaricare dall'iTunes Music Store, che gli utenti avrebbero poi potuto vedere sull'iPod. I due fecero l'annuncio ufficiale dal palco del MacWorld, il 5 ottobre. «Era entusiasta non solo che avessi fatto una cosa del genere», ricorda Iger, «ma anche che fossimo riusciti a concludere l'accordo in appena cinque giorni, senza che la Disney si mettesse in mezzo con le solite interminabili questioni legali, e che avessi avuto, come dire, il coraggio di salire sul suo palco con lui, anche se sotto certi aspetti la Disney si era comportata con lui come un nemico mortale.»

All'inizio di settembre, Iger aveva anche chiesto al consiglio di amministrazione l'autorizzazione a valutare i possibili sviluppi di un'eventuale acquisizione in blocco della Pixar. «Era la mia prima assemblea da amministratore delegato, e non ero certo stato la prima scelta di tutti i consiglieri. Mi guardai attorno e mi sembravano tutti piuttosto sopresi. Un terzo di loro non sapeva che cosa dire, un altro terzo era decisamente interessato e gli altri, pur trovando ridicola la mia proposta, erano convinti che non si sarebbe mai concretizzata, perciò decisero di lasciarmi fare.» Un paio di giorni dopo il MacWorld, Bob telefonò a Steve. «Gli dissi: 'Ho avuto un'idea veramente folle. Forse la Disney dovrebbe acquisire la Pixar'. Lui rimase per un attimo in silenzio, poi rispose: 'Potrebbe anche non essere l'idea più assurda al mondo. E comunque le idee folli mi piacciono. Fammici pensare'. Due giorni dopo mi richiamò.»

Ora Iger e Jobs si sentivano quotidianamente e svilupparono un rapporto fondato sul rispetto. Bob era piacevolmente sorpreso dalla franchezza di Steve (fino a quel momento, la sua fonte principale sul CEO della Apple era stata Michael Eisner, che glielo aveva dipinto in modo ben poco lusinghiero). Nel frattempo, Jobs capì che Iger era un tipo schietto e intelligente (due qualità da lui molto apprezzate, come conferma Catmull), un gradito cambiamento rispetto a Eisner, che era sì brillante ma anche subdolo e ambiguo. All'inizio delle trattative, Iger scoprì subito tutte le carte. «Mia moglie mi ha detto che in media un amministratore delegato rimane in carica tre anni e mezzo», disse a Steve. «Se non ce la farò a sistemare la divisione animazione io ci resterò molto meno, ma per riuscirci mi servi tu. Io ho un problema. Tu hai una soluzione. Vediamo di risolverlo insieme.»

Steve invitò Lasseter e Catmull a passare un paio di giorni a casa sua. Quando arrivarono, non perse tempo e sganciò subito la bomba: «Sto pensando di vendere la Pixar alla Disney», disse, poi si lanciò nella spiegazione dei motivi che l'avevano spinto a prendere in considerazione quella possibilità. Aggiunse che, come parte dell'accordo, loro due avrebbero diretto non soltanto la Pixar ma anche la Disney Animation. «Se mi dite di no, non lo faremo. Vi chiedo solo di andare a conoscere Bob Iger.»

Catmull si recò subito a Burbank per una cena a tu per tu con Iger. Ma Lasseter, che era particolarmente diffidente, chiese a Iger di raggiungerlo a casa sua. Così, Iger arrivò all'aeroporto della Contea di Sonoma a Santa Rosa, dove Lasseter andò a prenderlo e lo accompagnò a casa sua, nei pressi della cittadina di Glen Ellen, nota per la produzione vinicola. «Ci sedemmo a tavola e parlammo fino a notte fonda», ricorda Lasseter. «Discutemmo del valore della Disney Animation, dell'importanza di rilanciarla. Gli dissi che il mio timore era che avrei finito con il dividere il mio tempo fra le due aziende, al che lui replicò: 'Per come la vedo io, invece, è come se ti stessimo offrendo una tela più grande su cui dipingere perché siamo convinti che tu sia perfettamente in grado di utilizzarla'. Un'osservazione interessante.

«Poi aggiunse: 'Il punto è che non ho nessuna intenzione di cambiare la Pixar. Quando ero alla ABC sono passato per due acquisizioni. La prima, con la Capital Cities, è andata alla perfezione. Ho imparato molto da Tom Murphy ed è stata un'esperienza straordinaria. Poi la Disney ha comprato la Cap Cities/ABC e tutto è andato a rotoli. La ABC era il primo network nazionale e dopo la fusione è scivolata al quarto posto. Era la prima volta che una delle tre maggiori emittenti del Paese veniva superata dalla Fox. Quelli della Disney sono arrivati pensando di sapere molto più di noi. Ma non era vero.»

Come già Steve, anche Lasseter e Catmull cominciarono ad apprezzare Iger e, mentre discutevano l'accordo con Jobs, intravidero altri possibili vantaggi: entrando a far parte della Disney, la Pixar avrebbe potuto godere di una stabilità e di una sicurezza cui non avrebbe mai potuto aspirare, se fosse rimasta una società per azioni indipendente. «Il nostro consiglio di amministrazione», spiega Lasseter, «aveva preparato un'analisi dei conti estremamente dettagliata. Ci dissero che un film di successo l'anno per i successivi dieci anni era già previsto nella loro valutazione. E siccome gli azionisti rappresentati dal CDA volevano che l'azienda continuasse a crescere, un film di successo l'anno non sarebbe bastato: avremmo dovuto produrre anche trasmissioni televisive, oppure due lungometraggi l'anno.» A quel punto, pure lui iniziò a pensare che il modo migliore per consentire alla Pixar di continuare a fare ciò che più amava fosse venderla all'organizzazione contro la quale si era battuta per tanto tempo.

Anche Iger, naturalmente, fece preparare una valutazione, e un giorno andò alla Pixar per incontrare tutti i registi. «Dovevamo garantire ancora la distribuzione di un'ultima pellicola, *Cars*», ricorda Iger, «e alla Disney erano mesi che tutti prendevano in giro l'idea del prossimo film: un topo in un ristorante di Parigi. Così andai a Emeryville, e per cinque o sei ore i registi mi presentarono tutti i lungometraggi in lavorazione. Ne vidi un paio che poi non furono mai terminati [uno intitolato *Newt* e un progetto di Lee Unkrich rimasto senza titolo, che avrebbe dovuto raccontare la vita di alcuni cani in un condominio di New York]. Vidi anche alcune versioni preliminari di *Ratatouille*, *Up* e *Wall•E*. La Disney non ne sapeva ancora nulla, e quando tornai a Burbank dissi ai membri della mia squadra – compreso Alan Braverman, il responsabile legale – che non potevano nemmeno immaginare cosa avessi visto. La creatività, il talento di quelle persone erano talmente evidenti! Dovevamo portare a casa quell'accordo.»

Ora che anche Lasseter e Catmull si sentivano più a loro agio con questa idea, Steve cominciò a occuparsi degli ultimi particolari. Non tentò di forzare la mano chiedendo un sovrapprezzo eccessivo sul valore del titolo della Pixar. In effetti, convinti che un giorno l'azienda avrebbe potuto essere acquistata, gli investitori avevano già sopravvalutato le azioni dando alla Pixar un valore di mercato molto alto, di circa 5,9 miliardi di dollari. Steve e Iger concordarono un prezzo di 7,4 miliardi, stabilendo che le due aziende avrebbero spartito equamente il fatturato di ogni film. Fu posta anche una condizione voluta da Catmull e Lasseter: la Disney non avrebbe modificato la cultura aziendale della Pixar. Iger accettò, garantendo che non avrebbe mai cambiato o soppresso nessuno dei settantacinque punti della lista in cui Lasseter aveva elencato i capisaldi della filosofia della Pixar. Il documento chiedeva fra l'altro che fossero mantenute le barrette di cereali distribuite in mensa, la gara di aeroplanini di carta e l'esposizione annuale delle auto dei dipendenti, oltre al diritto degli animatori di arredare e decorare a proprio piacimento la postazione di lavoro.

Iger sapeva che la somma che avrebbe dovuto sborsare non poteva essere giustificata in modo convenzionale. «Nessun analista al mondo avrebbe approvato un simile accordo», sostiene. Ma spiegò al consiglio di amministrazione della Disney che l'enorme potenziale di quella acquisizione non stava in cifre o percentuali. Se Catmull e Lasseter fossero riusciti a dare nuova linfa alla Disney Animation e se entrambi gli studi di produzione, e non soltanto la Pixar, avessero cominciato a creare personaggi memorabili, anche le entrate provenienti da parchi tematici, merchandising e altre divisioni sarebbero aumentate vertiginosamente. «Fin dai tempi di Walt», spiega Iger, «il fatturato e la reputazione dell'azienda hanno avuto i loro momenti migliori nei periodi in cui l'animazione della Disney aveva maggiore successo.»

Bob era consapevole che molti cosiddetti «esperti» ritenevano una follia invitare Steve Jobs a sedere nel consiglio di amministrazione della Disney in qualità di azionista di maggioranza. «Molti di quelli che lavoravano all'acquisizione vennero a dirmi che era la cosa più idiota che potessi fare», ricorda. «Non voglio fare nomi, ma c'era un tale di una delle nostre banche d'investimento che continuava a ripetermi: 'Sei stato appena nominato amministratore delegato e il tuo compito è cercare di dirigere la Disney. Jobs si immischierà così tanto nel tuo lavoro da renderti la vita impossibile. Non riuscirai mai a tenergli testa. Se vuoi guidare questa azienda libero da impedimenti, non farlo'.»

Iger seguì il suo fiuto. «Steve e io avevamo parlato del fatto che lui non avrebbe ceduto il controllo della maggioranza delle azioni. Sapevo che lasciarlo entrare nel consiglio era rischioso. D'altro canto, avevo instaurato un buon rapporto con lui e pensavo che averlo vicino potesse essermi utile. E se poi per qualsiasi motivo le cose per me non fossero andate nel migliore dei modi, alla Disney sarebbe sempre rimasto Steve Jobs, e sarebbe stata una gran cosa.»

L'accordo che Jobs aveva negoziato sbalordì, fra gli altri, anche Bill Gates. «Quando aveva il coltello dalla parte del manico era molto bravo a prendere tempo», sostiene. «Aspettava che fossero gli altri a muoversi per primi. Guarda quanta parte della Disney, dopo la fusione, è controllata da questo relativamente piccolo – per quanto, bisogna ammetterlo, molto tecnologico e molto brillante – studio di animazione. Alla fine, sono riusciti ad assicurarsi una percentuale molto sostanziosa dell'intero gruppo Disney-ABC-ESPN. Loro, un piccolo studio di animazione! Sono bastate tre riunioni per negoziare. E al momento dell'acquisizione era fatta, la Disney si è sdraiata supina e ha detto alla Pixar: 'Prendimi, sono tua!' Per via delle dinamiche aziendali, alla Disney avevano bisogno di quell'accordo, e Steve lo sapeva.»

La cessione della Pixar alla Disney fu un trionfo. Jobs trovò a Lasseter e Catmull la società madre di cui avevano bisogno perché la loro eccezionale azienda continuasse ad avere successo ancora per molti anni, mettendoli inoltre nelle condizioni di riportare in auge il più grande studio di animazione di tutti i tempi. E riuscì a farlo instaurando in meno di un anno un rapporto di fiducia – di fatto, un'amicizia – con l'uomo che aveva lavorato come dirigente per una delle due persone che più detestava al mondo. Per capire quanto Steve fosse cambiato, basta ripensare alla diffidenza e all'antipatia che aveva mostrato anni prima nel corso delle negoziazioni fra la NeXT e la IBM.

Le trattative si svolsero su un piano molto personale e impegnarono sia Iger sia Jobs fino alla fine. Dopo che entrambi i consigli di amministrazione ebbero dato il via libera, si decise che l'annuncio dell'acquisizione sarebbe stato dato il 24 gennaio 2006. Iger arrivò da Los Angeles per essere al fianco di Lasseter, Catmull e Jobs quando avrebbero informato lo staff della Pixar dell'operazione. Un'ora prima del grande momento, Steve lo sorprese chiedendogli di unirsi a lui per una passeggiata. Doveva dirgli qualcosa di importante, gli spiegò.

Iger lo pregò di aspettarlo un minuto, andò da Braverman, il responsabile legale dell'azienda, e confabulò un po' con lui. «Non so che cosa voglia», gli disse. «Forse vuole tirarsi indietro, forse vuole più soldi.» Poi uscì dall'edificio con Jobs, che lo condusse verso una panchina in un angolino appartato. Si sedettero. Steve gli mise una mano sulla spalla. Ecco quello che successe dopo, così come lo ricorda Iger.

> Cominciò: «Bob, devo dirti una cosa molto importante. Devo liberarmi di un peso. È molto importante perché ha a che vedere anche con quello che stiamo facendo».
>
> Io gli domandai: «Che cosa c'è?»
>
> Rispose: «Il cancro è tornato». Era il gennaio 2006. Da quando era stato operato, non era mai trapelato nulla che lasciasse pensare che fosse ancora ammalato. Così, ovviamente, gli chiesi qualche spiegazione. Mi parlò di metastasi al fegato, di chemioterapia. [...] Volli altri dettagli. Mi disse: «Ho fatto una promessa a me stesso: essere ancora vivo il giorno del diploma di Reed».
>
> Così gli chiesi: «Quanti anni ha Reed?»
>
> Mi rispose che ne aveva quattordici e avrebbe finito le superiori di lì a quattro anni. Aggiunse: «Mi hanno dato il 50% di probabilità di sopravvivere per altri cinque anni».
>
> «Me lo stai dicendo solo perché avevi bisogno di levarti questo peso o c'è qualche altra ragione?» gli domandai.
>
> E lui: «Te lo dico perché voglio darti la possibilità di rinunciare al nostro accordo».
>
> Guardai l'orologio e vidi che avevamo ancora una mezz'ora, poi avremmo dovuto annunciare la fusione. C'erano le televisioni, i membri del CDA, i rappresentanti delle banche d'investimento... Era tutto pronto! E io pensavo: C'è stato lo scandalo Enron, c'è stato il Sarbanes-Oxley Act,* viviamo in un mondo in cui esiste la

* La legge federale promulgata nel 2002, dopo gli scandali finanziari che hanno coinvolto importanti aziende statunitensi, fra cui la Enron. (*N.d.R.*)

responsabilità fiduciaria, lui sarà il nostro azionista di maggioranza, e mi chiede di tenere un segreto come questo?» Mi spiegò che solo altre due persone ne erano al corrente: Laurene e il suo medico. Poi aggiunse: «Ai miei figli non l'ho ancora detto. Nemmeno il consiglio di amministrazione della Apple lo sa. Non lo sa nessuno. E tu non puoi dirlo a nessuno».

Grazie tante. Dovevo decidere se procedere con l'accordo. E dovevo farlo proprio in quel momento, seduto con lui su quella panchina. Non sapevo proprio che fare. Così, decisi di rischiare e gli dissi: «Sei il nostro maggiore azionista, ma non credo che sia questo il nocciolo della questione. Non sei tu la ragione del nostro accordo. Stiamo comprando la Pixar, non te. Daremo ovviamente risalto al fatto che diventerai il nostro azionista di maggioranza, ma non è questo il motivo per cui crediamo nell'acquisizione. Sono gli asset della Pixar a rendere così importante tutta questa operazione».

Così facemmo l'annuncio.

I due tornarono nell'edificio, lo stesso che Catmull e Lasseter avrebbero intitolato a Jobs dopo la sua morte. Iger aveva appena giurato di mantenere il segreto, ma pensò che avrebbe dovuto confidarlo almeno a Braverman. Aveva bisogno di sentire anche il parere di un'altra persona. Braverman disse subito che la Disney non doveva tirarsi indietro. Steve andò a prendere Lasseter e Catmull e li portò nel suo ufficio. Uno da una parte e uno dall'altra, appoggiò loro un braccio sulle spalle. Catmull ricorda: «Ci guardò e ci disse: 'Vi sta bene, ragazzi? Se dite di no, li mando via seduta stante!' Tutti e due rispondemmo che ci andava bene, e Steve cominciò a piangere. Restammo abbracciati a lungo. Amava questa azienda».

Dopo che Jobs e Iger ebbero firmato tutti i documenti, i quattro salirono sulla passerella in legno e acciaio che sovrasta il grande atrio centrale della sede della Pixar per comunicare la notizia al personale. Voci riguardanti un accordo circolavano già dal giorno precedente, ma i dipendenti rimasero ugualmente scioccati quando Steve confermò che l'azienda era stata ceduta alla Disney. «Il problema era che, mentre Ed e io avevamo avuto tre mesi per conoscere Bob Iger, fare le nostre valutazioni e capire che quella era la decisione giusta da prendere», spiega Lasseter, «tutti gli altri erano più o meno nelle stesse condizioni in cui ci eravamo trovati noi due quando Steve ci aveva esposto per la prima volta la sua idea. Probabilmente mentre noi ce ne stavamo lassù, sulla passerella, loro pensavano: Come potete farci questo? È stata una delle cose più difficili che mi sia mai toccato fare. Ci fu un sospiro collettivo, come a dire: 'Oh, mio Dio…' Non dimenticherò mai Katherine Sarafian [produttrice di *A Bug's Life - Megaminimondo*], seduta proprio di fronte a me, in lacrime, mentre Steve dava l'annuncio.»

Iger disse ad altre due persone del tumore di Jobs. Quella sera stessa lo raccontò alla moglie, la giornalista televisiva Willow Bay, e il giorno seguente rese partecipe del segreto Zenia Mucha, responsabile delle comunicazioni della Disney. La recidiva non divenne di pubblico dominio fino al 2009, quando Steve dovette prendere un secondo congedo per malattia per sottoporsi a un trapianto di fegato. «In quei tre anni», racconta Iger, «seppi sempre quali erano le sue condizioni mediche. Parlavamo spesso e, visto che non rivelavo mai nulla di quello che mi raccontava, si confidava con me. Sapevo dei suoi viaggi a Rotterdam e ad Amsterdam, e mi aveva parlato dei recettori radioattivi che avrebbero dovuto attaccare le cellule cancerogene.»

Jobs aveva discusso con la moglie sull'opportunità di parlare delle proprie condizioni con Iger, ed entrambi avevano ritenuto che fosse la scelta migliore, considerata la portata di quell'acquisizione. L'unica domanda che si erano posti era stata: davvero Iger non avrebbe divulgato la notizia? Steve aveva assicurato a Laurene che potevano fidarsi. «Quel ragazzo mi piace», le aveva detto.

15

Il pacchetto completo

La decisione di pensare al futuro di Catmull, Lasseter e del loro staff segnò la degna e gratificante conclusione dell'avventura di Steve alla Pixar che, iniziata per un bizzarro capriccio, si era rivelata una delle più grandi soddisfazioni della sua vita. Ma questo fu solo uno degli eventi che si susseguirono nel periodo più fecondo di tutta la sua carriera, quello che seguì il ritorno alla Apple dopo il primo intervento chirurgico, nell'autunno 2004.

In quegli anni, la malattia di Jobs non interferì mai con la vita quotidiana dell'azienda. Anche se il consiglio di amministrazione aveva discusso dei piani di successione, la maggior parte dei suoi membri non sapeva ancora che il tumore si era già diffuso ad altri organi. Il fatto che a volte Steve apparisse particolarmente stanco sembrava del tutto normale, per un uomo che nel 2005 aveva ormai cinquant'anni ed era stato malato di cancro. Ogni tanto si prendeva qualche giorno per vedere i medici e fare le sue terapie, ma lavorava comunque molto anche da casa, perciò nessuno si allarmava. Naturalmente, i suoi colleghi temevano che il tumore potesse ripresentarsi ed erano sempre a caccia di indizi che confermassero le loro paure. Ciononostante, nessuno notò qualcosa di insolito fino all'estate 2008, quando Steve cominciò a perdere peso in modo preoccupante.

Agli occhi del mondo, quindi, Jobs continuava a essere un leader incisivo e visionario, pieno di energie. Anche se quelli furono anni complicati per la Apple, lui affrontò quasi ogni sfida esattamente come avrebbe voluto. Rispetto agli esordi della sua carriera, quando si era ritrovato giovanissimo a dirigere un'azienda, ora era a suo agio in quel ruolo e credeva, a ragione, di essere pienamente in grado di condurre le decine di migliaia di dipendenti verso gli obiettivi che lui stesso aveva fissato per loro. In quel periodo, assicurò i futuri successi dell'organizzazione dimostrando tutta la sua abilità nel guidare una difficile transizione verso un nuovo tipo di microprocessori, affrontando con la dovuta decisione importanti rivolgimenti nel team dirigenziale e rendendo più efficienti e ambiziosi gli «ingranaggi produttivi» – per usare un'espressione cara a Cook – dell'azienda. Sempre in questo periodo, presentò quello che probabilmente sarà ricordato per sempre come il suo prodotto più importante – l'iPhone –, per poi migliorarlo lanciandosi in una strategia che inizialmente non avrebbe voluto seguire, ma che avrebbe trasformato il settore delle applicazioni software più o meno come aveva fatto anni prima Gates con quello dei PC.

In questa fase della sua vita praticamente non commise errori, dimostrando anche quanto fosse cambiato e rivelando appieno la persona e il genio degli affari che era diventato. «Sono quello che sono», amava ripetere. E questo vale soprattutto per i suoi ultimi sette anni.

Dopo la sua prima incursione nel mondo della musica, Steve si era reso conto di avere sottostimato il potenziale di un hub digitale di prodotti Apple collegati a un computer. A mano a mano che il settore informatico si fondeva con quello dei beni di elettronica di consumo, la sua azienda lavorava alacremente per continuare a migliorare l'esperienza legata alla fruizione e alla gestione di musica, foto e video su dispositivi digitali, riuscendo a integrare in modo coerente tecnologie differenti come nessun altro era ancora riuscito a fare. La promessa della Apple era garantire un'interazione semplice e «magica» (per usare una delle parole preferite di Jobs) con la tecnologia in ogni suo aspetto e applicazione, completamente diversa dall'incoerenza e dalla complessità che disorientavano gli utenti quando tentavano di sincronizzare dispositivi di aziende differenti. Il software della Apple, i suoi computer e i suoi lettori musicali erano facili da usare. Acquistare la musica o i dispositivi sui suoi Store online era semplicissimo, mentre visitare i suoi punti vendita fisici – luccicanti boutique di elettronica popolate da schiere di brillanti ragazzi e ragazze e da quei fenomeni del Genius Bar – era in sé una forma di intrattenimento. Inoltre, la Apple stava facendo un ottimo lavoro cercando di connettere tutti questi passaggi tramite Wi-Fi, anche se era la parte più complicata della faccenda. Steve credeva fermamente nel vecchio adagio di marketing secondo cui ogni consumatore – si tratti di un acquirente, uno che visita una pagina online o un negozio vero e proprio, un passante che vede un cartellone pubblicitario o qualcuno che guarda uno spot televisivo –, ogni volta che viene a contatto con un marchio, sceglie di fare un versamento o un prelievo sull'immaginario «conto di credibilità» di un'azienda. «L'esperienza Apple» offriva uno straordinario mix di marketing e tecnologia che le persone non avevano mai sperimentato prima, così fantastico che non ne erano mai sazie.

Si trattava di un nuovo tipo di eccellenza, qualcosa che il pubblico non si sarebbe mai aspettato dall'informatica e dall'elettronica di consumo, da sempre ammantate in un'incredibile complessità. Chi comprava i dispositivi Olympus, Panasonic, IBM, Motorola, Canon e perfino Sony era costretto a seguire pagine e pagine di istruzioni che, nella migliore delle ipotesi, servivano solo a confondere le idee e spesso non erano molto diverse dai manuali tecnici dei prodotti Heathkit che Jobs utilizzava da ragazzino. Nella maggior parte dei casi, chi invece acquistava un prodotto Apple non doveva far altro che aprire una confezione compatta ed elegante, collegare il suo nuovo, elegante dispositivo a una presa o a un Mac e accenderlo.

Erano anni che gli utenti PC sentivano parlare della qualità dei computer Apple, ma ora che milioni di persone avevano avuto la possibilità di divertirsi con l'iPod e di usare iTunes sul PC, la fama dei prodotti dell'azienda, che facevano sembrare banali e ordinari anche quelli della Sony, divenne universale. Di fatto, la Apple aveva impiegato solo un paio d'anni per costruirsi una reputazione fenomenale anche fra le generazioni più giovani, le stesse che quando l'azienda aveva aperto i suoi punti vendita ignoravano ancora i suoi prodotti. Nel 2006, tutti gli Apple Store, da Tokyo a Johannesburg, fino al nuovo scintillante cubo di vetro sulla Fifth Avenue nel centro di Manhattan, erano invasi soprattutto da giovani visitatori. La Apple invitava questi nuovi clienti – e naturalmente anche i suoi seguaci storici – ad abbracciare tutte le sorprese che aveva da offrire, ogni stupefacente tassello che andava ad aggiungersi all'«esperienza Apple».

Inoltre, la fiducia di Steve nella sua capacità di identificare i punti deboli di un settore e di mettere l'azienda nelle condizioni di trasformarli in punti di forza aveva finalmente cominciato a trovare conferma in risultati concreti. Dopo avere piazzato il colpaccio di iTunes, la Apple aveva avuto la prova che era possibile affacciarsi con successo anche su nuovi mercati e cambiare il suo modello di business, ottenendo vantaggi sia per se stessa sia per i consumatori. Realizzare un nuovo telefono cellulare – questo Jobs lo sapeva bene – significava portare questa strategia a un livello del tutto nuovo, molto più complesso, incidendo non più sulla vita di decine e centinaia di milioni di esseri umani, ma di miliardi di acquirenti. Doveva però capire come collaborare con le compagnie telefoniche.

La prima volta che Steve si scagliò contro «quegli stupidi operatori» in mia presenza fu nel 1997, a riprova di come avesse cominciato a pensare a un telefono molti anni prima dell'iPhone, anche se continuava a giurare che non si sarebbe mai messo in affari con «quei babbei». Una volta gli dissi: «Secondo me te la prendi troppo. Mi sembra che tu dia un po' troppa importanza a questa faccenda». Le mie parole servirono solo a irritarlo di più. «Ovvio che gli do molta importanza! È un bello schifo!» inveì. «Se vogliamo entrare nel mercato della telefonia mobile, l'unica possibilità che abbiamo è lavorare con quei maledetti operatori!» Quando accettò di presentare il ROKR, fu soprattutto la Motorola a occuparsi di regolare le questioni con le compagnie telefoniche. Quella deludente esperienza rinsaldò in lui la convinzione che gli operatori in realtà non facessero altro che truffare i produttori di telefonini. Ciononostante, rimanevano la chiave d'accesso a un mercato che non si poteva più ignorare. Nel

2004, erano stati venduti oltre 500 milioni di cellulari, molto più di quanto fossero riusciti a vendere computer, iPod e tablet messi assieme. E quella cifra era destinata a crescere.

La Apple sarebbe riuscita a evitare di trattare con le compagnie telefoniche solo se avesse sviluppato una propria rete mobile. Negli Stati Uniti si era diffuso un nuovo tipo di impresa, i cosiddetti «operatori virtuali di rete mobile» (MVNO, Mobile Virtual Network Operator). Affittando le infrastrutture messe a disposizione da un MVNO, un'azienda dotata di un marchio abbastanza forte avrebbe potuto usufruire di una rete cellulare a proprio nome. Di fatto, la Sprint Corporation contattò Jobs e gli offrì la possibilità di avere una rete Apple.

Tuttavia, per quanto non volesse avere a che fare con gli operatori, Steve sapeva che la gestione di una rete mobile era una faccenda estremamente complessa, anche per l'elevato numero di transazioni, e comunque molto al di fuori della sfera di competenze della sua azienda. Così, fu costretto a fare buon viso a cattivo gioco e chiese a Eddy Cue di cominciare a bussare a qualche porta.

C'era però un notevole ostacolo da superare: Jobs voleva che la Apple avesse il pieno controllo del suo cellulare. Il telefono sarebbe stato sia un computer, sia un browser Internet, sia uno straordinario iPod, e per il suo successo era fondamentale l'esperienza utente che avrebbe saputo offrire. L'interfaccia multitouch dell'iPhone sarebbe stata completamente diversa da tutte quelle viste fino ad allora. Inoltre, perché i siti web potessero essere visualizzati nelle dimensioni che gli utenti – i giovani come i più anziani – avessero ritenuto più opportune, lo schermo avrebbe dovuto occupare praticamente l'intera superficie del telefono. Tutti problemi risolvibili – così pensava Steve – soltanto se gli operatori non avessero voluto intervenire sul design del prodotto. Infine, prevedeva che il suo team avrebbe dovuto modificare più volte l'aspetto del dispositivo prima di trovare quello definitivo, e la Apple doveva essere libera di sperimentare senza che qualcuno le tenesse il fiato sul collo. Perciò, qualunque compagnia telefonica avesse deciso di stringere un accordo con loro, avrebbe dovuto farlo senza sapere come sarebbe stata la versione finale del dispositivo.

«Conoscevamo la Verizon meglio della AT&T», ricorda Cue. (All'epoca Cue stava trattando con la Cingular, una joint venture di Bell South e SBC che acquistò la AT&T Wireless nel 2004. Nel 2006, dopo l'acquisizione della AT&T Corporation da parte della SBC, l'azienda prese il nome di AT&T.) «Conoscevamo la Verizon perché avevamo trattato con loro in occasione del contratto con la Motorola per il ROKR, anche se poi non erano stati loro a distribuire il telefono. Quando ci ripresentammo per parlare del nostro cellulare, furono alquanto duri. Pensavano che quello dei telefonini fosse il loro campo da gioco. Ci dissero qualcosa del tipo: 'Dovrete giocare secondo le nostre regole'. Ed erano molto potenti. Così, quando capirono quello che volevamo fare, la faccenda non andò in porto, perché ci chiesero: 'Che cosa? Volete essere voi a controllare l'interfaccia utente del telefono?'»

I dirigenti della AT&T non furono altrettanto duri. Avevano molti più clienti della Verizon, ma la loro copertura di rete era una barzelletta. «Quando ci rivolgemmo alla AT&T», racconta Cue, «discutemmo quattro ore con Ralph de la Vega e Glenn Lurie in una camera del *Four Seasons*. Ci piacquero subito. Si capiva che avevano una voglia matta di dimostrare quello di cui erano capaci. Perciò avviammo la nostra partnership quello stesso giorno.»

Steve illustrò gli infiniti modi in cui l'iPhone avrebbe provocato un vertiginoso aumento del traffico dati, prospettando una visione che fece venire l'acquolina in bocca ai manager della AT&T. Per la prima volta, spiegò, i consumatori avrebbero avuto a disposizione un dispositivo palmare con cui svolgere quasi tutte le operazioni che normalmente eseguivano sui computer desktop. Grazie alle sue generose dimensioni, il display dell'iPhone avrebbe consentito a tutti, ovunque si trovassero, di visualizzare pagine web in versione completa, rispettando il layout originale dei siti. Gli utenti avrebbero potuto scaricare e condividere fotografie, che erano molto pesanti; avrebbero passato un sacco di tempo a scrivere e leggere e-mail; avrebbero potuto modificare documenti e gestire i loro contatti semplicemente usando siti Internet specializzati; avrebbero potuto acquistare e scaricare musica dall'iTunes Store; sarebbero riusciti a scambiarsi facilmente SMS. Per non parlare poi delle funzioni video! Quando le persone avessero cominciato a guardare video e film online, il traffico dati sarebbe schizzato alle stelle. Forse un giorno avrebbero potuto fare anche delle chiamate video. Parlò loro di un sito che era stato aperto a febbraio, si chiamava YouTube, dove utenti di tutto il mondo caricavano e condividevano video. Forse anche quello avrebbe avuto successo... A questo avrebbe dovuto puntare la AT&T, spiegò: diventare il carrier di tutte queste nuove attività. Lui, nel frattempo, aveva imparato anche qualcos'altro, aggiunse: sapeva che quando si metteva una tecnologia tanto potente a disposizione del mondo, questa sarebbe stata utilizzata in modi che nessuno avrebbe potuto prevedere, nemmeno lui. Anche questi ulteriori sviluppi avrebbero potuto incrementare il traffico dati sulla rete della AT&T.

Ecco perché voleva avere il controllo assoluto sul design, sulla produzione e sul prezzo di vendita di quel telefono. Se il destino del cellulare della Apple era diventare uno strumento in grado di aumentare il traffico dati, Jobs era convinto che la sua azienda dovesse in qualche modo essere ricompensata per i guadagni extra che avrebbe garantito all'operatore. Pertanto, se la AT&T voleva assicurarsi il privilegio di essere il primo gestore in esclusiva dell'iPhone, avrebbe dovuto pagare alla Apple una commissione sul traffico dati aggiuntivo che il dispositivo avrebbe inevitabilmente favorito. In altre parole, Steve voleva una percentuale sui ricavi del carrier. Dopotutto, alla Apple andava il 30% dei profitti dell'iTunes Music Store, dunque perché non fare lo stesso con il traffico dati della AT&T?

Nel complesso, le sue richieste erano temerarie tanto quanto la visione che aveva prospettato. Ma i suoi interlocutori capirono che l'iPhone avrebbe potuto dare alla loro rete quella spinta di cui aveva estremamente bisogno, oltre a qualcosa che nessuno della concorrenza avrebbe potuto vantare: un cellulare a marchio Apple. Così, accettarono di siglare quello che si sarebbe rivelato un accordo straordinariamente vantaggioso per l'azienda di Cupertino. Jobs ottenne tutto quello che voleva, e forse anche qualcosina in più di quanto avrebbe dovuto. La AT&T concesse alla Apple assoluta libertà, lasciando che producesse in quasi totale segretezza esattamente il tipo di telefono che Steve e i suoi geniali collaboratori volevano creare. La Apple ebbe anche l'ultima parola sul prezzo del dispositivo, che non avrebbe potuto essere né modificato né scontato dalla AT&T. Da ultimo, ma non meno importante, alla Mela sarebbe andato circa il 10% dei ricavi provenienti dal traffico dati generato mensilmente da un utente per tutta la durata del suo contratto di servizio. Nessun altro produttore di telefonini era mai riuscito a strappare condizioni simili, né un operatore aveva mai accettato di spartire con un produttore parte dei suoi profitti.

Entrambe le aziende, tuttavia, avrebbero trovato quest'ultima parte dell'accordo insoddisfacente e, un anno più tardi, i termini del contratto furono rivisti in modo che la AT&T pagasse i dispositivi della Apple a prezzo pieno, invece che con lo sconto riservatole inizialmente in qualità di distributore, che ammontava a circa 200 dollari. Dal momento che dal punto di vista fiscale era possibile spalmare il prezzo pagato dalla AT&T per ogni telefono su due anni, la Apple riuscì così ad avere un flusso di reddito più regolare, senza gli alti e bassi legati all'effettivo traffico consumato dagli utenti, mentre la AT&T fu contenta di non dover più dividere i profitti. Così, i termini erano molto più chiari per tutte e due le parti e, secondo parecchi analisti del settore, questo accordo era molto più vantaggioso per la Apple rispetto al primo.

Dopo lo sviluppo di iTunes, Jobs si era reso conto di quanto la sua azienda fosse diventata potente e aveva cominciato a sfruttare questa nuova posizione di forza in modo aggressivo, certo, ma anche con grande intelligenza. Per esempio, non cercò di forzare la mano con la AT&T. Sapeva che loro avevano bisogno di un prodotto come l'iPhone e che nessun altro sarebbe stato in grado di offrirglielo, quindi puntò a concludere un accordo che desse loro quello che volevano ma al contempo fruttasse alla Apple una montagna di soldi. Incaricò Cue di occuparsi di tutte le questioni relative alla nuova partnership e lui cominciò a passare ore e ore al telefono con Glenn Lurie della AT&T: nessuno voleva che si ripetesse quanto era accaduto con la Motorola. Tutto filò a meraviglia. Secondo i dati, oggi l'80% degli utili dell'intero settore dei telefoni cellulari va proprio all'azienda di Cupertino.

* * *

Nel corso di quegli anni Steve fu motivato e risoluto come non mai. Organizzò tutto in modo da potersi dedicare il più possibile ad alcuni particolari aspetti del lavoro. Tracciò anche confini ben precisi. La famiglia era importante. Un piccolo gruppo di amici era importante. Il lavoro era importante, e le persone che contavano di più al lavoro erano quelle che incoraggiavano – piuttosto che soffocare – la sua determinazione a perseguire quella che per lui era la missione della sua azienda. Nient'altro contava.

È questa la ragione per cui, nei suoi ultimi dieci anni, buona parte della sua vita professionale ruotò attorno alla collaborazione e all'amicizia con Jony Ive. La loro partnership creativa era profonda. Non solo erano incredibilmente produttivi, ma riuscivano ad andare d'accordo anche quando dissentivano su qualcosa. «Molti hanno raccontato dell'ottovolante emotivo, quel dover continuare incessantemente a entrare nelle grazie di Steve per poi perderne i favori», rifletteva Ive durante una delle due lunghe interviste che mi ha concesso nel 2014. «Io ho avuto la fortuna di non avere mai vissuto un'esperienza del genere. Sono stato molto fortunato: il nostro è stato un rapporto estremamente stabile, che ha saputo superare l'ostacolo della sua malattia e gli enormi cambiamenti cui andò incontro l'azienda in quegli anni.»

Ne era passato di tempo da quel lontano giorno del 1997, quando Jobs aveva visitato per la prima volta il Design Lab, dove un preoccupatissimo Jony era convinto che il suo capo fosse venuto per licenziarlo. Steve mi rivelò che fin da subito aveva considerato Ive «un autentico bene prezioso». Gli piacevano il suo gusto, il suo buonsenso e la sua ambizione. Ciononostante, il primo anno dopo il ritorno di Jobs, Jony si era sentito minacciato, temendo che se avesse commesso anche il minimo errore avrebbe dovuto fare i bagagli. Potere della fama di Steve. Per quanto amasse profondamente lavorare con lui al colorato, panciuto e caramelloso primo iMac, all'inizio Ive era sempre imbarazzato quando tentava di spiegargli perché avesse scelto proprio quel tipo di design. Finché una visita alla Pixar gli fece capire che loro due erano sulla stessa lunghezza d'onda. «Quando andammo alla Pixar per presentare il primo modello dell'iMac fu una rivelazione, perché all'epoca non conoscevo ancora molto bene Steve», racconta. «Ma dal modo in cui mi presentò a tutto lo staff dello studio mi resi conto che sapeva benissimo quello che stavo cercando di ottenere. Aveva capito quello che volevo esprimere.»

Mentre Jobs parlava, Jony intuì che era riuscito a cogliere in modo molto più articolato e immediato di lui il senso di quel nuovo e insolito design. E tutto prima ancora che il prodotto fosse presentato o mostrato a qualcun altro al di fuori della Apple. «Era una cosa che gli riusciva benissimo», prosegue Ive. «Sapeva sintetizzare ed esporre un'idea meglio di chiunque altro. Credo si fosse accorto subito che avevo buon gusto ed ero dotato di un particolare senso estetico. Ma uno dei miei problemi è che non sempre riesco a esprimermi come vorrei. Capisco le cose a un livello intuitivo, e Steve coglieva il senso di quello che volevo ottenere. Così non ero obbligato a spiegarne a parole le ragioni. Poi in genere era lui a illustrarmi quelle stesse idee, come io non sarei mai stato capace di fare. Ed è per questo che era straordinario. Con il tempo ho cercato di imparare anch'io, sono migliorato, ma naturalmente non sono mai arrivato al suo livello.»

Quanto più il metabolismo della Apple accelerava, tanto più il loro rapporto si faceva stretto. Lo sviluppo dei computer è sempre stato un work in progress, soprattutto a causa degli effetti della legge di Moore, che costringe i produttori a rivedere di continuo i modelli per ottenere risultati migliori con componenti più potenti. L'arrivo dell'iPod non fece che velocizzare queste dinamiche. Steve e Jony non potevano mai a fermarsi abbastanza a lungo per godersi la soddisfazione di essere riusciti a realizzare un nuovo dispositivo. Tuttavia, secondo Ive, il ritmo frenetico della vita aziendale era una sfida estremamente appagante. «Ho sempre pensato che alla fine di ogni progetto uno possa dire di avere imparato tutta una serie di cose», spiega. «C'è l'oggetto, il prodotto in sé, e poi c'è quello che abbiamo imparato, che è concreto tanto quanto il prodotto stesso ma è molto più prezioso, perché rappresenta il nostro futuro. Possiamo vedere quale direzione prenderà ed esigere molto di più, pretendere l'impossibile da noi stessi e dagli altri e ottenere così risultati ancora più straordinari, non solo in termini di prodotto ma anche per quanto concerne le lezioni che avremo imparato.»

Ive è convinto che l'indomabile irrequietezza di Jobs fosse alimentata proprio da ciò che imparava a ogni nuovo progetto. In qualche modo, ciascun prodotto era inferiore alle aspettative, il che non significava soltanto che la sua successiva versione avrebbe potuto essere migliore, ma che avrebbe dovuto esserlo. Steve trasformava quel continuo processo di sviluppo e aggiornamento in un'incessante ricerca della perfezione. Ciò che non aveva trovato posto in un dispositivo serviva da punto di partenza per realizzarne un modello aggiornato e migliorato. Aveva sempre lo sguardo rivolto in avanti e per lui la conclusione di un progetto suonava solo come un altro invito a pensare al futuro.

Anche Ive, come Cook, pensa che Steve, quando nel 2004 rientrò dopo l'intervento chirurgico, fosse più determinato che mai. «Ricordo che facemmo una passeggiata e quasi subito cominciammo a piangere, chiedendoci se sarebbe riuscito a vedere il diploma di Reed», racconta. «Nelle nostre conversazioni quotidiane non mancavano mai domande del tipo: 'Allora, che cosa hanno detto? Come vanno gli esami?'» Ma Jony non pensa che sia stata la malattia a determinare l'incredibile produttività degli ultimi anni di vita di Jobs. «Credo che sia molto difficile non perdere di vista i propri obiettivi quando si convive per molti anni con una malattia. Ma c'erano anche altre ragioni che lo spingevano a dedicarsi così intensamente al lavoro. Per esempio, riuscire per la prima volta nella storia della sua azienda a vendere prodotti in volumi molto alti, centinaia di milioni di unità per ogni dispositivo. Fu un enorme cambiamento per la Apple.

«Una volta parlammo dei termini in cui misuravamo il nostro successo. Concordammo che non avesse nulla a che vedere con il valore del titolo in Borsa. Era forse il numero di computer che vendevamo? Nemmeno, perché se avessimo guardato solo quello, ne sarebbe risultato che il successo di Windows era maggiore rispetto al nostro. Ancora una volta, la questione era se ci sentissimo davvero orgogliosi di quello che avevamo progettato e realizzato insieme. Lo eravamo?

«Ovviamente, eravamo felici che anche il volume d'affari riflettesse il fatto che stavamo facendo un buon lavoro, ma credo che Steve provasse anche un senso di rivincita. Bada bene, non che pensasse: Ho sempre avuto ragione, ve l'avevo detto. Aveva semplicemente ritrovato la fiducia nell'umanità. Messe di fronte alla possibilità di scegliere, le persone capivano il valore della qualità più di quanto si potesse immaginare. E questo era molto importante per tutti noi, perché ci faceva sentire vicini all'umanità intera, e non soltanto produttori di dispositivi di nicchia che operavano ai margini del mercato. Il fatto che Steve fosse tornato più determinato che mai dipese dalla sovrapposizione e dalla concatenazione di diversi elementi», prosegue Jony. «Uno fu sicuramente la sua malattia, ma un altro fu l'incredibile slancio produttivo dell'azienda, che non avevamo mai vissuto prima. Quel nuovo impeto fu decisivo per la sua creatività e il suo successo tanto quanto la malattia, perché lui non aveva perso nemmeno un briciolo di entusiasmo.»

Quando cominciarono a pensare all'iPhone, il rapporto con Ive era ormai il più stretto che Jobs avesse mai avuto con un collega. «Eravamo molto intimi», ricorda Jony. «Potevamo essere sinceri e diretti e non dovevamo sforzarci di spiegare per filo e per segno perché un'idea ci sembrasse buona o preziosa. Ed eravamo abbastanza onesti da dire: 'No, questa è un'idea terribile', senza doverci preoccupare troppo di ferire i sentimenti dell'altro.»

Non sorprende dunque che alcuni membri del team dirigenziale pensassero che Ive avesse un influsso eccessivo su Steve. Negli anni dopo la morte di Jobs, hanno circolato storie infondate su come in realtà fosse Jony a decidere chi dovesse essere licenziato e chi invece meritasse una promozione, come se fosse il burattinaio di Steve. La verità è molto più semplice. Jobs era sempre drastico nell'assegnare un grado di importanza diverso a ogni aspetto della propria vita e, per non perdere di vista i suoi obiettivi, decideva con estrema lucidità che cosa contava davvero per lui e che cosa invece non era importante. La sua amicizia e le sue discussioni con Ive contavano moltissimo, anche quando andavano a scapito di altre relazioni. Il loro divenne un rapporto profondo tanto quanto la sua ambizione.

«La ragione principale per cui eravamo così vicini e riuscivamo a lavorare in quel modo era che la nostra collaborazione non si fondava sulla concezione tradizionale del design», sostiene Jony. «Percepivamo nello stesso modo, a livello intuitivo, gli oggetti, le persone e le strutture organizzative dell'ambiente in cui eravamo immersi. La bellezza può essere concettuale, simbolica, può rendere testimonianza del progresso e di ciò che l'umanità è riuscita a conquistare negli ultimi anni. In questo senso, può rappresentare il progresso, ma anche essere qualcosa di apparentemente banale, come la testa di una vite. Ecco perché andavamo così d'accordo: perché la pensavamo tutti e due in questo modo. Se il mio contributo si fosse limitato all'aspetto esteriore dei dispositivi, non avremmo trascorso così tanto tempo insieme. Non avrebbe avuto senso che l'amministratore delegato di un'azienda di queste dimensioni passasse quasi ogni pausa pranzo e gran parte dei suoi pomeriggi con qualcuno che pensava soltanto all'estetica dei prodotti.

«In verità, i miei ricordi più piacevoli, intensi e preziosi sono quelli delle nostre conversazioni di argomento più astratto. Discutevamo a livello teorico vari aspetti del design come non facevamo con nessun'altra persona. Quando dovevo spiegare queste cose a un gruppo di tecnici, che sono straordinariamente creativi ma poco interessati a parlare dell'organicità e del significato del loro lavoro, mi sentivo in imbarazzo. Invece, quando ne discutevo con Steve, a volte mi accorgevo che quelli che ci stavano attorno pensavano: Oh, no, ricominciano! Ma parlavamo anche di argomenti molto concreti. Magari gli dicevo: 'Guarda qui. Ecco come abbiamo progettato questa staffa'. Allora lui si toglieva gli occhiali, perché altrimenti non avrebbe visto un accidente, e si godeva tutta la bellezza dei componenti, perfino di minuzie come quelle viti speciali... [le viti a testa piatta utilizzate all'interno dell'iPhone].»

Quando finalmente fu lanciato sul mercato, l'iPhone apparve subito in tutto il suo splendore: sembrava più un pezzo di gioielleria che un dispositivo elettronico. Ancora oggi, rimane forse la più importante incarnazione della straordinaria amicizia creativa tra Jobs e Ive.

Lo stupefacente cellulare della Apple fu il frutto dell'impegno di centinaia di persone che lavorarono centinaia e centinaia di ore, a partire da Tony Fadell e Scott Forstall fino agli operai delle fabbriche della Foxconn in Cina. Le invenzioni e i progressi tecnologici alla base del suo funzionamento sono troppo numerosi per poter essere elencati qui, ma nessuno avrebbe mai potuto essere concepito – e ancor meno realizzato – se quei due spiriti affini, Steve e Jony, non fossero stati a così stretto contatto.

L'iPhone fu presentato il 9 gennaio 2007 all'annuale appuntamento del MacWorld di San Francisco, presso il Moscone Center. Fu un eccezionale numero di illusionismo: il telefono era ben lungi dall'essere pronto e c'erano gravi problemi di software e anomalie di hardware. Tutti i suoi componenti interni erano stati testati, ma il dispositivo in sé non era mai stato provato «su strada», per essere utilizzato come la Apple si aspettava che le persone l'avrebbero usato, vale a dire passando rapidamente dalla funzione di telefono a quella di lettore musicale e di computer.

A Jobs non era mai piaciuto questo genere di «pre-presentazioni» (fatta eccezione per gli aggiornamenti dei sistemi operativi): c'era sempre il rischio che il software, lo schermo o qualcos'altro si inceppasse durante la dimostrazione. Inoltre, temeva di scoprire troppo presto le sue carte in quel settore altamente competitivo. Ma aveva anche tre ottime ragioni per lanciare in anticipo l'iPhone. La prima era che doveva necessariamente dimostrare alla AT&T di avere qualcosa: per anni l'operatore non aveva visto nulla – né un modello, né un prototipo – e nel contratto siglato fra le due aziende era contenuta una clausola che gli avrebbe consentito di annullare l'accordo, se la Apple non avesse rispettato certe tappe nello sviluppo del prodotto. Era alquanto improbabile che la AT&T si avvalesse di quella clausola, ma Steve non poteva rischiare. In secondo luogo, Jobs era la reincarnazione di P.T. Barnum, e quando presentava un nuovo dispositivo amava sorprendere tutti. Anche se per quasi tre anni la Apple non aveva rivelato nulla dei suoi piani di realizzare un telefonino, non era sicuro di poter mantenere il segreto ancora a lungo: l'iPhone doveva essere testato dai suoi dipendenti nel mondo reale, e prima o poi qualcuno lo avrebbe adocchiato. Preferiva decidere lui quando rivelarne l'esistenza. Infine, l'ambiente raccolto del MacWorld di gennaio costituiva la miglior vetrina possibile, non solo perché l'evento era organizzato dalla Apple, ma anche perché l'annuncio di Steve avrebbe eclissato tutte le altre novità presentate al Consumer Electronics Show di Las Vegas, dove altri produttori di cellulari avrebbero messo in mostra la loro mercanzia. Voleva che i titoli della stampa fossero tutti per lui.

C'era poi un terzo motivo per anticipare la presentazione, organizzandola sul miglior palcoscenico disponibile: Jobs e il suo team erano profondamente convinti che l'iPhone fosse davvero speciale ed erano smaniosi di mostrarlo al mondo. Eddy Cue ricorda: «L'iPhone rappresentò il punto più alto raggiunto da Steve, il culmine di tutto quello che io abbia imparato. Fu l'unico evento di questo tipo cui portai anche mia moglie e i miei figli, perché, come dissi loro in quell'occasione, avrebbe potuto essere 'la cosa più importante [cui avrebbero assistito] in tutta la loro vita'. Era impossibile non accorgersene. Era chiaro che era qualcosa di enorme».

Malgrado tutte le preoccupazioni, la dimostrazione filò via senza intoppi. L'interfaccia multitouch sembrò quasi magica, mentre Jobs illustrava tutti i particolari che la rendevano tanto attraente. Il movimento di scorrimento attraverso gli elenchi era perfettamente fluido; con un doppio tocco era possibile ingrandire a tutto schermo una colonna di una pagina web; l'applicazione Google Maps preinstallata era già più utile e versatile della maggior parte dei sistemi GPS, che solo di recente avevano cominciato a diventare tascabili. Fu una presentazione incantevole per un dispositivo incantevole. Ma c'era un problema, evidente a tutti tranne che a Steve.

Peter Lewis, il critico tecnologico di *Fortune*, si era prenotato per una delle poche, brevi interviste private che Jobs avrebbe concesso dopo la presentazione, così mi aggregai. Era la prima volta che lo vedevo di persona da quando, diciotto mesi prima, mi ero preso un periodo sabbatico dalla rivista per cominciare a lavorare a un libro. Da quando ci conoscevamo, quello era stato il lasso di tempo più lungo in cui non ci eravamo sentiti, perciò non vedevo l'ora di incontrarlo. Steve era visibilmente sollevato dal fatto che la dimostrazione fosse andata così bene, ma si irrigidì un po' quando Peter e io provammo a portare la conversazione sul seguente argomento: perché la Apple non permetteva agli sviluppatori di software di creare applicazioni per l'iPhone? Dopotutto, era un dispositivo potente tanto quanto i primi Mac o PC, no? Argomentai dicendo che le app di Google Maps e di YouTube dimostravano che era perfettamente possibile aprire l'iPhone a sviluppatori di terze parti. «Sai, abbiamo dovuto aiutarli a preparare queste app», mi disse. «Così sappiamo quello che ci hanno messo dentro.» Poi spiegò che a preoccuparlo erano le modalità con cui le app di programmatori esterni avrebbero dovuto essere esaminate e controllate, per impedire che dei virus potessero infettare il dispositivo. «Vogliamo anche capire un po' meglio come le app influiranno sulle prestazioni di rete, prima di aprire a tutti», aggiunse. «Non vogliamo creare un mostro.» Disse anche che se gli sviluppatori davvero volevano scrivere applicazioni espressamente per quel dispositivo, avrebbero comunque potuto progettare versioni dedicate di siti Internet che avrebbero eseguito le operazioni computazionali su web server, mentre il telefono avrebbe agito semplicemente da terminale.

Jobs sapeva già che un mucchio di persone, dentro e fuori l'azienda, pensavano che avesse sbagliato a non aprire l'iPhone ad applicazioni esterne. John Doerr, il socio gerente di una delle più importanti società d'investimento in capitale di rischio – Kleiner Perkins Caufield & Byers – era diventato un buon amico di quartiere di Steve, dopo che le loro figlie si erano conosciute alla Castilleja School di Palo Alto e avevano fatto amicizia. Doerr non aveva mai gestito affari direttamente con la Apple, ma conosceva tutti i pezzi grossi del settore ed era al corrente di tutto ciò che succedeva nella Silicon Valley. Steve gli aveva mostrato un iPhone molti mesi prima che fosse lanciato sul mercato, e Doerr gli aveva subito posto la stessa domanda: perché non voleva applicazioni di terze parti? «Al termine di quella conversazione gli dissi: 'Non sono d'accordo con te'», ricorda. «'E se mai dovessi deciderti a metterci altre applicazioni, mi piacerebbe poter avviare un fondo d'investimento, per incoraggiare gli sviluppatori a lavorarci. Penso che possa essere un'opportunità straordinaria'. Mi rispose: 'Okay, ti chiamerò nel caso cambiassimo idea'.»

Il 29 giugno 2007, quando l'iPhone comparve ufficialmente sul mercato, il problema più grave incontrato da chi lo acquistò non fu tanto l'assenza di applicazioni quanto la copertura di rete della AT&T, troppo discontinua. Per fare un esempio illustre, nella sua casa di Seattle, Mike Slade non aveva campo su nessuno dei due telefoni che Jobs gli aveva spedito. Quando gli scrisse un'e-mail per lamentarsi dell'inconveniente, Steve chiamò l'amministratore delegato della AT&T. Il giorno seguente, un tecnico dell'assistenza si presentò alla porta di Slade. Ma non si trovò una soluzione e Slade non poté provare i cellulari finché non uscì da Seattle.

A peggiorare ulteriormente la situazione, nella Bay Area il segnale della AT&T era molto più debole di quello della Verizon, così agli appassionati di tecnologia che avevano subito comprato il dispositivo capitava regolarmente di sentir cadere la linea mentre viaggiavano sulla I-280 tra San Francisco e San Jose. Nelle zone dove la copertura voce della AT&T era più discontinua, la connettività Internet era ancora più problematica.

Anche se nel primo trimestre dopo il lancio la Apple e la AT&T vendettero circa 1,5 milioni di telefonini, con ogni probabilità il risultato avrebbe potuto essere di gran lunga migliore. Fra i problemi alla rete mobile e l'assenza di altre applicazioni simili a quelle sviluppate dalla Apple e da Google, vendere l'iPhone si rivelò assai più complicato di quanto le due aziende avessero immaginato. I consumatori si aspettavano qualcosa che offrisse fin da subito videogiochi, opere di consultazione, sofisticate calcolatrici, programmi di videoscrittura e fogli di calcolo, e il cellulare che si ritrovavano fra le mani non era in grado di fare nessuna di queste cose. Jean-Louis Gassée, la vecchia nemesi di Jobs diventato nel frattempo un venture capitalist, non usa mezze parole: «Quando uscì, l'iPhone era handicappato».

Questa volta Steve cambiò idea ancora più rapidamente di quando il suo team era riuscito a convincerlo a concentrarsi su iTunes, invece di insistere con iMovie. Non lo fece in modo elegante – per come la ricorda Eddy Cue, la direttiva suonò in questo modo: «Maledizione!

Fatelo e lasciatemi in pace!» – ma va detto a suo merito che non perse tempo. Nell'autunno 2007, Doerr ricevette una telefonata. «Di punto in bianco, Steve mi disse: 'Credo che dovremmo vederci. Vieni a Cupertino e parlami di quell'idea che avevi per un fondo d'investimento'. Così mi misi al lavoro in tutta fretta, poi esaminammo la questione e proponemmo un fondo che chiamammo iFund. Gli dissi che noi ci avremmo messo 50 milioni di dollari. Era presente anche Scott Forstall, il responsabile del sistema operativo dell'iPhone. Disse: 'Dai, John, 50 milioni di dollari? Sicuramente potreste arrivare a 100!' Così raddoppiammo l'investimento.»

A novembre, a soli quattro mesi dal lancio del suo cellulare, la Apple rivelò che avrebbe messo a disposizione un kit di sviluppo software per chiunque volesse realizzare app. «Capimmo che Steve aveva finalmente visto la luce», racconta Gassée. «All'improvviso, quello divenne l'argomento principale di conversazione in tutta la Silicon Valley e nel settore del venture capital. Furono in centinaia a buttarcisi e la gara ebbe inizio. Poi annunciarono l'apertura dell'App Store. E poi presentarono l'iPhone 3G [il secondo modello di iPhone, lanciato sul mercato nel luglio 2008, che aveva una migliore connessione wireless e un microprocessore più veloce]. Fu soltanto allora che l'iPhone poté dirsi un prodotto veramente finito, con tutti i suoi elementi fondamentali, con tutti i suoi organi. Ora aveva bisogno di crescere, di irrobustirsi, ma era completo come un bimbo al momento della nascita.»

Nei sette anni successivi a quel MacWorld del gennaio 2007, la Apple ha venduto più di mezzo miliardo di iPhone. Il dispositivo si è rivelato il prodotto di elettronica di consumo di maggior successo e più redditizio di sempre sotto tutti i punti di vista: numero di unità vendute, profitti generati, numero di operatori che lo vendono in tutto il mondo, numero di applicazioni sviluppate. Se ci fermiamo a pensarci, chi altri è riuscito a vendere mezzo miliardo di un qualsiasi prodotto che costi centinaia di dollari? È vero, la Procter & Gamble vende miliardi di tubetti di dentifricio e la Gillette miliardi di lamette;

peccato che non si tratti di prodotti che prevedono un contratto di servizio della durata di due anni, capace di far lievitare a circa 1.000 dollari il costo complessivo del dispositivo.

Quando l'iPhone fu presentato al pubblico, sul mercato c'erano altri cellulari che si definivano «smart». La Palm vendeva da anni il suo Treo e un'azienda canadese, la Research in Motion, aveva avuto successo con il BlackBerry. Tutti quei modelli avevano in comune la tastiera minuscola e il display squadrato. Andavano più che bene se li si usava per controllare la posta, guardare gli appuntamenti in agenda o trovare un contatto in rubrica. Ma il loro destino era sostanzialmente segnato, anche se il BlackBerry sarebbe rimasto in circolazione. L'iPhone stravolse per sempre i parametri del settore. Google lo capì immediatamente e in diciotto mesi sviluppò una libera scopiazzatura del sistema operativo dell'iPhone, che chiamò Android, che poteva essere scaricato gratuitamente su telefoni prodotti da aziende come Samsung, LG, HTC e la cinese Xiaomi. Era cominciata una nuova corsa e la Apple era in testa. I cellulari Android hanno nel frattempo superato gli iPhone in termini di vendite, ma questo non ha ridimensionato «l'esperienza Apple». O, perlomeno, non ancora.

Marc Andreessen, il cofondatore di Netscape che ha avuto grande successo come venture capitalist, ritiene che l'introduzione dell'iPhone sia stato un momento decisivo, che ha «completamente ribaltato» i meccanismi su cui si regolava la Silicon Valley. Un tempo erano i gruppi con ingenti capitali a disposizione – come l'esercito e le grandi corporation – a guidare i cambiamenti tecnologici; erano gli unici a potersi permettere sistemi con componenti all'avanguardia. Ma ora le cose sono cambiate. Ora sono i consumatori come voi e me a indicare la strada da percorrere. «Le economie di scala sono enormi, considerati i volumi di vendita», afferma Andreessen, la cui testa rasata ricorda un proiettile d'artiglieria e le cui lungimiranti analisi si susseguono a raffica come scariche di mitragliatrice. «Parliamo di miliardi di dispositivi. Di conseguenza, la catena di produzione degli smartphone sta diventando quella dell'intero settore informatico. E così i componenti utilizzati negli iPhone [per esempio il Gorilla Glass della Corning e soprattutto i microprocessori basati su un'architettura sviluppata dall'azienda inglese ARM Holdings] conquisteranno l'intero settore. Tra dieci anni, anche i server monteranno processori ARM, perché le economie di scala saranno colossali al punto che nient'altro sarà più in grado di competere.»

In altre parole, Steve era riuscito ancora una volta a rivoluzionare il mercato informatico. L'iPhone avrebbe segnato la nascita di una nuova forma di computing, molto più «personal» di quella che l'aveva preceduta. «Io credo che la svolta di cui la Apple è responsabile sia relativamente sottostimata», sostiene Andreessen. «Mac, iPhone e iPad sono tutti supercomputer Unix condensati in un prodotto di massa. In fondo è questo ciò che hanno fatto. E questa è la parte di cui non parla nessuno, perché tutti discutono solo di design.» Poi prosegue, chinandosi leggermente in avanti e arrivando alla conclusione del suo ragionamento: «L'iPhone che hai in tasca è l'esatto equivalente di un supercomputer Cray XMP di vent'anni fa, che costava 10 milioni di dollari. Ha lo stesso sistema operativo, la stessa potenza di calcolo e lo stesso spazio di archiviazione dati, il tutto condensato in un dispositivo da 600 dollari. Qui sta la vera rivoluzione compiuta da Steve. È questo che sono davvero quei telefoni!»

16

Lati oscuri, rancori e prepotenze

QUALCHE settimana dopo il debutto del secondo modello di iPhone, ricevetti una telefonata da John Nowland, l'ingegnere capo dello studio di registrazione di Neil Young nel suo ranch vicino a La Honda, in California. Nowland, l'addetto stampa di Young e io eravamo in contatto da un anno per una possibile collaborazione della rockstar con *Fortune* per un articolo sul suo interesse per la registrazione digitale di altissima qualità e sul suo impegno nel campo del combustibile ecologico per automobili. E siccome Neil ha anche un handicap uditivo, lui e io passavamo un po' di tempo confrontandoci e discutendo su che cosa significhi per un musicista convivere con una simile disabilità.

Nowland mi disse che Young intendeva mandare a Jobs una collezione di nuove edizioni rimasterizzate su vinile di tutti gli album che aveva registrato nella sua carriera. Il gesto era inteso come una sorta di offerta di pace e come un promemoria dell'incomparabile pienezza di suono della vecchia musica registrata in analogico. Neil sosteneva, non senza buoni argomenti, che la qualità manifestamente inferiore della registrazione digitale, che era stata introdotta con i CD, fosse ulteriormente peggiorata con il passaggio ai file audio digitali compressi. Circa cinque anni prima, poco dopo l'irruzione dell'iPod sul mercato, aveva lamentato pubblicamente il fatto che il formato digitale utilizzato dalla Apple per la musica che vendeva sull'iTunes Music Store comprimesse i file audio al punto – così si era espresso – da «compromettere» intollerabilmente la qualità.

Quando qualcuno di importante criticava apertamente i suoi prodotti, Steve poteva diventare decisamente ipersensibile. Si adombrò moltissimo per il fatto che, come disse, Young avesse «parlato male di noi in pubblico in quel modo senza prima discutere delle sue preoccupazioni tecniche con noi». E da allora aveva respinto tutte le offerte del musicista di fumare il calumet della pace.

Eppure, io sapevo che gli piaceva ascoltare vinili di quando in quando, perciò acconsentii a chiamarlo per sentire se gli facesse piacere ricevere gli LP. Rispose al secondo squillo e gli spiegai il motivo della mia telefonata. Circa un anno prima avevamo parlato delle critiche di Young e credevo che quel dono potesse attenuare un po' la sua irritazione.

Proprio. «Vaffanculo a Neil Young», sbottò. «E vaffanculo ai suoi dischi. Tieniteli tu.» Fine della conversazione.

Certo, nel corso della sua vita Steve Jobs era cresciuto e cambiato enormemente. Se l'evoluzione di una persona è il lungo processo attraverso cui potenzia i propri punti di forza e impara a controllare i punti deboli, si può dire che lui fosse riuscito brillantemente nel primo intento ma non sempre altrettanto nel secondo. Aveva dei lati oscuri, dei comportamenti irritanti e una tendenza a cedere agli impulsi emotivi che lo avrebbero accompagnato per sempre. Si menzionano spesso questi suoi tratti caratteriali per sostenere che fosse uno stronzo, o un coglione, o magari «binario», quel curioso aggettivo con cui si cerca di veicolare l'idea che sia stato allo stesso tempo e in egual misura bastardo e genio dal primo all'ultimo dei suoi giorni. Queste descrizioni, però, non sono né utili, né interessanti, né chiarificatrici. È più illuminante osservare i casi specifici in cui Steve non seppe controllare i suoi lati antisociali e i suoi difetti, e valutare come, quando e perché alcuni di questi continuarono a manifestarsi anche negli anni del suo massimo successo.

Nell'ultimo decennio della sua vita, la questione del carattere si ripresentò a scadenze regolari. Considerato il suo elettrizzante successo dopo il volgere del secolo, sembrava incongruo che in lui permanessero ostinatamente certi problemi comportamentali. Questo strideva con l'immagine della Apple di azienda votata alla creatività, alle infinite possibilità e a tutto il bene che deriva al genere umano dal lavoro di persone dotate di una fervida immaginazione che utilizzano strumenti tecnologici sofisticati per espandere il proprio potenziale.

La *coolness* e la creatività della Apple non erano però solo apparenti, anche se in effetti a Cupertino lavorarono alacremente e con grande abilità per diffondere questa idea, attraverso le brillanti campagne pubblicitarie di Lee Clow, il design minimalista di Jony Ive e le curatissime presentazioni dei prodotti da parte di Steve, in cui lettori musicali e telefoni cellulari venivano associati ad aggettivi come «magico» e «fenomenale». La reputazione dell'azienda in questo campo era sudata e meritata, specie da quando l'iPhone era diventato il dispositivo elettronico più popolare di tutti i tempi. Ora la Apple era più potente e influente di quanto fosse mai stata la Sony. A volte, però, le azioni di Jobs rischiavano di minare questa visione. Come poteva quella facciata elegante, pulita e austera conciliarsi, per esempio, con la volta in cui, nel 2008, Steve aveva detto a Joe Nocera – dopo che questi aveva tracciato un suo profilo per *Esquire* – che era «un secchio di melma che non capisce quasi niente di ciò di cui scrive»? Com'era possibile che un'azienda dalla reputazione angelica facesse produrre i suoi dispositivi nelle fabbriche della Foxconn, dove la durezza delle condizioni di lavoro aveva portato al suicidio una quindicina di operai della catena di assemblaggio? E che dire degli accordi con le case editrici per incoraggiarle a passare al modello preferito dalla Apple, secondo cui gli editori avrebbero stabilito (e aumentato) i prezzi degli ebook, con l'intento di costringere Amazon a diminuire i suoi? E quali giustificazioni c'erano per l'intesa segreta con altre potenze della Silicon Valley per non sottrarsi a vicenda i rispettivi ingegneri di talento? E quanto «simpatici e carini» potevano essere un'azienda e un amministratore delegato che avevano usato i propri dirigenti come capri espiatori, quando la SEC aveva trovato da eccepire sul fatto che l'azienda avesse distribuito stock option per un valore di centinaia di milioni di dollari?

In alcuni casi, è probabile che quelle che furono percepite come trasgressioni morali fossero in realtà colpe meno gravi, oppure che non si fosse tenuto conto di tutte le circostanze. Ma Jobs contribuì a esacerbare molte situazioni potenzialmente esplosive con comportamenti villani, menefreghisti o arroganti. Anche per quelli che lo hanno conosciuto abbastanza da vicino da vedere i notevoli cambiamenti avvenuti in lui nel corso degli anni, la sua persistente inclinazione ad assumere atteggiamenti antisociali rimaneva un dato di fatto e un oggetto di discussione. Non ho mai parlato con nessuno che avesse una teoria specifica per spiegare la pervicacia degli infantilismi di Steve, nemmeno sua moglie. E, ovviamente, ricorrere a una spiegazione unica sarebbe semplicistico. Ma è possibile comprendere i vari aspetti della sua personalità e superare una semplice descrizione di Jobs come tutto buono, o tutto cattivo, o «binario».

Ecco perché, quando mandò a quel paese Neil Young, mi limitai a riderci su. Non ero sorpreso: Steve poteva tenere il broncio per decenni. Anche dopo avere ottenuto dalla Disney quello che voleva, il nome di Eisner rimase sempre un tabù per lui. E il «peccato» commesso da Gassée, avere rivelato a Sculley che lui intendeva estrometterlo dal ruolo di amministratore delegato? Dopo un quarto di secolo, Jobs ringhiava ancora ogni volta che sentiva parlare del francese.

Il suo rancore poteva estendersi perfino alle aziende che credeva avessero fatto qualche torto alla Apple. Per esempio, la sua viscerale antipatia per Adobe era fondata sul fatto che il fondatore, John Warnock, avesse deciso di fornire supporto a Windows in un momento in cui la Apple stava andando a fondo. Era stata una scelta perfettamente razionale, dato che i Mac detenevano meno del 5% del mercato dei computer, ma Steve l'aveva presa come un tradimento.

Così, ora che si trovava sul tetto del mondo, decise di farla pagare ad Adobe, rifiutando che l'iPhone supportasse il suo programma Flash. Adobe aveva avuto un grande successo con quel software, che era diventato il più usato per la visione online di filmati e altri contenuti interattivi o animati. Inoltre, offriva agli sviluppatori uno strumento di lavoro molto semplice. Ciononostante, presentava delle falle nella sicurezza ed era soggetto a improvvisi crash, e nel correggere questi problemi Adobe non era stata precisa quanto Steve avrebbe voluto. L'iPhone era un genere completamente nuovo di piattaforma informatica perennemente connessa, e l'ultima cosa che lui voleva era che fosse vulnerabile a problemi di hacking o di sicurezza, specie quando il prodotto era ancora agli inizi. Così lasciò il programma fuori dall'iPhone, e più tardi anche dall'iPad. Flash era così popolare che la Apple fu sommersa dalle lamentele. Ma Steve fu irremovibile, e nel 2010 rese pubblica una lunga dichiarazione con i sei motivi per cui aveva deciso di non supportare quel software. Per quanto il suo ragionamento fosse valido, le parole sapevano di ripicca. La potenza della Apple è tale che alla fine Adobe ha pagato dazio per quel presunto tradimento. Flash esiste ancora, ma adesso l'azienda dedica più energia e investimenti ad altre tecnologie di streaming multimediale.

Negli ultimi anni di Jobs, fu invece Google l'oggetto del suo rancore. Steve, in effetti, aveva tutte le ragioni per sentirsi tradito quando, nel 2008, Google presentò Android, il sistema operativo per dispositivi mobili che imitava molte delle caratteristiche principali di iOS della Apple. A irritarlo particolarmente fu però il fatto che Eric Schmidt, amministratore delegato e presidente di Google, fosse stato consigliere della Apple e suo amico personale per anni. E ora la sua azienda stava lanciando un concorrente diretto e competitivo al prodotto su cui la Apple aveva lavorato intensamente nel periodo in cui Schmidt sedeva nel suo CDA.

Ancora più duro da mandare giù per Steve fu il fatto che Google avesse deciso di rendere Android disponibile gratuitamente ai produttori di smartphone, dando così la possibilità a Samsung, HTC, LG e altri produttori di erodere con i loro dispositivi meno costosi la fetta che la Apple deteneva in quel nuovo mercato, da lei stessa creato. Jobs era furibondo. Google stava seguendo il manuale Microsoft sulla dominazione del mondo: chiaramente, stava offrendo un sistema operativo gratuito che sperava diventasse lo standard per tutti i dispositivi mobili, con l'intento, secondo Steve, di replicare quello che Gates aveva fatto vent'anni prima al Macintosh con il lancio di Windows.

Decisissimo a evitare che l'esperienza si ripetesse, non si accontentò di affidarsi a grandi prodotti. Nel 2011, pochi mesi prima della sua morte, la Apple scatenò una tempesta di contenziosi legali per risarcimento danni contro la Samsung, di gran lunga il maggior produttore di telefoni e tablet basati su Android, presentando perfino una richiesta d'ingiunzione per proibire all'azienda coreana di vendere i suoi telefonini negli Stati Uniti. Jobs non denunciò Google, che traeva pochi vantaggi economici diretti da Android, essendo questo distribuito gratuitamente. La Apple poteva però rivalersi sui produttori di dispositivi (e denunciò anche HTC e Motorola Mobility, che Google avrebbe acquisito nel 2012). Li accusò dunque di plagio manifesto delle caratteristiche principali dell'interfaccia utente di iOS e avviò una serie di cause conclusesi solo nel 2014. La Apple ha ottenuto una vittoria di rilievo nei tribunali statunitensi, ma di fatto non ha ancora ricevuto un soldo dalla Samsung. Nel frattempo, i contendenti si sono accordati per lasciar cadere tutte le cause relative ad Android al di fuori degli Stati Uniti non chiuse entro il 2014. Sembrerebbe un'ammissione che il contenzioso sia ormai diventato una palla al piede per tutte le parti coinvolte: la collera di Jobs contro Google è costata alla Apple 60 milioni di dollari in spese legali. Steve, la cui determinazione era un enorme vantaggio competitivo, aveva però inscenato uno sforzo titanico che probabilmente si rivelerà solo una perdita di tempo.

Tutto ciò che riguardava il lavoro era per Jobs un fatto personale. Con gli anni aveva imparato a confidare nella propria passione, e questa fiducia gli aveva permesso di seguire l'intuito e fare passi da gigante, che avevano fatto schizzare in avanti il settore informatico. Ma la sua passione aveva anche un rovescio.

Da un lato, considerare il lavoro una parte così importante della propria persona significava che Steve, un uomo che sapeva essere molto duro, era sorprendentemente sensibile alle critiche. Come la maggior parte dei grandi personaggi pubblici, si era fondamentalmente assuefatto all'invidia e alle accuse. Tuttavia, sentiva nel profondo di meritare ogni tanto una pacca sulla spalla per il contributo che aveva dato alla vita moderna. Più di una volta, quando alcuni degli articoli meno condiscendenti che pubblicavo su *Fortune* contenevano osservazioni rivolte a lui, mi telefonò o mi mandò un'e-mail per dirmi che avevo urtato la sua sensibilità. Io mi aspettavo almeno in parte che le mie parole potessero averlo lasciato stupito, ma ferito personalmente? D'altro canto, non prendeva sempre le critiche in questo modo. Quando scrissi un pezzo in cui suggerivo che la prima versione della Apple TV sarebbe stato un magnifico fermaporta e mi domandavo se potesse tornare utile anche come vassoio da sushi in stile minimal, appena finito di leggerlo, Jobs mi scrisse un'e-mail che diceva: «Stavolta non posso che essere d'accordo su tutto». È stato l'unico top manager – con la possibile eccezione di Gil Amelio – che abbia reagito così visceralmente ai miei pezzi.

A chi frequentava sul lavoro, Steve offriva una versione della sua personalità non controllata, spontanea e spietatamente onesta. Questo lo aiutò a ispirare un genere unico di fedeltà, che costituì il collante di tutti gli eccezionali team che guidarono la Apple con lui. Ma il suo personaggio pubblico poteva rivelarsi problematico quando si trattava di operare delle sostituzioni nella squadra, come qualche volta accadde durante i suoi ultimi dieci anni. Dai collaboratori non tollerava pigrizia, senso di diritto acquisito o eccessi di ambizione. Metteva regolarmente gli uni in competizione con gli altri per vedere quale idea o intelligenza sarebbe prevalsa. Ognuno doveva essere al massimo della condizione, dare un solido contributo e sentirsi totalmente coinvolto, altrimenti si sarebbe ritrovato messo ai margini dallo stesso Jobs. Il suo rapporto con Tevanian, Rubinstein, Anderson e Fadell, fra gli altri, dimostrò quanto repentinamente potesse revocare quello status particolare di persona interna al gruppo che solo a lui spettava concedere.

Il primo a lasciare fu Anderson. Aveva dieci anni più di Steve ed era abbastanza vecchio da poter essere il padre di alcuni dei nuovi arrivati. Come direttore amministrativo aveva avuto un grande successo, e alla Apple godeva di enorme prestigio per essere stato l'uomo che aveva fatto sopravvivere l'azienda abbastanza a lungo perché Jobs potesse tornare. Aveva una notevole autonomia d'azione, dato che il suo era un campo in cui Steve non aveva esperienza. Il fatto che il suo ufficio fosse a due porte di distanza da quello di Jobs aveva un significato simbolico. Se l'amministratore delegato intendeva apportare un grosso cambiamento al budget, passava dall'ufficio di Fred e gli chiedeva aiuto per trovare il denaro. «Tra Steve e me c'era un sincero rispetto reciproco come partner d'affari», racconta Anderson. «Così, se voleva cinque o dieci milioni in più per questa o quella grande idea o programma di marketing, non è che mi prendesse alla sprovvista e lo facesse. Usciva nel corridoio, veniva da me e metteva in atto i suoi poteri di persuasione: 'Su, Fred, non riesci a trovare spazio per questo?' Noi lavoravamo così.»

Anderson era rimasto più a lungo di quanto intendesse, pur avvertendo una certa stanchezza. In effetti, già dal 2001 era pronto a passare a un altro lavoro o a ritirarsi. In quell'anno era stato contattato dalla Dell. Jobs aveva replicato convincendo il CDA a conferire a Fred un bonus speciale in stock option per un milione di quote, per fargli sapere quanto fosse apprezzato. Steve richiese gratifiche di uguali proporzioni anche per Tevanian, Rubinstein e Cook, e di minore entità per altri membri del team dirigenziale. Fu un gesto le cui conseguenze sarebbero poi ricadute su di lui – e su Anderson –, ma in quel momento fu gradito e generoso. Fred si trattenne per altri tre anni, nonostante Jobs non gli permettesse di entrare nei consigli di amministrazione di nessun'altra azienda: «A Steve piaceva controllarti. Gli piaceva averti nella sua sfera di influenza», spiega. Alla fine, gli consentì di sedere nei consigli di 3Com e eBay, e quando finalmente andò in pensione gli chiese di entrare in quello della Apple.

All'annuncio del ritiro di Anderson, nel giugno 2004, il presidente Ed Woolard gli inviò un messaggio, ringraziandolo, fra le molte altre cose, per essere stato il «Controllore principale degli scatti d'ira di Steve». All'ultima riunione dei cento top manager della Apple cui Fred prese parte, Jobs non riuscì a trattenere l'emozione e si commosse durante un video che proiettò in suo onore. Quando prese la parola al party d'addio al Caffe Macs, la mensa aziendale, fece una riflessione sull'affetto che tutti provavano per Anderson. Nel suo ufficio alla società di venture capital Elevation Partners, Fred conserva due ricordi di quella festa: una targa donatagli da Steve con il titolo IL PIÙ GRANDE DIRETTORE AMMINISTRATIVO DEL MONDO e un suo ritratto caricaturale con le firme di tutti i suoi collaboratori più stretti, Steve compreso.

Jon Rubinstein e Avie Tevanian furono i successivi membri del team «Salvate la Apple» a lasciare. I due erano stati una specie di coppia fissa nella gestione degli aspetti hardware e software del pacchetto completo. Secondo Rubinstein, «alla Apple c'è tanto DNA del gruppo dirigenziale dell'epoca del salvataggio quanto ce n'è di Steve, e lo si vede ancora oggi». Lui e Tevanian erano stati coinvolti in tutte le decisioni importanti prese in azienda a partire dal 1997, e prima di andarsene contribuirono a portare a termine una mossa di cui avevano discusso per anni con Jobs e Cook: cambiare i microprocessori che alimentavano i computer Apple, passando dal chip PowerPC a uno prodotto dalla Intel.

I principali acquirenti del chip PowerPC erano la IBM e la Apple. Una base di clienti che impallidiva a confronto dell'enorme mercato che la Intel aveva con i PC e i server Windows: milioni di unità l'anno per il PowerPC contro centinaia di milioni per i chip Intel. La Motorola non era in grado di competere con l'eccellenza produttiva della Intel. La quale, a sua volta, reinvestiva gran parte dei proventi delle vendite di tutti quei processori nella costruzione di altri avanzatissimi impianti di produzione (chiamati *fabs*, «favolosi»), che erano giunti a costare più di un miliardo di dollari ciascuno. Il passaggio a un chip Intel avrebbe dunque comportato vantaggi irresistibili dal punto di vista sia del prezzo sia delle prestazioni, specie se Steve avesse strappato un altro accordo a condizioni molto favorevoli, stavolta all'amministratore delegato della Intel Paul Otellini.

Il gruppo dirigenziale della Apple aveva previsto che il passaggio sarebbe stato difficile. Innanzitutto, il cambiamento avrebbe fatto infuriare alcuni clienti, perché quelli che volevano il software migliore e più recente sarebbero infine stati costretti a sostituire i loro vecchi iMac, Power Mac, MacBook e PowerBook. Inoltre, Tevanian e la sua squadra si sarebbero dovuti assicurare che non ci fossero problemi di software, così che gli acquirenti dei nuovi Mac a processore Intel potessero continuare a usare i programmi per OS X che avevano acquistato per le loro vecchie macchine. Ciononostante, il trapasso filò molto più liscio di quanto tutti si aspettassero. Tevanian e colleghi, che già diversi anni prima erano riusciti a far funzionare il sistema operativo NeXT su sistemi a base Intel, avevano una grande familiarità con i punti di forza e le peculiarità dei microprocessori Intel. Il passaggio fu effettuato sui primi computer Apple nel febbraio 2006 e sugli altri entro l'estate. L'operazione si compì senza che si rilevasse alcun malfunzionamento di rilievo.

Era questo il genere di eccellenza che Tevanian e Rubinstein avevano contribuito a garantire durante tutta la loro permanenza in azienda. Eppure, nessuno dei due riusciva più a vedere particolari sfide professionali davanti a sé, specie ora che l'iPod e gli altri dispositivi mobili erano diventati i motori della crescita della Apple. Loro si occupavano soprattutto dei buoni, «vecchi» computer. Sembrava che sarebbero stati Tony Fadell e Scott Forstall, membri della prima ora della generazione post PC, i futuri leader strategici dei progetti hardware e software legati all'iPhone. Come già per Anderson, anche per Tevanian e Rubinstein la ruota stava per girare.

«Steve teneva le persone in scatola», sostiene Avie. Tevanian aveva parlato parecchie volte con lui della sua smania di fare qualcosa di nuovo, e nel 2003 Jobs lo nominò responsabile della tecnologia software dell'azienda. Per quanto fosse una specie di promozione, si rivelò un incarico con un portafoglio piuttosto povero. Tevanian si ritrovò quasi privo di responsabilità concrete, cominciò a sentirsi sempre più fuori dal giro e ben presto si rese conto che il suo nuovo ruolo non aveva senso. «Fare parte dello staff che lavorava per Steve mantenendo la mia individualità era impossibile, perché lui aveva già tutte le risposte. Non gli piaceva quando presenziavo a una riunione in cui lui esaminava un prodotto e io avevo una mia opinione. Tutto qui: non gli andava. E con il tempo non gli andò più nemmeno che io occupassi una posizione di quel livello senza avere la responsabilità quotidiana di produrre qualcosa di nuovo», racconta.

Tim Cook, che oggi è l'amministratore delegato della Apple, racconta che era preoccupato che Tevanian se ne andasse, così nel 2004 spinse Jobs a immaginare un'altra sfida per trattenere il brillante ingegnere. «Steve mi guardò», ricorda Cook, «e disse: 'D'accordo, è davvero un tipo geniale. Però ha deciso che non ha voglia di lavorare. E in tutta la mia vita non sono mai riuscito a convincere a lavorare sodo qualcuno che non vuole lavorare sodo'.» Un'altra volta, quando venne a sapere che Tevanian aveva cominciato a giocare a golf, si lamentò con Cook che evidentemente qualcosa non andava. «Il golf?» tuonò incredulo. «Ma chi ha tempo per il golf?»

Frattanto, anche Rubinstein si era accorto che Jobs, una volta tornato dopo l'intervento chirurgico, gli dedicava sempre meno attenzione. «All'inizio era un piacere stare alla Apple, perché c'eravamo davvero dentro tutti insieme. Eravamo veramente compagni di squadra», spiega. «Ma una volta che la Apple cominciò ad andare a gonfie vele, Steve passò alla fase successiva e si allontanò da noi. Sembrava sempre che fosse una questione di lui contro il team, e con il tempo ci ritrovammo a lavorare molto meno con Steve e molto più per Steve.»

Rubinstein si considerava adatto al ruolo di amministratore delegato e osservava con invidia il crescente prestigio di Cook. Iniziava anche ad avere qualche attrito con Ive, che una volta rispondeva a lui mentre ora riferiva direttamente a Jobs. E non sopportava Tony Fadell, l'ingegnere capo dell'iPod. Rubinstein e Fadell avrebbero continuato a provare risentimento reciproco per anni, anche molto dopo che entrambi lasciarono la Apple, attribuendosi ciascuno il merito del trionfo dell'iPod e sminuendo il ruolo dell'altro. (Il soprannome che Rubinstein affibbiava in privato a Fadell era «Tony la frottola».)

Alla fine la situazione divenne intollerabile. Rubinstein racconta di essere andato un giorno nell'ufficio di Steve e di avergli detto di sentirsi stanco e pronto a lasciare, per dedicarsi a costruire la casa dei suoi sogni in Messico. Se ne andò il 14 marzo 2006, qualche settimana prima di Tevanian. «È stata una grande esperienza», assicura. «Non la cambierei con niente al mondo. È stata meravigliosa sotto vari aspetti. Ha cambiato la mia vita in tanti modi, e da Steve ho imparato molto. Poteva essere un vero stronzo, non c'è dubbio, ma nutro un grande affetto nei suoi confronti. Sul serio.»

Jobs si considerava amico sia di Rubinstein sia di Tevanian, ma questo suo coinvolgimento caricò di un risvolto personale anche la loro partenza. Queste sono situazioni che un dirigente d'azienda dovrebbe saper affrontare mantenendo un contegno civile. Per Steve, però, fu particolarmente arduo. È vero che era cambiato, ma quando si trattava di discutere di scelte professionali con i colleghi più stretti era completamente privo di gentilezza e tatto. Così, finì male sia con Avie sia con Ruby. Il rapporto di Jobs con Tevanian, che nel 1991 gli aveva organizzato la festa di addio al celibato, semplicemente si estinse, mentre quello con Rubinstein terminò con un gran botto.

Dopo avere lasciato la Apple, Ruby costruì la casa dei suoi sogni ma non perse le ambizioni. Verso la fine del 2007, fu assunto dalla Palm (che era ancora un attore di rilievo sul mercato dei palmari) e inviò a Steve un'e-mail per avvertirlo. Stando a quanto racconta Rubinstein, lui gli telefonò dopo circa quattro secondi e si lanciò in una serie di discorsi che lo lasciarono allibito. «Non riusciva a capire. Diceva: 'Sei pieno di soldi, perché vai alla Palm?' E io: 'Steve, ma cosa stai dicendo? Insomma, tu hai molti più soldi di me e mi fai una domanda del genere? Stai scherzando?'»

Per Jobs quello fu quasi un tradimento. Accettando un lavoro da un evidente concorrente della Apple, Ruby – per usare le parole di Susan Barnes – aveva «fallito il test di fedeltà».

Rubinstein cercò di ragionare con lui, al punto di arrivare a suggerire che la Apple e la Palm «non dovevano necessariamente entrare in competizione». Non era una prospettiva realistica, ovviamente, considerato che i dispositivi della Palm e l'iPhone erano senza dubbio due prodotti antagonisti; in effetti, si trattava forse solo di una pia illusione. In ogni caso, non fu importante: alla fine la Palm scomparve, non essendo in grado di competere con l'iPhone né per conto proprio né come divisione della Hewlett-Packard, che chiuse l'azienda poco tempo dopo averla acquisita. Ruby e Steve non si parlarono mai più.

In effetti, Jobs aveva provato a trattenere Tevanian e Rubinstein. Tuttavia, il fatto che le nuove posizioni cui li aveva promossi si fossero rivelate prive di valore è un indizio dell'ambiguità con cui considerava la loro presenza alla Apple. Per un aspetto decisivo, Steve non era granché cambiato: anteponeva le esigenze dell'azienda a qualsiasi relazione personale. In questo, negli ultimi anni diventò ancora più pragmatico. La sua valutazione del team – in base agli stessi severi standard che applicava a se stesso – era lucida e brillante. Perdere dipendenti, colleghi e amici era difficile sotto il profilo personale, per lui come per chiunque altro. Ma aveva sempre creduto che un'azienda, quando si rendeva necessario un cambio della guardia tra i dipendenti, dovesse agire nel più breve tempo possibile: le circostanze mutano e presto si scopre di poter procedere bene anche senza i vecchi eroi.

Fu nel gestire il seguito di queste transizioni che Steve commise degli errori. Il fatto che avesse licenziato personalmente Rubinstein, dopo avere lavorato con lui per sedici anni, non fu insolito in sé e per sé. Quando gli altri non raggiungevano più il suo livello di coinvolgimento e intensità, quando diventavano meno importanti per i suoi piani sulla Apple, si allontanava da loro. L'interesse per il potenziale potere d'acquisto dei suoi clienti superava il desiderio di sorreggere dei veterani sul piede di partenza il cui contributo riteneva sempre meno determinante. Tevanian e Rubinstein non si sarebbero mai dovuti aspettare niente di diverso. In fondo, Steve aveva trattato così anche Wozniak, che aveva fondato la Apple con lui, e lungo il cammino altri erano stati scaricati in modo simile. Era spietato nello stabilire le priorità, e quando Avie e Ruby crollarono nella classifica delle persone in grado di fare ciò che secondo lui era necessario per l'azienda, passò oltre.

Due mesi dopo il ritiro di Tevanian e Rubinstein, la Apple fece un annuncio conciso e apparentemente innocuo, rendendo noto che Nancy Heinen, la responsabile legale dell'azienda – nonché una delle due sole donne del team dirigenziale –, aveva rassegnato le dimissioni. Al momento del suo «pensionamento» aveva solo quarantotto anni, eppure la notizia passò pressoché inosservata. Ma un mese dopo la trama s'infittì, quando un altro comunicato stampa informò che l'azienda aveva intrapreso, per ordine della SEC, «un'inchiesta interna» su presunte «irregolarità» nelle stock option concesse ai dirigenti senior tra il 1997 e il 2001. Circa un anno dopo, il 24 aprile 2007, Heinen fu formalmente messa sotto accusa dalla Securities and Exchange Commission per complicità nell'avere retrodatato due premi in azioni del 2001, uno da 7,5 milioni a Jobs e un altro (quello voluto da Steve stesso dopo che Anderson era stato contattato dalla Dell) di 4,8 milioni al gruppo dirigenziale. Retrodatando le opzioni, Heinen aveva garantito a Jobs e alla sua squadra prezzi base più alti. Il che in sé e per sé non era contro la legge. Ciò che ne oltrepassava i limiti, però, era il fatto che la documentazione fosse stata manipolata – secondo le direttive, si riteneva, di Heinen – in modo da far apparire i resoconti finanziari della Apple decisamente migliori di quanto fossero in realtà in quel momento. Alla fine Heinen patteggiò senza fare alcuna ammissione di colpa, pagò 200.000 dollari di multa e restituì oltre 1,5 milioni di proventi che le erano derivati dai premi in questione.

All'epoca della presunta retrodatazione, il responsabile finanziario principale era Anderson e la SEC esibì un'e-mail in cui questi scriveva brevemente a Heinen che approvava l'operazione. Anche lui fu dunque chiamato in causa, perché si supponeva non avesse dedicato la dovuta attenzione alla questione, e patteggiò il pagamento di 3,65 milioni di dollari, i profitti che aveva ricavato dai premi come Heinen.

Esiste però tutta una serie di attenuanti: il consulente legale esterno della Apple a Palo Alto, Wilson Sonsini Goodrich, aveva detto a Heinen che probabilmente la retrodatazione era legale e aveva dato lo stesso consiglio anche a parecchie altre aziende hi-tech che sarebbero finite nel mirino della SEC, inclusa la Pixar. Così, Steve aveva autorizzato la retrodatazione, presumendo però di non infrangere la legge. E non si aiutò certo con la deposizione che rese alla SEC. Spiegando il proprio premio in azioni da 7,5 milioni, fece la vittima: «Non era tanto una questione di soldi», disse. «È che a tutti piace ricevere un riconoscimento dai propri pari.» Spiegò di avere sperato che il CDA si facesse avanti di sua iniziativa con un'offerta di nuove option, dato il suo successo personale e il fatto che un bonus precedente era stato di valore molto inferiore a quello nominale. «Mi avrebbe fatto sentire meglio», spiegò.

Che stonatura! Anche ammettendo che il giorno della deposizione Jobs non si sentisse molto bene, e anche riconoscendo che non avrebbe mai immaginato che la sua testimonianza sarebbe diventata di dominio pubblico, le sue parole riflettevano una lampante – anche se non deliberata – indifferenza per il ginepraio in cui Anderson e Heinen si erano ritrovati. Anderson si dimise dal consiglio di amministrazione della Apple circa sei mesi prima della decisione della SEC, quando divenne chiaro che l'inchiesta interna dell'azienda avrebbe scaricato la rogna su di lui e su Heinen. Steve rimase completamente estraneo alla faccenda. «Quella storia mi ferì», racconta Anderson, «perché ho sempre cercato di vivere come un boy-scout: ciò che più conta per me sono il mio sistema di valori e il mio comportamento. Tutti quelli che mi conoscono, alla Apple e altrove, possono confermare che ho standard etici molto alti e che non farei mai e poi mai qualcosa di sbagliato sapendo di farlo. E questo anche con le persone. Ho sempre trattato tutti con rispetto e ho protetto un sacco di gente dalle manie di Steve.»

Anderson ha ragione: avrebbe meritato un trattamento migliore di quello che ha ricevuto. (Heinen non ha mai fatto dichiarazioni dopo avere lasciato la Apple.) Ma quando lo scandalo delle retrodatazioni scoppiò lui non era più direttore amministrativo, il che agli occhi di Jobs lo rendeva meno importante di quanto fosse stato in precedenza. Steve sapeva essere di grande aiuto agli amici e ai colleghi nei momenti di bisogno, specie quando loro o i loro famigliari necessitavano di cure mediche. Ma poteva essere anche freddo e insensibile verso i suoi collaboratori, se i loro problemi ostacolavano quella che lui considerava la missione della Apple, o se gli impedivano di dedicarle tutta la sua attenzione. Con un po' più di empatia e considerazione per le persone che non rivestivano un'importanza cruciale per i suoi interessi, avrebbe potuto risparmiare a se stesso, e all'azienda, tutta una serie di grattacapi superflui.

Per il resto del tempo che trascorse alla Apple, Jobs la diresse con un team composto in parte da membri della vecchia guardia e in parte da nuovi arrivati. Tim Cook e Jony Ive erano con lui da anni, così come Katie Cotton, la responsabile delle pubbliche relazioni, e Phil Schiller, il garbato direttore marketing. Eddy Cue e Sina Tamaddon erano entrati poco alla volta a far parte della squadra, e Steve aveva promosso Tony Fadell a responsabile hardware dell'iPhone e Scott Forstall alla gestione dell'aspetto software. Forstall e Fadell sarebbero potuti diventare i nuovi Tevanian e Rubinstein, ma fin dal primo momento si considerarono rivali, entrarono in attrito e cercarono di farsi le scarpe a vicenda, ancor più di quanto Fadell avesse mai fatto con Ive e Rubinstein. Jobs si trovò presto a dover dirimere liti che minacciavano la celebrata sinergia che era sempre stata «l'ingrediente segreto» della Apple: la miscela di hardware brillante e software geniale in un dispositivo digitale unico e magico. In effetti, Fadell era una forza esplosiva, al punto che si sarebbe licenziato nel 2009 per fondare una propria azienda, la Nest Labs, che produce un termostato e un rilevatore di incendio collegati al network Wi-Fi domestico. Fadell non ha lasciato un ottimo ricordo di sé nella sala riunioni dei dirigenti della Apple. Oggi certi alti papaveri dell'azienda di Cupertino, quando parlano di lui, si fanno beffe del designer di «quel piccolo termostato» (mostrando fra l'altro di avere un concetto piuttosto elastico di «piccolo», considerato che nel 2014 Google ha pagato 3,2 miliardi di dollari per acquisire la Nest Labs).

Negli ultimi anni della sua vita, due controversie che si sarebbero potute evitare intervennero a distrarre Steve da ciò che voleva veramente fare, cioè lavorare a nuovi eccezionali prodotti con il suo team. Il modo in cui questi due eventi si conclusero, anche dopo la sua morte, avrebbe dato della Apple e dello stesso Jobs un'immagine arrogante e ostinata, di chi si sente al di sopra della legge.

A partire dal 2005 circa, Steve fu il leader informale di un gruppo di amministratori delegati della Silicon Valley che si erano accordati per non sottrarsi a vicenda i dipendenti di più alto livello. Nel 2010, il dipartimento della Giustizia sporse denuncia contro la Apple, e nel contempo contro Adobe, Google, Intel, Intuit e Pixar, sostenendo che queste aziende avevano stipulato una serie di patti – registrati sia formalmente sia informalmente – per non assumere le une i dipendenti delle altre. Ne seguì, nel 2011, una class action condotta da un ingegnere della Lucasfilm per conto di sessantaquattromila dipendenti di queste e altre aziende della Silicon Valley (nella causa entrò così anche la Lucasfilm, oggi di proprietà della Disney). I ricorrenti sostenevano che quel complotto contro la libera concorrenza fosse costato ai lavoratori miliardi di dollari in aumenti di stipendio non percepiti, di cui invece avrebbero potuto godere se non fossero stati posti ostacoli alla mobilità lavorativa.

Le e-mail lette durante il dibattimento indicano che Jobs era chiaramente coinvolto. Lo mostrano anche trarre un feroce piacere dal fatto che un reclutatore di Google fosse stato licenziato per avere sottratto un dipendente alla Apple, dopo che Steve se ne era lamentato con Eric Schmidt, all'epoca amministratore delegato del popolare motore di ricerca. Quando aveva ricevuto la notizia, Jobs aveva risposto via e-mail con l'icona della faccina sorridente. Lui non fu certo l'unico CEO di cui furono trovate e-mail compromettenti, ma fu il solo a minimizzare il proprio ruolo nella faccenda. Altri dirigenti sembrarono invece essere stati mossi in primo luogo dal desiderio di non irritare Steve, almeno non nel momento in cui era diventato l'uomo più potente del settore hi-tech.

Tim Cook non vede nulla di sbagliato nella posizione di Jobs, anche se nel processo cercò di patteggiare un risarcimento di centinaia di milioni di dollari ai membri della class action. «So quali erano le sue vere intenzioni», spiega Cook. «Non stava cercando di tenere bassi i salari, niente del genere. Il suo obiettivo era semplice: se stavamo lavorando insieme su qualcosa – come per esempio con la Intel, quando ci giocammo tutto e dicemmo: 'Facciamo passare il Mac al processore Intel' –, beh, mentre lo facevamo, non volevamo che loro si portassero via i nostri dipendenti con cui stavano collaborando, e loro non volevano che noi ci portassimo via i loro. Non ti sembra logico? Non penso assolutamente che lui ritenesse di stare facendo qualcosa di male, e non credo che intendesse risparmiare dei soldi. Semplicemente, era molto protettivo nei confronti dei suoi dipendenti.» E fin qui è un'argomentazione ragionevole: tutti gli amministratori delegati vogliono tenersi gli elementi migliori dell'azienda. Ciò di cui questa considerazione non tiene conto è che stipulare accordi tra organizzazioni di quel tipo, formalmente o no, è un reato secondo le leggi degli Stati Uniti e secondo la maggior parte degli avvocati che si occupano di questioni di antitrust. Steve, a quanto pare, non aveva tempo per preoccuparsi di rispettare certe regole.

Questo stesso atteggiamento causò danni alla Apple in un'altra causa, intentatale dal governo per essersi accordata con le case editrici per aumentare i prezzi degli ebook. Mentre si preparava a lanciare l'iPad, Jobs era sicuro che la possibilità di leggere libri sul dispositivo sarebbe stata vista come una funzione allettante, che sperava creasse profitti per la sua azienda sottraendo al tempo stesso clienti ad Amazon. Lui e Cue incoraggiarono fortemente gli editori ad adottare il modello che la Apple utilizzava per le sue app e per l'iTunes Music Store; le case editrici avrebbero potuto stabilire i prezzi degli ebook, garantendo all'azienda di Cupertino il 30% sulle vendite. Inoltre, non avrebbero permesso che altrove i loro libri fossero venduti a prezzi inferiori. In questo quadro, i prezzi degli ebook sarebbero cresciuti uniformemente oltre quello di 9,99 dollari applicato da Amazon alle novità. Gli editori avrebbero avuto profitti più bassi, ma avrebbero potuto stabilire prezzi più alti e impedire ad Amazon di ridurli. Anche in questo caso, le e-mail che Steve scrisse non furono certo d'aiuto alla sua azienda. Il tono aggressivo degli appunti presi durante le trattative rivela che era pienamente consapevole degli effetti che sarebbero derivati dalla creazione di un cartello con tutti gli editori. In un messaggio a James Murdoch, figlio di Rupert e amministratore delegato della News Corporation, Jobs metteva in chiaro che se gli editori avessero seguito la Apple, i prezzi degli ebook sarebbero aumentati su tutto il mercato. La cosa migliore per la News Corporation, credeva, sarebbe stata «mettersi con la Apple e vedere se tutti insieme» sarebbero riusciti «a far andare in porto questa faccenda in modo da creare un vero mercato mainstream di ebook a 12,99 e 14,99 dollari».

È possibile che davvero Steve non vedesse nulla di male nel cercare di creare una solidarietà fra gli editori, dato che aveva fatto lo stesso con le case discografiche quando aveva aperto l'iTunes Music Store. Allora nessuno lo aveva accusato di voler fare cartello, nonostante avesse insistito per stabilire un prezzo di 99 centesimi per traccia audio. Ed è pure possibile che una serie di cautele aziendali – migliori consulenze legali, più sforzi per attenersi alle regole e così via – avrebbe mantenuto la Apple entro i limiti imposti dalla legge, sia nel caso degli ebook sia nella questione dei dipendenti. Ma Jobs aveva plasmato la Apple perché fosse uno strumento capace di trasformare in prodotti reali ciò che lui vedeva con la sua immaginazione, non un'azienda che guardasse con eccessiva prudenza le ricadute negative dei suoi impulsi personali. Perciò, le sue misure cautelative non erano adeguate a prevenire i problemi che insorsero.

«Steve aveva creato un approccio al management che funzionava per quel tipo di prodotto cui aveva pensato per tanto tempo», mi disse Bill Gates dopo la morte di Jobs. «In sostanza, quando vuoi fare insieme l'hardware e il software, e intendi creare un design veramente bellissimo, e lo fai dall'inizio alla fine, quando le alleanze con altre aziende non sono la cosa più importante e questa esperienza è interamente controllata da te. Lui è riuscito a dirigere una grande organizzazione che era perfettamente tagliata per questo scopo.»

Stavamo discutendo del fiorire di libri che promettevano di svelare come fare business «alla maniera della Apple» o «alla maniera di Steve Jobs», e Gates stava descrivendo Steve come un caso manageriale unico, il cui modello poteva essere replicato solo in parte. Poi aggiunse un aspetto negativo dello stile di gestione aziendale di Jobs: «Quella [la Apple]», osservò, «non è un'organizzazione dotata di meccanismi di controllo».

Per tutta la vita Steve cercò di gestire l'immagine pubblica della Apple proponendosi come unica persona al mondo in grado di raccontarne la storia. Questa scelta ebbe un costo che divenne evidente solo negli ultimi anni, quando la sua notorietà e il successo dell'azienda attirarono su Cupertino un'attenzione senza precedenti. La Apple diventò il parafulmine per qualsiasi cosa, dalle critiche ai problemi di sostenibilità dell'industria tecnologica fino alle controversie sulla governance societaria, che affliggevano anche molte altre aziende. E il portavoce della Apple era un uomo con una malattia terminale che aveva una fretta disperata di occuparsi di ciò che gli importava davvero, e non di tutta quella varietà di seccanti distrazioni.

Da quando si era ammalato, Jobs aveva sempre pensato a obiettivi legati alle ragioni per cui desiderava restare vivo. Alcuni erano personali, come il diploma dei figli; altri erano aziendali, come la speranza di vivere abbastanza a lungo da riuscire a presentare l'iPad. Ma tenere a bada il circo mediatico che esplose quando un blog di tecnologia entrò in possesso di un prototipo dell'iPhone 4 dimenticato da un ingegnere in un bar non rientrava affatto nei suoi programmi. E nemmeno dover interrompere una vacanza alle Hawaii per gestire il putiferio (il cosiddetto «Antennagate») causato dalla scoperta che con l'iPhone 4, se lo si impugnava in un certo modo, la linea cadeva molto più facilmente che con i modelli precedenti. E Steve non aveva assolutamente una particolare inclinazione per la gestione di certi problemi. Eppure, tutti questi incidenti, e altri ancora, si aggiunsero al già immane compito che stava affrontando: quello di dirigere, mentre stava morendo, un'azienda internazionale in espansione con decine di migliaia di dipendenti.

Fronteggiare questo genere di emergenze rientra negli obblighi contrattuali di un amministratore delegato, ma Steve non era mai stato molto bravo a farlo nemmeno quando era in salute. Si era sempre spazientito facilmente. Ora il cancro lo sfiniva, causandogli estenuanti sofferenze. Non sorprende che ogni tanto combinasse un casino in situazioni che avrebbe saputo gestire agevolmente, se le circostanze fossero state diverse e le sue condizioni di salute migliori.

Per esempio, è ragionevole che ci siano divergenze di vedute sul fatto che avesse o meno la responsabilità fiduciaria di rivelare la sua malattia prima di quanto effettivamente fece, e poi di continuare a informare sul suo decorso. Lui, invece, sentiva e voleva che questo fosse un fatto privato, quindi evitò a più riprese di dire la verità. Però, dare a Nocera del «secchio di melma» quando il giornalista lo esortò ad affrontare l'argomento non giovò alla reputazione della Apple né a quella del suo CEO. Analogamente, nella controversia che seguì l'ondata di suicidi negli stabilimenti cinesi della Foxconn, i commenti pubblici di Jobs fecero più male che bene, pur in una situazione in cui l'azienda poteva vantare dei precedenti piuttosto buoni per una grande corporation.

Mentre organizzava una catena di produzione che sfornava sempre più dispositivi, la Apple controllava ogni anno le condizioni di lavoro nelle fabbriche dei suoi fornitori, e perfino in quelle dei loro subappaltatori. Ma i problemi eludevano i controlli. Questo non è un fatto insolito né sorprendente: le condizioni lavorative in Asia sono preoccupanti da decenni, ed è poco probabile che le cose cambino. In un sistema congegnato solo per garantire i costi più bassi ai produttori americani ed europei, è inverosimile che gli operai siano retribuiti o trattati particolarmente bene. Quando la Apple venne a sapere dei suicidi, rispose in effetti con rapidità, radunando una task force per condurre un'inchiesta presso la Foxconn e prendendo altri provvedimenti, che alcuni osservatori hanno descritto come lungimiranti. Di nuovo, è ragionevole che ci siano divergenze di opinioni circa la qualità della risposta della Apple. Ma ciò su cui tutti concordano è che Steve non contribuì a migliorare la situazione con alcune sue dichiarazioni, come la volta che a una fiera tecnologica disse: «Oh, quella faccenda l'abbiamo già sistemata», suonando disinvolto ma poco sincero, come qualunque CEO di una grande azienda che cerchi di glissare su una verità scomoda.

Jobs aveva smussato alcuni dei tratti caratteriali che avevano fatto del giovanotto al Giardino di Allah una presenza tanto irascibile e difficile. Alcune fissazioni erano rimaste, altre erano state domate, e proprio nel momento in cui il suo lavoro avrebbe tratto il massimo giovamento da quell'evoluzione, era arrivata la malattia a complicare tutto.

Una biografia che dipinga il protagonista come un eroe non dovrebbe avere un capitolo come quello che avete appena letto. Nei film della Pixar, o in quelli della Disney che negli ultimi anni di Steve cominciavano a diventare sempre più belli, le emozioni si esprimono liberamente e le riconciliazioni si compiono appieno. Ma la vita di Jobs non era un film. È stata appassionante, complicata e assolutamente umana, fino alla fine.

17

«Tu digli solo che sto facendo lo stronzo»

ALL'INIZIO del dicembre 2008, Steve mi chiamò a casa mia a Foster City, in California, dicendo che doveva parlarmi subito di qualcosa di importante.

Lavoravo da parecchi mesi a organizzare un'intervista congiunta a lui, Andy Grove, Bill Gates e Michael Dell. Nelle mie intenzioni, quella chiacchierata doveva servire a cominciare la raccolta di materiale per un libro che avevo in mente di scrivere. Avevo un titolo che ritenevo brillante, *Founders Keepers* («Chi fonda tiene»), e intendevo raccontare come un manipolo di imprenditori appassionati di computer si fossero trasformati in capitani d'industria; come degli inventori egomaniaci fossero diventati fondatori autodidatti di imperi; come dei capelloni idealisti fossero riusciti a rimanere in sella mentre le aziende che avevano creato crescevano al di là di ogni aspettativa e come la loro ricchezza e influenza sul mondo si fossero tradotte in ben altro che una manciata di sogni.

Secondo i miei piani, avrei dovuto cominciare a lavorare al libro nel 2005. Ma, durante un viaggio in Nicaragua per quella che doveva essere una lunga vacanza, mi ero gravemente ammalato. Attorno alla valvola cardiaca artificiale che mi era stata impiantata nell'aorta otto anni prima si era sviluppata un'endocardite, e di lì l'infezione si era diffusa; degenerata in meningite, dal midollo spinale era arrivata fino alla corteccia cerebrale. Ulteriori infezioni erano andate a localizzarsi in un polmone, nell'intestino e in altre parti del corpo. Per salvarmi la vita, i medici di un ospedale di Managua non trovarono altro modo se non indurmi il coma farmacologico e bombardarmi di antibiotici che, pur sedando l'infezione, mi causarono la sordità totale da un orecchio e la perdita dell'udito al 65% nell'altro. L'azienda per cui lavoravo, la Time Inc., mi fece trasportare d'urgenza in aereo allo Stanford Hospital di Palo Alto, dove rimasi per tre settimane nell'unità di terapia intensiva, mentre i dottori si arrovellavano sulle ragioni delle mie gravi condizioni.

Steve venne a trovarmi in ospedale due volte. Ero così intontito dai sedativi e dagli antidolorifici, nonché dalle mie visioni e allucinazioni, che durante una visita espressi il mio più sincero rimpianto per non essere in grado di suonare il sassofono in un omaggio ai Beatles che Jobs pensava di mettere in scena a Las Vegas con Ringo Starr e Paul McCartney. In qualche modo mi ero convinto che lui si fosse dato alla chitarra per poter ricoprire il ruolo che era stato di John Lennon e che mi avesse chiesto di far parte della band di supporto. Purtroppo, gli spiegai, per via del mio nuovo problema di udito non ce l'avrei fatta. Lui e mia moglie si fecero una bella risata, o almeno questo è quanto Lorna mi raccontò in seguito, quando finalmente tornai lucido. Aggiunse che Jobs, prima di andare via, mi aveva detto: «Ho chiesto ai medici di trattarti con ogni riguardo. Se hai bisogno di qualcosa, basta che mi chiami».

Negli anni seguenti rimanemmo in contatto intermittente via posta elettronica. Durante la mia lunga convalescenza a Santa Fe, nel New Mexico, riuscii a scrivere un ultimo articolo di copertina per *Fortune*, trasformando un'intervista a John Lasseter della Pixar in una storia in prima persona raccontata da lui stesso. Steve non trovò il tempo né per farsi fotografare né per contribuire con una breve chiacchierata, malgrado la sua amicizia con Lasseter. In seguito scoprii che aveva deciso di non collaborare più con me, quando si trattava di un pezzo per qualche rivista. Forse, per via del mio comportamento bizzarro durante le sue visite in ospedale, si era convinto che non sarei mai più stato in grado di parlare della Apple (o della Pixar) con la stessa sagacia che avevo mostrato in passato. O forse, chissà, fu per via di qualcos'altro: la vera ragione non l'ho mai saputa.

Pur non essendo più disponibile a parlare con me se si trattava di articoli, pareva invece sinceramente interessato all'idea del libro. Avevamo già avuto modo di discutere del progetto e, nella primavera 2008, gli dissi che volevo organizzare una tavola rotonda tra otto fondatori di aziende, che avrebbe costituito la parte principale del testo. «Sono decisamente troppi», sbuffò. «Ognuno vorrà avere il suo spazio davanti alle telecamere e nessuno dirà nulla di veramente onesto e autentico.» Mi consigliò invece di concentrarmi sugli inizi dell'era del personal computer. «In fondo siamo quattro: io, Bill [Gates], Andy [Grove] e Michael [Dell]. Trova il modo di farci incontrare e intavoleremo una bella discussione, più mirata. Conosciamo ognuno i punti di forza e le debolezze degli altri. Ne risulterà una storia di gran lunga più interessante e noi saremo costretti a essere più sinceri.»

Si offrì perfino di aiutarmi a coinvolgere gli altri tre, ma gli risposi che non lo ritenevo necessario: il solo fatto che Jobs ci stesse sarebbe bastato per avere la loro disponibilità. Evocare il coinvolgimento di Steve fu come brandire una bacchetta magica: ebbi risposte immediate dagli altri tre, nonostante le loro affollatissime agende. Stabilimmo di incontrarci giovedì 18 dicembre, negli uffici della fondazione di famiglia di Andy Grove, a Los Altos. Tutti si dissero disponibili a pranzare insieme e a trascorrere lì l'intero pomeriggio. L'assistente di Grove, Terri Murphy, si occupò del pranzo, dopo che io mi fui consultato con Lanita Burkhead, l'assistente di Jobs, su che cosa potesse andare bene al suo capo, notoriamente schizzinoso: sushi, magari un'insalata, e una tisana.

Poi, l'11 dicembre, nel primo pomeriggio, ricevetti quella telefonata a casa: «Ciao, Brent, sono Steve». Dopo avermi annunciato che doveva parlarmi, senza attendere la mia risposta, proseguì: «Credimi, detesto dovertelo dire, ma per giovedì non ce la faccio».

Non potevo credere alle mie orecchie: «Sono sei mesi che abbiamo programmato questo incontro. Tutti gli altri si sono tenuti una giornata libera per partecipare. La settimana scorsa Lanita mi ha detto che era tutto confermato. Non possiamo farlo, se non ci sei anche tu».

«Certo che potete», rispose.

Io non replicai. Rimasi seduto ad aspettare una spiegazione.

«Brent, devo dirtelo, la mia salute sta veramente peggiorando. Continuo a dimagrire. Mi conosci, sono vegano, eppure adesso ho cominciato a bere frullati al cioccolato, a mangiare formaggio, di tutto. Ma continuo a dimagrire. Vedermi in questo stato non sarebbe piacevole per te e nemmeno per gli altri. Laurene insiste che non posso più aspettare e devo occuparmi di questa cosa. E ha ragione.»

Gli chiesi dell'intervento chirurgico che aveva subito e perché avesse continuato a dire a tutti di essere guarito. Era ancora il pancreas? O era qualcos'altro? Mi spiegò che era una specie di disfunzione endocrina che gli rendeva difficile la digestione. «Tutto quello che mangio mi passa attraverso», disse. «Qualunque cosa sia, devo mollare tutto il resto e risolverla adesso. Deve essere la mia unica priorità. Lo devo alla mia famiglia. Non l'ho ancora detto al consiglio, né a Tim né a nessun altro, ma prenderò un congedo per malattia. Sta per arrivare il MacWorld, quindi dovrò dare l'annuncio prima di allora, perché non credo di farcela nemmeno per quell'occasione.»

Poi il tono della sua voce cambiò. «Ti ho sempre raccontato quello che succedeva con la mia salute perché tu potessi renderlo pubblico. Perciò ti renderai conto che questa volta non puoi dirlo a nessuno. Deve rimanere fra me e te. Per questo ti ho telefonato. Per dirtelo di persona e farti sapere che volevo davvero fare questa cosa con te. Ma non posso. Veramente, non posso.»

Seduto sul bordo del divanetto nel mio studio, cercavo di immaginarmi Steve. Era dalla Worldwide Developers Conference, tenutasi al Moscone Center di San Francisco nel giugno precedente, che non lo vedevo. Allora mi era sembrato magro, ma il suo passo era comunque scattante. Gli iPhone non facevano in tempo ad arrivare nei negozi che erano già finiti e sull'App Store si vendevano milioni di applicazioni. Anche gli iMac, che adesso erano sottili parallelepipedi di un bianco immacolato che sembravano fluttuare nell'aria, stavano andando a ruba. E il nuovo MacBook Air – l'equivalente laptop di un'elegantissima top model – era sulla bocca di tutti.

«Allora, che cosa devo dire a Bill, Andy e Michael?» gli domandai. «Vorranno sapere come mai ti tiri indietro all'ultimissimo momento. Devo dire che non te la sentivi? Non aggiungerò altro.»

Sulle prime lui non rispose. Lo fece solo dopo qualche istante, con una risata sardonica: «Tu digli solo che sto facendo lo stronzo. Probabilmente è quello che già pensano di me, quindi perché non dirlo e basta?»

Ero perplesso. «Vuoi davvero che dica così?» replicai, pensando che nessuno di loro ci avrebbe creduto neppure per un secondo. Sapevano che Jobs non mi avrebbe fatto organizzare tutta quella faccenda della tavola rotonda per poi tirarsi indietro. Poteva essere un rompiballe, ma non era uno stronzo. «L'unica cosa che ti chiedo è di non dire loro la vera ragione. Non ancora.»

A Gates, Grove e Dell dissi solo che Steve aveva dovuto annullare l'impegno per un qualche impedimento personale. Più o meno un mese dopo, quando la Apple annunciò il congedo di Jobs per «complicati» motivi di salute, incontrai Bill Gates nel suo ufficio a Kirkland, nello Stato di Washington. Mi spiegò che voleva mettersi in contatto con Steve e non sapeva quale fosse il modo migliore per farlo: era passato un pezzo dall'ultima volta che si erano parlati. Gli diedi il suo numero di casa e di cellulare, e anche l'indirizzo e-mail e il telefono della sua assistente, ma non prima di avergli riferito la storia della scusa dello «stronzo» suggerita da Jobs. Gates, come tutti, ama le trovate brillanti, così ci facemmo una bella risata.

Tim Cook racconta che lui e Katie Cotton vennero a sapere che Steve aveva bisogno di un trapianto di fegato nel gennaio 2009, poche settimane dopo che lui e io ci eravamo parlati. Ma Cook lo aveva visto diventare sempre più debole e magro per tutto il 2008. All'inizio del 2009, Steve non andava più in ufficio e lui lo raggiungeva a casa praticamente ogni giorno. Cook cominciava a temere che la situazione avrebbe preso una piega fatale. «Era terribile andare là a parlare con lui tutti i giorni, perché lo vedevi spegnersi sempre più», ricorda. Sembrava fragile, in modo allarmante. Aveva sviluppato un'ascite (un accumulo di liquido nella cavità peritoneale, che gli aveva gonfiato spaventosamente l'addome) e stava sempre a letto, scavato, esausto e nervoso.

Era in lista per un trapianto di fegato in California, una di quelle code che non si possono saltare. Durante uno dei molti incontri al suo capezzale, Steve disse a Tim che pensava di avere possibilità migliori di altri perché aveva un gruppo sanguigno raro. A Cook la frase suonò assurda, perché se pure in lista c'erano meno richiedenti dello stesso gruppo sanguigno di Steve, era però vero che c'erano meno persone di cui potesse ricevere il fegato. Di fatto, le probabilità che trovasse un donatore non erano per niente alte.

Un pomeriggio, Cook uscì da casa di Jobs così turbato che si fece fare un esame del sangue. Scoprì di avere anche lui un gruppo raro e suppose potesse trattarsi dello stesso di Steve. Cominciò a fare ricerche e venne a sapere che è possibile trapiantare una parte del fegato di una persona viva a qualcuno che ne ha bisogno. Negli Stati Uniti si realizzano ogni anno circa seimila trapianti da donatore vivo e la percentuale di successo è molto buona sia per il donatore sia per il ricevente. Il fegato è un organo che si rigenera: la parte trapiantata nel ricevente cresce fino a raggiungere una dimensione che permette all'organo di essere funzionale, e ricresce anche la parte ceduta dal donatore.

Cook decise di sottoporsi a tutta una serie di analisi per stabilire se le sue condizioni di salute fossero abbastanza buone da renderlo un potenziale donatore. «Pensavo che Steve sarebbe morto», spiega. Andò in un ospedale lontano dalla Bay Area, perché non voleva essere riconosciuto, e il giorno dopo gli esami andò a trovare Jobs. Seduto con lui in camera da letto, si disse disposto a offrirgli parte del proprio fegato. «Volevo veramente che accettasse», ricorda, «ma mi stroncò subito, quasi prima che finissi di parlare: 'No', disse. 'Non te lo permetterò mai! Non lo farò mai!'

«Una persona egoista», continua Tim, «non risponde così. Voglio dire, uno sta per morire e c'è qualcuno che sta bene e gli offre una via d'uscita... Gli dissi: 'Steve, io sono perfettamente sano, ho fatto tutte le analisi. Ecco il referto medico. Posso farlo senza correre rischi, starò benissimo'. Ma lui non volle nemmeno pensarci. Non mi chiese: 'Sei sicuro di volerlo fare?' E non disse neanche: 'Ci rifletterò', oppure: 'Oh, nelle condizioni in cui sono...' Semplicemente: 'No, non voglio!' Fece quasi un balzo sul letto mentre me lo diceva. E questo, in un momento in cui la situazione era disperata. In tredici anni che l'ho conosciuto, Steve mi ha urlato contro solo quattro o cinque volte, e una è stata quella.

«Questo suo lato non è stato capito», sostiene Cook. «Penso che il libro di Isaacson abbia reso a Steve un pessimo servizio. Non è altro che una rifrittura di cose già scritte altrove, incentrata su aspetti secondari del suo carattere. Si ricava l'impressione che fosse un uomo meschino, egoista ed egocentrico. Quella biografia non ha saputo coglierne la personalità. L'uomo di cui parla non è certo qualcuno con cui avrei accettato di lavorare per tutti quegli anni. La vita è troppo breve.» Queste parole fanno eco a quelle di molti cari amici di Steve, che in varie interviste hanno fatto notare come ben poco di ciò che è stato pubblicato renda minimamente ragione del motivo che li ha spinti a lavorare così a lungo e così duramente per Jobs. Tutti quegli ex dipendenti condividono anche un altro tratto: la convinzione di avere raggiunto con lui i migliori risultati professionali della loro vita.

«Steve prendeva le cose a cuore, profondamente», continua Cook. «Ci metteva molta passione e voleva che fossero perfette. Per questo era così straordinario. Voleva che tutti dessero il massimo. Credeva che fosse meglio formare piccoli team, perché in un gruppo ristretto si riesce a fare molto di più. E pensava che scegliere la persona più adatta fosse cento volte meglio che prendere qualcuno cui mancava anche solo qualcosina per essere davvero quello giusto. Tutto questo è vero, lui era così, ma troppi scambiavano questa passione per arroganza. Non che Steve fosse un santo, non sto dicendo questo. Nessuno di noi lo è. Ma dire che non era un essere umano straordinario significherebbe non avere capito nulla. E questo è un fatto che nessuno sembra comprendere.

«Lo Steve che ho conosciuto all'inizio del 1998 era sfrontato, sicuro di sé, impetuoso e quant'altro. Ma in lui c'era anche un lato tenero, e nei tredici anni successivi questo aspetto diventò una parte sempre più importante di lui, che poteva manifestarsi in modi diversi. Se un dipendente o un suo famigliare aveva un problema di salute, lui mollava quello che stava facendo e smuoveva mari e monti per assicurarsi che la persona in difficoltà ricevesse le cure mediche adeguate. E si azionava davvero, non si limitava a dire: 'Se hai bisogno del mio aiuto, chiamami e fammi sapere'.

«Aveva il coraggio di ammettere quando aveva torto. E anche di cambiare, una qualità di cui molte persone di successo sono prive. Tanti, a quel livello, sono incapaci di prendere un'altra direzione, anche quando sarebbero costretti a farlo. Steve non sentiva obblighi di sorta nei riguardi di niente e nessuno, fuorché di un sistema di valori fondamentali. Di tutto il resto poteva fare a meno. E sapeva sbarazzarsene più rapidamente di quanto si potesse credere possibile. Era un dono particolare. Steve cambiava sempre. Aveva una curva d'apprendimento incredibilmente veloce, molto più di chiunque altro io abbia incontrato, e riguardo a una varietà enorme di argomenti.

«Lo Steve che ho conosciuto era quello che mi stava addosso perché mi facessi una vita sociale, e non tanto per fare, ma perché sapeva quanto la famiglia fosse importante nella sua vita e voleva che ne avessi una anch'io. Un giorno telefonò a mia madre, che non conosceva (lei vive in Alabama), le disse che mi stava cercando e si mise a parlarle di me. Ma lui sapeva benissimo dove trovarmi! Ci sono tanti episodi come questo, che permettono di cogliere il suo lato più tenero, o sensibile, o capace di prendersi a cuore le cose, o come lo si voglia chiamare. Uno che considera la vita solo come una serie di transazioni con le persone che lo circondano non si comporta così.»

Alla fine, Steve riuscì a sottoporsi al trapianto di fegato. Essendo possibile farlo, si era registrato anche a Memphis, nel Tennessee: l'unico requisito per essere ammessi in una lista al di fuori dello Stato di residenza era che si potesse raggiungere l'ospedale entro otto ore dalla notifica della disponibilità dell'organo – e lui poteva, perché aveva un jet privato – e che un team di medici di quell'ospedale giudicasse il paziente abbastanza in forze da poter superare l'intervento. Jobs e sua moglie volarono nel Tennessee per l'operazione il 21 marzo 2009. Ci furono delle complicazioni e si rese necessario un secondo intervento, un paio di giorni dopo. Steve e Laurene rimasero a Memphis per due mesi tormentati, durante i quali la situazione fu così incerta che i parenti, gli amici più intimi come Jony Ive, Mona Simpson, George Riley (l'avvocato di Jobs) e pochi altri andarono a trovarlo per offrirgli sostegno o, se la situazione fosse precipitata, per dargli addio. Ive portò un regalo da parte del suo team, una meticolosa riproduzione in miniatura del MacBook Pro che sarebbe entrato in commercio a giugno. I designer avevano realizzato un gingillo analogo di ognuno degli altri prodotti Apple per Steve ma, considerate le circostanze, questo era speciale.

Steve sopravvisse. In seguito confidò a Bob Iger di avere preso in considerazione l'idea di lasciare l'azienda dopo il trapianto, per passare più tempo con i figli. Ma, come dice Eddy Cue, «c'erano solo due cose di cui gli importasse davvero nella vita, la Apple – e in una certa misura la Pixar – e la sua famiglia». Ed era di entrambe che aveva bisogno. Tornò quindi al lavoro e lo fece con rinnovata energia, esattamente come dopo l'intervento del 2004. Aveva un nuovo obiettivo da raggiungere prima di morire: realizzare l'iPad.

Dal punto di vista tecnologico, sviluppare quel dispositivo fu più facile che creare l'iPod o l'iPhone. Nel primo caso, la Apple aveva dovuto imparare a fare qualcosa di completamente nuovo per lei; con l'iPhone, aveva portato al punto più alto la rivoluzione del PC fondendo tre dispositivi in un unico supercomputer che si poteva tenere in una mano. Ora, armati dell'esperienza acquisita nelle prime due battaglie, Jobs e la sua squadra idearono un oggetto etereo e sorprendente.

Nel 2004, Steve aveva ordinato che il Project Purple passasse dallo sviluppo di un tablet a quello di un telefono. Così facendo, aveva assicurato che l'iPad sarebbe stato un'estensione dell'iPhone. Quando il suo team tornò a pensare a un tablet, invece di minimizzare un iMac, massimizzò un iPhone. Ciò significò ricorrere a microprocessori ARM – comuni negli smartphone –, anziché ai chip Intel che alimentano molti computer e consumano ben più energia. E significò adottare il touch screen e la tastiera virtuale dell'iPhone. Soprattutto, e questo è il lato più ironico, data la resistenza che Jobs aveva opposto all'inizio, ciò comportò che l'iPad traesse enorme vantaggio dall'App Store. Il tablet fu per gli sviluppatori di software un obiettivo assai più importante cui mirare rispetto all'iPhone, in primo luogo perché lo schermo di dimensioni maggiori rendeva possibile e comodo fare cose davvero interessanti, che non si sarebbero mai potute fare altrettanto bene su un dispositivo tascabile. Le nuove e brillanti app per iPad, vendute spesso allo stesso prezzo di quelle per iPhone, sembravano un acquisto ancora migliore quando si manifestavano in tutta la loro bellezza su quel display più grande. L'iPad incrementò sensibilmente l'importanza dell'App Store, nonché il suo impatto sul nuovo modello di mercato e di business per i software da lui stesso creato.

Con la doppietta dell'iPhone e dell'iPad, la Apple aveva completamente riconfigurato il settore della creazione e vendita di software di consumo. Se prima gli sviluppatori dovevano vendere le loro applicazioni a un prezzo che consentisse un margine di profitto con qualche migliaio di copie, ora potevano offrirle a un bacino di centinaia di milioni di utenti. Questa nuova, incredibile opportunità ha condotto a sviluppi di ogni sorta, che non avrebbero mai avuto nemmeno l'ombra di una possibilità in un mercato molto più ridotto. Oggi, qualunque cosa abbiate voglia di fare, probabilmente esiste un'app (o due, o tre, o dieci) specificamente dedicata.

Considerato nel contesto della carriera di Steve, l'iPad non è un prodotto tanto significativo quanto l'iPhone. Ma, per molti versi, costituisce l'incarnazione più sofisticata degli obiettivi che Jobs si era posto da sempre: creare una tecnologia che aprisse una finestra sul mondo senza limiti dell'informazione e realizzare un prodotto tecnologico tanto semplice e potente da far scomparire di fatto la componente tecnologica. Era stata proprio la consapevolezza di questi suoi scopi ultimi che già dall'inizio della sua carriera lo aveva reso diverso da tutti gli altri smanettoni tecnicamente più in gamba di lui. La sua ferma determinazione a raggiungere quei traguardi lo aveva tradito più di una volta, spingendolo a correre mentre la tecnologia stava ancora muovendo i primi, incerti passi. Ma quando si accinse a creare l'iPad con la sua squadra, aveva ormai imparato abbastanza da rendere la tecnologia sostanzialmente invisibile. Da quel vero artista che era, sapeva nascondere tutti i segni della fatica.

Il piacere e la soddisfazione che provava per quell'ennesimo risultato erano lampanti il 27 gennaio 2010, quando presentò l'iPad allo Yerba Buena Center for the Arts di San Francisco. Questa volta il palcoscenico era arredato con un divanetto di pelle e un tavolo, oggetti di scena piuttosto insoliti per i suoi lanci di prodotto. Quando Steve salì sul palco, con il suo aspetto emaciato, tutti, come sempre, si alzarono ad applaudirlo. Raccontò alcuni dei successi conseguiti dalla Apple con fierezza e con piglio sicuro ed energico. Alle sue spalle, mentre scorrevano le statistiche, era proiettata un'immagine di lui e Wozniak nei primi tempi. Duecentocinquanta milioni di iPod venduti; tre miliardi di download dall'App Store in un anno e mezzo; un fatturato che superava i 50 miliardi di dollari l'anno. La Apple, spiegò, era diventata un'azienda che produceva dispositivi mobili; di fatto, in termini di fatturato, la più grande azienda di dispositivi mobili al mondo.

In tutto questo c'era un che di poetico, anche se non era la prima volta che Steve sfruttava l'esordio di una presentazione per dare qualche ragguaglio sulla Apple. Quella, in fondo, era la rappresentazione della storia della sua vita professionale. E la componente sentimentale dell'evento si fece più intensa quando, dopo una decina di minuti, si accomodò sul divanetto per dimostrare quanto fosse facile usare un iPad. Si trattava ovviamente di una concessione alle sue precarie condizioni di salute, ma era anche funzionale al prodotto. Si appoggiò allo schienale e passò in rassegna tutta una serie di funzioni che era possibile svolgere con le sole dita e un iPad: spedire e-mail, navigare sul Web, aprire app che permettevano di ascoltare musica, guardare video su YouTube e perfino realizzare dipinti. «È molto più personale di un laptop», dichiarò con evidente compiacimento. Ogni suo movimento era proiettato su un grande schermo. Come ogni altra sua presentazione, anche questa era una messa in scena mirata a uno scopo ben preciso: mostrare che quel dispositivo era in realtà un invito a un nuovo tipo di personal computing, qualcosa di così semplice e accessibile da poter scivolare dentro la nostra vita quotidiana con una facilità incredibile.

All'inizio l'iPad attirò la sua inevitabile razione di critiche, ma il pubblico ne comprese immediatamente l'attrattiva. L'iPad di prima generazione fu il prodotto Apple che ebbe più successo in assoluto al debutto, totalizzando cifre al cui confronto impallidivano perfino i lanci dell'iPod e dell'iPhone: alla fine del 2010, ne erano stati venduti quasi quindici milioni di unità.

Nel 2009, Jobs era rientrato in azienda pieno di energie, proprio come dopo il primo intervento nel 2004. Ma questa volta era diverso. Questa volta, tutti capirono che il suo ritorno avrebbe avuto fine e sapevano anche come sarebbe finito, pur non potendo stabilire quando. Non si parlava di cure; Steve avrebbe «convissuto con questa cosa» finché fosse stato possibile. Lui non parlava con molte persone dei suoi problemi di salute, né passava tanto tempo a discuterne apertamente con la cerchia dei più intimi. Ma la prospettiva della morte era presente e palpabile.

Bob Iger ne era al corrente. Come si aspettava, dalla vendita della Pixar nel 2006, Jobs era stato un membro importante del consiglio di amministrazione della Disney, senza però diventare ingombrante. Il suo rapporto con Iger era diventato così stretto che Steve gli chiese di entrare nel CDA della Apple, ma lui dovette rifiutare per ragioni fiduciarie. Per via della loro amicizia, Iger aveva declinato anche l'invito di Sergey Brin, Larry Page ed Eric Schmidt a far parte del consiglio di amministrazione di Google. «Steve mi disse che sarebbe stato geloso», spiega con un mezzo sorriso nostalgico. Anche se, pensando a come il rapporto della Apple con Google si sarebbe incrinato, non è difficile immaginare che nella riluttanza di Jobs ci fosse qualcosa di più che una semplice gelosia.

Prima del trapianto di fegato, Iger e Steve si sentivano anche tre o quattro volte la settimana. Inoltre, si vedevano durante le vacanze invernali alle Hawaii. «Io stavo al *Four Seasons*, lui al *Kona Village*. Lui faceva una passeggiata quotidiana che terminava al *Four Seasons*. Facevamo molte camminate insieme, e lui cercava di convincermi di cose del tipo che l'ananas bianco è migliore di quello giallo. Ci mettevamo a sedere su una panchina e parlavamo della musica e del mondo. Fu lì che gli comunicai la strepitosa notizia che avevamo intenzione di costruire un resort da 900 milioni di dollari alle Hawaii. Capii che il progetto non gli piaceva. Gli chiesi: 'Perché no?' Rispose che non era un'idea abbastanza grandiosa. Gli dissi: 'La Disney che arriva alle Hawaii, 900 milioni di dollari, non è pensare in grande? Che cos'è pensare in grande, secondo te?' Rispose: 'Comprare Lanai' [un'isoletta delle Hawaii che alla fine fu acquistata da Larry Ellison]. Pensava che avremmo dovuto costruire un parco a tema sull'isola e farci arrivare i visitatori con un servizio di trasporto speciale della Disney. Un'idea del tutto impraticabile.»

I due si incontravano soprattutto a Burbank, quando Jobs andava al quartier generale della Disney per le riunioni del CDA. Anche se Iger non faceva parte del consiglio di amministrazione della Apple (vi sarebbe entrato dopo la morte di Steve), Jobs chiedeva la sua opinione su quello che succedeva in azienda e lo portava al Design Lab di Jony Ive tutte le volte che Bob andava a Cupertino. «Facevamo brainstorming davanti a una lavagna», ricorda. «Parlavamo di acquisizioni di aziende. Discutemmo di comprare insieme Yahoo!» Di solito, quando il consiglio della Disney si riuniva, Steve aveva già ricevuto da Iger un briefing completo. «La vedevamo quasi sempre allo stesso modo», racconta. «Non c'era niente di pianificato, ma quando Steve esprimeva un parere, in genere il CDA lo ascoltava.»

Non andava sempre così, anche se adesso Jobs esprimeva il suo disaccordo in modo deciso ma civile. Detestava i riacquisti di azioni, vale a dire quando le aziende comprano le proprie azioni sul mercato pubblico, mossa che si ritiene un buon investimento per un'organizzazione e un segnale di sicurezza rivolto ai grandi investitori. A una riunione del consiglio, Steve argomentò con forza contro questa prassi, ma l'azienda deliberò ugualmente in tal senso. D'altra parte, quando la Disney stava per entrare in una joint venture con la compagnia di crociere Carnival perché Iger non credeva di poter ottenere l'appoggio del CDA alla costruzione di due nuove navi da crociera dal costo di miliardi di dollari, Jobs insistette con passione sia con lui sia con il consiglio perché la Disney fabbricasse le sue imbarcazioni da sola: «Se è un buon affare», osservò, «perché mettere il vostro marchio nelle mani di qualcun altro?» Così, la Disney costruì da sé le due nuove navi.

Steve diede un apporto anche al settore vendite al dettaglio della casa di produzione. La Disney aveva riacquistato i propri negozi, dopo averli concessi in licenza a operatori esterni. Appena il nuovo responsabile delle vendite presentò i suoi progetti al consiglio, Jobs – che stava sempre seduto accanto a Iger – cominciò a muoversi nervosamente e ad alzare gli occhi al cielo. A un certo punto, non riuscì più a trattenersi e borbottò: «Cazzate!» in modo che tutti sentissero. Bob gli diede un calcio in uno stinco perché si calmasse. Una volta finita la presentazione, Steve pose al dirigente due semplici domande: «Quale messaggio mandate ai vostri clienti quando entrano dalla porta? Che cosa affermate in quel preciso momento?»

«Quello non seppe cosa rispondere», ricorda Iger, «e nella stanza calò il silenzio.» Più tardi, Jobs disse a Bob di licenziare immediatamente quell'uomo, ma lui non lo fece. «Steve giudicava le persone in fretta, e questo era un suo limite», ricorda. «Non credo sia mai riuscito a migliorare in questo senso, e se l'ha fatto io non me ne sono accorto. L'ho sempre ritenuta una sua mancanza. Gli dicevo: 'Innanzitutto non mi sono ancora fatto un'idea definitiva su quella persona, per cui devi darmi la possibilità di formarmi una mia opinione'. Oppure: 'No, guarda, su questo tizio ti stai sbagliando del tutto'. In qualche caso risultò che aveva ragione lui, in qualche altro io. Ma non mi sentii mai dire: 'Te l'avevo detto'.»

Poche settimane dopo, Iger andò a Cupertino con il responsabile delle vendite al dettaglio per una giornata di brainstorming con Jobs e il responsabile degli Apple Store, Ron Johnson. «Non ridisegnò i nostri negozi», racconta Bob, «e a quanto ne so non ci aveva nemmeno mai messo piede, ma ci dedicò un'intera giornata del suo tempo. Ci aiutarono a trovare una dichiarazione d'intenti per la nostra catena di punti vendita: 'Questi saranno i venti o trenta minuti migliori della giornata del vostro bambino'.»

Negli ultimi due anni, per Steve diventò difficile viaggiare, così dovette rinunciare ad alcune riunioni del CDA. Ma quando ce la faceva, lui e Iger cercavano di passare un po' di tempo insieme. Bob ricorda una cena nel 2010 a casa sua, con sua moglie, Steve e Laurene, come la sera in cui si rese veramente conto che Jobs stava per morire. «Tutti in qualche modo sapevamo che la sua morte era inevitabile. Non che qualcuno di noi fosse in alcun modo disposto ad accettarla, o a formulare quel pensiero a parole. Ma era piuttosto evidente. Quella sera Steve fece un brindisi. Disse: 'Noi due abbiamo fatto qualcosa di incredibile, non è vero? Abbiamo salvato la Disney e abbiamo salvato la Pixar'. Pensava che diventare parte della Disney avesse infuso nuova vita alla Pixar. E, chiaramente, nemmeno la Disney era più stata la stessa da allora. Gli vennero le lacrime agli occhi. Anche per le nostre mogli fu difficile non commuoversi. Era uno di quei momenti emozionanti in cui dici: 'Accidenti, guarda cosa siamo riusciti a fare! Non è stato strepitoso? Non è stato veramente speciale?'»

Alla Apple, Jobs continuò a fare tutto il possibile perché non lo trattassero come un malato. «Lavorò sodo fino alla fine, nonostante il dolore», racconta Eddy Cue. «Lo si poteva notare alle riunioni: prendeva la morfina e si vedeva che soffriva, ma rimaneva interessato.»

In ogni caso, al suo ritorno operò qualche cambiamento, perlopiù in continuità con le nuove priorità che aveva stabilito dopo il primo congedo. Si concentrò sulle attività dell'azienda che più gli stavano a cuore – il marketing, il design e i lanci di prodotto – e cominciò a prendere iniziative concrete per assicurarsi di lasciare la Apple in ottima forma dopo la sua morte. Era un processo in effetti avviato da tempo (secondo Tim Cook, Jobs aveva iniziato già nel 2004 a pensare alla sua successione), ma in quel momento subì una decisa accelerazione.

Steve lavorò con Joel Podolny, un professore che aveva strappato alla Yale School of Management, per ideare il curriculum di un corso di studi di formazione manageriale che intendeva fondare e avrebbe chiamato Apple University. Diversamente dalla Pixar University, dove tutti i dipendenti potevano scegliere fra un'ampia gamma di corsi che li istruissero sulle tecniche impiegate dai loro colleghi, quello sarebbe stato un luogo in cui i futuri leader dell'azienda potessero analizzare nei dettagli le decisioni più importanti prese nel corso della storia della Apple. Un tentativo di ricostruire all'inverso e mettere sotto vetro le azioni di Jobs, oltre che di trasmettere il suo senso estetico e le sue strategie di marketing alla nuova generazione di dirigenti. «Steve dava grande importanza alle ragioni che stavano dietro una scelta», dice Cook. «Quando eravamo più giovani, lo vedevo semplicemente *fare* qualcosa. Ma, con gli anni, passava sempre più tempo con me e con altri a spiegare *perché* pensasse o facesse le cose, o perché le guardasse in un certo modo. Fu per questo che ebbe l'idea della Apple University, per preparare i futuri manager illustrando loro tutto ciò per cui eravamo passati, in che modo avevamo preso sia le decisioni terribili sia quelle davvero buone.»

Jobs si concentrò anche sulla nuova sede centrale della Apple, in costruzione sui terreni del vecchio campus della Hewlett-Packard in un altro quartiere di Cupertino. Lavorò attivamente al design con lo studio di architettura di Norman Foster. L'edificio rispecchia molti dei concetti alla base della sede della Pixar, declinati però in uno stile più adatto alla Apple. È un'unica, enorme struttura circolare su quattro piani, in grado di ospitare tredicimila dipendenti e pensata per promuovere l'interazione e gli incontri fra loro. Alcuni la paragonano a una stazione spaziale. Un corridoio comune si estende lungo l'intera circonferenza di ciascun piano. C'è una sola caffetteria, con tremila posti a sedere. Circa l'80% del terreno circostante è ricoperto di alberi, arbusti e siepi, inclusa un'immensa area verde nel mezzo della struttura circolare. E la meraviglia tecnologica dell'edificio è l'edificio stesso: le pareti sono costituite da enormi pannelli di vetro perfettamente curvato. La caffetteria ha porte scorrevoli di vetro ricurvo alte quattro piani, da aprirsi con il bel tempo. Come Steve disse al consiglio comunale di Cupertino: «Credo che abbiamo la possibilità di costruire il miglior fabbricato per uffici al mondo».

Il suo approccio alla progettazione fu guidato dagli stessi principi di sempre. Che genere di design avrebbe fatto del nuovo quartier generale l'espressione ideale di quei concetti? Più ci si fosse avvicinati a quell'ideale, meglio sarebbe stato per la Apple. Jobs voleva fare tutto il possibile per assicurare che la sua azienda continuasse a essere ciò che lui credeva fosse diventata: l'organizzazione industriale più importante, più vitale e più creativa del pianeta. «Steve voleva che le persone amassero la Apple», racconta Cook. «Non soltanto che lavorassero per la Apple, ma proprio che la amassero e ne comprendessero profondamente il senso e i valori. Non li scriveva più sui muri, non appendeva più poster, ma voleva che tutti li capissero. Voleva che lavorassero per una causa più grande.»

A essere convinto che la Apple fosse un posto speciale, forse addirittura magica quanto l'iPad, non era soltanto Jobs ma anche Cook, e questa fu certamente una delle ragioni per cui Steve fece pressioni sul consiglio di amministrazione perché ne approvasse la nomina a suo successore. «Questo era un importante tratto in comune fra noi», conferma Cook. «Io amo davvero la Apple e penso sul serio che esista per una ragione superiore. Ormai ci sono ben poche aziende come questa sulla faccia della terra.»

Il dolore causato dal cancro era incessante e Steve trascorreva sempre più tempo a casa. Lee Clow andava a trovarlo per lavorare alla campagna pubblicitaria per l'iPad 2, che sarebbe stato lanciato nella primavera 2011. «Quando stava male dovevamo andare da lui, perché non veniva in ufficio», ricorda. «Ma aveva sempre la stessa capacità di concentrarsi completamente su un argomento, come un laser. Voleva parlare della pubblicità, o del prodotto, o di qualunque altra cosa stessimo facendo.» Con Clow, Jobs non dedicava molto tempo a pensare al passato o a scrutare gli angoli bui del futuro. «Fino alla fine, era fermamente convinto che [la sua morte] non stesse per accadere, che sarebbe in qualche modo riuscito ad andare avanti. Non era un pensiero su cui volesse soffermarsi.»

Lavorarono intensamente allo spot dell'iPad 2. Lo stile altisonante e il linguaggio poetico dovevano rievocare la campagna *Think Different*, che aveva segnato l'inizio della miracolosa svolta della Apple dopo il ritorno di Steve a Cupertino. Ecco il testo che concordarono: «Questo è ciò in cui crediamo: da sola, la tecnologia non basta. Più veloce, più sottile, più leggero, sono tutte grandi cose. Ma è quando la tecnologia si fa da parte che tutto diventa meraviglioso, quasi magico. È lì che possiamo fare un salto avanti e avere qualcosa come questo». Le parole accompagnavano un video in cui si vedeva un dito che scorreva con assoluta disinvoltura tra le app di un iPad. «Fu l'ultima cosa cui diede la sua approvazione per quel particolare prodotto», ricorda Clow, «e prendeva chiaramente le mosse dalla sua visione. Era la sintesi di quello che aveva sognato fin dal primo giorno: che la tecnologia potesse in qualche modo cambiare e migliorare la vita delle persone, di tutte le persone.»

C'erano molti dubbi che potesse farcela a presentare lui stesso il dispositivo, ma quando riuscì a salire sul palco per lanciare l'iPad 2, il 2 marzo 2011, le sue parole riecheggiarono quelle dello spot. «È nel DNA della Apple pensare che la tecnologia, da sola, non basti», disse al pubblico. «Noi crediamo che sia l'unione di tecnologia e arti liberali a darci quei risultati che ci esaltano.» Rispetto alla versione precedente, l'iPad 2 rappresentava un miglioramento significativo. Era più leggero e aveva due telecamere, una sul lato del display per facilitare le teleconferenze e gli autoscatti e un'altra sul retro, ad alta risoluzione e fornita di flash, grazie a un'idea della squadra di ingegneri video che era stata arruolata dopo il primo iPhone.

Eppure, l'evidente evoluzione del prodotto passò in secondo piano, almeno quel giorno, rispetto alla più importante notizia che Steve Jobs, com'era ormai chiaro, stava morendo. Il suo aspetto era tale che il titolo in Borsa precipitò non appena lui salì a passi rigidi sul palco. Questa volta, per completare la presentazione e illustrare le caratteristiche principali del dispositivo, dovette affidarsi come non mai agli altri dirigenti della Apple.

Aveva convissuto con la malattia così a lungo – con i momenti peggiori che giungevano a ondate imprevedibili –, che né lui né i suoi colleghi né i suoi medici avevano la minima idea di quando sarebbe sopraggiunta la fine. Il 7 giugno, Steve presentò al consiglio comunale di Cupertino il suo progetto per il nuovo, ambizioso campus Apple; era visibilmente sofferente e aveva la voce fioca. Sembrava consapevole che quello sarebbe stato il suo ultimo grande contributo all'azienda e a quella comunità che aveva sempre chiamato casa. Così, dedicò quindici minuti a illustrare i piani per l'edificio ai membri del consiglio e altri cinque a rispondere alle domande. Quando una consigliera, a mo' di battuta, disse che forse, in cambio dell'approvazione del progetto, la città avrebbe potuto ottenere il Wi-Fi gratuito, lui rispose: «Beh, sa, io sono un po' all'antica. Credo che, siccome paghiamo le tasse, sia la città a dover offrire i servizi a noi».

Nel corso degli ultimi mesi, un flusso costante di visitatori si presentò alla casa di Palo Alto. Andò a trovarlo Bill Clinton, così come il presidente Obama, per una cena con un gruppo selezionato di imprenditori della Silicon Valley. John Markoff, del *New York Times*, e Steven Levy, che aveva scritto diversi libri sulla Valley, tra cui alcuni sullo sviluppo del Macintosh e dell'iPod, passarono insieme a porgere i propri rispetti. Bill Gates trascorse quattro ore con Jobs, a ripercorrere le rispettive carriere. «Steve e io avremo sempre un credito maggiore di quello che meritiamo, perché altrimenti la storia sarebbe troppo complicata», sostiene Gates. «Voglio dire, certo, il lavoro di Steve è stato splendido, e se si dovesse fare – me escluso – il nome della persona più influente nel settore dei personal computer, specie se la si osserva dal nostro punto di vista, chiunque direbbe Steve Jobs. Giusto. Ma la differenza tra lui e i mille che gli stanno dietro non è, per così dire, che Dio l'ha chiamato sulla montagna e poi lui è venuto giù con il tablet.» Tra i due, malgrado le divergenze d'opinione, erano maturati un'amicizia e un rispetto reciproci. «Quel pomeriggio non c'era alcun bisogno di sminuire il ruolo dell'altro», ricorda Gates. «Ci limitammo a parlare delle cose che avevamo fatto e della direzione che pensavamo avrebbero preso.» Bill gli scrisse poi un'ultima lettera, poche settimane prima della sua morte.

I membri del team dirigenziale della Apple andavano a trovarlo con regolarità. Il peggioramento delle sue condizioni unì ancor più strettamente quel gruppo già così coeso. Gli parlavano di lavoro e qualche volta si fermavano a cena, o a guardare un film. Capitava anche che facessero le ore piccole. Il loro impegno su quello che Cook considera il motore della costante innovazione della Apple si era andato intensificando a mano a mano che l'azienda acquisiva forza e slancio. «Steve era stato amico del primo gruppo di dirigenti», dice Laurene, riferendosi alla squadra con Anderson, Tevanian e Rubinstein che con Jobs aveva salvato la Apple, «ma amava l'ultimo team. Penso che fosse per via del lavoro eccezionale, davvero eccezionale, che facevano insieme.»

L'11 agosto, una domenica, Steve chiamò Tim Cook. «Mi disse: 'Vorrei parlarti'», racconta Cook. «Ormai stava sempre a casa. Gli chiesi quando, e lui rispose: 'Adesso'. Così andai subito da lui. Mi annunciò che aveva deciso che io sarei dovuto diventare amministratore delegato. Sul momento credetti che pensasse di continuare a vivere ancora a lungo, perché ci addentrammo in una conversazione su che cosa avrebbe significato per me essere CEO con lui come presidente. Gli chiesi: 'Fra le cose che stai facendo adesso, quali sono quelle che non vuoi più fare?'

«Fu una conversazione interessante», prosegue con una risata velata di nostalgia. «Mi rispose: 'Tu prenderai tutte le decisioni'. E io: 'Un attimo. Permettimi una domanda'. Cercavo un argomento che potesse spronarlo, perciò dissi: 'Intendi che se io prendo in esame una pubblicità e mi piace, la pubblicità può andare senza il tuo okay?' Lui si mise a ridere: 'Beh, spero che almeno chiederai il mio parere!' Gli ripetei due o tre volte: 'Sei sicuro di volerlo fare?' perché in quel periodo mi sembrava stesse migliorando. Andavo spesso da lui durante la settimana, e qualche volta nei weekend, e mi pareva che stesse un po' meglio. Anche lui si sentiva così. Sfortunatamente, la situazione prese un altro corso.»

Da anni Cook era il candidato naturale alla successione. Aveva già guidato l'azienda durante i due congedi che Jobs aveva preso. «Se credi che sia importante capire nel profondo la cultura della Apple, non puoi che scegliere un candidato interno», spiega lui stesso. «Se io dovessi andarmene oggi, raccomanderei un candidato interno, perché non credo che qualcuno proveniente da fuori possa arrivare e capire la complessità di quello che facciamo e *anche* coglierne la filosofia altrettanto a fondo. E poi, Steve sapeva quanto fosse importante che quel qualcuno credesse nel concetto dei Beatles. Non sarebbe stato utile per la Apple avere un amministratore delegato che ritenesse di dover essere sostituito precisamente da un altro come lui. Non credo che una persona del genere esista, ma si può provare a trovarla passando in rassegna dei candidati. Lui era certo che io non sarei mai stato tanto stupido da fare in questo modo e che mai avrei neppure pensato di doverlo fare.»

Steve aveva discusso l'argomento con Tim per anni, perciò le sue parole non furono una sorpresa. E spesso avevano parlato del destino della Apple dopo la sua morte. Nelle parole di Cook, «non voleva che ci domandassimo: 'E adesso che cosa farebbe Steve?' Detestava il modo in cui la cultura della Disney era ristagnata dopo la morte di Walt Disney, ed era deciso a fare in modo che non accadesse lo stesso alla Apple».

Due mesi dopo che Jobs aveva comunicato a Cook che l'avrebbe nominato CEO, la situazione volse improvvisamente al peggio. «Guardai un film con lui il venerdì prima che morisse», ricorda. «Era *Il sapore della vittoria - Uniti si vince* [una storia sentimentale su una squadra di football che parte sfavorita ma infine riesce a vincere]. Rimasi molto sorpreso che volesse vedere quel film e gli chiesi se fosse sicuro: a Steve lo sport non interessava per nulla. Lo guardammo e poi parlammo un po'. Me ne andai pensando che fosse piuttosto su di morale. Poi, improvvisamente, in quel fine settimana le cose precipitarono.»

John Lasseter ricevette una telefonata da Laurene, che gli chiese di passare in fretta per un'ultima visita. «Trascorremmo insieme un po' di tempo nello studio che avevano adattato per lui a camera da letto, discutendo delle faccende della Pixar e della Disney. A un certo punto mi disse: 'Scusa, ora devo fare un pisolino'. Mi alzai e mi avviai alla porta, ma poi tornai indietro e lo guardai. Lo abbracciai forte, gli diedi un bacio e gli dissi: 'Grazie. Grazie per tutto quello che hai fatto per me'.

«Lui è speciale», continua Lasseter passando al tempo presente. «C'è una specie di piccolo club che è rimasto vicinissimo a Steve proprio fino alla fine. E lui ci manca tantissimo. Per la festa del cinquantesimo compleanno di Laurene [nel novembre 2013], sono arrivato un po' in anticipo; poi è arrivato Tim, è venuto da me, ci siamo messi a parlare, e io ho detto: 'Ti manca Steve? A me manca tanto'. E gli ho fatto vedere questo», dice, mostrandomi l'elenco dei contatti preferiti sul suo iPhone. «Ho ancora il numero di Steve con la sua foto… Ho detto: 'Non riesco a cancellarlo'. Allora Tim mi ha mostrato il suo iPhone. E anche lui aveva ancora il numero di Steve.»

* * *

«La vita dovrebbe essere una questione di rinnovamento e di crescita», sostiene Jim Collins. «Nella maggior parte dei casi, grandi leader non si nasce ma si diventa. Ed è così che ha fatto Steve. Mi sarebbe piaciuto vedere la versione 3.0 di Steve Jobs. Sarebbe stato affascinante osservarlo dai cinquantacinque ai settantacinque anni. Se si è ancora in buona salute, la versione 3.0 dovrebbe essere la migliore. Ma purtroppo non vedremo la sua.

«Sono tre gli elementi fondamentali perché un'azienda sia considerata veramente grande», continua Collins, passando a parlare della Apple. «Primo, si devono avere i risultati economici migliori. Secondo, bisogna rendersi indispensabili, al punto che se non ci fossimo non sarebbe facile sostituirci. Terzo, l'azienda deve durare nel tempo, al di là delle generazioni tecnologiche, dei mercati, dei cicli, e deve poterlo fare a prescindere dal suo leader. La Apple possiede già i primi due requisiti. Steve stava accelerando i tempi [per aiutarla ad avere anche il terzo]. Sulla capacità della Apple di durare nel tempo siamo al collaudo finale e non avremo una risposta certa ancora per un po'. Ma lì lavora un sacco di gente in gamba, e magari ce la faranno.»

Al momento della morte di Jobs, la sua azienda aveva raggiunto livelli straordinari sotto tutti gli aspetti che gli stavano a cuore. Nel 2011, si poteva dire senza tema di smentita che nessun'altra corporation americana vantasse primati simili in termini sia di innovazione sia di successo. Il suo obiettivo interno – sviluppare incessantemente prodotti eccezionali con un'efficienza e una flessibilità fondate sulla produttività e sulla collaborazione di team ristretti – era stato conseguito, anche se quando scomparve Steve l'azienda aveva sessantamila dipendenti. Dal 1997, anno del ritorno di Jobs, il suo flusso di introiti era diventato straordinariamente più redditizio e diversificato; la sua dirigenza era stata affidata a un gruppo di veterani che negli anni aveva mantenuto una notevole stabilità (per quanto le partenze di Tevanian, Rubinstein, Anderson e Fadell fossero state perdite di rilievo, gli altri membri avevano non solo un'ottima memoria istituzionale ma anche considerevoli qualità). Ciò che più contava, tuttavia, era che l'organizzazione avesse dimostrato una stupefacente capacità di concepire, sviluppare, produrre e immettere sul mercato dispositivi che davvero potevano essere definiti follemente eccezionali. La Apple faceva tutto quello che Steve aveva sperato che la sua azienda potesse fare.

Jobs morì martedì 5 ottobre 2011. Ci furono tre cerimonie. Fu sepolto l'8 ottobre, alla presenza di una quarantina di persone, fra cui quattro dipendenti della Apple – Tim Cook, Katie Cotton, Eddy Cue e Jony Ive –, insieme con i consiglieri Bill Campbell, Al Gore, Bob Iger, John Doerr, Ed Catmull, Mike Slade e Lee Clow, i tre figli di Steve, la moglie Laurene con alcuni membri della sua famiglia allargata e le sorelle Patty e Mona. Si riunirono all'Alta Mesa Memorial Park di Palo Alto e camminarono su materassine tatami fino alla bara. Molti dei partecipanti presero la parola, alcuni lessero delle poesie. Dopo le esequie, alcuni si ritrovarono a casa di John Doerr per parlare dei loro ricordi di Steve.

Il 17 ottobre, centinaia di persone assistettero a una funzione presso la Memorial Church del campus della Stanford University. L'iPhone 4s era stato presentato solo da due giorni, nel primo evento pubblico organizzato dall'azienda dopo la morte di Jobs, e le prevendite avevano superato quelle di ogni modello precedente. La cerimonia era su invito e fra i presenti, oltre ai famigliari e agli amici più stretti, c'erano i coniugi Clinton, Bono, Rahm Emanuel, Larry Page, Rupert Murdoch e John Warnock, cofondatore di Adobe. Bono e The Edge degli U2 eseguirono la canzone di Bob Dylan più amata da Steve, *Every Grain of Sand*; Joan Baez cantò *Swing Low, Sweet Chariot*; Mona Simpson lesse un commovente aneddoto su Steve sul suo letto di morte.

Anche Larry Ellison e Jony Ive pronunciarono qualche parola. Quanto ai figli di Steve, Erin accese le candele all'inizio della celebrazione, Reed lesse i propri pensieri, Lisa una poesia e Eve il testo di *Think Different*. Malgrado il gran numero di presenti, fu un evento intimo ed emozionante, che si aprì con il preludio della *Suite per violoncello n. 1* di Bach eseguito da Yo-Yo Ma. Le parole che Laurene dedicò al marito furono particolarmente toccanti:

Steve e io ci siamo conosciuti qui, a Stanford, la seconda settimana dopo che io mi ero trasferita in California. Era venuto qui per tenere una conferenza, poi ci siamo incontrati nel parcheggio. Abbiamo parlato fino alle quattro del mattino. Mi ha chiesto di sposarlo in un Capodanno piovoso, offrendomi un mazzolino di fiori di campo appena colti. Ho risposto di sì, naturalmente. Abbiamo costruito insieme le nostre vite.

È stato lui a plasmare la mia visione del mondo. Avevamo entrambi un carattere molto forte, ma lui, a differenza di me, era dotato di un senso estetico pienamente formato. Già è difficile vedere quel che esiste, rimuovere i tanti ostacoli che ci impediscono di distinguere con chiarezza la realtà, ma il dono di Steve era ancor più grande: lui sapeva vedere chiaramente quello che ancora non esisteva, quello che sarebbe potuto esistere, quello che doveva esistere. La sua mente non si è mai fatta ingabbiare dalla realtà. Tutto il contrario: immaginava quello che mancava alla realtà e si impegnava per rimediare a quella carenza. Le sue idee non erano fatte di ragionamenti, ma di intuizioni, nate da un'autentica libertà interiore. Per questo motivo possedeva un senso della possibilità immenso, un senso della possibilità epico.

L'amore di Steve per il bello – e la sua intolleranza per il brutto – ha pervaso la nostra vita. Nei primi tempi del nostro matrimonio facevamo lunghe cene con Mona e Richie. Ricordo una discussione che toccò diversi temi e durò fino a notte fonda. Mentre tornavamo a casa, Steve si lanciò in una critica severissima dei candelieri a muro del ristorante. Mona assentiva, mentre Richie e io ci guardammo sussurrando: «Ma davvero c'erano dei candelieri a muro al ristorante?»

Non c'era oggetto abbastanza piccolo o insignificante da essere esentato dal minuzioso esame del suo senso e della sua qualità da parte di Steve. Guardava le cose – e le creava – avendo come modello la perfezione. E questo può essere un modello spietato. Ma con il tempo sono arrivata a capire le sue ragioni, a comprendere l'incredibile rigore di Steve, che imponeva innanzitutto e soprattutto a se stesso.

Era profondamente convinto che la California fosse l'unico posto in cui sarebbe potuto vivere. Forse per via della luce obliqua che la sera si proietta sulle colline, forse per la gamma dei suoi colori, o per la sua fondamentale bellezza. Steve era californiano fino al midollo. Aveva bisogno della libertà, della pagina bianca che la California concede. Lavorava sotto l'influsso e l'ispirazione della sublimità di questa terra. Si rinvigoriva ai ritmi primordiali del mondo naturale: le colline, le querce, i frutteti. L'apertura alle novità tipica della California dava energia e vitalità allo spirito che lo animava. Le dimensioni della California sono contagiose: una natura tanto maestosa è lo scenario perfetto per pensare in grande. E lui pensava veramente in grande. Era il pensatore più libero che io abbia mai conosciuto. Pensare al suo fianco era un piacere profondo, e un grande divertimento.

Come i miei figli, anch'io ho perso mio padre quando ero piccola. Non era quello che avrei voluto per me; non è quello che io avrei voluto per loro. Ma il sole continuerà a tramontare e a sorgere, e domani splenderà su di noi, sul nostro dolore e sulla nostra gratitudine, e noi continueremo a vivere, con determinazione, memoria, passione e amore.

Io andai via poco dopo la fine della cerimonia. Ero sopraffatto dall'emozione e dal rammarico che mi suscitava il pensiero della mia ultima conversazione con Steve, avvenuta durante l'estate Mi aveva telefonato per chiedermi se avessi voglia di andare a fare una passeggiata con lui. Ora so che era probabilmente un invito per una delle chiacchierate d'addio che quell'estate fece con diverse persone. Ma, per tutta una serie di ragioni, in quel momento ero di umore tetro e non mi resi conto che la sua malattia era ormai gravissima. Così, invece di accettare, lo aggredii, sbattendogli in faccia tutto quello che non mi andava del nostro rapporto, e in particolare la rabbia per il fatto che dopo la mia battaglia contro la meningite avesse rifiutato di collaborare con me ad articoli per *Fortune*. Quando ebbi detto tutto quello che avevo da dire, ci fu un momento di silenzio. Lui sembrava sbalordito, e alla fine mi assicurò che era veramente dispiaciuto.

Insistette che gli avrebbe fatto piacere se fossi andato a trovarlo. Feci poi un mezzo tentativo con la sua assistente di inserire una mia visita nella sua agenda, ma quando sorse una minima complicazione colsi subito l'occasione per lasciar perdere.

Se dopo la cerimonia di commemorazione fossi andato al ricevimento che si tenne nel Rodin Sculpture Garden del Cantor Arts Center, a pochi passi dalla cappella di Stanford, avrei ricevuto una copia dell'*Autobiografia di uno yogi* di Paramahansa Yogananda, che fu consegnata a ogni ospite avvolta in carta marrone. Avrei anche incontrato quasi tutto il gotha della Silicon Valley, il consesso degli uomini – e un piccolo numero di donne – che avevano dato inizio alle rivoluzioni del PC e di Internet. C'erano John Doerr, Eric Schmidt e Michael Dell, mentre la generazione più giovane era rappresentata da Sergey Brin, Jerry Yang e Marc Andreessen. Era presente anche il nucleo dei primi tempi della Apple: Steve Wozniak, Regis McKenna, Bud Tribble, Andy Hertzfeld, Bill Atkinson e altri ancora. C'erano poi Lee Clow e James Vincent, oltre a veterani della NeXT quali Susan Barnes e Mike Slade. Quest'ultimo aveva portato con sé Gates.

«Quando era andato a trovare Steve a casa sua, a maggio», racconta Slade, «Gates aveva conosciuto Eva, la figlia minore di Jobs, che faceva equitazione come sua figlia Jennifer. Quando arrivammo al ricevimento al Rodin Sculpture Garden, a un certo punto mi separai da Bill perché conoscevo più persone di lui. Mi sentii un po' in colpa a lasciarlo solo, ma mi dissi: Che caspita, mica è un bambino! Lo persi di vista per mezz'ora, poi andai a cercarlo. Nel giardino avevano sistemato lunghissimi divani disposti a rettangolo. La famiglia di Steve era lì. C'era Laurene, c'erano i bambini. Ed ecco lì Bill, seduto accanto a Eva, la più piccola, a parlare di cavalli. Stette tutto il tempo con lei, non parlò con nessun altro.»

La terza e ultima cerimonia commemorativa si tenne al campus Apple di Cupertino il 20 ottobre. Circa diecimila persone si riunirono sul prato all'interno dell'ellisse formata dai principali edifici del campus. Per l'occasione, tutti gli Apple Store del mondo furono chiusi, con i dipendenti riuniti a guardare il video dell'evento trasmesso in diretta streaming sul canale virtuale della Apple. Per primo prese la parola Tim Cook. Poi i Coldplay e Norah Jones, che avevano lavorato a campagne pubblicitarie per l'azienda, eseguirono alcuni pezzi per il pubblico. Ma i momenti più toccanti furono i discorsi di Jony Ive e di Bill Campbell, che per tantissimi anni era stato uno dei più stretti consulenti di Jobs.

«Steve era cambiato», disse. «Certo, era sempre stato carismatico, appassionato, brillante. Ma l'ho osservato diventare un grande manager. Vedeva ciò che gli altri non riuscivano a vedere. Considerava arroganti i leader del settore tecnologico, che ritenevano tutti stupidi perché non sapevano usare certi dispositivi, e diceva: 'Se le persone non li sanno usare, gli stupidi siamo noi'.» Poi Campbell ricordò lo Steve che aveva conosciuto in privato: «Negli ultimi sette anni e mezzo, a mano a mano che diventava più vulnerabile, volle che quelli che amava e che più gli erano vicini sapessero cosa provava per loro. Non era mai avaro del suo formidabile calore e del suo caratteristico senso dell'umorismo. Era un vero amico.»

Poi toccò a Ive, che pure parlò di amicizia: «Era il mio più leale e migliore amico. Abbiamo lavorato insieme per quasi quindici anni e lui mi prendeva ancora in giro per come pronunciavo la parola 'alluminio'». Ma parlò soprattutto di lavoro, del piacere del lavoro e del particolare piacere di lavorare con Jobs. «Steve amava le idee, amava fare le cose e trattava il processo creativo con un rispetto non comune, meraviglioso. Nessuno meglio di lui ha capito che le idee, che possono diventare molto potenti, quando nascono sono fragili: pensieri ancora informi, così facili a perdersi, così facili a compromettersi, così facili a finire schiacciati. La sua è stata una vittoria per la bellezza, per la purezza e, come avrebbe detto lui, per il fatto che 'ci importa davvero di qualcosa'.»

La cerimonia, che oggi chiunque può vedere sul proprio iPhone o iPad, come pure sul proprio Samsung Galaxy o Microsoft Surface, se preferisce, fu sobria e coinvolgente allo stesso tempo. «Guardatevi a destra, guardatevi a sinistra, guardate davanti e dietro di voi», concluse Campbell. «Questo siete voi. I risultati sono importanti. Siete voi le persone che l'avete reso possibile.» La commemorazione, pur celebrando il passato, mise in chiaro – come avrebbe fatto Steve – che c'era ancora molto da fare. «Non vi tratterremo a lungo», disse Chris Martin, il cantante dei Coldplay, mentre il suo gruppo cominciava a suonare la canzone con cui si sarebbe concluso l'evento. «Sappiamo che Steve vi avrebbe voluti di nuovo al lavoro.»

Note

AVENDO seguito Steve Jobs come giornalisti dal 1986 al 2011, Rick e io abbiamo accumulato migliaia di pagine di appunti e trascrizioni, centinaia di ore di registrazioni, decine di articoli pubblicati e una quantità di altro materiale inedito cui attingere. In un certo senso, sarebbe stato più semplice limitarci a riciclare parte di quanto avevo già scritto in passato, poiché era proprio allora che i miei ricordi e le mie impressioni su di lui erano più vividi e intensi.

Ciononostante, tutte quelle storie erano state scritte con un obiettivo diverso e più contingente di quello che intendevamo raggiungere con questo libro. Volevamo consentire ai lettori di capire il processo di costante evoluzione delle doti imprenditoriali di Steve Jobs, nonché, ovviamente, la sua aspirazione messianica a lasciare un segno nel mondo. Volevamo dimostrare come tutto ciò fosse alimentato non solo dalla sua straordinaria predisposizione a imparare dalle proprie esperienze e dal suo genuino entusiasmo, ma anche dalle sue talvolta inquietanti ossessioni, dai suoi principi estetici rigorosi, intransigenti e straordinariamente coerenti, da una consapevolezza dell'importanza della propria missione spesso ipertrofica e da una costante e profonda capacità di comprendere le ansie e i bisogni dell'uomo comune, che cerca nuovi strumenti per acquistare maggiore autonomia e vivere meglio in un mondo sempre più frenetico e caotico.

Di conseguenza, questa per noi è una storia completamente nuova. Pur essendo fondata sul materiale già esistente, è infatti stata integrata con le riflessioni e le osservazioni delle persone che più sono state vicine all'oggetto delle nostre ricerche, i cui ricordi contribuiscono a comporre un'immagine inedita, e più prossima alla realtà, di Steve Jobs. Queste note testimoniano il vasto lavoro di ricerca e di analisi delle fonti compiuto per le diverse sezioni del libro.

Prologo

Il contenuto del Prologo è basato in gran parte su appunti e ricordi della mia prima intervista a Steve Jobs, il 17 aprile 1986 a Palo Alto. Altre osservazioni sono tratte dagli oltre centocinquanta incontri, fra interviste e chiacchierate informali, che ho avuto con lui a partire da quella data fino al giorno della sua morte, il 5 ottobre 2011. Qualora non diversamente indicato, tutte le citazioni presenti in questo volume derivano da miei colloqui, telefonate e scambi di e-mail con Jobs. Alcuni passaggi sono già apparsi in articoli che ho pubblicato su *Fortune* e sul *Wall Street Journal*. Il contenuto degli articoli, invece, non è in alcun modo riprodotto o citato.

Steve Jobs nacque il 24 febbraio 1955, io sono nato il 9 aprile 1954; entrambi ci diplomammo nella primavera 1972. Oltre ai ricordi delle mie conversazioni con lui, questo capitolo si basa su un'intervista a Regis McKenna, il 31 luglio 2012, e una a Ed Catmull, il 16 gennaio 2014.

Capitolo 1. Steve Jobs nel Giardino di Allah

L'aneddoto intorno al quale si sviluppa questo capitolo – che ci offre un punto di riferimento per capire come Jobs sarebbe cambiato in meglio nel corso della sua vita – è stato raccontato da Larry Brilliant, allora amministratore delegato di Skoll Global Threats Fund e caro amico di Steve fin dalla metà degli anni Settanta. L'abbiamo intervistato in due differenti occasioni, il 23 agosto 2013 e il 17 gennaio 2014. Abbiamo inoltre fatto visita al Giardino di Allah, a Mill Valley, con lui e sua moglie Girija, cofondatrice della Seva Foundation. Altre interviste fondamentali sono state quelle a Laurene Powell Jobs e a Lee Clow del 14 ottobre 2013 e a Regis McKenna del 31 luglio 2012.

Date e note biografiche sono state raccolte da diverse fonti, tra cui la biografia autorizzata di Walter Isaacson, *Steve Jobs* e il volume di Michael Moritz, *Ritorno al piccolo regno*, dedicato ai primi anni della Apple. I particolari relativi alla vita di Stephen Wozniak e al suo contributo alla Apple sono tratti dalla sua autobiografia, scritta in collaborazione con Gina Smith, *iWoz: Computer Geek to Cult Icon*. A questo volume si devono anche molte informazioni relative alla collaborazione tra Wozniak e Jobs per le blue box.

Per la storia dell'Homebrew Computer Club, oltre al libro appena citato, abbiamo consultato anche *Ritorno al piccolo regno* di Michael Moritz e altre fonti. Ho inoltre parlato di questo argomento in varie occasioni negli ultimi vent'anni sia con Bill Gates sia con Steve Jobs.

Il prospetto della SEC per l'offerta pubblica iniziale della Apple, il 12 dicembre 1980, ci ha fornito i dati in merito alla crescita dell'azienda nei suoi primi anni: «La Apple ha venduto circa 570, 7.600, 35.100 e 78.100 sistemi

Apple II negli anni fiscali conclusisi rispettivamente il 30 settembre 1977, il 30 settembre 1978, il 30 settembre 1979 e il 26 settembre 1980».

Abbiamo inoltre consultato le seguenti fonti online: il sito Internet della Seva Foundation (www.seva.org) e del Ralston White Retreat, come oggi si chiama il Giardino di Allah (www.ralstonwhiteretreat.org/history.asp); il rapporto di *Fortune* «Most Admired Company in the World» per gli anni 2008-2014, pubblicato online su www/time.com/10351/fortune-worlds-most-admired-company2014; l'intervista a Steve Jobs del 20 aprile 1995 per la collezione delle Oral and Video Histories della Smithsonian Institution (http://americanhistory.si.edu/comphist/sj1.html); il sito foundersatwork.com, alla pagina www.foundersatwork.com/steve-wozniak.html, una sorta di appendice online al libro di Jessica Livingston *Founders at Work: Stories of Startups' Early Days*.

Capitolo 2. «Non volevo essere un uomo d'affari»

Questo capitolo testimonia l'insofferenza con cui inizialmente Jobs viveva il ruolo di dirigente d'azienda. Le informazioni necessarie alla sua stesura sono state tratte perlopiù da libri e articoli dedicati agli esordi della Apple, da ricordi personali che Steve mi ha confidato nel corso dei nostri incontri e da osservazioni di altre persone che lavoravano con lui. Particolarmente utile è risultato l'archivio personale di Regis McKenna, che ha generosamente messo a disposizione appunti e schizzi, materiale pubblicitario, relazioni annuali e lettere risalenti a quel periodo. Ci siamo basati anche su una delle nostre interviste a McKenna risalente all'estate 2012 (in tutto lo abbiamo intervistato tre volte tra il 2012 e il 2013) e sul suo libro *Real time. Prepararsi all'era del consumatore mai soddisfatto*.

Altri testi che abbiamo consultato sono Steve Wozniak e Gina Smith, *iWoz: Computer Geek to Cult Icon*; Michael Moritz, *Ritorno al piccolo regno*; Andrew S. Grove, *Swimming Across: A Memoir*; Richard S. Tedlow, *Andy Grove: The Life and Times of an American*; T.R. Reid, *The Chip: How Two Americans Invented the Microchip and Launched a Revolution*; Leslie Berlin, *The Man Behind the Microchip: Robert Noyce and the Invention of Silicon Valley*. Abbiamo anche citato ampiamente «Digitization», un articolo comparso nella rubrica «Talk of the Town» del *New Yorker* il 14 novembre 1977. Inoltre, abbiamo tratto informazioni dal prospetto della SEC per l'offerta pubblica iniziale della Apple del 1980.

Capitolo 3. Ascesa e caduta

Raccontiamo qui come il consiglio di amministrazione della Apple privò Jobs di ogni potere decisionale e in seguito lo costrinse a lasciare l'azienda. Di nuovo, ci siamo affidati a una sintesi di informazioni raccolte da varie fonti: libri, nostre interviste, documenti ufficiali (resoconti annuali e simili), nonché alcune sporadiche osservazioni di Steve durante i nostri incontri. La ricostruzione della sequenza di eventi che condusse alla sua esautorazione nell'aprile 1985 e allo scontro finale con il CDA si basa anche su interviste recenti a persone che allora lavoravano alla Apple e su resoconti pubblicati all'epoca dei fatti.

La maggior parte delle citazioni dirette presenti in questo capitolo è tratta, oltre che dai ricordi dei miei colloqui con Jobs, da interviste a Susan Barnes, il 24 luglio 2012; Lee Clow, il 14 ottobre 2013; Regis McKenna, il 31 luglio 2012; Bill Gates, il 15 giugno 2012; Mike Slade, il 23 luglio 2012; Jean-Louis Gassée, il 17 ottobre 2012.

Abbiamo inoltre consultato i seguenti libri: Stephen Manes e Paul Andrews, *Gates: How Microsoft's Mogul Reinvented an Industry and Made Himself the Richest Man in America*; John Sculley e John A. Byrne, *Io, la Pepsi e la Apple. La mia sfida per inventare il futuro*; Chrisann Brennan, *The Bite in the Apple: A Memoir of My Life with Steve Jobs*; Owen W. Linzmayer, *Apple Confidential 2.0: The Definitive History of the World's Most Colorful Company*; Michael A. Hiltzik, *Dealers of Lightning: Xerox PARC and the Dawn of the Computer Age*; Steven Levy, *Insanely Great: The Life and Times of Macintosh, the Computer That Changed Everything*; Michael Moritz, *Ritorno al piccolo regno*; Steve Wozniak e Gina Smith, *iWoz: Computer Geek to Cult Icon*.

Altre fonti giornalistiche sono state «The Fall of Steve» di Bro Uttal, pubblicato su *Fortune* il 5 agosto 1985, e il documentario televisivo della PBS *The Entrepreneurs*, trasmesso nel 1986. Il sito Internet Golden Gate Weather ha fornito le informazioni sulle condizioni meteorologiche nel giorno della visita di Jobs al Giardino di Allah (http://ggweather.com/sjc/daily_records.html#September). I dati statistici sulle vendite dei prodotti provengono dai bilanci della Apple dal 1980 al 1984.

Capitolo 4. Che cosa farò adesso?

Quanto narrato in questo capitolo segna l'inizio dei miei tanti incontri con Steve Jobs, prima in qualità di giornalista del *Wall Street Journal* e in seguito come collaboratore della redazione di *Fortune* nella Silicon Valley. Ironicamente, per i primi tre anni non scrissi molto su di lui e sui suoi giocattolini, la NeXT e la Pixar, perché nessuna delle due aziende era quotata in Borsa né era particolarmente importante per il *Wall Street Journal*. Ma quando, nel 1989, passai a *Fortune*, cercai di occuparmi più regolarmente di Jobs e di coltivare quello che stava diventando un rapporto personale con lui. Le informazioni che trovate qui derivano perlopiù dai miei appunti, dalle trascrizioni delle interviste e dalla ricostruzione dei fatti avvenuti. Inoltre, per la descrizione del contesto in cui gli avvenimenti si svolsero, hanno fornito un contributo importante le lunghe interviste da noi condotte di recente con quelli che all'epoca erano colleghi di Jobs.

La maggior parte delle citazioni dirette è tratta, oltre che dai ricordi delle mie conversazioni con Jobs, da interviste a Dan'l Lewin, il 26 luglio 2012; Susan Barnes, il 24 luglio 2012; Avie Tevanian, il 12 novembre 2012; Jon Rubinstein, il 25 luglio 2012. Ci è stata inoltre molto utile la corrispondenza via e-mail avuta con Allison Thomas il 20 gennaio 2014.

Per ulteriori informazioni sulla storia della NeXT abbiamo consultato due libri: Randall Stross, *Steve Jobs and the NeXT Big Thing*; e Owen W. Linzmayer, *Apple Confidential 2.0: The Definitive History of the World's Most Colorful Company*.

La descrizione della rapida crescita della Sun Microsystems e dei suoi concorrenti nel settore delle workstation si basa sugli appunti per i miei articoli dedicati all'argomento, apparsi su *Fortune* dal 1989 al 2004 (*vedi* Bibliografia). I particolari del lancio del NeXTcube derivano principalmente dalla mia esperienza diretta dell'evento, che raccontai nel pezzo di prima pagina del *Wall Street Journal* il 13 ottobre 1988, intitolato «Next Project: Apple Era Behind Him, Steve Jobs Tries Again, Using a New System».

I dati sulle capacità relative degli hard disk e sul numero dei transistor nei semiconduttori sono tratti principalmente da due fonti: per la densità dei semiconduttori Pat Gelsinger, «Moore's Law, The Genius Lives On», newsletter di *Solid State Circuits*, 13 luglio 2007; per la densità degli hard disk Chip Walter, «Kryder's Law», *Scientific American*, 25 luglio 2005.

Altri articoli che ci sono stati utili sono stati quello di John Schwartz pubblicato su *Newsweek* il 24 ottobre 1988, «Steve Jobs Comes Back», e quello di Joe Nocera (da noi ampiamente citato), apparso nel dicembre 1986 su *Esquire* e intitolato «The Second Coming of Steven Jobs». Abbiamo inoltre fatto riferimento al documentario televisivo della PBS *The Entrepreneurs*, trasmesso nel 1986.

Tra le risorse online consultate per la stesura di questo capitolo figurano: l'archivio digitale della National Mining Hall of Fame di Leadville, Colorado (www.mininghalloffame.org/inductee/jackling); Philip Elmer-DeWitt, «Inside Steve's Teardown Mansion», Fortune.com, 27 aprile 2009 (http://fortune.com/2009/04/27/inside-steve-jobs-tear-down-mansion/); informazioni economiche relative alla Sun Microsystems tratte dai resoconti presentati dall'azienda alla SEC (www.sec.gov/cgi-bin/browse-edgar?company=sun+microsystems&owner=exclude&action=getcompany).

Capitolo 5. Una scommessa parallela

Raccontiamo qui come Jobs decise di acquistare l'azienda che sarebbe stata chiamata Pixar, basandoci principalmente sul materiale da me raccolto per gli articoli comparsi su *Fortune* dal 1989 al 2006 (*vedi* Bibliografia). Abbiamo inoltre potuto beneficiare in misura significativa delle nostre recenti ed estese interviste a Ed Catmull, John Lasseter e Bob Iger, nonché del libro di Catmull dedicato alle sue esperienze alla Pixar, *Verso la creatività e oltre*. Alcuni fatti sono stati verificati sul volume di Karen Paik, *To Infinity and Beyond!: The Story of Pixar Animation Studios*.

La maggior parte delle citazioni dirette proviene, oltre che dai ricordi dei miei incontri con Jobs, da interviste a Susan Barnes, il 24 luglio 2012; Ed Catmull, il 16 gennaio 2014; John Lasseter, l'8 maggio 2014; Bob Iger, il 14 maggio 2014; Laurene Powell Jobs, il 25 ottobre 2013.

Capitolo 6. Una visita di Bill Gates

Questo singolare capitolo è basato su un solo, storico incontro, uno degli unici due ufficiali tra Bill Gates e Steve Jobs. Pertanto, non ci sono altre fonti al di là delle trascrizioni dell'intervista e dei miei appunti, oltre a miei ricordi e alle mie considerazioni sul settore in quel periodo.

Dati e informazioni statistiche derivano da George M. Smith, Matthew J. Gruenberg, Tameka R.L. Harris e Erich H. Strassner, «Annual Industry Accounts 1976-2012: Revised Estimates for 2001-2003», US Department of Commerce, Bureau of Economic Affairs (www.bea.gov/scb/pdf/2005/01January/0105_Industry_Acct.pdf).

Per quanto riguarda Gates, abbiamo consultato l'articolo di Bro Uttal pubblicato su *Fortune* il 21 luglio 1986, intitolato «The Deal That Made Bill Gates, Age 30, $350 Million». Abbiamo inoltre fatto riferimento a un'intervista a Mike Slade, il 23 luglio 2012, e a una concessaci in esclusiva dallo stesso Gates, il 15 giugno 2012.

Capitolo 7. Fortuna

Il capitolo spiega come la Pixar sia diventata quella che è oggi e si basa perlopiù sulle nostre recenti interviste ai dirigenti dell'azienda, integrate con i numerosi articoli che ho dedicato nel corso degli anni al suo straordinario percorso nel settore dell'animazione digitale. Ed Catmull e John Lasseter sono stati entrambi molto generosi con il loro tempo, sia quando li ho interpellati per scrivere i loro profili biografici sia durante le nostre ricerche per questo libro. Abbiamo inoltre attinto a precedenti interviste a Jeffrey Katzenberg della DreamWorks e a Michael Eisner della Disney, realizzate alla fine degli anni Novanta. Il volume di Ed Catmull *Verso la creatività e oltre* ci ha fornito molte informazioni utili per ricostruire il contesto.

Abbiamo consultato anche: Karen Paik, *To Infinity and Beyond!: The Story of Pixar Animation Studios* e David A. Price, *The Pixar Touch: The Making of a Company*. Per informazioni sull'investimento che Jobs fece nella Pixar e che l'avrebbe reso miliardiario, abbiamo visitato il sito Internet di *Forbes*, in particolare un articolo interattivo intitolato «Two Decades of Wealth» (www.forbes.com/static_html/rich400/2002/timemapFLA400.html).

Abbiamo inoltre fatto riferimento al sito web della SEC per verificare l'accuratezza delle informazioni sull'offerta pubblica iniziale della Netscape Communications Inc. del 9 agosto 1995: l'azienda emise tre milioni e mezzo di azioni al prezzo unitario di 28 dollari, incassando 98 milioni di dollari.

Più di tutto, però, ci sono state utili le lunghe interviste a Ed Catmull, il 16 gennaio 2014, e a John Lasseter, l'8 maggio 2014, nonché i miei tanti incontri con Jobs.

Capitolo 8. Babbei, bastardi e «beni preziosi»

Qui si racconta uno strano periodo del mio rapporto con Steve, quando lui, all'epoca amministratore delegato sia della NeXT sia della Pixar, mi telefonava all'improvviso per raccontarmi che cosa stesse succedendo alla Apple. In precedenza non avevamo mai parlato molto di quello che era stato il suo primo amore imprenditoriale, soprattutto perché lui non era tipo da soffermarsi sul passato. Tuttavia, sembrava veramente preoccupato da quello che appariva come l'inizio di un crollo verticale per la Apple. Avevo trascorso gran parte dell'anno a preparare un articolo di copertina sulla natura e la gravità dei problemi in cui versava l'azienda, utilizzando non solo le informazioni rivelatemi da Steve ma anche raccogliendo il malcontento di persone interne ed esterne all'organizzazione. Il pezzo, intitolato «Something's Rotten in Cupertino», fu pubblicato da *Fortune* solo il 3 marzo 1997, a due mesi dalla precipitosa decisione della Apple di acquisire la NeXT. Il lavoro preparatorio che confluì in quel servizio, insieme con altri articoli che scrissi sulla Microsoft, la NeXT e la Pixar tra il 1995 e il 1997, costituisce la base di questo capitolo. I dati relativi alla Apple sono tratti dai bilanci annuali di quegli anni. Due interviste particolarmente ampie a Fred Anderson, nell'agosto 2012, hanno contribuito a spiegare come al suo arrivo, nella primavera 1996, sia brillantemente riuscito a salvare l'azienda dalla catastrofica situazione finanziaria in cui si trovava.

La maggior parte delle citazioni dirette è tratta, oltre che dai ricordi dei miei colloqui con Jobs, dalle due interviste ad Anderson e da altre a Mike Slade, il 23 luglio 2012; Ed Catmull, il 16 gennaio 2014; Jean-Louis Gassée, il 17 ottobre 2012; Avie Tevanian, il 12 novembre 2012; Andy Grove, il 20 giugno 2012; Bill Gates, il 15 giugno 2012.

Tra le altre fonti consultate, il video dell'intervento tenuto da Jobs al MacWorld di Boston del 6 agosto 1997 (www.youtube.com/watch?v=PEHNrqPkefI) e un articolo di Lawrence Fisher, pubblicato sul *New York Times* il 19 marzo 1992 e intitolato «Business People: NeXT Finds a President in Telephone Industry», dal quale abbiamo tratto informazioni su Peter van Cuylenburg.

Capitolo 9. Forse erano pazzi

Il capitolo copre i primi quattro anni dopo che Jobs riprese il comando della Apple e si basa essenzialmente sugli appunti e gli articoli che dedicai all'azienda dal 1997 al 2001. Nonostante la precaria situazione in cui la Mela versava e il diffuso scetticismo che la circondava, nel mondo dell'informatica e in quello degli affari regnava una grande attesa per ciò che Steve avrebbe potuto tirare fuori dal cilindro per ribaltare la situazione. D'altro canto, lui sapeva che era nel suo interesse mettermi a parte delle sue prime strategie per affrontare quella sfida; inoltre, in quel periodo avevamo ormai instaurato un rapporto di fiducia. Di conseguenza, in quei primi tempi del suo ritorno non era ancora estremamente riservato come lo sarebbe diventato con l'avvento del nuovo millennio.

La maggior parte delle citazioni dirette proviene, oltre che dai ricordi dei miei incontri con Jobs, da interviste a Lee Clow, il 14 ottobre 2013; Jon Rubinstein, il 25 luglio 2012; Avie Tevanian, il 12 novembre 2012; Jon Rubinstein e Avie Tevanian insieme, il 12 ottobre 2012; Jony Ive, il 10 giugno 2014; Bill Gates, il 16 giugno 2012; Mike Slade, il 23 luglio 2012.

I dati finanziari, le informazioni relative al numero dei dipendenti e altre statistiche derivano principalmente dai resoconti presentati dalla Apple alla SEC tra il 1996 e il 2000, che non sono menzionati singolarmente. La celeberrima battuta di Michael Dell secondo cui Jobs avrebbe dovuto semplicemente liquidare la Apple fu pronunciata durante una conferenza stampa tenutasi in occasione del Gartner Symposium ITxpo97 a Orlando, in Florida, il 6 ottobre 1997 (http://news.cnet.com/Dell-Apple-should-close-shop/2100-1001_3-203937.html). Le informazioni su Dieter Rams, il genio del design nonché grande fonte di ispirazione per Jony Ive, provengono dal sito Internet della Vitsœ, azienda produttrice di complementi d'arredo (www.vitsoe.com/us/about/dieter-rams e www.vitsoe.com/us/about/good-design). Dati e specifiche tecniche dell'iMac e di altri modelli di computer Apple sono tratti da www.everymac.com/systems/apple/imac/specs/imac_ab.html.

Capitolo 10. Seguire il fiuto

Trovate qui un'analisi di come la Apple tornò a crescere entrando in un settore per lei completamente nuovo e rivoluzionandolo, in questo caso il mercato dei dispositivi elettronici per l'ascolto della musica, con l'introduzione di iTunes e dell'iPod. Inoltre, il capitolo analizza la nuova strategia adottata da Steve, che come diceva lui stesso prevedeva di «seguire il fiuto», invece di muovere da un piano d'azione strategico predeterminato; iTunes, l'iPod e l'iTunes Music Store sono significativi soprattutto perché rappresentano una concatenazione di eventi. Una descrizione di questo processo si può ritrovare, frammentariamente, negli articoli che pubblicai su *Fortune* in occasione del lancio di ciascuno di quei prodotti. Solo a posteriori è possibile cogliere come la loro creazione si debba al fatto che Steve e il suo team avessero deciso di seguire il fiuto avanzando un passo alla volta. Anche in questo caso, i miei appunti e gli articoli apparsi su *Fortune* costituiscono le fonti principali.

La maggior parte delle citazioni dirette è tratta, oltre che dai ricordi dei miei colloqui con Jobs, da interviste a Tony Fadell, il 1° maggio 2014; Eddy Cue, il 29 aprile 2014; Jony Ive, il 10 giugno 2014; Tim Cook, il 30 aprile 2014; Jon Rubinstein e Avie Tevanian, il 12 ottobre 2012.

Le informazioni relative al keynote di Gates al CES provengono dall'archivio dei comunicati stampa della Microsoft; i dati economici derivano dai rendiconti presentati dalla Microsfot alla SEC. Il comunicato stampa della Apple del 16 gennaio 2001, «iTunes Downloads Top 275,000 in First Week», e il rapporto annuale per l'anno fiscale con chiusura 30 settembre 2001 sono stati reperiti nell'archivio online della Apple. Tra le altre fonti online, abbiamo consultato il sito del Gartner Group per diverse statistiche e analisi di mercato (www.gartner.com/newsroom/id/2301715) e Quora.com (www.quora.com/Steve-Jobs/What-are-the-best-stories-about-people-randomly-meeting-Steve-Jobs/answer/Tim-Smith-18).

Capitolo 11. Mettercela tutta

Questo capitolo racconta la storia di Steve Jobs come *merchandiser*. Altri due articoli di due collaboratori di *Fortune* hanno fornito elementi utili alla ricostruzione del contesto della narrazione: una storia di copertina di Devin Leonard del 2003 su iTunes e sul suo inarrestabile impatto nel settore delle vendite al dettaglio di musica e un pezzo di Jerry Useem, pubblicato nel 2007, in cui si descrive come gli Apple Store siano diventati i negozi più redditizi al mondo. Le esperienze di Rick Tetzeli in qualità di direttore di *Entertainment Weekly* hanno contribuito a chiarire le dinamiche del settore discografico nel momento in cui le etichette decisero di fidarsi di Jobs, accettando di entrare nell'iTunes Music Store.

La maggior parte delle citazioni dirette proviene, oltre che dai ricordi dei miei incontri con Jobs, da interviste a Eddy Cue, il 29 aprile 2014; Tim Cook, il 30 aprile 2014; Laurene Powell Jobs, il 14 ottobre 2013.

Abbiamo inoltre consultato i seguenti articoli: Jerry Useem, «Apple: America's Best Retailer», *Fortune*, 8 marzo 2007; Devin Leonard, «Songs in the Key of Steve Jobs», *Fortune*, 12 maggio 2003; Cliff Edwards, «Commentary: Sorry Steve: Here's Why Apple Stores Won't Work», *BusinessWeek*, 20 maggio 2001.

Capitolo 12. Due decisioni

Ci occupiamo qui del tortuoso percorso che Jobs e il suo team seguirono prima di giungere alla decisione di realizzare un telefono cellulare «smart». Oltre alle interviste più recenti, per il contesto ci siamo basati sul libro di Fred Vogelstein, *La battaglia dei titani* e su Walter Isaacson, *Steve Jobs*.

Inoltre, abbiamo fatto riferimento a diversi libri e articoli disponibili online; tra questi, per quanto riguarda lo sviluppo dell'interfaccia utente multitouch, il volume di Myron W. Krueger *Realtà artificiale*.

Gran parte delle citazioni dirette deriva, oltre che dai ricordi delle mie conversazioni con Jobs, da interviste a Jim Collins, il 15 aprile 2014; Jony Ive, il 6 maggio e il 10 giugno 2014; Tony Fadell, il 1° maggio 2014; Laurene Powell Jobs, il 14 ottobre 2013; Tim Cook, il 30 aprile 2014; Eddy Cue, il 29 aprile 2014.

Tra le risorse online consultate ci sono: il sito web dei Mitsubishi Research Laboratories per l'articolo di Paul Dietz e Darren Leigh, «DiamondTouch: A Multi-User Touch Technology», Mitsubishi Electric Research Laboratories, ottobre 2003 (www.merl.com/publications/docs/TR2003-125.pdf); il sito Internet del National Cancer Institute per informazioni sul tumore al pancreas (www.cancer.gov/cancertopics/pdq/treatment/isletcell/HealthProfessional); l'archivio dei comunicati stampa della Apple per i risultati finanziari resi noti il 2 agosto 2004 e altri dati aziendali.

Capitolo 13. Stanford

Questo capitolo analizza il discorso di Jobs per la cerimonia di consegna delle lauree presso la Stanford University, nel 2005. Fu un episodio insolito, perché Steve di rado parlava in pubblico al di fuori degli eventi legati alla Apple o alla Pixar, e anche in quei casi saliva sul palco solo quando si trattava di lanciare un nuovo prodotto o una nuova tecnologia. Gran parte del racconto si basa su una delle nostre interviste a Laurene Powell Jobs, che ha condiviso i suoi ricordi sulla maniacale preparazione del marito in vista di questo discorso e sulle disavventure famigliari nel giorno della cerimonia. La Apple e Powell Jobs hanno inoltre autorizzato la riproduzione integrale di quel memorabile intervento.

La maggior parte delle citazioni dirette è tratta, oltre che dai ricordi dei miei incontri con Jobs, da interviste a Tim Cook, il 30 aprile 2014; Katie Cotton, il 30 aprile 2014; Jim Collins, il 15 aprile 2014; Laurene Powell Jobs, il 25 ottobre 2013, il 6 dicembre 2013 e il 30 aprile 2014.

Capitolo 14. Una casa per la Pixar

Riferiamo qui la storia, in gran parte mai raccontata, di come Steve Jobs abbia deciso di vendere la Pixar alla Walt Disney Company all'inizio del 2006, in un periodo in cui le relazioni tra le due aziende erano particolarmente tese. La nostra ricostruzione si fonda sui ricordi di Robert Iger, amministratore delegato della Disney Animation, Ed Catmull, fondatore della Pixar, e John Lasseter, il suo spirito creativo; come un film della Pixar, racconta la crescita personale dei suoi protagonisti, che talvolta trovano proprio in se stessi un ostacolo. Le lunghe e illuminanti interviste che tutti e tre ci hanno concesso all'inizio del 2014 hanno dato un significativo contributo al capitolo.

Abbiamo inoltre consultato per informazioni sul contesto due libri: James B. Stewart, *Disney War: The Battle for the Magic Kingdom* e Walter Isaacson, *Steve Jobs*.

La maggior parte delle citazioni dirette proviene, oltre che dai ricordi dei miei incontri con Jobs, da interviste a John Lasseter, l'8 maggio 2014; Tim Cook, il 30 aprile 2014; Ed Catmull, il 16 gennaio 2014; Robert Iger, il 14 maggio 2014.

Capitolo 15. Il pacchetto completo

Il capitolo testimonia la complessità della gestione della Apple nel suo nuovo assetto, che avrebbe comportato un ingresso in altri settori e un ampliamento delle linee di prodotto. Tra la fine del 2004 e il 2008 l'azienda di Cupertino creò l'iPhone, subì un cambio della guardia nel team dirigenziale e siglò un accordo con la AT&T, arrivando quasi a triplicare le vendite e il numero di dipendenti. Nel frattempo, finì nell'occhio del ciclone a causa di un'indagine della SEC relativa alle procedure per l'assegnazione di stock option ai dirigenti, della reazione generale alle terribili condizioni di lavoro nelle fabbriche cinesi e delle accuse di violazione della legge antitrust per un accordo con le case editrici sul prezzo dei libri in formato digitale e con altre aziende della Silicon Valley per ridurre i «furti» di dipendenti che rivestivano ruoli chiave. La Apple era in costante crescita e l'iPhone, con il suo successo travolgente, fu la terza pietra miliare piazzata da Steve nel settore informatico. Tutto questo accadeva nonostante le sue condizioni di salute peggiorassero a vista d'occhio.

Per la stesura di queste pagine ci siamo potuti avvalere di lunghe interviste ad attuali ed ex dirigenti della Apple, tra i quali l'amministratore delegato Tim Cook, il vicepresidente del design Jony Ive, il vicepresidente del software Internet e dei servizi Eddy Cue, la vicepresidente delle pubbliche relazioni Katie Cotton e Tony Fadell, fondatore della Nest Labs, attualmente una sussidiaria di Google. Tra le fonti consultate ci sono anche i comunicati stampa della Apple e i documenti della SEC, compresi quelli relativi alla vertenza sulle stock option.

La maggior parte delle citazioni dirette è tratta, oltre che dai ricordi dei miei colloqui con Jobs, da interviste a Eddy Cue, il 29 aprile 2014; Fred Anderson, l'8 agosto 2012; Avie Tevanian, l'11 ottobre 2012; Tim Cook, il 30 aprile 2014; Jon Rubinstein, il 25 luglio 2012; Jony Ive, il 6 maggio e il 10 giugno 2014; John Doerr, il 7 maggio 2014; Jean-Louis Gassée, il 17 ottobre 2012; Marc Andreessen, il 7 maggio 2014.

Le risorse online che abbiamo consultato sono: Fastdesign.com, il sito Internet della rivista *Fast Company* dedicato alle notizie sul mondo del design (www.fastcodesign.com/3030923/4-myths-about-apple-design-from-an-ex-apple-designer, visitato il 22 maggio 2014) e il blog dell'ex tecnico della Apple Don Melton (www.donmelton.com/2014/04/10/memories-of-steve/). I dati relativi alle vendite di ogni quadrimestre dall'anno fiscale 2000 all'anno fiscale 2013 sono tratti dai rendiconti presentati dalla Apple alla SEC.

Capitolo 16. Lati oscuri, rancori e prepotenze

Questo è un capitolo particolare perché, invece di raccontare una sequenza di eventi, abbiamo cercato di mettere in prospettiva alcuni dei lati più controversi della personalità di Jobs, soprattutto alla luce sia della vertiginosa crescita e dello straordinario successo della Apple, sia dello stress dovuto al fatto di dover convivere con una malattia in fase terminale. Alcuni provvedimenti e decisioni di Steve hanno condotto a battaglie legali e richiami da parte di enti governativi. Altri hanno provocato incresciosi problemi di immagine. Altri ancora, tuttavia, rispecchiano semplicemente la personalità di un uomo che ha sempre espresso apertamente le sue opinioni, senza mai cercare di indorare la pillola. Nel raccontare molte di queste battute d'arresto, abbiamo fatto affidamento sui verbali dei processi e sugli articoli di quotidiani e riviste, oltre a chiedere pareri e riflessioni personali ai colleghi che più gli erano vicini. Non era nostra intenzione esprimere un giudizio definitivo, in particolare per i procedimenti legali ancora in corso, ma abbiamo ritenuto importante tentare di mostrare come anche in questi casi traspaiano chiaramente alcuni aspetti del carattere di Steve. Abbiamo inoltre descritto alcune dinamiche interpersonali tra i membri del team dirigenziale formato da Jobs e il periodo di transizione intorno alla metà degli anni Duemila, quando molte delle figure più importanti abbandonarono il gruppo.

La maggior parte delle citazioni dirette deriva, oltre che dai ricordi delle mie conversazioni con Jobs, da interviste a Tim Cook, il 30 aprile 2014; Eddy Cue, il 29 aprile 2014; Katie Cotton, il 30 aprile 2014; Fred Anderson, l'8 agosto

2012; Jon Rubinstein, il 25 luglio 2012; Avie Tevanian, l'11 ottobre 2012; Bill Gates, il 15 giugno 2012.

Tra le fonti online citate o consultate figurano: un articolo di Joe Nocera sul *New York Times* del 26 luglio 2008, intitolato «Talking Business: Apple's Culture of Secrecy» (www.nytimes.com/2008/07/26/business/26nocera.html?pagewanted=all); l'archivio online della SEC per il procedimento n. 20086 riguardante la retrodatazione delle stock option (www.sec.gov/litigation/litreleases/2007/lr20086.htm); l'archivio online del dipartimento della Giustizia degli Stati Uniti per la causa dell'antitrust contro Apple, Adobe, Google, Intel, Intuit e Pixar per essersi accordate per non sottrarsi a vicenda dipendenti specializzati (www.justice.gov/atr/cases/f262600/262654.pdf), e per la causa contro la Apple e numerose case editrici per avere fatto cartello sui prezzi degli ebook (www.justice.gov/atr/cases/f299200/299275.pdf); «Thoughts on Flash», una lettera aperta in cui Jobs spiegava le sue ragioni per non avere aperto l'iPhone a Flash, il software per la visualizzazione di file multimediali di Adobe (www.apple.com/hot news/thoughts-on-flash/); l'archivio dei comunicati della Apple per informazioni sul contenzioso tra l'azienda e la Samsung, che per molti anni è stato il principale produttore di smartphone su cui è installato Android, il sistema operativo di Google; quattro articoli pubblicati sul *New York Times*: Charles Duhigg e Keith Bradsher, «How the U.S. Lost Out on iPhone Work», 21 gennaio 2012 (www.nytimes.com/2012/01/22/business/apple-america-and-a-squeezed-middle-class.html); Charles Duhigg e David Barboza, «In China, Human Costs Are Built into an iPad», 25 gennaio 2012 (www.nytimes.com/2012/01/26/business/ieconomy-apples-ipad-and-the-human-costs-for-workers-in-china.html); Charles Duhigg e David Kocieniewski, «How Apple Sidesteps Billions in Taxes», 28 aprile 2012 (www.nytimes.com/2012/04/29/business/apples-tax-strategy-aims-at-low-tax-states-and-nations.html); David Segal, «Apple's Retail Army, Long on Loyalty but Short on Pay», 23 giugno 2012 (www.nytimes.com/2012/06/24/business/apple-store-workers-loyal-but-short-on-pay.html).

Per completare il quadro, abbiamo inoltre fatto riferimento a Fred Vogelstein, *La battaglia dei titani*.

Capitolo 17. «Tu digli solo che sto facendo lo stronzo»

L'ultimo capitolo affronta diverse tematiche, dai miei rapporti con Jobs nei suoi ultimi anni di vita ai particolari sul suo trapianto di fegato avvenuto nel 2009. Trovate qui anche un'analisi delle ragioni che hanno permesso all'iPad di diventare il prodotto venduto più velocemente nella storia della Apple. Tuttavia, l'obiettivo principale è delineare l'evoluzione di Steve Jobs da giovane e avventato imprenditore a maturo creatore di nuove tecnologie di massa e delle infrastrutture aziendali necessarie per diffonderle e aggiornarle. Per questa sezione, ci siamo in gran parte basati sulle osservazioni e le esperienze di molti di quelli che lo hanno conosciuto meglio.

I dettagli relativi alla cerimonia funebre privata sono stati forniti da diverse persone che vi hanno partecipato ma preferiscono non essere citate. Laurene Powell Jobs ha inoltre autorizzato la trascrizione del testo dell'omaggio da lei reso a Steve durante la commemorazione pubblica del 17 ottobre 2011.

La maggior parte delle citazioni dirette proviene, oltre che dai miei incontri con Jobs, dalle interviste a Tim Cook, il 30 aprile 2014; Bob Iger, il 14 maggio 2014; Eddy Cue, il 29 aprile 2014; Lee Clow, il 20 gennaio 2014; Bill Gates, il 15 giugno 2012; Laurene Powell Jobs, il 30 aprile 2014; John Lasseter, l'8 maggio 2014; Jim Collins, il 15 aprile 2014; Mike Slade, il 23 luglio 2012.

Dall'archivio video del Cupertino City Council abbiamo tratto le citazioni dalla presentazione di Jobs del progetto per la nuova sede della Apple, il 7 giugno 2011 (www.cupertino.org/index.aspx?recordid=463&page=26) e dall'archivio video online della Apple abbiamo recuperato gli interventi di Bill Campbell e Jony Ive alla cerimonia in memoria di Steve tenutasi il 20 ottobre 2011 presso la sede della Apple (http://events.apple.com.edgesuite.net/10oiuhfvojb23/event/index.html).

Bibliografia

Libri

AMELIO, GIL, *On the Firing Line: My 500 Days at Apple*, Harper Business, New York 1998.

BERLIN, LESLIE, *The Man Behind the Microchip: Robert Noyce and the Invention of Silicon Valley*, Oxford University Press, New York 2005.

BRENNAN, CHRISANN, *The Bite in the Apple: A Memoir of My Life with Steve Jobs*, St. Martin's Press, New York 2013.

CATMULL, ED, *Creativity Inc.: Overcoming the Unseen Forces That Stand in the Way of True Inspiration*, Random House, New York 2014. (Trad. it. *Verso la creatività e oltre. La lezione della fabbrica dei sogni*, Sperling & Kupfer, Milano 2014.)

COLLINS, JIM, *Good to Great: Why Some Companies Make the Leap… And Others Don't*, Harper Business, New York 2001. (Trad. it. *O meglio o niente. Come si vince la mediocrità e si raggiunge l'eccellenza*, Mondadori, Milano 2007.)

COLLINS, JIM e PORRAS, JERRY I., *Built to Last: Successful Habits of Visionary Companies*, Harper Business, New York 1997.

DEUTSCHMANN, ALAN, *The Second Coming of Steve Jobs*, Crown Business, New York 2001. (Trad. it. *I su e giù di Steve Jobs. Il fondatore della Apple e della Pixar, l'inventore del Mac e dell'iMac*, Arcana, Roma 2002.)

ESSLINGER, HARTMUT, *Keep It Simple: The Early Design Years of Apple*, Arnoldsche, Stoccarda 2014.

GROVE, ANDREW S., *Swimming Across: A Memoir*, Grand Central Publishing, New York 2002.

HERTZFELD, ANDY, *Revolution in the Valley: The Insanely Great Story of How the Mac Was Made*, O'Reilly Media, Sebastopol (California) 2011.

ISAACSON, WALTER, *Steve Jobs*, Simon & Schuster, New York 2011. (Trad. it. *Steve Jobs*, Mondadori, Milano 2012.)

KAHNEY, LEANDER, *Jony Ive. The Genius Behind Apple's Greatest Products*, Penguin Books, New York 2013. (Trad. it. *Jony Ive. Il genio che ha dato forma ai sogni Apple*, Sperling & Kupfer, Milano 2014.)

KRUEGER, MYRON W., *Artificial Reality II*, Addison-Wesley Professional, Boston 1991. (Trad. it. *Realtà artificiale*, Addison-Wesley, Milano 1992.)

LASHINSKY, ADAM, *Inside Apple. How America's Most Admired and Secretive Company Really Works*, Business Plus, New York 2012. (Trad. it. *I segreti di Apple. Quello che Jobs non ha mai raccontato sull'azienda più ammirata e blindata del mondo*, Sperling & Kupfer, Milano 2012.)

LEVY, STEVEN, *Insanely Great: The Life and Times of Macintosh, the Computer That Changed Everything*, Penguin Books, New York 2000.

—, *The Perfect Thing: How the iPod Shuffles Commerce, Culture, and Coolness*, Simon & Schuster, New York 2007. (Trad. it. *Semplicemente perfetto. La storia di un'idea geniale*, Sperling & Kupfer, Milano 2007.)

LINZMAYER, OWEN W., *Apple Confidential 2.0: The Definitive History of the World's Most Colorful Company*, No Starch Press, San Francisco 2004.

LIVINGSTON, JESSICA, *Founders at Work: Stories of Startups' Early Days*, APRESS, New York 2008. (Trad. it. *Il coraggio e la visione. Il lato segreto dei creatori di successo*, Sperling & Kupfer, Milano 2007.)

LOVELL, SOPHIE, *Dieter Rams: As Little Design as Possible*, Phaidon, New York 2011.

MANES, STEPHEN e ANDREWS, PAUL, *Gates: How Microsoft's Mogul Reinvented an Industry and Made Himself the Richest Man in America*, Touchstone, New York 1994.

MARKOFF, JOHN, *What the Dormouse Said: How the Sixties Counterculture Shaped the Personal Computer*, Viking, New York 2005.

MCKENNA, REGIS, *Real Time: Preparing for the Age of the Never Satisfied Customer*, Harvard Business Publishing, Boston 1997. (Trad. it. *Real time. Prepararsi all'era del consumatore mai soddisfatto*, Etas, Milano 1999.)

MELBY, CALEB, *The Zen of Steve Jobs*, Wiley, Hoboken (New Jersey) 2012. (Trad. it. *Lo zen di Steve Jobs*, Rizzoli Etas, Milano 2012.)

MORITZ, MICHAEL, *The Little Kingdom: The Private Story of Apple Computer*, W. Morrow, New York 1984. (Trad. it. *Ritorno al piccolo regno. Steve Jobs e la Apple. Alle origini del mito*, Il Saggiatore, Milano 2013.)

PAIK, KAREN, *To Infinity and Beyond!: The Story of Pixar Animation Studios*, Chronicle Books, San Francisco 2007.

PARAMAHANSA YOGANANDA, *Autobiography of a Yogi*, Self-Realization Fellowship, 1998. (Trad. it. *Autobiografia di uno yogi*, Astrolabio, Roma 2009.)

PRICE, DAVID A., *The Pixar Touch: The Making of a Company*, Knopf, New York 2008.

REID, T.R., *The Chip: How Two Americans Invented the Microchip and Launched a Revolution*, Random House, New York 2001.

SCULLEY, JOHN con BYRNE, JOHN A., *Odyssey: Pepsi to Apple: A Journey of Adventure, Ideas, and the Future*, HarperCollins, New York 1987. (Trad. it. *Io, la Pepsi e la Apple. La mia sfida per inventare il futuro*, Sperling & Kupfer, Milano 1988.)

SEGALL, KEN, *Insanely Simple: The Obsession That Drives Apple's Success*, Penguin Books, New York 2013. (Trad. it. *Simply Apple. L'ossessione di Steve Jobs*, Sperling & Kupfer, Milano 2012.)

SIMPSON, MONA, *A Regular Guy. A Novel*, Vintage Books, New York 1997.

STEWART, JAMES B., *Disney War: The Battle for the Magic Kingdom*, Pocket Books, Londra 2006.

STROSS, RANDALL E., *Steve Jobs and the NeXT Big Thing*, Atheneum, New York; Maxwell Macmillan, Toronto 1993.

SUZUKI, SHUNRYU, *Zen Mind, Beginner's Mind*, Weatherhill, New York 1970. (Trad. it. *Mente Zen, mente di principiante. Discorsi sulla meditazione e la pratica*, Ubaldini, Roma 1976.)

TEDLOW, RICHARD S., *Andy Grove: The Life and Times of an American*, Portfolio Penguin, New York 2006.

VOGELSTEIN, FRED, *Dogfight: How Apple and Google Went to War and Started a Revolution*, Farrar, Straus and Giroux, New York 2013. (Trad. it. *La battaglia dei titani. Come Apple e Google sono entrati in guerra e hanno dato inizio a una rivoluzione*, Mondadori, Milano 2013.)

WOZNIAK, STEPHEN e SMITH, GINA, *iWoz: Computer Geek to Cult Icon: How I Invented the Personal Computer, Co-founded Apple, and Had Fun Doing It*, Hodder Headline, Londra 2006.

YOUNG, JEFFREY S., *Steve Jobs: The Journey Is the Reward*, Scott Foresman, Glenview (Illinois) 1988.

Articoli

EDWARDS, CLIFF, «Commentary: Sorry Steve: Here's Why Apple Stores Won't Work», *BusinessWeek*, 20 maggio 2001.

FISHER, LAWRENCE, «Business People: NeXT Finds a President in Telephone Industry», *The New York Times*, 19 marzo 1992.

LEONARD, DEVIN, «Songs in the Key of Steve Jobs», *Fortune*, 12 maggio 2003.

NOCERA, JOE, «The Second Coming of Steven Jobs», *Esquire*, dicembre 1986.

SCHLENDER, BRENTON R., «Jobs, Perot Become Unlikely Partners in Apple Founder's New Concern», *The Wall Street Journal*, 2 febbraio 1987

—, «Next Project: Apple Era Behind Him, Steve Jobs Tries Again, Using a New System», *The Wall Street Journal*, 13 ottobre 1988.

—, «How Steve Jobs Linked Up with IBM», *Fortune*, 9 ottobre 1989.
—, «The Future of the PC: Steve Jobs and Bill Gates Talk About Tomorrow», *Fortune*, 26 agosto 1991.
—, «What Bill Gates Really Wants», *Fortune*, 16 gennaio 1995.
—, «Steve Jobs' Amazing Movie Adventure», *Fortune*, 18 settembre 1995.
—, «Something's Rotten in Cupertino», *Fortune*, 3 marzo 1997.
—, «The Three Faces of Steve», *Fortune*, 9 novembre 1998.
—, «Apple's One Dollar A Year Man», *Fortune*, 24 gennaio 2000.
—, «Steve Jobs' Apple Gets Way Cooler», *Fortune*, 24 gennaio 2000.
—, «Steve Jobs: Graying Prince of a Shrinking Kingdom», *Fortune*, 14 maggio 2001.
—, «Pixar's Fun House», *Fortune*, 23 luglio 2001.
—, «Apple's 21st Century Walkman», *Fortune*, 12 novembre 2001.
—, «Apple's Bumper Crop», *Fortune*, 3 febbraio 2003.
—, «What Does Steve Jobs Want?», *Fortune*, 23 febbraio 2004.
—, «Incredible: The Man Who Built Pixar's Innovation Machine», *Fortune*, 15 novembre 2004.
—, «How Big Can Apple Get?», *Fortune*, 21 febbraio 2005.
—, «Pixar's Magic Man», *Fortune*, 17 maggio 2006.
—, «Steve and Me: A Journalist Reminisces», *Fortune*, 25 ottobre 2011.
—, «The Lost Steve Jobs Tapes», *Fast Company*, maggio 2012.
SCHWARTZ, JOHN, «Steve Jobs Comes Back», *Newsweek*, 24 ottobre 1988.
USEEM, JERRY, «Apple: America's Best Retailer», *Fortune*, 8 marzo 2007.
UTTAL, BRO, «The Fall of Steve», *Fortune*, 5 agosto 1985.
—, «The Deal That Made Bill Gates, Age 30, $350 Million», *Fortune*, 21 luglio 1986.

Quotidiani e riviste

BusinessWeek/BloombergBusinessWeek
Esquire
Fast Company
Fortune
Newsweek
San Francisco Chronicle
San Jose Mercury News
The New Yorker
The New York Times
The Wall Street Journal
Time
Wired

Sitografia

allaboutstevejobs.com (www.allaboutstevejobs.com).
apple.com (www.apple.com).
apple-history (www.apple-history.com).
CNET (www.cnet.com/news/).
Computer History Museum (www.computerhistory.org/atchm/steve-jobs/).
cultofmac.com
Dietz, Paul e Leigh, Darren, «DiamondTouch: A Multi-User Touch Technology», MERL - Mitsubishi Electric Research Laboratories, ottobre 2003 (www.merl.com/publications/docs/TR2003-125.pdf).
everystevejobsvideo.com
foundersatwork. com; intervista a Stephen Wozniak (www.foundersatwork.com/steve-wozniak.html), 2009.
Golden Gate Weather Services, «Climate of San Jose: Daily Record & Average Temperatures, Heating & Cooling Degree Days» (http://ggweather.com/sjc/dailyrecords.html#September).
«Macworld Boston 1997-Full Version», YouTube, video caricato il 6 marzo 2006 (www.youtube.com/watch?v=PEHNrqPkefI).
Melton, Don, «Memories of Steve», 10 aprile 2014 (www.donmelton.com/2014/04/10/memories-of-steve/).
National Trust for Historic Preservation, notizie su casa Jackling (www.preservationnation.org).
«Pancreatic Neuroendocrine Tumors (Islet Cell Tumors) Treatment (PDQ®): General Information About Pancreatic Neuroendocrine Tumors (Islet Cell Tumors)», National Cancer Institute at the National Institutes of Health, 7 marzo 2014 (www.cancer.gov/cancertopics/pdq/treatment/isletcell/HealthProfessional).
Quora (www.quora.com/Steve-Jobs).
Smith, George M., Gruenberg, Matthew J., Harris, Tameka R.L. e Strassner, Erich H., «Annual Industry Accounts 1976-2012: Revised Estimates for 2001-2003», US Department of Commerce, Bureau of Economic Affairs (www.bea.gov/scb/pdf/2005/01January/0105_Industry_Acct.pdf).
Steve Jobs Archive (www.stevejobsarchive.net).
«Steve Jobs Presents to Cupertino City Council», Cupertino, 7 giugno 2011 (www.cupertino.org/index.aspx?recordid=463&page=26).
Stromberg, Lisen, «My Neighbor, Steve Jobs: His Legacy Is More Than What We See in the Headlines», Palo Alto Patch, 5 ottobre 2011 (http://patch.com/california/paloalto/my-neighbor-steve-jobs).
Vorasarun, Chaniga, «Two Decades of Wealth», Forbes.com, 10 luglio 2007 (www.forbes.com/statichtml/rich400/2002/timemapFLA400.html).
Wilson, Mark, «4 Myths about Apple design from an Ex-Apple Designer»,

Fastcodesign.com, 22 maggio 2014 (www.fastcodesign.com/3030923/4-myths-about-apple-design-from-an-ex-apple-designer).

Altro

Securities and Exchange Commission, Comunicato stampa n. 20086 sulla vertenza *Securities and Exchange Commission v. Nancy R. Heinen and Fred D. Anderson (Case No. 07-2214-HRL)*, 24 aprile 2007 (www.sec.gov/litigation/litreleases/2007/lr20086.htm).

—, Formulario S-1 per l'offerta pubblica iniziale (IPO) della Apple Computer Inc. del 12 dicembre 1980 (data di presentazione: giugno 1980).

—, Formulario S-1 per l'offerta pubblica iniziale (IPO) della Netscape Communications Inc. del 9 agosto 1995.

—, Formulario S-1 per l'offerta pubblica iniziale (IPO) della Pixar del 29 novembre 1995 (data di presentazione: 11 ottobre 1995).

The Entrepreneurs, PBS, 1986.

Ringraziamenti

DESIDERIAMO ringraziare il nostro agente, Khris Dahl, cui va il merito di essere stato perseverante, lungimirante, un punto di riferimento lungo tutto il percorso che ha condotto alla pubblicazione del libro. Roger Scholl, direttore della Crown, ha difeso a spada tratta il progetto fin dall'inizio, offrendo il suo instancabile supporto a ogni passo: non avremmo potuto sperare in una guida migliore che ci accompagnasse attraverso le varie fasi del processo editoriale. La nostra gratitudine va inoltre a John Huey: è merito suo se è iniziato il nostro rapporto di lavoro, trasformatosi poi nella profonda amicizia che ha reso possibile questa collaborazione; a Cathy Cook, ex addetta stampa della Apple, che per anni è stata la nostra saggia e scettica consigliera e amica nella Silicon Valley; a Jenny Lyss, che ha trovato il titolo per questo libro durante una cena, con la passione e la generosità che mette in tutto quello che fa. La lista delle persone che ci sono state d'aiuto lungo il cammino è particolarmente lunga, ma vorremmo ringraziare soprattutto Larry Brilliant, Annie Chia, Larry Cohen, Katie Cotton, Mia Diehl, Steve Dowling, Caroline Eisenmann, Heather Feng, Sadie Ferguson, Sarah Filippi, Veronica Garcia, Celine Grouard, Bill Joy, Ted Keller, George Lange, Kristen McCoy, Regis McKenna, Gretchen Menn, Doug Menuez, Michelle Moretta, Zenia Mucha, Terri Murphy, Karen Paik, Emily Philpott, Derek Reed, Abby Royle, Wendy Tanzillo, Allison Thomas, Fred Vogelstein e Tom Waldrop.

Pur senza menzionarli a uno a uno, vogliamo dire grazie anche a tutti i famigliari, gli amici di lunga data, i colleghi, mentori, detrattori e concorrenti che hanno deciso di condividere con noi ricordi, impressioni e considerazioni su Steve Jobs. L'elenco completo di quelli che sono stati disponibili a rilasciare interviste ufficiali si trova nelle note. Siamo loro particolarmente grati per la generosità dimostrata nel confidarci i ricordi e metterci a parte delle loro emozioni, malgrado la comprensibile reticenza.

B.S e R.T.

Grazie alla mia famiglia: Lorna, mia moglie da trent'anni, che ha saputo sopportare pazientemente gli imprevedibili cambi di programma e di umore, nonché i voli transoceanici che qualche volta fanno parte della vita di chi ha scelto di sposare un giornalista; le mie due figlie Greta e Fernanda, che hanno entrambe partecipato con un cameo a questa storia e che, come la loro madre, mi hanno spronato a lasciarmi alle spalle la mia traumatica malattia e a darmi da fare. Voglio inoltre ringraziare la mia defunta madre Charlotte, insegnante di inglese alle scuole medie, che mi ha insegnato quanto sia importante conoscere l'etimologia greca e latina della maggior parte delle parole e a essere consapevole che esiste quasi sempre un mondo migliore, tranne quando non c'è. Un grazie particolare a mio padre Harold, operaio edile e artigiano per una vita, che ha compiuto novant'anni il mese in cui questo libro è stato pubblicato nella sua edizione originale. Mi ha insegnato fin da subito che gli errori si pagano tre volte: in primo luogo, si spreca fatica e materiale; secondo, bisogna buttare giù quello che si è costruito malamente; terzo, occorre rifare tutto da capo e come si deve. Un'efficace regola generale da tenere a mente quando ci si dedica a qualsiasi tipo di lavoro. E sempre lui mi ha dimostrato che non è mai troppo tardi per imbarcarsi nell'impresa più ardua; è in gran parte al suo sudore e alla sua fatica che si deve il restauro di uno splendido teatro storico a McPherson, nel Kansas, mia città natale, riaperto quando lui aveva ottantacinque anni. Infine, un ringraziamento speciale a Rodney Pearlman, uno dei miei più vecchi e cari amici, una persona davvero poliedrica i cui saggi consigli in fase di preparazione di questo testo si sono rivelati estremamente utili durante la stesura vera e propria.

B.S.

Sono molto grato a Bob Safian, direttore di *Fast Company*, che mi ha sostenuto permettendomi di portare a termine questo progetto, sebbene abbia richiesto molto più tempo di quanto entrambi avessimo inizialmente previsto. Il mondo ha bisogno di più capi come Bob. Probabilmente sentirselo dire lo metterà in imbarazzo, però è vero. David Lidsky è stato un impagabile lettore della prima versione del testo, mentre con Lori Hoffman e Jill Bernstein dirigevano i lavori durante la mia assenza, assicurando all'eccezionale squadra di *Fast Company* il premio di rivista dell'anno. Frank Davis e Nancy Blecher Davis mi hanno fornito il loro appoggio nei momenti difficili: sono i migliori parenti acquisiti che si possano avere. Per anni Christine Pierre è stata un modello per tutta la mia famiglia e ci è stata d'aiuto più di quanto lei immagini. I miei fratelli, Bill e Chris, sono sempre stati miei intimi confidenti, come anche Adam Bluestein, Nicole Gueron, Carter Strickland e Steve Tager. I miei figli, Jonah, Tal e Anya, sebbene ogni tanto si siano spazientiti, hanno partecipato con affettuosa curiosità al processo di redazione di «*quel* libro». Loro danno un senso a tutto e hanno saputo ricordarmi i limiti e allo stesso tempo l'importanza di questo progetto.

Infine, Mari, mia moglie da diciassette anni, è stata la nostra più implacabile e instancabile lettrice: è intervenuta con numerose osservazioni su ogni pagina di ogni bozza, spronandoci a essere quanto più possibile chiari, determinati e accurati. Ma, cosa ancora più importante, è la mia migliore amica e tutto quello che chiunque possa mai sperare di trovare in una compagna. Chi l'avrebbe detto, Mari, che accompagnarti a casa per sessantacinque isolati dopo quel primo appuntamento mi avrebbe cambiato la vita? Tutto ciò che ho di bello è cominciato quando ti ho incontrata.

R.T.